法|学|研|究|文|丛
——破产法学——

中原破产法论坛（2023）
（第二辑）

河南省法学会破产法学研究会 ◉ 编

知识产权出版社

全国百佳图书出版单位

—北京—

图书在版编目（CIP）数据

中原破产法论坛. 2023. 第二辑／河南省法学会破产法学研究会编. —北京：知识产权出版社，2024. 6

ISBN 978－7－5130－9387－3

Ⅰ. ①中… Ⅱ. ①河… Ⅲ. ①破产法—中国—文集 Ⅳ. ①D922. 291. 924－53

中国国家版本馆 CIP 数据核字（2024）第 110640 号

责任编辑：彭小华　　　　　　　　　责任校对：谷　洋

封面设计：智兴设计室　　　　　　　责任印制：孙婷婷

中原破产法论坛（2023）（第二辑）

河南省法学会破产法学研究会　编

出版发行：**知识产权出版社** 有限责任公司	网　　址：http：//www. ipph. cn
社　　址：北京市海淀区气象路 50 号院	邮　　编：100081
责编电话：010－82000860 转 8115	责编邮箱：huapxh@ sina. com
发行电话：010－82000860 转 8101/8102	发行传真：010－82000893/82005070/82000270
印　　刷：北京九州迅驰传媒文化有限公司	经　　销：新华书店、各大网上书店及相关专业书店
开　　本：880mm×1230mm　1/32	印　　张：13. 375
版　　次：2024 年 6 月第 1 版	印　　次：2024 年 6 月第 1 次印刷
字　　数：350 千字	定　　价：88. 00 元

ISBN 978－7－5130－9387－3

本书由 北京华泰(郑州)律师事务所
河南天基律师事务所 资助出版
河南华夏会计师事务所有限公司

中原破产法论坛编委会

序

——写在《中原破产法论坛（2023）（第二辑）》出版之际

近年来，我国破产法学术研究空前繁荣，这既归功于众多破产法同人在理论与实践中的积极探索与创新，又得益于各地破产法学会搭建的学术交流平台。"中原破产法论坛"就是这样一个知名破产法交流平台之一。

自 2017 年 11 月第一届中原破产法论坛举办至今，一年一度的学术盛宴吸引了数百乃至近千名嘉宾踊跃投稿参会，在全国范围内产生了较大影响力。近年来，为进一步增进交流的效果，论坛组委会还组织了征文评奖活动，2023 年又以设定科研项目和提供经费支持的方式，提前为会议论文的创作进行动员和激励。这些学术组织工作无疑为化解破产实务中的难题、推动破产法治的进步、优化营商环境中的办理破产指标、提升破产法理论水平做出了不可估量的贡献。

在"中原破产法论坛"引领形成的学术氛围下，郑州市中级人民法院和郑州市破产管理人协会还发起了系列破产法学术沙龙。极为可贵的是，该系列沙龙基本上以每月一期的方式坚持了数年。不少年轻的破产管理人、破产法官和破产法学者从中受益良多。记得有本书说过，实现卓越的路线图包括四个环节：产生兴趣、变得认真、全力投入、开拓创新。"中原破产法论坛"的组织者可谓印证了这个路线图。

破产法学术论坛的交流有一个特点，即作者覆盖面广，除了破产法官和破产管理人这两大群体外，还有破产法理论工作者和包括重整投资机构在内的中介机构代表。不同领域的论文作者从不同角度对所研究问题在观察、体验、思考的基础上所进行的实证、规范和比较研究，对相关法条作出的多元化解释和针对性改进建议，都使得这些汇集在一起的智慧成果各显千秋、相得益彰，使破产法的公平理念得以广泛传播、法律适用水准得到改进。每届论坛会议召开前夕，通过对数百篇投稿论文的阅读和学习，我们都能够发现破产法前沿领域中不少值得关注的问题点，领略司法实践中出现了哪些切实可行的做法。尽管这些论文未必是破产法领域的经典之作，但不少作者都对相关问题发表了自己的看法乃至灼见，如果能把这些论文和办理破产的"中原方案（经验）"公开出版以展示给更多的读者尤其是展现给一线青年实务工作者，则应当能够发挥更大的学术价值。这便是"中原破产法高峰论坛"系列论文集出版的现实意义。

"中原破产法论坛"的主会场在郑州，郑州也是最高人民法院第四巡回法庭所在地，从破产案件的跨地域特点来看，更适合办理破产的集中管辖和区域协调，相信"中原破产法论坛"未来将会面临更好的交流机遇。

当然，我们期望和乐见破产法学的繁荣和进步，并不意味着希望破产案件越来越多，恰如我们从事法律职业本身并不希望犯罪人数不断增加、从事医药研发生产宁愿"架上药生尘"一样。破产既是市场经济状态下的常态现象，又是市场主体新陈代谢的常见规律，当然也是市场主体重整和再生的有效途径。不管我们对破产的态度是"悲悯""漠然"，还是"风头借势"，毕竟，办理破产的常态化、市场化、法治化乃至国际化给我们带来的，如果不是鞭策和激励，那至少应当是慰藉吧。

是为序。

韩长印

于 2023 年 3 月 16 日。是日，河南多地大雪

前　言

作为全面建设社会主义现代化国家的政治宣言和行动纲领，党的二十大报告首次单独把法治建设作为专章论述、专门部署，这充分体现了以习近平同志为核心的党中央对全面依法治国的高度重视和推进法治建设的坚定决心，为新时代推进全面依法治国、建设社会主义法治国家指明了前进方向。

破产法律制度是我国市场经济体制发展中一项重要的法律制度，自1986年12月建立以来，在改革开放和市场经济形成发展过程中发挥了一定的作用。尤其是党的十八大以来，随着营商环境建设的推进，破产法律制度引起了顶层设计者的关注和重视，破产法律制度在推进供给侧结构性改革及其营商环境建设过程中不可替代的功能越来越明显，甚至达到了意想不到的法律效果、社会效果、经济效果和政治效果。

近年来，河南省法学会破产法学研究会坚持贯彻落实习近平法治思想，增强"四个意识"、坚定"四个自信"、做到"两个维护"，自觉在思想上、政治上、行动上同党中央保持高度一致，在加强学术研究、塑造话语体系的同时，始终坚持正确的政治方向，以搭建学术平台争取话语权为抓手，连续举办了七届"中原破产法论坛"，取得了一些学术成果，在国内逐步具有了一定的影响力。但是，在更高水平学术研究、更高层次学术成果方面还存在一定的短板和弱项。

2023 年 7 月 22 日，河南省法学会破产法学研究会 2023 年年会暨第七届"中原破产法论坛"在许昌成功举办。河南省高级人民法院副院长、审判委员会委员李志增，河南省社会科学院副院长、党委委员王玲杰，河南大学副校长苗雨晨，郑州市中级人民法院党组成员、副院长王季，河南资产管理有限公司总裁崔凯等领导出席开幕式并致辞。开幕式由河南省社会科学院法学研究所研究员、河南省法学会常务理事、破产法学研究会常务副会长李宏伟主持。

关联企业合并破产是解决关联企业间存在法人人格混同尤其是资产与负债严重混同等问题，保障债权人整体清偿公平和破产程序顺利进行的特别法律制度，但在破产工作实践中存在较多理论与实务争议。为进一步推动破产法学研究的繁荣和破产法治建设的进步，经河南省法学会破产法学研究会、中原破产法论坛理事会秘书处研究决定，本届论坛围绕"关联企业合并破产的实践探索与规范构建"这一主题展开讨论。为进一步扩大学术影响力，进一步增强学术科研后劲，强化以问题为导向的应用对策研究，研究会会长办公会经讨论决定，将论坛收到的 164 篇论文当中的优秀获奖论文予以整理出版，以兹理论与实践方面的借鉴探索。本书当中的每一篇论文所反映的思想仅仅代表作者本人的学术观点，不具有官方指导性，同时也只是对破产法律制度建设的重大理论和重大实践作出的局部探索。不当之处，敬请各位领导和专家学者批评指正。

本书编委会

2024 年 1 月

目　　录

论关联企业实质合并破产中债权人的利益保护 ····················· 1

　　金东升

企业集团实质合并破产标准的实务探析 ························· 17

　　陈冠兵　农　玲

企业实质合并破产重整后原法人资格存续研究 ················· 29

　　李正国　朱贞沙

实质合并破产案件中受理裁定的效力衔接问题研究 ············· 42

　　周志刚　武志强

实质合并破产的适用标准实证研究及制度构建 ················· 51

　　——以 112 个案例为样本

　　杜鸯鸯　操　姗

关联企业实质合并破产的审查标准研究 ······················· 66

　　——基于河南地区典型司法案例的实证分析

　　杜永松

浅谈关联企业实质合并破产的审查标准 ······················· 79

　　王书杰　王雅净

关联企业合并破产的立法建议 ······························· 91

　　丁玉光　申明昱

债权人利益保护维度下进一步完善实质合并破产制度 ……… 103

　　石德禄　张乐萌

关联企业实质合并破产管辖问题研究 ………………… 116

　　翁煜明　秦海泉

关联企业实质合并破产中听证与复议程序研究 ………… 126

　　——以程序正义为视角

　　谢蕊娜　闫　莉　齐　玺

五年回首：关联企业实质合并破产制度的检视与修正 ……… 139

　　桓　旭　刘梦飞

关联企业实质合并破产中的债权人保护研究 …………… 155

　　李　琦　师金博

关联企业实质合并破产重整的审查标准研究 …………… 168

　　王红举　王　滢　卫腾飞

论关联企业合并破产的程序启动及其争议解决 ………… 178

　　石占臣　刘　琮

论关联企业实质合并破产适用标准的构建 …………… 192

　　韦忠语　郭海洋

关联企业合并破产的程序启动 ………………………… 206

　　徐海莲　冯书健　乔雨雪

关联企业实质合并破产规则的适用局限及应对措施 ……… 218

　　刘　明

关联企业合并破产审查要件的规制 …………………… 230

　　——基于《全国法院破产审判工作会议纪要》第 32 条、

　　第 33 条的分析

　　王　辉　郭洋洋

关联企业实质合并破产标准的适用 …………………… 241

    常亚杰　周盼新

关联企业实质合并破产审查规则辨析 …………………… 252

    朱宇卿

从不同模式解析关联企业合并破产的类型化 …………… 260

    岳鸿远

关联企业实质性合并破产审查标准之法人人格混同 ………… 272

    ——以 2023 年河南省高级人民法院发布的四起典型案例

    为分析样本

    谷站营　李珠琳

破产检察监督的多维度构建 ……………………………… 284

    王翔雨　刘梦飞

关联企业实质合并破产适用标准研究 …………………… 297

    周欣宇

关联企业实质合并破产司法审查规则研究 ……………… 307

    吴　涛

关于法人人格否认制度在企业实质合并破产应用中的思考 … 318

    穆文博　周劢励

论关联企业实质合并破产的判断标准 …………………… 328

    ——兼论《全国法院破产审判工作会议纪要》第 32 条

    王治超　李佼阳　张　连

论实质合并破产案件管辖制度的完善 …………………… 340

    朱亚涛

论实质合并破产听证程序的完善 …………………………… 349
　　方　松

关联企业实质合并破产的审查程序及实质标准 ………… 360
　　赵俊霞　亓文婷

论关联企业实质合并破产的适用原则与审查标准 ………… 372
　　谷同飞　裴海天　刘建章

论关联企业实质合并重整的判断标准 …………………… 385
　　许幸丽

关联企业实质合并破产程序适用标准研究 ……………… 399
　　党鹏飞

后　记 ……………………………………………………… 410

论关联企业实质合并破产中债权人的利益保护

金东升[*]

摘要： 我国破产制度形成较晚，对关联企业实质合并破产特别是其中债权人利益的保护问题，在破产法及后续相关司法文件中都没有作出有效的补充规定，导致实务界对实质合并的裁定标准认识不一、执行不一。实质合并破产的听证程序和异议复议程序关注的基本是程序问题，无法径行解决有关债权人利益的实体争议。对基于债权人整体清偿利益或重整需要等特定情形的部分债权人利益损害，也没有建立合理的补偿机制。因而，应迅速确立完善的关联企业实质合并破产裁判标准、明确授予债权人及管理人实质合并破产的申请权、完善听证程序并赋予异议债权人上诉权、构建对受损债权人的补偿机制，以实现关联企业实质合并破产债权人利益保护制度的规范化和体系化。

关键词： 债权人利益　利益补偿机制　异议债权人的上诉权

随着经济全球化的加剧，越来越多的企业选择关联经营的方式，目的是提高运营效率、分散经营风险、节约交易成本。企业集团是企业间建立关联关系的典型方式之一，它主要是以股权投资为纽带形成一个相对固定的关联交易模式。企业集团模式之外的企业则有可能通过协议安排、人事布局、资金融通等方式形成

---

[*]　金东升，河南金年华律师事务所律师。

关联。从正向来讲，企业之间组建或形成关联关系的确会产生降成本、提效率、抗风险等优势，但反向视之，关联企业间往往会因片面追求经济利益而暗通款曲，实施一些虚假担保、企业间优质资产的避债转移等有违公允的不当行为。而当关联企业内部被用作"防火墙""避风塘"的某一成员企业因资不抵债等产生破产原因时，若按破产法"一企一破"的规则，则该成员企业的债权人将面临不能受偿或不当降低受偿比例的后果，该后果实际上又是关联企业通过关联关系取得不当利益的另一侧面。当债权人发现自己利益受损时，或可以运用"揭开公司面纱"制度来向责任者求偿，但限于该制度仅能在股东与公司间纵向关系的调整中发挥作用，所以债权人维权依然力不从心。而"衡平居次原则"所适用的也是母公司对子公司不当控制的场合，同样也无力处理成员企业与其他企业间横向关联所引发的问题。为解决这些问题，当前理论界和实务界为绝大多数人所接受并运用的就是关联企业的实质合并破产，它将已破产的各关联企业的资产和债务合并计算，去除其相互之间的债权和担保关系，将"合多为一"后的财产按比例分配给所有债权人，而不论该债务是由哪一家成员企业所引发的①。该制度在引入国内后进行了多年的适配，最高人民法院也以会议纪要的方式发布了指导意见②。在充分肯定其积极性和重要作用的同时，也应当看到，实质合并破产会带来局部债权人为配合满足整体清偿利益或重整的要求而导致个体受偿利益减损；还会导致一部分债权人对关联企业内部成员企业的信赖利益无法得到有效保护。因而，围绕关联企业实质合并破产中债权人的利益保护问题提出完善建议具有一定的现实意义。

---

① ［美］大卫·G. 爱泼斯坦、史蒂夫·H. 尼克勒斯、詹姆斯·J. 怀特：《美国破产法》，韩长印等译，中国政法大学出版社 2003 年版，854 页。
② 《最高人民法院关于印发〈全国法院破产审判工作会议纪要〉的通知》，最高人民法院，2018 年 3 月 4 日发布。

一、关联企业实质合并破产债权人利益保护的理论基础

与一般单一企业破产不同,关联企业实质合并破产有着其独特之处①。实质合并破产的宗旨是避免部分债务人因无产可破导致债权人颗粒无收,一些债权人可能会在成员企业破产清偿率较低的情况下因为实质合并破产而提升清偿比例。但也有债权人因实质合并破产而导致自己的清偿比例低于其在成员企业单独破产时的清偿比例。这些基于对成员企业的依赖而形成债权债务关系的债权人,因为服从整体债权人利益而牺牲了自身利益。这一法律后果需要法理基础和破产法益保护理论基础予以支撑,以避免实质合并破产对债权人利益形成实质性侵害。本文认为,就关联企业实质合并破产债权人的利益保护来讲,其理论基础可由以下三个方面进行概括。

(一)实质正义理论

实质正义理论是解决关联企业实质合并破产债权人利益保护这一特殊机制的基础理论。实质正义考察的是结果上的实体公正和结果正义,主要是为了实现一项制度内容本质上的正义性,要求给予不同主体以不同考虑并在实现过程中更注意平衡不同主体之间的利益②。

破产法是公平偿债与拯救危困的重要法律,其对公平的要求贯穿法律始终。关联企业之间,基于不正当目的转移资产、虚列债务或虚设担保,这些不正当的利益转移输送会导致债权人利益分配不公。将这些已经完成不正当利益周转的成员企业合多为一,作为同一破产人并以整合后的资产统一对外偿债,实现了债权人

---

① 蔡唱、郑显芳:《论实体合并破产实务和理论的冲突与调适》,载《山东社会科学》2019 年第 10 期。

② 赵迪:《形式正义到实质正义:法律适用理念的理论论争与应然选择》,载《东岳论丛》2020 年第 5 期。

的公平受偿，践行了破产法追求的实质公平的目的。然而，在实践中也会存在与实质公平相悖的现象。法院和破产管理人会因片面追求效率而忽视部分债权人的利益，比如基于对成员企业的信赖而与之交易且该成员企业资产充盈率高，债权人因之能获得较高受偿，但合并破产却会打破这种状态。

实质正义和形式正义作为一体两面，均应成为实质合并破产债权人利益保护的共同价值追求，以维护不同债权主体之间的利益平衡。

（二）企业主体理论

企业主体理论又称企业主体说，是由哥伦比亚大学 Adolph Berle 教授于 1947 年创设的①。该理论从法律和经济两个事实层面来界分公司是否具有独立人格。若公司是依法律规定的程序开办的，意志独立且财产独立，实际上也独立经营，则为独立的法律主体；然若公司虽依法定程序设立，却不能拥有独立决策的意志，实际上的经营也受制于关联企业或实际控制人，与关联企业彼此之间异常地紧密联系，虽在法律上看似拥有独立人格，而实质上却类似于同一企业的不同部门，那么在此情况下，所有异常紧密联系的企业都应作为同一主体对待。

股东有限责任和法人人格独立是现代公司法的基石。正是因为公司拥有自己独立的意志和基于自己的意志所能拥有和控制自己财产及经营行为的能力，所以法律才赋予其独立人格，股东也得以在有限范围内承担责任；而与之相反，若仅将公司作为主导企业或实际控制人的工具，用于输送不正当利益，人员、经营、财产等要素高度混同，公司存在的价值仅在于控制企业，逃避债务或法律责任，则法律赋予其独立的人格将失去正当性，造成公司债权人无险可据。关联企业实质合并破产吻合企业主体理论，

---

① 王欣新：《破产法前沿问题思辨》，法律出版社 2017 年版，第 384 页。

旨在控制与打击关联企业滥用关联关系给公司基本制度所带来的破坏，促进公司经济事实与法律事实的有机统一，保证和维护债权人的信赖利益。

（三）侵权责任理论

民法上的侵权责任理论也为关联企业合并破产语境下异议债权人的合理补偿提供了理论支撑。关联企业为了逃避债务、转嫁风险，所实施的不正当利益转移等行为无疑是对债权人信赖利益和财产利益的侵害，债权人利益受损的结果与控制企业所实施的行为有法律上的因果关系，因而，实施不当利益转移的控制企业或受益企业应对其行为向债权人承担相应的法律责任。关联企业实质合并破产规则实质上是这一理论的延伸。同时，在运用实质合并破产规则时，若为效率论进而又造成了对债权人利益的损害，同样应适用侵权责任理论对该利益受损的债权人予以相应的合理补偿。

二、破产债权人利益保护的现状与不足

关联企业实质合并破产制度诞生、发展于域外并因其适应国情而被引进运用，已在国内有多年的司法实践。但截至目前，关于关联企业以及关联企业实质合并破产的立法仍无进展。现行有效的《中华人民共和国企业破产法》（以下简称《企业破产法》）及《中华人民共和国公司法》（以下简称《公司法》）和其解释的基本遵循是"一企一破"原则。大有破冰之举的最高人民法院发布的《全国法院破产审判工作会议纪要》（以下简称《破产会议纪要》）对关联企业实质合并破产提供了一定的支撑，提出了"审慎适用""例外适用"的要求，确定了一定的实质合并裁判标准，也对"利害关系人"的权利救济做了一定的"听证"和"复议"的程序安排①，但会议纪要作为一个审判指导性文件，不可

---

① 参见《破产会议纪要》第 32 条、第 33 条和第 34 条。

以作为法源援引。公司法人人格否认制度调整的范围，仅是基于投资关系产生于股东和公司之间的纵向行为，但对于协议安排、资金融通、人事调度等这些横向关联，现行公司法人人格否认制度就会力所不逮①。我国作为成文法国家，在法无明文且法官不得拒绝裁判的规则之下，"法官造法"将成为必然，而"法官造法"又是产生自由裁量权过度运用弊病的温床。这种情形，势必会造成对债权人利益的无视或损害。具体而言，当前关联企业实质合并破产在法律和实践层面，主要存在实质合并破产裁定标准不一、申请主体不明和异议债权人的权利救济程序缺失等基础性问题。

（一）关联企业实质合并破产裁定适用标准不一损害债权人利益

《破产会议纪要》第 32 条规定："当关联企业成员之间存在法人人格高度混同、区分各关联企业成员财产的成本过高、严重损害债权人公平清偿利益时，可例外适用关联企业实质合并破产方式进行审理。"然从文义角度来解读，到底是前述的三个标准必须同时具备还是具一而足，业界争议不断。有研究者认为，对于该条的理解是三个标准和一个结果：确定关联企业能够实质合并破产的标准有三，即法人人格混同、资产分离困难和债权人收益；一个结果条件，即严重损害债权人的公平清偿利益②。有学者认为，实际上《破产会议纪要》仅规定了一个"法人人格混同"标准，而其他的因素仅作为适用法人人格混同标准时的辅助性或补强性的内容③。也有学者认为，《破产会议纪要》实际上是提出了

---

① 董小锋：《关联公司破产中债权人利益的法律保护》，苏州大学 2011 年硕士学位论文，第 13 页。

② 王静、蒋伟：《实质合并破产制度适用实证研究——以企业破产法实施以来 76 件案例为样本》，载《法律适用》2019 年第 12 期。

③ 王欣新：《〈全国法院破产审判工作会议纪要〉要点解读》，载《法治研究》2019 年第 5 期。

四个标准，即法人人格混同、区分关联企业财产成本过高、债权人利益损害和企业重生因素①。在具体的司法实践中，几乎所有的裁决都将"法人人格高度混同"作为必选标准；有的裁决采"法人人格高度混同"兼采"严重损害债权人公平清偿利益"两个标准；有的裁决则将"法人人格高度混同"和"区分各关联企业成员财产成本过高"作为裁判标准；也有裁决是同时将上述三个条件都作为裁决标准②。

《破产会议纪要》颁布至今，在关联企业实质合并破产的适用标准、理解和适用上的差异化现象，反映了相关标准的无序和混乱。同时，对于各标准的构成同样见解各异，无相对统一的"度"来"一把尺子量到底"，致使各地的司法实践"乱红飞舞"，莫衷一是。

如破产程序一样，实质合并破产程序的不可逆特征更加突出，关联企业一旦被裁定加入实质合并破产程序，债权人只能向合并后的实体申报债权以求清偿，这样就势必导致一部分信赖成员企业而获偿率较高的债权人降低受偿额，应得利益受到损害。所以，关联企业实质合并破产以何种标准以及标准的合理和正当是债权人利益保护的基础条件，没有统一适用的标准不仅会导致法官自由裁量权的滥用，也会滋生不作为的现象，该正反两个方面都会导致债权人利益的受损。

---

① 参见左北平：《关联企业实质合并破产的相关问题》，载360doc个人图书馆网站，http：//www.360doc.com/content/18/1224/16/34335215_ 804153331. shtml。

② 在2023年5月30日河南省高级人民法院发布的第二批破产典型案例中，河南红旗煤业股份有限公司等七公司合并重整案，法院适用法人人格高度混同、区分财产成本高、债权人整体公平受偿三标准；洛阳万山湖旅游有限公司及洛阳荆紫仙山旅游开发有限公司合并破产重整案，法院适用法人人格高度混同一标准；新乡市新运交通运输有限公司等二十家公司合并重整案，法院适用法人人格高度混同一标准；河南银鸽实业投资股份有限公司等七家公司破产重整案，法院适用法人人格高度混同一标准。参见《河南高院发布第二批破产审判典型案例》，载河南省高级人民法院网站，http：//www.hncourt. gov. cn/public/detail. php？ id = 195664。

（二）关联企业实质合并破产的申请主体不明且法院不宜依职权启动

债权能否通过破产程序获得清偿以及清偿比例的确定，是破产债权人高度关注的问题。债权人也是破产法律关系的直接利害关系人，保护债权人平等受偿权是我国《企业破产法》的立法宗旨，因而《企业破产法》第7条明确规定了债权人对债务人破产重整或清算的申请权。但该申请权仅是"一事一议"的权能，对于关联企业符合实质合并破产的情形，仅对关联企业内某成员企业享有债权的债权人能否申请关联企业进行实质合并，法律尚未有明确答案。当债权人有效获知与其交易的成员企业已被不正当利益交织而自己的债权不保时，其拟提出实质合并的请求将会受到"法无明文"、不具有申请人主体资格的禁锢。实践中，也客观存在着关联企业为实施不当利益转移而背着债权人私下操作的情形，债权人因信息的不对称和专业能力不足等问题，客观上也无法行使申请实质合并的权利。

破产企业的管理人，是为推动破产程序顺利进行而依法指定，中立于破产程序中的任何一方利害关系人，是以独立的意思履行职责，并以自身财产独立承担法律责任的专业机构或个人[1]。从其专业性和职能定位以及可以直接介入并获取关联企业不正当关联交易的内幕信息角度而言，似乎其是最佳的申请人人选，司法实践中也有地方法院明确规定了管理人的实质合并破产申请权。例如，北京市高级人民法院规定，"已经进入破产程序的关联企业成员的管理人"享有申请关联企业实质合并破产的申请权[2]；广东省高级人民法院规定，申请关联企业实质合并破产的主体包括管

---

[1] 姚彬、孟伟：《破产程序中管理人制度实证研究》，中国法制出版社2013年版，第126页。

[2] 参见《北京市高级人民法院企业破产案件审理规程》第7条第2款。

理人和债权人①。但这些区域性的规定，并不具备"放之四海皆准"的普适效力。同时，管理人的法理特征即与破产法律关系中的任何主体均不具备直接利害关系。然而，关联企业个别成员的破产管理人并不能想当然地拥有对其他关联企业的调查权，其仅能在履行成员企业破产管理职能时发现线索，不能全面地获得关联企业不正当利益转移、规避债务、人员混同等能足以导致实质合并破产的有效证据。因此，从法律未对管理人授权的角度和客观条件上的局限而言，管理人作为关联企业实质合并破产的申请主体权能不足。

我国《企业破产法》适用的是"不告不理"的原则。联合国国际贸易法委员会制定的《破产法立法指南》第三部分"破产企业集团对待办法"中指出，虽然在有些国家，法院可以自行下令进行实质性合并，但由于这类命令对当事人的利益会产生严重影响，所以不宜采用由法院依职权启动实质合并程序的做法。在我国的司法实践中，实质合并破产需要由适格的主体提出申请，然后由法院审查后裁定是否受理，法院不得依职权自行启动实质合并破产程序，对这一问题最高人民法院的会议纪要中也有回应②。

然实质合并破产将产生全面永久地否定企业法人人格的效力，对债权人的影响也是根本的因素，若债权人和管理人无法定资格对实质合并破产提出申请，法院又不宜依职权裁定启动实质合并破产，则关联企业实质合并破产中债权人的利益保护将成无源之水。

（三）异议债权人的权利救济程序缺失

决定是否给予关联企业实质合并破产并非审理和判决事项，

---

① 参见广东省高级人民法院《全省部分法院破产审判业务座谈会纪要》第7条。
② 王欣新：《实质合并破产中听证与复议的规制研究》，载《法律适用》2022年第8期。

在审查和决定环节本身就将债权人隔离在门外，削弱甚至剥夺了债权人的陈述、辩论权利，有违"自然公正"的原则①。而当异议债权人的异议不被采纳而要寻求程序救济通道时，理应为其打开方便之门。然而，《中华人民共和国民事诉讼法》（以下简称《民事诉讼法》）及其司法解释并未给关联企业实质合并破产的异议债权人规定起诉或上诉的通道。《破产会议纪要》第 34 条为了弥补这一缺失，赋予了异议债权人向"上一级人民法院申请复议"的权利。但因为关联企业实质合并破产需要审理的对象是涉及实体权利进而需要实体审理的，而对异议的复议解决的仅是异议处理环节的程序问题，无法对关联企业法人人格是否高度混同、合并破产是否损害债权人利益这些实体问题进行深入的审理，因而，这一由上级法院进行复议的制度设计过于敷衍。同时，对于异议复议期间是否停止实质合并裁定的执行，《破产会议纪要》也未作出相应的规定，若受理法院为片面追求效率而不停止实质合并破产裁定的执行，也会给债权人的利益带来"不可逆"的损害。

（四）缺乏对债权人利益的补偿机制

《破产会议纪要》所倡导的维护"债权人整体清偿利益"的精神，势必会在司法实践中形成为满足整体利益之需的倾斜，或为了满足"增加重整可能性"之要求，局部或具体债权人的利益也面临着被平衡掉的威胁，所以为了整体利益或效率而被具有强制力的裁定减损其清偿利益的债权人，同样应该受到法律的平等对待与保护，对其损失利益的适当弥补是减少对抗、化解负面情绪的重要手段。但这一重要且必须直面的问题，目前处于一个被

---

① 自然公正原则是英国普通法长期以来发展出来的关于公正行使权力的"最低限度"的程序原则，它包括两个最基本的内容：一是任何人或团体在行使权力可能使别人受到不利影响时都必须听取对方意见，每一个人都有为自己辩护和防卫的权利；二是任何人或团体不能作为自己案件的法官。

法律和《破产会议纪要》搁置或无暇顾及的盲区。

三、破产债权人利益保护的完善建议

针对前文对关联企业实质合并破产中对债权人利益保护不足问题的相关梳理，笔者认为需要从构建关联企业实质合并破产的裁定标准，明确从授予债权人及管理人实质合并破产的申请权，调整适用异议债权人的上诉权，以及给予异议债权人特殊利益补偿权等方面进行完善。

（一）确立完善的关联企业实质合并破产裁定标准

如上文所述，经过司法实践的检验，"法人人格高度混同"这一标准基本上成为全国各地法院裁定实质合并破产的统一适用标准，而其他的"区分财产成本过高""严重损害债权人公平清偿利益"标准则被法院用来作为补强性或辅助性标准。实际上，肇始于美国的关联企业实质合并破产的裁量标准也在随着司法实践的检验日渐完善，法院对于实质合并破产规则的适用越发趋于谨慎，设立了明确的实质合并破产适用标准，以防止法院和管理人滥用该规则①。美国最初的判例是参考法人人格混同创设了关联企业人格否认的七标准。随着司法实践的演进，又将债权人的利益保护纳入适用标准中，形成了包括债权人利益整体保护和债权人信赖利益保护的综合性判断标准。直到 2015 年，美国法院通过 Owens Corning 案，将人格混同判断与债权人利益考量结合，形成两种主要判断标准②。结合域外的成熟做法和我国司法实践的经验，笔者建议将裁定关联企业实质合并破产的标准以两分法确定。一是明确必要性标准，即参考美国的做法，将"法人人格高度混

---

① 朱黎：《美国破产实质合并规则的实践及其启示》，载《浙江学刊》2017 年第 1 期。

② 高小刚、陈萍：《论关联企业破产程序中实质合并原则的适用》，载《法律适用》2020 年第 12 期。

同"和"严重损害债权人利益"确定为必要性标准，"法人人格高度混同"为第一要件；"严重损害债权人利益"为第二要件，这两个要件应同时具备。因为关联企业虽"法人人格高度混同"但却并不"严重损害债权人利益"的情形也同样存在。在不损害债权人利益的情形下，即使法人人格混同，也委实没有实质合并的必要。二是将"区分财产成本过高""提高企业重整成功率""增加债权人整体清偿率"设置为充分条件，在具备上述必要条件的前提下，各个充分条件用作填充。也即法院在对关联企业是否具备实质合并破产条件审查判断时，除必须具备两个必要条件外，还应考察是否具有充分条件，充分条件只具其一，便可以裁定实质合并。这是因为"法人人格高度混同"和"严重损害债权人利益"是衡量关联企业能否实质合并破产的法理依据，而"区分财产成本过高""提高企业重整成功率""增加债权人整体清偿率"是衡量关联企业能否实质合并破产的现实依据。没有法理依据，彻底否认法人人格不具有合法性；没有现实依据，彻底否认法人人格不具有现实性[1]。

（二）明确授予债权人及管理人实质合并破产的申请权

债权人是破产程序中的利益攸关者，债权人的利益也是破产法维护的核心。《企业破产法》中本就赋予了债权人申请破产清算和破产重整的权利。在关联企业实质合并审理中，债权人有证据认为自己已申请破产的债务人企业与其关联企业存在法人人格高度混同和不正当利益输送进而影响自己的清偿利益时，对关联企业提出实质合并的申请属于维护自身合法权益的正当权利，再加上《企业破产法》对债权人的申请权已有明确的规制，稍加扩

---

① 乔中国、樊艳红、韩松江：《〈破产会议纪要〉后关联企业实质合并重整研究》，载《中北大学学报（社会科学版）》2022年第5期。

张便可以解决债权人申请关联企业实质合并破产权能不足的尴尬局面。当然，赋权和权力的运用是两个层面的问题，实践中也不乏外部债权人因信息不对称，无法了解关联企业内部关联交易和基本运作的情况而无法获取相关证据，导致无力申请。而在此时，制度设计中完全可以引入"举证责任倒置"规则，即当债权人有初步证据可以证实关联企业之间存在法人人格高度混同、不正当交易行为可能损害债权人利益时，举证责任发生移转，由破产企业和其关联企业负责举证证明相互之间不存在实质合并破产的情形。另外一种情形就是债权人所申请的破产企业是相对优质的企业，债权人担心自行申请其关联企业实质合并会摊薄自己应分配的利益。此时债权人便无申请的动机，但法律不能因局部主体放弃行使权利而忽略整体利益。同时，若制度设计中能附加特殊债权人利益补偿机制和保障机制作为补充的话，则担心利益摊薄的债权人也会积极行使申请实质合并破产的权利的（下文述及）。

破产管理人的独立性要求和专业性特质决定了其是最佳的实质合并破产的申请主体，其介入破产企业后的工作开展以尽调为前提，尽调所获得的相关审计报告、财务报告、企业信息信用情形，在一定程度上可以凸显关联企业人格高度混同的情节。再者，管理人接受法院指定接管破产企业，独立行使职权，其职能和地位有别于其他破产法律关系的主体，与破产利益不具有利害关系，其公信力及出具的申请的可信度更易获得法院的采信和债权人的信赖。当然，仅作为一家成员企业的管理人，想获取其关联企业的相关信息的确不易，而成熟的律师调查令制度将会破解这一难题。在面对关联企业不合作甚至对抗、隐匿证据资料的情形时，人民法院应该应管理人之请，参照律师调查令制度随时向管理人开具调查令，来由管理人收集和调查证据。清算公司或会计师事务所，则可以用和律师事务所组建联合管理人的方式，来解决不能申请律师调查令的问题。

（三）完善听证程序并赋予异议债权人上诉权

（1）在听证程序上人民法院应确保已知债权人的通知应达到"应知尽知"。对于未知债权人，应通过一定形式的公告办法，告知未知债权人已受理成员企业破产的情况和与该成员企业的关联企业拟进行实质合并的信息，并在公告中附送围绕识别"法人人格高度混同""严重损害债权人利益"的举证要求来进行辅导，确保已知和未知债权人均能公平享有实质合并破产听证的程序权利。鉴于关联企业所处的地域广袤，有些关联企业布局全国甚至走向海外，所以除最高人民法院的全国企业破产重整案件信息网等官网之外，还应在国家级平面媒体刊印公告。

（2）明确参加听证会的主体。《破产会议纪要》对参加听证会的主体用"利害关系人"进行了概括描述，虽从逻辑上可以推出利害关系人包含债权人主体，但该利害关系人的外延过大，不仅包括债务人、债权人、出资人，还可能涉及关联企业的实际控制人、意向投资人等。主体范围过大易忽略债权人这一重要主体的权利，建议在今后出台的相关解释或其他司法文件中，对"债权人"这一主体明确列举。同时，关于债权人的界定，不仅包括已受理破产的成员企业的债权人，还应包括拟进行实质合并的关联企业的债权人；不仅包括本次拟拉入实质合并关联企业的债权人，还应包括后续拟继续合并的关联企业的债权人，因为听证会所要听取的恰恰是所有关联企业债权人的意见。

（3）赋予异议债权人的上诉权。如上文所述，复议程序仅解决程序问题而无力解决实体问题，而实质合并重整直接改变了债权人与债务人之间的法律关系，完全属于实体法调整的范畴。"对当事人权利的保护有两种模式，一是法院裁定实质合并破产前的事前保护，二是法院裁定实质合并破产后的事后保护。"① 听证会属于对债权人知情权、异议权的事前保护；赋予债权人上诉权、申请复议权是对债权人异议权的事后保护。囿于《破产会议纪要》的位阶，其无法赋予异议债权人的上诉权，只能以向"上一级人民法院申请复议"来填补法律的空缺，这也体现了最高人民法院在上位法无相应依据时回应异议债权人程序性权利救济的无奈。据中国人大网 2022 年 3 月 29 日报道："修改企业破产法已列入十三届全国人大常委会立法规划。"② 鉴于《企业破产法》是典型的实体和程序相结合的法规性质，若能在《企业破产法》修订中列入异议债权人的上诉权，则该"瓶颈"问题将迎刃而解。而在修法未果的当前，鉴于《最高人民法院关于适用〈中华人民共和国民事诉讼法〉的解释》第 295 条第 1 项规定③的限制，异议债权人目前暂不能提起第三人撤销之诉，但完全可以授权当事人参照适用《民事诉讼法》第 227 条执行异议之诉的制度安排，来审理异议债权人的异议。这是因为：首先，破产法的性质当属概括的强制执行法，适用执行程序中的执行异议之诉理所应当；其次，异议债权人的支持或反对实质合并的主张与案外人为阻却人民法院对其利益财产的执行具有同质性，与执行异议之诉需要审理和解决的问题本质属性一致。因而，若参照适用执行异议之诉对异议债权人来实施程序救济，则具有合理性和正当性。

（4）明确规定复议期间停止实质合并破产裁定的执行。鉴于实质合并破产程序不可逆的特点，以及异议债权人的利益会因程

---

① 王欣新：《关联企业的实质合并破产程序》，载《人民司法（应用）》2016 年第 28 期。

② 《修改企业破产法有序推进修订草案起草工作》，载中国人大网，http://www.npc.gov.cn/npc/c30834/202203/93e7fd33fbf042ccbe7ed82985ff6925.shtml。

③ 《最高人民法院关于适用〈中华人民共和国民事诉讼法〉的解释》第 295 条规定："对下列情形提起第三人撤销之诉的，人民法院不予受理：（一）适用特别程序、督促程序、公示催告程序、破产程序等非讼程序处理的案件；……"

序的不可逆而导致损失的泛化与固定化，复议结果对原审裁定的改变也会浪费司法资源，因此，复议期间暂停实质合并破产裁定的执行应属多益举措。

（四）构建对受损债权人的补偿机制

联合国国际贸易法委员会《破产法立法指南》的第三部分对异议债权人的保护作出了规定，其立意是若关联企业实质合并破产给某一债权人造成严重损害时，应当给予其高于其他债权人的补偿。徐阳光提出"要给异议债权人要求补偿利益的权利"，但该补偿是"合理补偿""适度补偿"而非"利益补足"①。徐阳光的观点与《破产法立法指南》所提出的"给予利益严重受损的异议债权人优待"意旨相同。异议债权人特殊补偿制度的法源在于民法中的侵权补偿规则，具体的构建应从补偿对象和补偿标准两个方面进行规定：补偿对象是基于关联企业法人人格高度混同而被合并，其可受偿利益被摊薄降低的债权人，以及虽异议成立但法院为整体破产债权人的利益考虑而被驳回异议的债权人；补偿标准可以根据实质合并破产前后受偿比例的对比，在全体同类债权统一清偿率之上和异议债权人在成员企业成员破产时的清偿率之下予以合理确定。

---

① 徐阳光：《论关联企业实质合并破产》，载《中外法学》2017 年第 3 期。

企业集团实质合并破产标准的实务探析

陈冠兵　农　玲[*]

陈冠兵　农　玲[*]

摘要： 随着商业社会的不断深入发展，大型企业集团越来越常见，当企业集团成员出现破产事由，势必会影响其他企业集团成员。实质合并破产制度伴随着企业集团的发展在破产实践中逐渐发展完善，目前虽然已经有大量案件适用，但在规则上仍处于探索阶段，缺乏明确的法律和司法解释，仅有最高人民法院及地方法院发布的原则性司法文件。本文结合关联企业的现实关系及相关制度发展历程，探讨实质合并破产制度的价值取向和效率标准，结合实际案例，分析实质合并破产的适用条件和具体认定标准。

关键词： 实质合并破产标准　企业集团　人格混同　区分成本
公平清偿

随着商业社会的不断深入发展，企业规模化发展成为常态，大型企业集团越来越常见，关联企业也因服务于集团整体战略、功能互补且交易往来频繁等原因成为一个密不可分的整体。实质合并破产，是指将集团关联企业视为一个单一企业，合并资产与负债，在统一财产分配与债务清偿的基础上进行破产程序，包括实质合并重整、清算和和解，各企业的法人人格在破产程序中不

　＊ 陈冠兵，上海市方达律师事务所合伙人，上海市破产管理人协会重整业务研究委员会主任，法学硕士；农玲，上海市方达律师事务所实习律师，法学硕士。

再独立。① 实质合并破产制度是在破产实践中逐渐发展完善的案例规则，目前仍处于探索阶段，在具体适用中，难免会出现未有定论的难题。因此，结合关联企业的现实关系及相关制度发展历程，明确实质合并破产的适用条件及认定标准，具有重大意义。

一、实质合并破产制度的诞生背景

在密切联系的企业集团中，若有成员出现破产事由，势必对企业集团的紧密结构造成破坏，影响其他企业集团成员。但这一影响的波及程度会因企业集团成员间是否存在滥用控制权造成混同存在不同，若企业集团成员在经营和管理活动中严格遵循《公司法》及相关法律法规，自主经营，保持独立，与其他企业集团成员不存在人格混同，个别企业集团成员破产的影响范围也较为有限，那么分别根据《企业破产法》及相关规定依法推进企业成员破产程序即可。若企业集团的核心控制企业滥用控制权，导致关联企业存在高度人格混同，那么个别企业集团成员出现破产事由，势必严重波及其他关联企业，触发"多米诺骨牌"，引发企业集团成员大规模破产。此时，若坚持对各个出现破产事由的关联企业分别适用破产程序，会因关联企业之间财产严重混同而实际上难以划定各自的破产财产范围，因负债相互勾连而陷入相互追收的循环，因关联企业举债主体和用款主体不同一而导致债权人无法获得公平受偿。这一系列后果不仅使在单独破产程序中适用《企业破产法》存在重重困难，也严重背离了"公平清理债权债务，保护债权人和债务人的合法权益"② 的宗旨。因此，对存在严重混同的关联企业进行实质合并破产不仅是解决破产实践难

---

① 王欣新：《关联企业实质合并破产标准研究》，载《法律适用（司法案例）》2017 年第 8 期。

② 参见《企业破产法》第 1 条。

题的必行之路，也是在《企业破产法》精神指导下的应然选择。

二、实质合并破产的规则发展

实质合并破产制度是在实践中逐渐发展的制度，尽管我国还没有在立法上明确设立实质合并破产制度，但相关规则也在随着破产实践不断细化。

（一）最高人民法院制定的相关规则

2018 年最高人民法院首次在《破产会议纪要》中规定实质合并破产制度，明确法院可以通过实质合并审理方式处理法人人格高度混同的关联关系，确保全体债权人公平清偿。《破产会议纪要》第六章规定了"关联企业破产"，从此，《破产会议纪要》成为法院审理实质合并破产相关案件的主要依据。

2019 年最高人民法院在《全国法院民商事审判工作会议纪要》（以下简称《九民纪要》）第二章第四节规定了"关于公司人格否认"，其中，第 10 条规定人格混同的判断标准和考虑因素，第 11 条规定过度支配与控制的情形。虽非对实质合并破产进行直接规定，但为实质合并破产标准提供参考。

（二）地方法院制定的相关规定

据不完全统计，在地方法院层面，截至 2023 年 5 月，已有北京、上海、四川等 8 个地方法院在其发布的破产案件审判指南中对实质合并破产作出相关规定，为地方法院审理实质合并破产相关案件提供指导。

三、实质合并破产的标准

《破产会议纪要》第 32 条系目前唯一规定实质合并破产标准的正式司法文件，其规定："当关联企业成员之间存在法人人格高度混同、区分各关联企业成员财产的成本过高、严重损害债权人公平清偿利益时，可例外适用关联企业实质合并破产方式进行审理。"据此，关联企业仅在同时满足"法人人格高度混同""区分各关联企业成员财产的成本过高""严重损害债权人公平清偿利益"这三项标准时，才可进行实质合并破产。

（一）"法人人格高度混同"要件的认定

1. "法人人格高度混同"要件的规则依据

《破产会议纪要》并未对"法人人格高度混同"的认定标准进行细化规定，而相关司法文件《九民纪要》第二章第四节中"关于公司人格否认"的规定则可以作为人格混同的重要判定标准。

《九民纪要》第二章第四节虽然是针对《公司法》第23条第三款的解释，但将之作为关联企业之间是否"法人人格高度混同"的判断标准具有合理性。首先，实质合并破产制度系由美国创立并在实践中不断完善，创立之初并无独立的实质合并破产规则，而是借用公司法上的法人人格否认制度进行判定。Sampsell *v.* Imperial Paper & Color Corp. 案是美国开始确立实质合并规则的里程碑式的案件，在该案中，自然人 Downey 在破产前将其财产转移给由其设立并控制的公司 Imperial Paper & Color Corp，破产管理人申请将 Imperial Paper & Color Corp. 公司的财产并入 Downey 的财产中一并清偿债务，这一申请得到了法院判决的支持。法院从"人格混同"的角度出发，提出当承认某种伪造的人格独立将会造成债权人利益的不当损害时，即可否认这种人格独立，进行财产的合并清偿。可见，追溯实质合并破产制度的起源，公司法中的人格混同理论是实质合并破产制度的理论基石，参考公司法人人格否认制度的相关标准认定实质合并破产制度的"法人人格高度混同"并无不妥。其次，公司法人人格否认制度与实质合并破产制度都是解决法人人格混同现象，只是适用领域和处理方式不同。前者是针对公司法领域的股东与子公司人格混同，适用于个别交易关系的处理，强调对单项债务清偿的连带责任；① 后者是针对破产法领域的关联公司人格混同，对混同的关联企业实体合并，在法律上视为一个整体。可见公司法人人格否认制度与实质合并破产制度均否定关联企业独立性的存在，适用条件存在相通之处。最后，目前相关法律法规均未对实质合并破产的"法人人格高度混同"要件有进一步细化规定，参考《九民纪要》第二章第四节中的人格混同规定判定关联企业是否"法人人格高度混同"，不仅解救法院于无法可依的境地，提高司法裁判的准确性与司法态度的一致性，也为实质合并申请提供更为具体的指引，减少盲目申请情况的发生，提高破产效率。

根据《九民纪要》第二章第 10 条的规定，判断公司是否构成人格混同的根本标准是公司是否具有独立意思和独立财产，最主要的表现是公司财产与股东财产混同且无法区分，在构成人格混同时，通常还具备业务混同、员工混同和住所混同。但是《九民纪要》明确规定法院在具体案件中关键要审查是否构成人格混同，而不要求同时具备其他方面的混同，其他方面的混同只是人格混同的补强。

在司法实践中，关联公司混同表现复杂多样，法律难以穷尽，因此《九民纪要》采用不完全列举的方式规定了应综合考虑的因素。在分析关联公司法人人格是否高度混同时，还可参考《九民纪要》第 11 条"过度支配与控制"。过度支配与控制，是指在关联企业中，企业集团的控制企业对企业过度支配与控制，操纵关联企业的决策过程，使关联企业完全丧失独立性，沦为控制企业的工具或躯壳。关联企业一旦被控制企业滥用控制权，就不再具有独立意思和独立财产，其独立人格就会沦为工具或躯壳。《九民

---

① 王欣新：《关联企业实质合并破产标准研究》，载《法律适用（司法案例）》2017 年第 8 期。

纪要》采用不完全列举式总结了审判实践中可以认定为滥用控制权的四种情形。

2. 企业集团化管理与关联企业法人人格高度混同的辨析

随着社会经济的不断发展，当代大型企业多选择通过集团化运作的方式来降低内部交易成本、优化资源配置、提高经济效率，企业集团化具有一定的商业合理性。但是，应当辩证看待企业集团化管理，只有符合法治化、市场化的集团化管理才是值得肯定的现代化公司治理模式，不应以企业集团化管理作为掩盖关联企业存在严重人格混同的幌子，而应根据关联企业的具体情况来判定是否符合"法人人格高度混同"要件。

笔者结合办理的某企业集团实质合并破产经验，认为在分析关联企业间的行为是正常合理的集团化管理行为抑或是法人人格高度混同的表现时，可从企业集团成员是否具有独立意思及独立财产角度切入，重点综合以下几个方面进行考察。

（1）企业集团成员是否设立基本的企业治理结构，内部决策和管理流程是否符合章程及相关法律规定。根据《中华人民共和国民法典》（以下简称《民法典》）的规定，营利法人应当制定章程，应当设立权力机构、执行机构，也可设立监事会或者监事等监督机构，分别行使其职权①。若企业集团成员未设立权力机构、执行机构或监督机构，或虽已设立基本的治理结构，但内部决策从未履行章程所规定的决策机制，而是接受关联企业的决策和管理，这实际上架空了企业集团成员的权力机构和执行机构，受控关联企业的权力机构、执行机构和监督机构三大企业治理机构形同虚设，不具有决策、执行和监督的职能，则可以认定受控的关联企业丧失法人意志独立性，不具有独立意思。

（2）企业集团内部的核心控制企业是否过度支配和控制关联

---

① 参见《民法典》第 79 至第 82 条。

公司，是否对关联公司进行直接管理或直接参与重大事项的决策，而非通过行使股东权利或表决权进行逐级管控。在依法规范运营的企业集团内，核心控制企业应通过股东/投资人身份参与下属企业的权力机构或者执行机构来直接或间接管理下属企业。但若企业集团内部的核心控制企业不仅直接管理其直接投资企业，还对其间接投资企业进行直接管控，甚至对任意企业集团成员内部的重大事项进行直接决策，这一行为实则是将核心控制企业意志完全凌驾于其他企业集团成员之上，已彻底违反现代企业治理制度，致使企业集团成员丧失法人意志独立性，则构成人格混同。

（3）企业集团化管理是否违反市场化交易原则，关联交易是否损害关联企业的财产独立性。正常的企业化管理是在尊重关联企业独立性并遵守市场化交易规则前提下通过统一的规划安排约束关联企业的经营行为。实践中，违反市场化交易原则的关联交易主要有以下几种表现：①核心控制企业统一安排关联企业的经营业务甚至业务量，关联企业的经营行为与效果并非市场化竞争的结果；②关联企业交易的上下游企业并非由企业在市场化竞争中自主选择，而是受核心控制企业统一安排；③核心控制企业统一安排归集、调拨关联企业的资金，而不征求关联企业的同意，关联公司的资金使用需经过核心控制企业的审批；④企业集团的主要融资平台将对外融得资金发放给关联企业使用，但双方未签署借款协议，且双方均未就占用的款项收取或支付资金占用费；⑤关联企业间相互担保，且双方均不收取任何担保费用或要求提供反担保；⑥核心控制企业统一安排关联企业的投资行为，甚至直接为关联公司缴纳注册资本金提供资金。上述行为明显不符合市场化的交易原则，关联企业已不具有营利性法人的本质特征。

因此，在集团化管理的大型企业中，应具体分析关联企业是否符合"法人人格高度混同"要件。当核心控制企业对关联企业的管控已经严重超出了正常的企业集团化管理行为，使核心控制企业的意志直接替代了关联企业三大治理机构的意思，治理机构完全被架空，应认定为关联企业严重丧失法人意志独立性，不具有独立意思。当企业集团化管理已违反市场化交易原则，关联交易损害关联企业的财产独立性，关联企业不能完全支配企业财产，应认定为关联企业不具有财产独立性，与核心控制企业存在财务混同。企业集团内的关联企业既不具备独立意思又不具备独立财产时，根据《九民纪要》及《破产会议纪要》，足以认定关联企业法人人格高度混同。

（二）"区分各关联企业成员财产的成本过高"要件的认定

实质合并破产制度是在破产程序中全面且彻底否定关联企业的法人人格，因此"法人人格高度混同"要件是最为重要的要件。但是在破产程序中，如果能够区分关联企业间的资产和负债，自可通过个别调整如撤销权行使、主张清偿行为无效方式实现救济，而不需通过实质合并破产这一无法撤回的方式；但若关联企业间彼此财产难以区分，达到"令人绝望"的地步[1]，此时仍试图区分，势必需耗费大量的时间和金钱，实质合并破产制度的"效率"追求必然要求关联企业满足"区分各关联企业成员财产的成本过高"标准。

1. "区分各关联企业成员财产的成本过高"要件认定的司法实践

就"区分各关联企业成员财产的成本过高"要件，法院在辉山乳业等78家公司合并重整案中论述：78家被申请人企业内部交易复杂、资产严重混同、账簿记载不清，适用破产法上的撤销权制度、无效行为制度等区分各被申请人财产的成本过高，如坚持

---

[1] 王静、蒋伟：《实质合并破产制度适用实证研究——以企业破产法实施以来76件案例为样本》，载《法律适用》2019年第12期。

各企业单独重整，将损害债权人的实际清偿利益。[1]

在大连机床实质合并重整案中，法院论述：27 家公司的外部融资统一调配使用，内部交易纷繁复杂、资产和生产资料的所有权和使用权相分离、财务账簿资料统一管理且记载不清，主张清偿行为无效等方式区分各企业责任财产成本过高，坚持单独破产重整将严重损害债权人清偿利益[2]。

在西林钢铁实质合并重整案中，法院论述："（1）四十家被申请人企业内部交易复杂，资金流量明显大于关联交易量，资产严重混同、账簿记载不清，适用破产法上的撤销权制度，无效行为制度等区分各被申请人财产的成本过高，如坚持各企业单独重整，将损害债权人的实际清偿利益；（2）因四十家被申请人系西林钢铁、阿城钢铁、兴安金属及其子公司、子公司的全资或控股公司或关联公司，形式为一个集团体，各关联企业成员之间资金往来频繁，债权债务难以区分，适用实质合并破产有利于债权人公平清偿。"[3]

在丛林集团等 24 家公司合并重整案中，法院认为，丛林集团有限公司及其 23 家关联公司在资产、人员、财务、机构等方面存在高度混同情形，大部分公司之间存在大额贷款互保关系，企业之间资金往来频繁、相互债权债务关系复杂，各申请人之间的互保关系及内部追偿关系复杂，难以区分或者区分成本过高。[4]

根据以上案例，法院在破产实践中，关联企业有以下情形的，可以认定符合"区分各关联企业成员财产的成本过高"要件：①关联企业之间存在金额大、数量多以及架构复杂的资金往来，形成关联企业间复杂的债权债务关系；②关联企业间交易频繁，

---

[1]　辽宁省沈阳市中级人民法院（2018）辽 01 破申 42 - 1 号民事裁定书。
[2]　辽宁省大连市中级人民法院（2017）辽 02 破 15 - 37 - 1 号民事裁定书。
[3]　黑龙江省伊春市中级人民法院（2018）黑 07 破 1 - 1 号民事裁定书。
[4]　山东省龙口市人民法院（2018）鲁 0681 破 5 - 1 号民事裁定书。

但会计账簿记载不清或无记载，证明关联企业间债权债务基础关系的交易凭证缺失，难以理清债权债务关系；③关联企业间互相担保，内部追偿关系复杂；④企业的资产和生产资料由关联企业随意使用和处置，所有权和使用权相分离，导致关联企业间资产权属不清，难以查明。

2. "区分各关联企业成员财产的成本过高"要件的证明高度

在笔者办理的某集团实质合并破产案中，曾有债权人提出异议，认为关联企业间的资金往来均有相应的财务记载和银行流水，不存在区分财产过高的情况，这实际是混淆了区分成本过高和无法区分。"区分各关联企业成员财产的成本过高"并不要求证明达到无法区分的程度，而是证明达到难以区分、强行区分将会耗费高成本即可。

根据王欣新教授的观点，"成本"是指区分资产和债务的费用，主要是指复杂的法律调查、性质判定、行为纠正、财务调整、撤销权行使资产回收等方面发生的费用。[①] 笔者认为，有财务记载并不意味着可以区分或者区分成本不高，事实上，企业集团之间关联企业工具化、财务记载形式化的现象非常严重，对于长达数年甚至十年以上关联企业的巨额、频繁的资金往来，如果仅仅通过财务记载进行逐笔清理和区分，那么其追收成本将远超想象，更为重要的是，部分资金流在多个企业之间进行流转，同一资金链条多达十余次，原始资金最终形成的资产可能游离于核心企业多层控制企业之外，更为重要的是部分集团通过毫无股权关系的体外公司循环走账，客观上导致无法通过有效的诉讼手段去重复催收。

此外，除财务成本外，区分成本还包括管理人及法院在进行

---

① 王欣新：《关联企业实质合并破产标准研究》，载《法律适用（司法案例）》2017年第8期。

上述资产负债区分及资产回收行为时耗费的时间成本。一方面，理清债务人资产负债情况并进行资产追收是管理人在破产程序中的主要工作部分，管理人在此部分花费大量时间将拉长破产程序，意味着对债权人的分配清偿将大大延后；另一方面，破产程序是法院监督下的司法程序，程序时间被无意义地拉长，意味着司法资源的耗费，更是与当前推动破产审判效率提升、简化市场主体退出投资流程的精神相违背。

除了上述总结的法院在破产实践中认定符合"区分各关联企业成员财产的成本过高"要件的四种情形，笔者结合某集团实质合并破产案的经验，认为关联企业具有以下几个情形时，亦足以认定符合"区分各关联企业成员财产的成本过高"要件。

（1）核心企业频繁归集和调拨关联企业资金，且该等调拨缺乏商业实质。在此情形中，即使管理人通过诉讼进行追收或者适用破产法的制度区分各关联企业成员的财产，亦明显存在举证困难的问题，并且会产生相应的诉讼费用等成本。

（2）关联企业资金长期往来频繁，但对应关联企业账面记载的资金往来数额不匹配，账面余额差异较大。在此种情形中，无法通过轧差等一般财务手段区分各自财产，但若逐笔核对资金往来以究其差异缘由，则因资金往来频繁且时间跨度较长，必然会耗费大量的人力成本、时间成本、财务成本，且未必能实现理想的区分效果。

（3）核心控制企业因注资增资、业务货款结算、非业务销账安排、融资结算、资金走账等经营、投资和融资活动产生资金结算需求，因而统一安排若干关联企业参与资金结算，并控制资金流转路径，形成同一笔资金循环交易多次、关联公司之间频繁转账的情形。在此情形中，存在资金结算路径的起点和终点都是同一家企业的情形，若仅从中间某个环节着手对个别关联企业进行催收，则无法达到追收资产、清理债权债务的效果，甚至会陷入相互追讨的无效率境地。

（4）关联企业沦为走账工具。在有些案件中，企业集团设立大量的空壳公司，其唯一目的就是协助核心企业作为资金通道走账，其根本不具有独立性的基础，亦不具有区分的必要性。

（三）"严重损害债权人公平清偿利益"要件的认定

"严重损害债权人公平清偿利益"要件是结果要件，通过适用这一要件实现纠正关联企业间的不当行为，进而保证高度混同的关联企业债权人在同一破产程序中公平受偿，体现实质合并破产制度"公平"的价值追求。关联企业成员人格高度混同并且区分各关联企业成员财产的成本过高时，若关联企业间的债权人仍得到公平清偿，则不需适用实质合并破产制度；但若关联企业单独破产会使关联企业债权人无法公平受偿，则应对严重混同的关联公司进行实质合并破产。

笔者结合某集团实质合并破产案的经验，认为在判定"严重损害债权人公平清偿利益"要件时，可从以下两个方面进行考量。

（1）从关联企业间的行为进行分析，关联企业间是否有不正当利益输送行为。例如，个别企业对外大量举债，但融得资金并非为自己所用，而是不正当地输送至其他关联公司，这导致持有资产较少或资产价值较低的举债平台公司债权人利益严重受损，资产流入或持有主体的债权人则获得较高清偿率，此时应通过实质合并破产制度进行纠正。

（2）从实质合并后的结果预测进行分析，对人格高度混同的关联企业进行实质合并破产是否有利于矫正法人人格混同下的利益输送行为，使全体债权人公平受偿。例如，若企业集团的核心控制企业统一调拨和安排内部资产和负债，不同关联企业债权人的清偿率差异较大正是不正当利益输送的结果，若对关联企业进行实质合并破产，可使各关联企业的债权人在同一程序中按照法定顺序公平受偿，正契合实质合并破产的"公平"价值。

企业实质合并破产重整后原法人
资格存续研究

李正国　朱贞沙*

摘要：企业实质合并破产重整制度在破产实务中的广泛适用，也引出了系列疑难问题，实质合并破产重整后原法人资格存续问题就是其中之一。虽然《破产会议纪要》在关联企业合并破产专题就实质合并破产重整后的系列法律效果和原企业法人资格存续作出了规定，但是相关规定较为笼统，实践中难以把握，实务界对此也有不同的观点。因此，笔者拟通过本文梳理现行相关法律规范，从公司法和破产法的规范逻辑出发，浅析企业实质合并破产重整后原法人资格存续的实务价值，探讨《破产会议纪要》第37条的固有局限性，并提出相关立法完善建议。

关键词：实质合并破产　法人人格否认制度　反向出售式重整

在企业供给侧结构性改革"去产能、调结构"的大背景下，部分集团企业因转型失败、投资亏空、产能过剩等问题相继出现破产原因，引起关联企业实质合并破产制度的广泛适用，同时也衍生出了实质合并破产系列难题。根据《破产会议纪要》第37条"适用实质合并规则进行和解或重整的，各关联企业原则上

---

* 李正国，四川恒和信律师事务所主任，西南财经大学法律硕士；朱贞沙，四川恒和信律师事务所专职律师，西南政法大学法学学士。

应当合并为一个企业。根据和解协议或重整计划，确有需要保持个别企业独立的，应当依照企业分立的有关规则单独处理"的规定，实质合并后的关联企业原则上应实行组织合并，但这在实践中往往会对企业的经营模式造成一定的限制，甚至会根本影响某些特殊重整模式下重整目的的实现。因此，笔者拟通过本文对现行相关规范进行梳理分析，以《破产会议纪要》第37条的司法适用为视角，探讨合并重整后原法人资格存续的实务价值和现行规范的局限性，为我国关联企业合并破产立法的完善提出建议。

一、立法现状

（一）现行规范梳理

关于实质合并破产制度，联合国国际贸易法委员会《破产法立法指南》第三部分"破产企业集团对待办法"将其表述为"将企业集团两个或两个以上成员的资产和负债作为单一破产财产的组成部分对待"[①]。作为应对关联企业破产的方式之一，虽然我国最高人民法院在《破产会议纪要》第37条就关联企业实质合并破产重整后的系列法律效果和原债务人法人资格存续作出了相关规定，但《破产会议纪要》作为司法审判的指导文件，其效力位阶不及法律。因此严格来说，我国关于实质合并规则的直接规范基础尚付阙如，实质合并破产制度也因缺乏实体法基础以及明确的适用标准而成为该路径在我国破产实务适用之桎梏。尽管如此，近年来全国各地区人民法院也参照《破产会议纪要》陆续制定了关于关联企业实质合并破产工作操作指引，但也几乎是对《破产会议纪要》内容全文照搬，规定内容过于原则化，并无具

---

① 联合国国际贸易法委员会：《破产法立法指南》第三部分"破产企业集团对待办法"，联合国维也纳办事处英文、出版和图书馆科2012年版。

体实施细则，实务中可操作性不强。现笔者将相关规范梳理如表
1 所示。

表1　现行关联企业实质合并破产相关规范

规范名称	相关规范内容	发文机关	施行时间
《全国法院破产审判工作会议纪要》	37. 实质合并审理后的企业成员存续。适用实质合并规则进行破产清算的，破产程序终结后各关联企业成员均应予以注销。适用实质合并规则进行和解或重整的，各关联企业原则上应当合并为一个企业。根据和解协议或重整计划，确有需要保持个别企业独立的，应当依照企业分立的有关规则单独处理。	最高人民法院	2018年3月4日
《企业破产案件关联企业实质合并破产工作指引》	第九条　【实质合并审理后关联企业成员的存续】适用实质合并破产清算方式进行审理的，在破产程序终结后，各关联企业成员均应根据《中华人民共和国企业破产法》第一百二十一条的规定办理注销登记。适用实质合并破产重整或和解方式进行审理的，应根据重整计划或和解协议的相关规定确定各关联企业成员的存续。合并为一个企业的，其他关联企业成员均应参照前款规定办理注销登记；确需保持个别企业独立的，应当依照企业分立的有关规则单独处理。	厦门市中级人民法院	2020年5月21日

续表

规范名称	相关规范内容	发文机关	施行时间
《关于关联企业实质合并破产工作操作指引（试行）》	第九条 实质合并审理后的企业成员存续。适用实质合并规则进行破产清算的，破产程序终结后各关联企业成员均应予以注销。适用实质合并规则进行和解或重整的，各关联企业原则上应当合并为一个企业。根据和解协议或重整计划，确有需要保持个别企业独立的，应当依照企业分立的有关规则单独处理。	长治市中级人民法院	2021年5月10日
《关联企业破产实质合并审理工作指引（试行）》	第九条 【实质合并审理后的企业成员存续】适用实质合并规则进行破产清算的，破产程序终结后各关联企业成员均应予以注销。适用实质合并规则进行和解或重整的，各关联企业原则上应当合并为一个企业。根据和解协议或重整计划，确有需要保持个别企业独立的，应当依照企业分立的有关规则单独处理。	三门峡市中级人民法院	2021年5月28日
《关联企业实质合并破产工作操作指引（试行)》	第十条 【实质合并审理的法律后果】……适用实质合并规则进行破产清算的，破产程序终结后各关联企业成员均应予以注销。适用实质合并规则进行和解或重整的，各关联企业原则上应当合并为一个企业。根据和解协议或重整计划，确有需要保持个别企业独立的，应当依照企业分立的有关规则单独处理。	山东省青岛市中级人民法院	2021年10月29日

（二）现行规范分析

从现行相关规定来看，最高人民法院《破产会议纪要》第 37 条系实质合并破产重整后原法人资格存续问题的唯一规定，各地法院关于关联企业实质合并破产工作操作指引也是完全照此制定，并无任何创新、细化之处。虽然全国各地法院对实质合并审理后关联企业成员的存续问题进行了统一且明确的规定，但笔者认为《破产会议纪要》第 37 条疑似对实质合并破产的法律性质存在错误理解，具体而言，"各关联企业原则上应当合并为一个企业"有将破产法层面的实质合并与公司法层面的企业组织形态的吸收合并混同之虞。在我国已有的破产实质合并的实践中，当法院作出实质合并破产重整裁定时，并不当然对案涉关联企业产生公司法层面的组织合并效力，如注销被合并的原有企业并办理工商变更登记；也从来没有哪一个企业在关联企业被裁定实质合并后履行组织合并的法律程序，既然企业未履行组织合并的法律程序，又如何按照《破产会议纪要》第 37 条"根据和解协议或重整计划，确有需要保持个别企业独立的，应当依照企业分立的有关规则单独处理"之规定，对未曾履行组织合并程序的企业再依照所谓企业分立的有关规则去分立呢？因此，笔者认为《破产会议纪要》第 37 条要求关联企业实质合并破产后原则上合并为一个企业，仅在"确有需要"时才例外地分立出来，该规定难以与公司法、破产法逻辑形成自洽而凸显其局限性，亟待进一步修正完善。

二、实质合并破产后原法人资格处置的法理分析

（一）适用实质合并破产重整制度时应充分尊重原企业人格独立性

法人人格独立制度作为公司法人制度的两大基石之一，滥觞于 19 世纪末美国判例"美国诉密尔沃基冷藏运输公司案"，该制度自创建后得到广泛应用并在司法实践中不断丰富、完善，在民商事领域内越发凸显其重要的现实意义和理论价值。作为民商法律框架下企业市场退出机制，破产程序也无疑需要遵循法人人格独立性制度这一主体理论，实质合并破产制度也概莫能外。[①] 但《破产会议纪要》第37条之规定则存在对被吸收关联企业法人人格的"不当否认"之嫌。正如王欣新教授所言，实质合并破产制度所涉"合并"，并非公司法层面的企业组织合并。当法院作出实质合并破产的裁定时，并不会对破产程序中案涉各关联企业产生公司法上组织合并的效力，实质合并破产后的各关联企业的法人人格，仅仅是在破产程序统一资债处理过程中暂不视为独立。也就是说，这是一种以对资产与负债统一公平处理为目的的法人人格模拟合并，目标是解决以资产与负债混同为关键特征的法人人格混同造成的不当法律后果，当这一立法目的得到实现，资产与负债合并处置完毕，其合并效力即告结束。[②] 对此，笔者认为王欣新教授的观点并无不当，关联企业实质合并破产重整强调就债务人资产与负债产生程序法意义上的合并法律效力，通过实质合并破产重整的法律处置，解决了关联企业人格混同引起的资债问题，这也是各关联企业修复法人人格独立性的过程，各企业经修复独立性后理应保留原有的独立组织形态。因此，《破产会议纪要》第37条将实质合并破产重整后所涉关联企业作原则性组织合并的安排，明显违背了企业主体理论，缺乏法理基础。

（二）实质合并破产程序中关联企业法人资格只是拟制消灭

在我国司法实践中，"法人人格严重混同"往往是裁定关联企业实质合并重整最典型的识别标准，以贵和集团11家公司与语

[①] 钟丹萍：《论法人人格否认制度在破产程序中的适应》，江西理工大学2018年硕士学位论文，第2页。

[②] 王欣新：《论关联企业实质合并重整后的法人资格问题》，载《法制日报》2018年6月27日，第12版。

嫣丹青公司实质合并重整案为例，受理法院认为案涉 11 家公司在人员、财产、财务管理、业务范围等方面存在高度混同，其已构成法人人格混同，裁定进入实质合并破产程序。① 根据《公司法》第 23 条第 1 款法人人格否认制度之规定，"法人人格否认"制度的设计初衷在于"揭开公司的面纱"，旨在追究滥用企业法人独立地位和有限责任股东的法律责任。但在关联企业实质合并破产实践中，破产领域的债权人集体清偿、破产费用和共益债成本等相关因素得到关注，人格否认制度逐渐突破公司法层面"刺破公司面纱"的规范逻辑，对"人格混同"标准和适用展开"横向拓展"，从而造就了区别于公司法中法人人格否认制度的实质合并破产规则，该规则虽脱胎于公司法中的法人人格否认制度，但已在破产法土壤中孕育出独立的法律品格。② 但笔者认为，"横向"揭开公司面纱的实质合并破产制度只应产生程序意义上的概括性清偿效果，并不当然导致实体层面法人资格消灭，其合并效果只是基于破产程序集体概括清偿之需，将各破产关联企业"视为"单一企业，待其资产负债概括处置完毕之后，各关联企业依旧具有独立的法人资格，各自承担有限责任；抑或理解为，实质合并破产制度自始并未对法人资格予以永久地、绝对地、全面地消灭。

三、实质合并破产后原企业资格存续的实务价值

（一）企业重整价值的实现往往以关联企业组织形态自治化为必要

1. 现代大型集团企业以结构化经营为常态

在市场经济体制下，集团公司与其下属关联公司共建的结构

---

① 乔中国、樊艳红、韩松江：《〈破产会议纪要〉后关联企业实质合并重整研究》，载《中北大学学报（社会科学版）》2022 年第 5 期。

② 郭歌：《"揭开公司面纱"作为关联企业合并破产之路径：规范解释与质疑回应》，载《中国政法大学学报》2022 年第 4 期。

化经营已成为现代企业组织常态。集团公司以核心企业为主的结构化经营可有效降低市场交易成本和行业内商业风险，优化各关联企业间资源配置，避免各企业在竞争中产生过高的经济成本与资源损耗，进而追逐市场收益最大化。总的来说，现代集团企业结构化经营的组织优势主要体现为以下几点。

（1）限制高风险营业责任。集团通过组建相应平台企业，将风险投资、消费者责任、安保责任等高风险营业事务限定于集团旗下的特定关联企业，进而让集团其他成员尽可能免于承担潜在风险责任。

（2）便于应对行政规制和实现内部监管。在集团企业结构化经营的体系下，一方面便于集团应对反垄断、反不正当竞争等行政规制，便于集中企业资源来获取行业资质、政府许可和特许经营等；另一方面跨国企业的集团结构化体系还便于实现对跨国关联企业从设立到日常经营等各方面的监管，从而规避域外相关法律限制、减轻税务负担。

2. 实质破产重整程序后的原则性合并可能会打破集团企业结构化经营体系

如上所述，集团企业结构化经营具备充分的经济合理性。若将实质合并破产后的关联企业实行组织合并，可能会导致集团结构化组织优势因实质破产重整后组织合并而丧失，进而严重影响破产重整执行阶段企业运转，这集中体现为以下两个方面。

（1）丧失特定经营资质与业务许可。在各关联企业经过实质合并破产重整的组织合并后，政府授予原各关联企业的经营资质与业务许可证或因为合并后的单一企业不再符合颁发条件而丧失，从而影响原有经营模式与思路，甚至影响经营业务之存续，最终丧失企业重整价值。以最高人民法院指导案例 164 号"江苏苏醇酒业有限公司及关联公司实质合并破产重整案"为例，核心企业苏醇公司的三家关联企业均系从事农产品加工的食品科技公司，在实质合并破产重整过程中，若将集团各关联企业作原则性组织合并，破产企业即面临酒精生产资质等核心资质灭失、生产设备闲置、价值贬损或贱卖等风险。受理该案的睢宁县人民法院审查认为，三家公司生产基础和市场前景较好，且当时酒精生产资质属于稀缺资源，具有较高重整价值，若关联企业赖以生存的酒精生产许可证灭失，则该企业生产设备只能闲置或贱卖，该案重整目的也无法实现。①从该案裁判要点可知，在部分债务人重整过程中，企业特定经营资质与业务许可是核心资产，若关联企业资格在实质合并重整后被强制合并，这无疑会导致重整企业在后续执行重整方案阶段步履维艰。

（2）难以满足实质合并重整后企业经营管理需要。此外，对大型集团的关联公司在实质合并重整后组织形态的强制控制，不仅会使重整后"涅槃而生"的企业市场组织优势全部丧失，还会给分布于全国甚至全球的大型集团公司治理与管理带来严重的协调问题。以辽宁辉山乳业集团有限公司与其关联企业的合并重整案为例，适用实质合并破产重整的企业共有 83 家，被合并的辽宁辉山乳业集团有限公司各关联公司分别于不同生产供应链端，享有不同的市场资源与市场份额，现若按照《破产会议纪要》第 37 条之规定，原则上将各关联公司实行组织合并，确有需要保持独立的，也仅仅限于"个别"企业，那么，无论是在内部经营管理方面，还是在外部市场供给端，都易导致摆脱破产窘境的辽宁辉山乳业集团有限公司再次陷入经营困境。

（二）特定重整模式须以原企业资格存续为核心要件

随着破产案件受理数量逐年攀升，传统存续式破产重整模式固有的局限性日益凸显，无法满足所有破产案件的重整需求。由

---

① 参见《最高人民法院发布第 29 批指导性案例》，载《人民法院报》2021 年 10 月 10 日，第 2 版。

此，源于域外的出售式重整和反向出售式重整等新型重整模式因其重整成本低、效益高等制度优势，在我国司法实践中逐渐被接纳和采用。关于反向出售式重整模式，其与传统存续式重整适用结果相同，均以保留破产企业主体资格为典型特征，但二者的主要区别在于投资人的关注点有所不同：反向出售式重整中投资人关注的是破产企业外壳之上附带的资质或价值，如上市资格或某些重整价值较高的行业资质等；而存续式重整中投资人仍意在收购破产企业原有的营业事业。因此，反向出售式重整往往表现为原营业事务不再继续，管理人将资产和负债从原企业中剥离至新设的全资子公司，留下"净壳"以供投资人收购，收购价款将作为对价清偿破产企业对外债务（见图1）；而存续式重整则是通过调整其治理结构和股权结构，进而维持原有经营事业的运营，战略投资人则以受让其股权的方式承接破产企业的营业事业。① 以温州中城建设集团有限公司反向出售式重整案为例，破产债务人通过保留主体资质与资产债务剥离清算相结合的途径，保留企业壳资质，留存建筑工程总承包特级、一级资质，设立全资子公司平移剥离资产债务，最后采取企业全部股权转让方式引进投资人。

如上所述，反向出售式重整模式中投资人更关注破产企业的壳资源及附带价值，实务操作中最为重要的一环也就是"净壳"的剥离，但这无疑给采用实质合并破产的关联企业带来了适用难题。若严格按照《破产会议纪要》之规定，对实质合并重整后原关联企业法人资格作原则上的合并处理，将导致集团关联公司丧失"壳资源"及其附着的行政业务许可、政府扶持政策、市场准入等资质，导致实质合并破产的各关联企业缺乏适用反向出售式重整模式的现实基础。相反，若法律鼓励实质合并破产后原法人

---

① 王亚娟：《出售式重整模式的本土化适用研究》，山东师范大学2021年硕士学位论文，第19页。

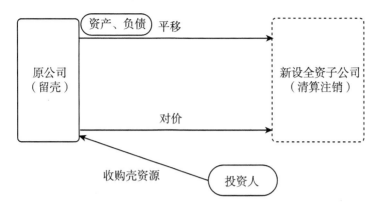

图1 反向出售式重整模式的交易架构

企业组织形态自治化，由破产重整关联企业在实质合并后自行选择具体重整模式，则为其保留了适用反向出售式重整模式的空间，这无疑更有利于充分发挥破产集团企业所附带着"壳资源"的重整价值，从而促进重整目的的实现。

四、实质合并重整后原企业法人资格处置的立法完善建议

虽然《破产会议纪要》自实施以来的确在破产司法实践中起到了重要指导作用，但目前实质合并破产规则之所以采取会议纪要而非法律或司法解释的形式，就是因为实质合并破产等相关问题在理论上存在争议，实务经验也不够成熟。结合上述对实质合并破产后原法人资格存续的实务价值的分析，笔者认为《破产会议纪要》中对于实质合并重整后原企业法人资格处置方式亟待修正完善，现提供完善建议如下。

（一）鼓励实质合并重整后原企业法人资格处置自治化

笔者认为，法律或法院不宜介入破产企业当事人自治领域内的企业组织形态抉择问题，经过实质合并重整后的各关联企业是

否保留原有的法人资格，应当由重整计划和重整执行阶段的企业根据集团经营需求而自行决定。现行规范对实质合并重整后原企业法人资格所作出的原则性的强制合并和例外性分立处置并不符合破产法规范逻辑，笔者建议通过修改《破产会议纪要》第37条，将实质合并后原企业法人资格是否保留的权利让渡给重整企业，由其根据市场需求自行抉择。

（二）若仍坚持原则性组织合并的规则，则需细化、简化实质合并破产后的分立程序

在实质合并破产后仍坚持原则性组织合并的规则下，"确有需要"保留企业资格的关联企业可依照企业分立的有关规则单独进行处理。但在实际操作中，关联企业在分立的过程中必然会遇到许多难题，一方面，关联企业在企业分立过程中，缺乏明确的企业分立标准，导致破产管理人无法对纳税进行科学筹划，阻碍企业顺利地进行分立；另一方面，企业分立过程中管理人必须持续关注破产重组企业特殊的税收优惠政策，以寻求更低的分立成本。此外，大多数企业分立容易忽略自然人股东需要缴纳个人所得税的问题，当预分立企业的自然人股东享有的净资产公允价值远远大于其投资的计税基础时，自然人股东需缴纳的个税金额往往畸高，此时股东无力承担个税便很可能导致整个分立的失败[1]。由此可知，若关联企业分立程序中的问题未处置妥当，将导致企业面临重整失败的风险。若立法仍坚持实质合并重整后原企业法人资格处置继续采取强制合并的原则，那么破产规范就理应为破产企业提供纾困途径。对此，笔者建议将实质合并后的分立程序细化，在同市场监管部门做好程序衔接的前提下，甚至可为实质合并后有分立需求的破产企业简化实质合并后的分立程序，以便提高实质合并后企业按需分立的可操作性。

---

[1] 杨梅：《企业分立的税务处理》，载《注册税务师》2019年第10期。

随着实质合并破产制度的广泛适用,《破产会议纪要》对实质合并重整后原法人资格存续等问题的规定必然会限制企业重整目的的实现,坚持对实质合并重整后原企业主体资格采取合并原则只会让关联企业囿于立法的缺失而丧失组织优势,这显然是无益于解决关联企业实质破产的种种难题的。因此,严格限制司法权的过度介入,赋予实质合并重整后企业资格处置自主决定权,理应是实质合并破产制度立法完善的方向。

实质合并破产案件中受理裁定的效力衔接问题研究

周志刚 武志强*

摘要：实质合并破产案件中常存在多份受理裁定，各裁定的效力衔接直接会对相关程序及实体权利的行使产生影响。本文针对 N 个企业 1 个申请和 N 个企业 N 个申请两种模式，分析了在先裁定效力、合并裁定对新纳入企业的约束，以及合并裁定的溯及力。本文还探讨了实质合并破产实践中裁定效力衔接的应用，涉及重整期间起算点、执行回转、债权止息日、取回权行使、偏颇行为认定等。根据善意信赖、实质公平理论，原则上后续合并受理裁定不应溯及既往，但是鉴于实质合并破产案件的特殊性，基于债权人整体公平性考量，破产案件办理效率以及有利于重整成功等"三个有利于"标准衡量，作为特殊救济措施在一定程度上可认可"穿越"合并。

关键词：破产程序 实质合并 溯及力

一、问题的提出

关联企业实质合并破产，是指"将若干个法人人格混同的关联企业视为一个单一企业，在统一财产分配与债务清偿的基础上

---

* 周志刚，许昌市中级人民法院党组书记、院长；武志强，许昌市中级人民法院巡一庭法官助理。

进行的破产程序，各企业的法人人格在破产程序中不再独立"。①
在破产实践中，实质合并破产申请及受理可总结为两种模式。一
是 N 个企业 1 个申请，1 个受理裁定（即 N 个企业作为申请人或
被申请人要求实质合并破产，人民法院出具一个合并破产的裁
定）。该情况下所有合并企业破产受理效力源于同一裁定，均以该
裁定时间为启动程序时间节点。二是 N 个企业 N 个申请，N 个受理
裁定。该情况下存在多份裁定，且时间存在差异，此时就涉及合并
破产受理裁定与在先裁定的效力衔接问题。由于《中华人民共和国
企业破产法》（以下简称《企业破产法》）对实质合并破产并无明文
规定，因此涉及该类问题的解决存在较大分歧。

依据《企业破产法》的规定，破产程序的启动标志为破产受
理，一旦破产受理裁定作出，便意味着该企业进入破产程序，相
关人、相关行为即受到破产程序的约束。在 N 个企业 N 个申请，
N 个受理裁定时间不同的合并破产模式下，不同受理裁定涉及不
同企业，不同企业涉及不同债权人，纯粹地从受理裁定上讲应该
以企业对应受理裁定来确定其是否受破产程序的约束和限制。该
份裁定对新纳入企业必然产生破产受理效力，同时也是 N 个企业
合并破产处理的法律文书。我们需要关注的是：①依据在先裁定
已经进行的债务人破产程序及行为是否有效？②后续裁定尤其是
合并破产裁定新纳入的企业是否受到在先裁定的效力约束？③各
企业进入破产程序所依据的裁定不同，在合并后如何体现合并裁
定的效力以实现实质合并破产的目的？

对于第一个问题，显而易见，在先裁定依法作出，实质合并
受理裁定主要是强制地将 N 个企业纳入已启动破产程序的某企业
而视为单体适用破产程序，其并不撤销在先裁定的效力，因此，
依据在先裁定已经进行的程序及行为当然有效。第二个问题以及

---

① 王欣新：《关联企业的实质合并破产程序》，载《人民司法（应用）》2016 年
第 28 期。

第三个问题则较为复杂，合并破产裁定新纳入企业的破产受理日为合并裁定日，其受在先裁定的效力约束的依据何在？如不受在先裁定的效力约束，则如何实现合并统一处理、公平清偿的目标？其实针对实质合并破产案件中多份裁定的效力衔接问题，换个角度讲是合并破产裁定的溯及力问题，该问题在破产实务中已经成为一个不得不解决的问题，《企业破产法》的修改也需要回应实践需求，对该问题作出解答。

二、当前在我国实质合并破产实践中裁定效力衔接的应用

关于实质合并破产实践中裁定效力衔接问题，当前备受关注的在程序上主要有重整期间起算点的确定①、执行能否回转②等问题，在实体权利上主要涉及债权止息③、债权人取回权行使④、偏颇行为⑤

---

① 为提升破产效率，《企业破产法》对重整期间进行了 6 个月的限制，该时间以破产重整受理为起算点。合并破产中，多个重整受理裁定，是以合并裁定为准重新起算还是溯及在先裁定继续计算？

② 如合并破产裁定中，某一企业在裁定之前，因其并未进入破产程序，其债权人通过执行程序已获得清偿，在合并裁定后，将其受理时间溯及在先企业受理裁定之时，则已执行的是否能执行回转？

③ 《企业破产法》明确规定："附利息的债权自破产申请受理时起停止计息。"止息日的确定直接关系到债权人的债权额。在实质合并破产情景下可能存在多个破产受理日，各受理日之间可能相差数月甚至数年，按照不同时间计算的利息会存在巨大差额。

④ 在企业进入破产程序后，相应权利人就可以依据《企业破产法》的规定行使取回权，而不受原合同的约束。合并破产裁定是否溯及既往，直接决定在企业受理裁定的时间差内的取回行为的权利义务内容。

⑤ 管理人对债务人企业在破产受理前的偏颇行为享有撤销权，但该撤销权有一定的时间限制。根据《企业破产法》的规定，第 31 条涉及的五项行为的时间限制为"受理破产申请前一年内"，第 32 条的个别清偿行为的时间限制为"受理破产申请前六个月内"。在单个企业破产案件中，破产撤销权的基准日能够通过破产申请受理之日倒推确定，而在实质合并破产案件中，因合并企业与最先进入破产程序的企业的破产申请受理之日不同而产生了多个基准日。合并破产案件中如何确定各企业的受理时间，或者说合并破产裁定是否有溯及力直接决定着一些行为是否落入管理人撤销权的范围。

等基准日的确定等问题。除此之外，对于管理人合同挑拣权的行使、审计评估基准日、共益债务的确认和支付、债权申报、合并企业之间的债务处理等都将产生影响。

（一）规范指引探索

部分地方法院或管理人协会为规范统一破产实务适用，通过指引或者规程的方式对合并破产的适用进行指导。据公开检索数据显示，已发布的指引或规程主要涉及合并破产裁定效力衔接的规定。需要说明的是，虽然在这些指引和规程中并未使用效力衔接或溯及力的表述，但究其本质仍属于效力衔接的范畴。同时，各地指引或规程并未系统规定合并效力衔接问题，只是有选择性地对债权止息点、重整期间的计算、偏颇行为的认定等溯及点进行了指导，另外还有一些法院对于关联企业实质合并裁定的效力衔接索性采取了回避态度①。

（1）合并破产裁定无溯及效力，以 *N* 个企业各自进入破产程序的受理裁定为准。如《四川省高级人民法院关于审理破产案件若干问题的解答》（2019 年）②、《北京市第一中级人民法院关联企业实质合并重整工作办法（试行）》（2022 年）③ 中对止息日均采取各自计算的方法。《郑州市中级人民法院关于关联企业实质合并破产操作指引（试行）》（2019 年）、《周口市中级人民法院关于关联企业实质合并破产工作指引》（2022 年）、《乌兰察布市中级人民法院关联企业实质合并破产工作操作指引（试行）》（2022年）等明示重整期间以合并破产裁定后重新计算，只是存在"是

---

① 参照山东省高级人民法院、深圳市中级人民法院、青岛市中级人民法院、山西省长治市中级人民法院等法院出台的关于关联企业实质合并破产工作操作指引。

② 《四川省高级人民法院关于审理破产案件若干问题的解答》（2019 年）第六章第 5 条。

③ 《北京市第一中级人民法院关联企业实质合并重整工作办法（试行）》（2022年）第 39 条。

否需要管理人或债务人申请"作为重新计算的前提差异。

（2）合并破产裁定有溯及效力，以 N 个企业中最早进入破产程序的受理裁定为准。此方式是 N 家企业在被裁定合并破产后，即将其效力溯及法院最早对实质合并的某一家或者某几家企业裁定的受理日，即 N 家企业中多份受理裁定文书中可见的最早日期。如成都市破产管理人协会《破产案件债权审核认定指引（试行）》（2020 年）即建议"在人民法院裁定实质合并破产后，建议以最先进入破产程序的关联企业的破产申请受理日为申报债权的止息日"。

（二）司法裁判案例

因合并破产裁定的效力衔接问题直接涉及相关利害关系人权益，因此也极易引发纠纷。目前该类纠纷也呈现出不同的裁判观点。一是各裁定效力不溯及既往。如（2021）最高法民申 6375 号、（2021）辽民申 8843 号案件中均支持以各自受理裁定时间为止息日，审理理由主要是裁定的效力以及对债权人公平。二是合并破产裁定的效力溯及最先进入破产程序企业的受理裁定日。如（2019）最高法民申 265 号、（2021）豫 1402 民初 7055 号①案件中最终法院支持以最先进入破产程序的关联企业破产申请受理日确定债权止息日，审理理由主要是基于债权人的公平清偿利益和限制破产企业债务规模等。

与此同时，在学界，出现了第三种观点，即不同的行为采用不同的认定规定："对于申报债权止息时点，应以最先进入重整程序的关联企业成员裁定受理之日作为统一的期限起算点，关于破产撤销权可撤销期间的起算点，以各关联企业成员破产受理时间点单独计算，重整计划的提交期限起算点，以实质合并之日重新

---

① 案例转引自王妍：《恒和信·破产研究 | 关联企业实质合并破产附利息债权止息日如何确定?》，载微信公众号"四川恒和信律师事务所"，2023 年 6 月 9 日。

计算。"① 其理由为"债权止息时点问题是从关联企业债务角度出发，目标在于公平清偿，撤销权可撤销期间起算点是从资产角度出发，目标不仅在于维护责任财产最大化，而且还要照顾到外部的交易安全和秩序，故两者处理方式不同。"②

综上可见，对于实质合并破产裁定的效力衔接问题，不仅法律缺失，实践探索和适用中也存在不同观点和做法。这不仅导致破产实践适用的无依据，严重损害破产程序的公平性，同时也是与裁判标准同一性相悖。

三、实质合并破产中裁定效力衔接的应然状态：各裁定不溯及既往

（一）法不溯及既往原则在司法程序中的具体运用

就合并破产案件来讲，如认可后续裁定的溯及效力，就是对之前受理裁定效力的"准否定"，同时也是对合并裁定与在先裁定之间法律程序及法律关系的"推翻"。不溯及既往不仅是法律适用的一般原则，也是裁判文书作为法律文书的裁判效力使然。

（二）善意信赖利益的保护需要

赋予合并破产裁定溯及力的本质在于对合并关联企业的"质疑"，即本应基于"诚信原则"采取 N 个企业 1 个申请 1 个受理裁定模式，但是基于市场信息的不对称，司法实践中更多的是在某企业进入程序后，基于主动或被动才将其他企业予以合并破产。从债务人企业角度理解无异议，但是从债权人角度讲未免过于苛责，成熟的市场经济要求对市场有预期，其交易更多地考虑"经

---

① 王静：《实质合并破产法律制度构造研究》，法律出版社 2021 年版，第 224 – 229 页。

② 王静：《实质合并破产法律制度构造研究》，法律出版社 2021 年版，第 224 – 229 页。

济人"的外观。善意相对人并不知晓与其交易的具有独立性的企业与其他企业形成关联关系，如让其承担破产统一清偿的后果，同时还要溯及在先企业的受理裁定约束，这严重违背民商事法律关系保护善意第三人的合理信赖利益原则及保护交易安全的目的，同时加大了信赖方的市场交易成本，长久看来不利于市场经济的培育。

（三）破产实质公平的追求

公平是法律正义价值的重要组成部分。破产程序中不仅仅强调程序公平，实质公平更是破产法的题中应有之义。实践中合并破产裁定溯及最先进入破产程序企业的破产申请受理日，通说认为是"为了维护债权人的公平清偿利益"，对已有裁判案例的说理进行归纳，都是以"公平"抽象的表述，并未对该"公平"结论得来的依据以及表现进行进一步的说理。笔者认为，该公平必然是一个整体公平。但是该"公平"如何理解？比如将合并后止息日统一为最先裁定受理日，这对在先进入破产程序的债权人而言有利，但是却损害后进入破产程序的企业债权人利益，同为债权人，其利益孰轻孰重并无区别。更何况，"实质合并破产并不是企业的组织合并，并不履行公司法上的合并程序，而仅仅是在破产程序进行中对各关联企业的资产与负债合并处理，统一清偿"①。所以针对受理裁定的效力就应该以各企业被裁定进入程序为准，而不能产生溯及既往的效果。

四、实质合并破产中裁定效力衔接的实然处理：特殊情况下的"穿越"合并

"穿越"合并通常又被称为溯及既往的合并。各裁定无溯及力是对多份有效裁定其效力衔接应当呈现的状态。但是合并破产

---

① 王欣新：《破产王道：破产法司法文件解读》，法律出版社 2021 年版，第 184 页。

案件的特殊性及复杂性决定了"一刀切"地适用"无溯及效力"的做法，也不利于破产案件的有效办理。联合国国际贸易法委员会《破产法立法指南》第三部分《破产企业集团对待办法》中，关于"嫌疑期的计算"就是涉及合并破产裁定的效力衔接问题，明确破产法中必须规定合并破产程序中嫌疑期的计算起始日，目的是给出贷人和其他第三人提供确定性，但该指南并没有给出唯一的答案，而是提出两种做法："一种做法是对实质合并管辖的集团每一成员适用不同的日期，这在实际执行上可能非常麻烦；另一种做法是参照对拟合并集团成员最早提出启动申请的日期或最早启动破产程序的日期来确定一个共同日期"①。可见，《破产法立法指南》也只是给予了不同的建议。

笔者认为，该建议也正说明了合并破产裁定效力衔接的复杂性，因此鉴于实质合并破产的特殊性，如果溯及既往有利于债权人的整体公平性，有利于提升破产案件的办理效率，有利于重整成功，提高全体侵权人清偿率可赋予实质合并以溯及效力作为特殊救济措施。

（1）有利于债权人的整体公平性。破产程序的公平在于债权清偿规则的公平，合并破产规则本身也是基于公平产生的。如前所述，彻底的赋予合并破产中的裁定溯及既往地干预或扭转债务人在合并受理前一定时间内所进行的行为，至于是否损害交易秩序、使得无辜债权人利益受损、违反诚实信用原则均在所不问的话，就极易引发道德风险，存在一些人恶意利用规则谋求不正当利益。比如人为地通过合并撤销。因此，如何寻求一个在先程序和合并程序的债权人权利保护的衡平点，这确实是一个高难度的法律技术问题。笔者建议以债权人是否善意作为判断点，对于后

---

① 联合国国际贸易法委员会：《破产法立法指南》第三部分"破产企业集团对待办法"，联合国维也纳办事处英文、出版和图书馆科 2012 年版。

续裁定的债权人来讲，如果明知或应当知道企业符合合并原因的，则后续裁定具有溯及效力；而不知或不应当知道的，则以各自涉及裁定为准产生破产程序效力。如此处理不仅是对善意债权人的保护，也通过对恶意债权人的追溯实现对全体善意债权人的权益维护。实践中对于"知晓"实际控制人且出借给其控制的壳公司的债权人，笔者认为应当穿透，来实现债权人的整体公平。

（2）有利于提升破产案件的办理效率。当前，将合并破产中的裁定效力定为某一点，除"公平"之外，还有从经济学角度成本和效率方面出发的考量。效率是破产程序的价值之一，但是笔者所认可的效率是在有利于债权人的整体公平前提下的效率。涉及实体上的权利如债权止息日、取回权的行使、偏颇行为基准日等不宜溯及既往。但涉及程序上的事项如债权申报、重整期间的计算、管辖等的溯及效力能够提升程序的进程，也符合程序进度需求。

（3）有利于重整成功，提高全体债权人的清偿率。《企业破产法》是市场经济主体法，其最重要的功能是通过法制化的破产程序，使具有重整希望的市场主体"轻装上阵"。因此，如果有利于重整成功，有利于保障市场主体的国家政策的落实，可以进行裁定的"穿越"。如破产重整所必需的抵押财产因抵押权人要求急速变现可能发生在前后两个裁定之间，此时合并破产重整裁定可以穿越到最新受理重整时的裁定时间。

破产案件属于一种特别执行程序，其涉及面广、利害关系人众多，尤其在合并破产案件中，更是面临着"僧多粥少"的情况。因此，如何权衡多份裁定的溯及力问题不仅是一个理论层面的应然问题，也需要考虑破产实践中的实然状态。合并破产中裁定的效力衔接问题在具体立法中采取以无溯及力为原则，穿越合并为例外的模式。如此，才能在保证公平清偿的基础上，同时满足破产法的立法目的和维护交易安全，提升破产程序的办理效率，提升重整成功率，在更大程度上发挥破产法的作用。

实质合并破产的适用标准实证研究及制度构建

——以 112 个案例为样本

杜鸯鸯　操　姗*

摘要：《企业破产法》并未规定实质合并破产制度，2018 年最高人民法院《破产会议纪要》也仅规定了实质合并破产的框架和部分事项。本文以 112 个案例为样本进行实证分析，发现我国关联企业实质合并破产案件受理存在适用标准混乱、法律推理论证不尽清晰、对各种标准的构成要素和重要性排序等方面认定办法不统一等问题。本文拟从法理及实践经验、各衡量要素的分析及比较、相关利益方的权利保障及衡平等方面尝试研究构建实质合并破产的适用标准体系。

关键词：关联企业　实质合并　适用标准　法人人格混同　债权人利益保护

关联企业是通过股权、合同或者其他人事控制、表决权协议等方式，相互之间存在直接或者间接控制与从属关系或者重要影响的多个独立企业的联合形态。① 关联企业实质合并破产在《企业破产法》中未明确规定，学界也存在多种不同意见，但随着实践需求而激发的个案探索越来越多，更多学者认同实质合并破产

---

* 杜鸯鸯，西峡县人民法院法官助理；操姗，西峡县人民法院法官助理。

① 王欣新：《破产法》（第四版），中国人民大学出版社 2019 年版，第 383 页。

是破产法的制度创新，实质合并回应了公司制度的本质特征与关联企业集中控制所引发的问题，有助于实现对债权人利益的实质性保护，具有区别于其他制度的制度价值。① 本文通过梳理各省近几年在全国企业破产重整案件信息网发布的 112 个实质合并破产案例，归纳实质合并破产逐渐由单一、宽松、模糊标准发展为综合、严格、多方面标准的过程，检视其存在的问题，探索实质合并破产适用标准的完善路径。

一、实践观察：实质合并适用标准概况

实质合并是对《公司法》法人独立人格与有限责任的突破，也是对关联企业、股东、债权人及其他利害关系人之间的利益衡平，作为破产司法的一种创新制度，在实践中正逐渐完善。下面笔者以 112 个案例为样本，对实质合并的适用标准简要分析。

（一）样本的选取与说明

本文以全国企业破产重整案件信息网上的裁判文书为依托，以"破产案件""合并""裁定书"为关键词，发布日期设置为"2022 年 6 月 21 日至 2023 年 6 月 20 日"，共检索到 293 篇裁判文书。由于设置检索的关键词相对宽泛，所以同一案件可能存在受理裁定书、确认无异议债权裁定书及批准分配方案、重整计划草案裁定书，以及因分别受理后实质合并破产导致的案号不同但裁判文书相同等情形，存在大量无关或重复的样本。为了能够充分展现目前我国关联企业实质合并破产适用标准的时间现状，本文在剔除重复与无关样本之后最终筛选确定了 112 个有效的法律文书样本。

---

① 贺丹：《破产实体合并司法裁判标准反思——一个比较的视角》，载《中国政法大学学报》2017 年第 3 期。

(二) 实质合并的程序法理与审查标准

1. 企业规模

从关联企业规模来看,在 112 个文书样本中,关联企业多为 10 个以下,占比 86.6%;11 ~ 20 个关联企业的较少,占比 8.9%;20 个以上关联企业的更少,仅占 4.5% (见表 1)。其中最多的一家为 253 家企业关联破产重整案[1]。

表 1 关联企业规模及占比

关联企业数	2 ~ 5	6 ~ 10	11 ~ 20	>20
案件数	71	26	10	5
占比	63.4%	23.2%	8.9%	4.5%

2. 程序适用

从关联企业实质合并破产程序适用来看,在选取的样本中,有 52 个适用实质合并破产清算程序,占比 46.4%;有 58 个选择重整或和解,占比 51.8%;只有 2 个仅载明实质合并破产,未明确系清算、重整还是和解,占比 1.8% (见表 2)。从样本分析来看,实质合并在一定程度上有利于实现关联企业重整或和解。

表 2 适用不同程序的案件数及占比

适用程序	清算	重整/和解	未明确
案件数	52	58	2
占比	46.4%	51.8%	1.8%

3. 法条引用

根据检索的 112 个裁判文书,实质合并破产主要援引法律为《企业破产法》第 1 条 (公平理清债务)、第 2 条 (破产法定原

---

[1] 辽宁省沈阳市中级人民法院 (2022) 辽 01 破 7 - 1 号民事裁定书。

因）、第 3 条（破产管辖法院）、第 4 条（民事诉讼法指引），以及 2023 年修订前的《公司法》第 3 条（独立法人）、第 20 条（法人财产权）、第 20 条第 3 款（法人人格否认），《中华人民共和国民事诉讼法》（以下简称《民事诉讼法》）第 157 条（裁定适用范围）等。部分法院在裁判文书中援引《破产会议纪要》第 32 条（关联破产审慎适用）、第 33 条（实质合并审查）、第 34 条（权利救济途径）、第 35 条（实质合并管辖及冲突解决）规定，但数量较少。①

4. 审查标准

通过对 112 个裁判文书进行数据分析，在评述关联企业是否符合实质合并破产标准上，主要考虑以下几个方面：①"法人人格混同"是评定企业是否符合实质合并破产条件的首要标准，适用率为 100%，一般从财务混同、人员混同、管理经营混同等方面进行评述；②"区分关联企业成本过高"适用率为 92%，一般从融资、担保、资金流转等关联往来，分别开展法律和财务调查，从而进行性质判定；③"债权人整体利益"适用率为 96.4%，主要考虑债权人公平清偿权益以及不合并破产将导致其利益受损等；④"增加重整可能性"适用率为 45.5%，主要在实质合并重整案件中适用，综合考虑实质合并重整对关联企业的资产重组、节约时间、降低成本、社会效果等产生的积极作用，阐明合并重整的必要性和可行性；⑤"提高效率，节约司法资源""符合破产立法目的和宗旨"等标准在评述中也有提到，但仅占 27.7%，不是考虑是否适用实质合并破产的主要因素（见表 3）。

在样本分析过程中，笔者发现，部分法院将以上多个要素在裁判文书中综合评述，甚至将每个要素划分为几个小项以实际数据来佐证，在否定法人独立人格上严格审慎适用。少数案例仅简

---

① 山东省淄博市临淄区人民法院（2023）鲁 0305 破 12 号民事裁定书。

略对人格混同加以评述，甚至仅点出符合某一标准，未详细评析即裁定实质合并破产。

表 3　关联企业审查标准及占比

审查标准	法人人格混同	区分关联企业成本过高	债权人整体利益	增加重整可能性	提高效率，节约司法资源	符合破产立法目的和宗旨
案件数	112	103	108	51	26	5
占比	100%	92%	96.4%	45.5%	23.2%	4.5%

二、问题检视：配套机制的缺失与适用标准乱象

通过对以上数据进行统计分析，不难发现，虽然实质合并破产制度在实践与探索过程中已日益完善，但仍存在不少问题。

（一）立法层面：制度滞后与局限

1. 法条引用的混乱与缺失

实质合并对法人独立人格及股东有限责任提出了挑战，而且会实质性地影响关联企业成员债权人的清偿利益。[①] 所以，在《破产会议纪要》发布之前，各地法院受理的实质合并破产案件相对较少，适用标准也较为单一，关联企业之间法人人格混同是司法实践中的主流标准。在法律适用上也基本适用《公司法》和《企业破产法》进行裁判，部分法院仅适用《企业破产法》作为裁判依据。

《破产会议纪要》发布后，多数法院参照该纪要第 32 条中规定适用关联企业实质合并破产方式进行审理的几个要素对案件进行评述，但在裁判文书中未明确援引《破产会议纪要》条文。如在重庆市第五中级人民法院审理的重庆市能源投资集团有限公司

---

① 　王静：《实质合并破产法律制度构造研究》，法律出版社 2021 年版，第 5 页。

等16家公司实质合并重整案中，^① 法院围绕关联企业成员法人人格是否高度混同、区分各关联企业成员财产成本是否过高、是否严重损害债权人公平清偿利益以及能否增加重整可能性四方面予以分析。但在法条引用上，仅援引了《企业破产法》第1条、第2条、第4条及《民事诉讼法》第157条的规定。又如，海南省高级人民法院在审理海口美兰国际机场有限责任公司（以下简称"美兰机场"）与海航集团有限公司（以下简称"海航集团"）等进行实质合并重整案中^②，裁定实质合并重整，部分债权人不服该裁定书，向最高人民法院提出复议申请。最高人民法院经审查作出（2021）最高法破复1号复议裁定书，就美兰机场与海航集团是否应当适用关联企业实质合并破产，从关联企业是否存在人格混同、关联企业之间的财产区分成本、实质合并重整是否有利于保护债权人公平清偿利益等三个方面进行了详尽分析，对人民法院审查适用关联企业实质合并破产的方式，在审查标准、依据事实、文书制作等方面提供了重要参考。虽然对照《破产会议纪要》第32条规定的要素进行评述，但在援引相关法律规定时并未引用《破产会议纪要》条文。

个别法院在裁定书评述部分引用最高人民法院发布的指导性案例中的裁判要点作为参考，但在引用法条上仍以《公司法》及《企业破产法》为主^③。

此类案例在审判中并不少见，究其原因，是《破产会议纪要》虽缓解了立法缺失引发的实践争议，但由于其仅为指导性意见，并非法律，故法官在审理案件时，只能把其内容作为说理参

---

① 重庆市第五中级人民法院（2022）渝05破377、378、379、380、381、382、383、384、385、386、387、388、389、390、391、392号民事裁定书。
② 海南省高级人民法院（2021）琼破1号之一民事裁定书
③ 吉林省长春市中级人民法院（2006）长民破字第00052号、第00053号民事裁定书。

考，而无法作为裁判依据，即治标难治本。指导性案例对法官的指引亦是如此。由此可见，实质合并破产亟须从立法层面加以完善。

2. 公司法人人格否认制度的局限

由于实质合并在立法层面的缺失，所以法官在援引说理时倾向将公司法人人格否认制度对照适用。但《公司法》与《企业破产法》在立法宗旨上有根本不同：《公司法》旨在平衡保护公司、股东、债权人利益，而《企业破产法》追求对债权人利益的保护；《公司法》第 23 条第 1 款规制对象为公司股东或母子公司，难以调整横向关联企业关系；公司法人人格否认制度是公司人格部分性和暂时性的消灭，是修复基石上的破损之处，① 实质合并破产则是终局的、不可逆的。由此可见，法人人格否认制度与"法人人格混同"标准存在本质区别，不可混淆适用，法官裁判可引用公司法人人格否认制度进行裁判说理，但不宜直接引用。

（二）实践层面：适用标准及考量因素混乱

1. 单一标准：以法人人格混同为主

梳理个案中实质合并破产适用的标准，"法人人格混同标准"为多地法院作出实质合并破产裁定所考量的主要乃至唯一标准。如在审理肥城市宏源环保机械有限公司等五公司合并破产清算一案中，山东省肥城市人民法院从三个方面论证了关联企业存在人格混同：一是人员混同，无独立意思，实际控制人对其子公司高度垂直管理并享有人事决策权；二是资产高度混同，关联公司之间存在融资互保、资金拆借；三是业务混同，关联公司在从事相关业务时也没有独立决策权，只能作为实际控制人的下属职能部门，按照其经营需要从事相关业务。② 法院据此认定五公司构成法

---

① 朱慈蕴：《公司法人格否认法理研究》，法律出版社 1998 年版，第 79 页。
② 山东省肥城市人民法院（2022）鲁 0983 破 4 号之一民事裁定书。

人人格混同，裁定合并破产清算。江苏省苏州市姑苏区人民法院审理的江苏家速度装饰工程有限公司等四公司合并破产清算一案，也是从公司组织架构、财务状况、经营管理、人事制度等方面对五家公司进行调查，认为五家公司已构成高度混同，应当进行实质合并破产清算。①

2. 混合标准：多标准综合考虑

部分法院在"法人人格混同标准"之外，进一步考虑到"资产分离困难标准""债权人利益保护标准"等多重标准。如在工大高新公司等五公司实质合并重整案中，黑龙江省哈尔滨市中级人民法院在认定公司法人人格高度混同的同时，考虑到工大高新公司等五公司之间持续存在大量的统借统还、资金无偿划转或关联交易，形成大额的非经营性关联往来，且上述关联往来因多边挂账或法律关系较为复杂，已难以逐一核对、清偿，财产区分难度大，区分各关联企业成员财产成本过高。为公平清理债权债务，依法维护全体债权人的合法权益，故对工大高新公司等五家公司提出的合并重整申请予以准许。② 而在伊美控股集团有限公司等八公司合并重整案中，浙江省义乌市人民法院除考虑法人人格混同外，还认为关联企业互保情况十分普遍，债权人高度重合，合并重整更利于维护全体债权人的利益，于是裁定对八家企业实质合并重整。③

究其原因，不难发现，实质合并破产在立法上的空白赋予了法官较大自由裁量权，各地法院对《破产会议纪要》第 32 条所规定的要素审查详细程度不一，有的法院用四五十页的篇幅详细论述了符合关联破产的要素及证据，有的法院评理论述不过三两行。

---

① 江苏省苏州市姑苏区人民法院（2021）苏 0508 破 10 号之一、（2021）苏 0508 破 11 号之二、（2021）苏 0508 破 12 号之一、（2021）苏 0508 破 13 号之一民事裁定书。
② 黑龙江省哈尔滨市中级人民法院（2022）黑 01 破 86 号民事裁定书。
③ 浙江省义乌市人民法院（2023）浙 0782 破 7 – 14 号民事裁定书。

对于各种标准的构成、审查要点、重要程度等方面全靠法官的自我判断。实践中，各个审查标准之间的关系也不清晰，是只满足人格混同标准即可，还是需要同时满足三个标准，或者以人格混同标准为主，以其他标准为辅？法官的自由裁量权过大，容易出现仅为"省时省力"而大开"实质合并"之门的乱象。

（三）说理层面：同一标准审查办法的混乱

通过案例分析发现，对同一标准的审查办法也各不相同，就"法人人格混同标准"来说，大多数裁判文书围绕两个方面展开论述。一是法人是否具有独立意志，即能否独立对外作出意思表示。二是法人是否具有独立的财产，独立的财产是自主意志的基础①，没有独立可支配的财产则不具有独立承担民事责任的物质基础。如在重庆阿兴记农业开发有限公司等八家公司实质合并重整案中，法院在认定人格高度混同时考虑到八家公司受控于统一的财务管理，且公章、财务章、法人章及银行账户均由实际控制人统一保管和使用，涉及重大资金支付、投融资等事项均需实际控制人最终审批，各关联公司对自身运营和管理缺乏独立决策程序和独立意志。通过专项审计表明，阿兴记八家公司人员、业务、财务等方面交叉或混同，导致各自财产无法区分，已丧失独立人格。因此，法院认为阿兴记八家公司构成人格高度混同。② 有些法院法官从人员、业务、财务、管理、营业场所等方面审查是否构成人格混同，如在延安弘丰泛想汽车服务有限公司、延安东弘启泰汽车服务有限公司进行实质合并破产清算案③中，陕西省延安市中级人民法院就是如此。部分法官从股权控股、管理制度、人事

---

① 李清池：《商事组织的法律构造——经济功能的分析》，载《中国社会科学》2006 年第 4 期。

② 重庆市第五中级人民法院（2022）渝 05 破 125、126、127、128、350、351、352 号民事裁定书。

③ 陕西省延安市中级人民法院（2023）陕 06 破 2 号之十民事裁定书。

任免、财务管理、融资担保等方面审查公司法人人格混同，如山东省聊城市中级人民法院在鲁发公司与金泰公司实质合并重整案中就是如此。①

综上可见，对于同一适用标准，不同法官具体理解适用亦有较大差异。如"法人人格高度混同"达到何种"高度"才能考虑适用实质合并？"区分各关联企业成员的成本过高"中的"过高"如何认定？"严重损害债权人公平清偿利益"损失到哪种程度才算"严重"？如何衡平各方当事人利益？以上审查要点，还缺少破产法制度的支撑和裁判规则的指引。

三、实质合并破产适用标准构建路径

（一）制度加持：坚持原则 + 立法保障

实质合并破产是在破产程序中全面否定关联企业的独立人格，具有终局性、不可逆性，规则的缺失容易造成司法制度的混乱。

在适用原则上，有的学者从尊重公司独立性这一核心原则出发，认为应当慎用实质合并规则，采用严格的立法思路。② 有的学者认为实质合并的适用具有审慎性、有限性与例外性，在其他救济方法均已穷尽后，作为一种防御性、消极性、谦逊性、终极性的最后救济手段，从严审查。③ 最高人民法院制定的《破产会议纪要》中明确了实质合并破产应遵循审慎原则。笔者认为，在尊重法院自由裁量权的基础上，实质合并的适用应遵循审慎、例外原则，即以"一案一破"为原则，实质合并为例外。

在立法制度上，笔者建议将关联企业实质合并破产适用的具体标准纳入《企业破产法》或其司法解释中。《破产会议纪要》

---

① 山东省聊城市中级人民法院（2023）鲁15破1号之三民事裁定书。
② 郭丁铭：《美国实质合并原则述评及启示》，载《经济法学家》2014年第1期。
③ 解正山：《企业集团"合并破产"实证研究》，载《现代经济探讨》2020年第2期。

反映法官实务观点，为实质合并破产审理提供指导和参照，也为实质合并破产立法作铺垫，但其仅为指导意见，在援引法律时力度不够。另外，应增加债权人利益保护机制。由于关联企业的特殊性，其实质合并破产牵涉的债权人人数多、金额大、案情复杂，若不能妥善处理将会带来一定的社会维稳压力。故在关联企业实质合并破产的立法内容中应建立债权人利益保护机制，给债权人的利益诉求提供救济的渠道。

（二）综合标准构建：法人人格混同＋债权人利益保护

综合理论界和实务界的观点及案例，结合《破产会议纪要》指导思想，对于实质合并破产适用的综合判断标准主要包括：法人人格混同、资产分离困难且成本过高、严重损害债权人公平清偿等，有学者将债权人期待及欺诈也作为实质合并的一项类型性标准。[①] 笔者认为，实质合并的适用标准主要包括法人人格混同标准和债权人利益保护标准。以下将对这两项标准的构成、审查标准、重要程度以及彼此之间的关系分别论述。

1. 法人人格混同标准

法人人格混同标准是在实质合并破产司法实践中采用最多的标准，也是《破产会议纪要》第32条的首要标准。如何认定关联企业人格混同，多数法院参照最高人民法院第15号指导性案例有关关联企业人格混同情形认定的裁判要点。[②] 从关联企业人员、业务、财务、管理、营业场所等方面是否混同进行审查。部分法院从独立意思表示及独立财产两个方面进行审查。也有学者认为应

---

① 王欣新：《关联企业实质合并破产标准研究》，载《法律适用（司法案例）》2017年第8期。

② 最高人民法院指导案例15号：徐工集团工程机械股份有限公司诉成都川交工贸有限责任公司等买卖合同纠纷案（最高人民法院审判委员会讨论通过，2013年1月31日发布）。

主要从关联企业是否严重丧失法人的财产独立性来进行考量，而不是从是否严重丧失法人的意志独立性进行考量。[1]

笔者认为，从破产法的程序价值来看，实质合并破产的价值在于在清理债务人财产的基础上实现全体债权人的公平、及时清偿。[2] 所以关联企业是否达到人格混同标准，主要应着眼于关联企业成员间财产的混同，核心是财产混同的程度及区分的成本。其次也应考虑业务混同、人员混同等提示法人人格混同的其他表征予以佐证，但这些辅助性要件应是"锦上添花"，并不起决定性作用。

（1）财产混同识别要素。在财产混同标准的认定上，可以从财产混同的严重程度和区分成本过高两个方面界定。

笔者认为，应从以下几个方面审查关联企业财产混同的严重程度：①关联企业之间是否存在资金统一管控、混用账户、合并财务报表等情况；②关联企业之间是否存在持续性、大规模的非经营性资金调拨，是否存在多边挂账、相互倒账等情形；③关联企业之间是否存在相互无偿担保、融资贷款资金混合使用，相互之间是否存在大量的交叉担保和内部应收账款情形；④关联企业之间是否存在不动产、动产、货物、原料等主要资产混用情形；⑤关联企业成员应付、应收账款是否独立。以上情形可以作为识别财产混同、资产分离困难的重要因素，且应当是持续性、广泛存在的现象，若只是偶尔、个别情况，则不适宜作为认定财产混同的因素。

至于如何区分成本过高的问题，笔者认为，可从实际支出的费用和消耗的时间、人力等资源两个层面考虑。具体来说，应考虑以下几种情形：①因财产混同严重，若单独破产，各管理人预

---

① 胡庆东、胡永睿：《关联企业实质合并破产裁定标准研究》，载上海市法学会编：《上海法学研究（集刊）》，上海人民出版社 2021 年版，第 154－166 页。

② 王静：《实质合并破产法律制度构造研究》，法律出版社 2021 年版，第 164 页。

计花费的破产费用及报酬将高于合并破产；②因财产混同严重，关联企业之间产生大量性质多样的往来款项及交错担保情形，发生往来的公司主体纵横交错，导致财产基本不可能区分或者区分需要消耗大量的时间与资源，拖延时间成本、造成资产贬值等；③区分成本过高将导致债权人能够受偿的财产被大量消耗，降低清偿率。以上三种情形，可由管理人列出预计费用、报酬，结合审计评估机构出具的专项报告进行研判。

（2）辅助性补强要素。除财产混同外，判断人格高度混同还应结合其辅助性要素加以评判，主要包括：①生产经营场所混同。生产经营场所的混同主要是指各关联企业共同使用同一个经营场所，或一条生产经营工作线中有多家关联企业，导致其无法区分或很难区分。②人员管理及经营管理混同。如在辽宁忠旺集团有限公司等 253 家企业进行实质合并重整案中，集团公司利用其核心控制地位，对关联企业的财务管理、人员管理及经营管理等方面进行过度支配和控制，生产经营由集团公司最终决策，董事、监事、高级管理人员及财务人员普遍存在交叉任职情况。[①] ③主营业务存在混同或相互依赖的关系。除此之外，部分关联企业交易方式、交易价格等受控制企业支配，受同一实际控制人控制，人事任免、经营管理等重大决策不履行必要程序等均属于法人人格混同的辅助识别要素。

2. 债权人利益保护标准

债权人利益保护标准，又称债权人利益最大化。如何衡量实质合并破产能否使债权人利益最大化？笔者将从以下几个要素进行分析。

（1）债权人公平清偿要素。实质合并很多时候并不会导致所有债权人获益，而更倾向于保护整体债权人利益。笔者认为，整

---

① 辽宁省沈阳市中级人民法院（2022）辽 01 破 7－1 号民事裁定书。

体利益的衡量，需要在实质合并造成的损害与产生的利益之间进行审慎权衡，对损害的合理性、可接受性及公平性等进行审查。如在祥光铜业等19家公司实质合并重整案中，祥光铜业对其关联企业以事业部模式集中控制，各关联企业之间存在大量无偿代付款、资金调配等非市场化的利益输送，关联资产内部权益、资产分配不均，各关联企业的资金使用及偿债资金来源难以区分，若单独适用破产程序将严重损害债权人公平清偿利益。① 又如在科迪巨尔乳业洛阳有限公司等4家公司合并重整案中，关联企业之间同样存在大量的无实质交易的资金调拨行为，相互之间存在长期的应收款、应付款等非经营性往来，互相无偿使用经营性资金等情况。② 由此可见，关联企业成员之间随意调拨资金或者利益输送，其表面所反映的债务负担状况，并非真实市场交易的结果。③因此，笔者认为，在结合法人人格高度混同标准的基础上，将整体债权人利益考量纳入实质合并审查标准，符合破产法保障债权人公平清偿的立法宗旨，也体现了实质合并破产制度对于关联企业运营失范的救济功能。④

（2）债权人利益最大化要素。有学者认为，债权人能够从实质合并中获得的利益仅限于节约的司法成本、费用及消除的关联债权等采用实质合并方式所节省的财产。⑤ 笔者认为，除此之外，关联企业一体化经营自有其整体价值。关联企业为了降低成本、规避风险，各成员企业之间分工协作，采用集团运作模式，甚至形成完整产业链，实质合并可将资产整体出售，提高资产变现价

---

① 山东省阳谷县人民法院（2022）鲁1521破1号民事裁定书。
② 河南省商丘市中级人民法院（2022）豫14破3号之八民事裁定书。
③ 贺丹：《企业集团破产——问题、规则与选择》，中国法制出版社2019年版，第128页。
④ 王静：《实质合并破产法律制度构造研究》，法律出版社2021年版，第172页。
⑤ 高小刚、陈萍：《论关联企业破产程序中实质合并原则的适用》，载《法律适用》2020年第12期。

值，实现债权人利益最大化。如青岛捷能汽轮机集团股份有限公司等 10 家公司实质合并重整案中，在集团公司的控制下，10 家公司形成了包括采购、生产、开发、建设、安装等一系列产业链，使得青岛捷能汽轮机集团股份有限公司成为中国汽轮机行业的骨干企业，占据一定的国内及国际市场。[①] 如果对 10 公司分别重整，将导致大部分的公司重整价值降低，偿债资源缺乏，甚至无法引入重整投资人投资，必然导致增加重整时间和费用、挤占有限的偿债资源、损害债权人利益等情形，采用实质合并重整，则有利于整合所有资源，引入重整投资人，整体提高债权清偿比例，实现债权人利益最大化。

（3）重整可能性要素。通过分析案例，不少法官将"增加重整可能性"纳入实质合并破产考量要素。笔者认为，重整成功有助于企业涅槃重生，兼具改善股权及资产结构、调整产业模式、投资者利益保护、就业机会保障等多重社会价值，各地法院也将重整成功率作为考量当地营商环境的重要指标。但究其根本，重整可能性标准并未脱离债权人利益保护标准，重整实质上是为了最大限度地满足债权人的清偿需求。所以，重整可能性标准与债权人利益保护标准通常是重合的，多数情形下不宜作为独立的适用标准，与债权人利益保护标准不重合时，则可以单独适用。[②]

（4）提高效率、节约司法资源要素。在案例中，提高效率、节约司法资源要素占比较少，往往与上述其他要素同时出现。笔者认为，这项要素本身不属于适用实质合并破产的充分理由，但因实质合并节省了大量费用，减少了现有破产财产的损耗，则会相应增加债权人的受偿率，同样符合债权人利益保护的要求。

---

① 山东省青岛市中级人民法院（2022）鲁 02 破 3、6 – 14 号民事裁定书。

② 王欣新：《关联企业实质合并破产标准研究》，载《法律适用（司法案例）》2017 年第 8 期。

关联企业实质合并破产的审查标准研究

——基于河南地区典型司法案例的实证分析

杜永松*

摘要： 自 2018 年《破产会议纪要》印发后，关联企业实质合并破产案件数量在我国呈总体上升趋势，但是在具体适用的过程中还存在着一些问题。通过对河南省典型关联企业实质合并破产案件的梳理，发现存在着立法上的缺失、外部认定标准不明确、同一标准内部认定因素不一等问题，呈现出一种"剪不断、理还乱"的司法现状。应当从规范的内部和外部厘清各要素的关系，在此基础之上以类型化的方式构建具体的规则。具体审查标准的构建需要从三个维度展开：一是核心判断标准；二是辅助判断标准；三是独立判断标准。其中，核心判断标准重在精细化地把握"法人人格高度混同"，辅助判断标准重在运用好"区分资债成本"这一手段行为，独立判断标准重在识别"债务人欺诈"行为。

关键词： 关联企业 实质合并破产 审查标准

一、问题的提出

关联企业是指通过股权、合同、人事控制或其他方法，相互存在直接或间接的控制与从属关系或重要影响的两个或多个

---

* 杜永松，法律硕士，河南千业律师事务所律师。

企业。① 作为市场经济发展下的产物，其作用在于降低市场交易费用并提升交易效率。科斯认为，内部化的实质是通过公司这种企业组织形式来取代市场，以降低交易成本，从而实现比市场调节更高的效率。② 在此背景下，集团化运作下的大型企业，一旦破产往往牵涉众多企业、个人的利益，实质合并破产规则便具有了重要的现实意义。该制度是美国破产法基于判例发展而来的一项衡平法规则③，旨在将破产企业多个关联企业的资产和债务合并计算④，使得债权人可受偿财产的范围可覆盖关联企业内全部企业的所有财产，达到公平受偿和提升效率的目的。遗憾的是，我国尚未有制定法对实质合并破产进行规定，仅《破产会议纪要》对实质合并破产作出了框架性的规定，这就导致在具体的司法实践中关联企业合并破产案件剧增与法院无裁判依据可选之间产生的"供需矛盾"。⑤ 鉴于此，在法律供给不足的情况下，本文拟从更为微观的地域视角，以笔者所在的河南省各个地市的司法典型案例为素材并结合自身的办案经历，归纳关联企业实质合并破产审查标准在实务中反映出的问题，并进行提炼，从具体案例到一般规则，以期为关联企业实质合并破产审查标准的构建提供一些参考。

二、实证数据与比较分析

（一）样本的选取与说明

本文的数据来源是威科先行法律信息库检索平台，最后检索

① 王欣新：《破产王道：破产法司法文件解读》，法律出版社 2021 年版，第 151 页。

② 张守文：《"内部市场"及其税法规制》，载《现代法学》2001 年第 1 期。

③ 赵惠妙、左常午：《我国关联企业实质合并破产的裁定标准》，载《法律适用》2022 年第 4 期。

④ 徐阳光：《论关联企业实质合并破产》，载《中外法学》2017 年第 3 期。

⑤ 高小刚、陈萍：《论关联企业破产程序中实质合并原则的适用》，载《法律适用》2020 年第 12 期。

时间为 2023 年 7 月 1 日。在对样本的选择上，以"合并破产"为关键词，将审理法院定位到"河南省"，共检索到 112 篇裁判文书。由于检索的范围过大，所以笔者在剔除一些与本文研究关联度不大的文书后，精选了当中的 85 篇裁判文书作为研究对象。

（二）实证概况

1. 案例历年数据分布

从案件历年数量分布来看，自 2018 年起，河南省法院受理实质合并破产案件数量呈总体增长趋势，并在 2020 年达到峰值（见图 1）。究其原因，一方面是因为 2018 年发布的《破产会议纪要》为各地法院提供了适用参考和信心，另一方面是因为新冠疫情期间不少中小微企业陷入生存危机。

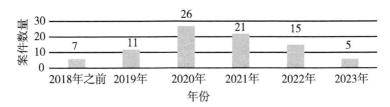

图 1　河南省法院受理实质合并破产案件历年数量分布

2. 案例分布区域统计

从区域分布来看，案件主要集中分布于省会和区域副中心城市。其中，郑州占比 16%，洛阳占比 13%，南阳占比 12%，三地总数占据河南省案件合计的 41%（见表 1）。究其原因：一是郑州作为省会城市虹吸效应明显，营商环境相对良好，民营企业等数量较多；二是洛阳、南阳两地作为区域副中心城市，政策支持力度大，近年来企业数量也显著增长。反观平顶山、漯河、周口等地级市虽有所分布，但总数还是偏少。

表1 河南省实质合并破产案件的区域分布

案例分布区域	案件数量	所占比例
郑州	14	16%
开封	8	9%
南阳	10	12%
洛阳	11	13%
新乡	8	9%
许昌	5	6%
漯河	3	4%
焦作	6	7%
平顶山	3	4%
信阳	6	7%
商丘	6	7%
周口	3	4%

3. 法院裁定实质合并破产的理由比较

由表2可知,法院裁定实质合并破产的理由时适用多种标准,在众多标准中,"法人人格混同标准"适用率达到100%,而"区分关联企业成本过高"以及"严重损害债权人公平清偿的利益"适用率也分别高达90%和51%。反观"提高破产效率""增加重整可能性"等虽也是标准之一,但占比较少。

表2 法院裁定实质合并破产的理由统计

序号	裁判标准	所占比例	典型裁判描述
1	法人人格混同	100%	下属149家互为关联公司,各公司在较长时间内持续存在人员、经营管理、资产、财务等方面的高度混同①

---

① 河南省鹤壁市淇县人民法院（2020）豫0622破3号。

续表

序号	裁判标准	所占比例	典型裁判描述
2	区分关联企业成本过高	90%	财务入账工作未按公司独立设置，而是由财务统一负责，大量存在财务账目记载与实际情况不符的情形，导致债权债务无法对应和区分①
3	严重损害债权人公平清偿的利益	51%	两公司财产混同、人员混同、债务混同程度高、持续时间长，财产区分难度大、耗费时间长、成本高，对两公司单独破产将损害债权人公平清偿权利②
4	提高破产效率	25%	如果强行进行区分，会损害本案破产程序的效率正义和债权人公平受偿利益，并影响企业破产制度在市场主体出清和优化资源配置方面的功能作用③

三、实质合并破产现行适用标准的反思

（一）立法上的缺失

尽管关联企业实质合并破产已经在司法实践中广泛运用，但并没有法律对其作出规定，目前仅有《破产会议纪要》第六章"关联企业破产"用 8 个条文对适用实质合并的原则、适用标准、审查方式、管辖法院、法律后果作出了原则性的规定，但《破产会议纪要》本身并非法律或司法解释，无法直接作为裁判的依据，这是导致司法实践中实质合并适用标准不一的重要原因。譬如，

---

① 河南省新乡市中级人民法院（2017）豫 07 民破 6、7、8 号。
② 河南省郑州市中级人民法院（2023）豫 01 破 24 号。
③ 河南省新乡市新乡县人民法院（2019）豫 0721 破 1 号。

在河南千年冷冻设备有限公司等实质合并重整案中，① 说理论述时主要采用最高人民法院《破产会议纪要》中以第 32 条为主的关于关联企业破产的规定，但是在裁定的法律依据上却只能采用《中华人民共和国企业破产法》（以下简称《企业破产法》）第 2 条、第 3 条、第 4 条、第 9 条、第 70 条、第 71 条。屡见不鲜，在圣光集团等 23 家公司关联合并案中，② 平顶山市中级人民法院依据《企业破产法》第 1 条、第 2 条裁定其实质合并破产。长城资产分公司申请复议时称《企业破产法》对于关联公司合并破产、重整制度并没有作出明文规定，圣光集团的关联企业中大部分不具备合并重整的实质条件，不能因为关联公司存在股东或者业务方面的关联就合并重整，要严格遵守实质合并的原则进行严格审查。河南省高级人民法院对该意见并未作出正面回应，依旧依照《企业破产法》第 2 条、第 4 条、第 71 条维持了一审判决，驳回案涉公司的复议申请。

由此可见，《破产会议纪要》对实质合并破产适用标准的规定较为概括，给予法官较大的裁量空间。为应对日益复杂的关联企业破产司法实践，应当尽快通过立法程序将关联企业实质合并破产的相关规则纳入《企业破产法》的体系中，做到有法可依。

（二）外部认定标准不明确

立法层面的缺失，直接导致标准适用的模糊。通过对这些裁定标准的梳理，可以分为两类。第一类为单一标准。具体而言，即以"法人人格混同标准"为唯一标准。譬如，新乡市雯德翔川油墨有限公司、河南翔川油墨有限公司合并破产清算案③。第二类为多重标准，即以"法人人格混同标准"为核心标准辅以其他标

---

① 河南省焦作市山阳区人民法院（2022）豫 0811 破 1 号。
② 河南省平顶山市中级人民法院（2019）豫破申 1 号。
③ 河南省新乡市中级人民法院（2020）豫 07 破 1、2 号。

准。如在漯河天冠生物化工有限公司、漯河天冠购销有限公司进行实质合并破产清算案中，承办法官认为两公司在人员、财务、业务等方面高度混同，区分关联企业成员财产的成本过高，如进行实质合并将有利于全体债权人利益。而在好友轮胎有限公司等四公司实质合并重整案中，[①] 承办法官则认为四公司法人人格高度混同、区分各企业财产成本过高，通过实质合并重整有利于提高效率，节省司法资源。当然也有法官从破产法的立法精神、能够产生社会价值的角度说理论证。[②] 究其原因，笔者认为，应当从以下几个方面把握。其一，法院在审理关联企业合并重整案件时适用法律不统一，多数情形下直接援引《公司法》和《企业破产法》进行裁判。尤其在直接援引《公司法》作为定案依据的情况下，容易忽略两部法律规制对象与目的的不同。[③] 其二，对包括《破产会议纪要》在内的三个要件之间暗含的逻辑关系缺乏思考，即哪些是必不可少的核心要件，哪些是辅助要件，是需要同时适用还是可以则以适用，各要件之间是否存在关联关系。在此情形下，容易出现仅为"省时省力"而大开"实质合并"之门。现状也表明，我国法院裁定关联企业实质合并破产几乎达到"申请就支持"的地步。正如王欣新教授所言："现在实践中较为突出的问题，往往不是在关联企业破产时应用而未用实质合并破产措施，而是更需要警惕其被过度滥用。"[④]

（三）同一标准内部认定因素不一

经分析发现，关联企业实质合并破产除了外部认定标准不明

---

① 河南省焦作市中站区人民法院（2020）豫 08 破 1 号。

② 河南省焦作市沁阳市人民法院（2019）豫 0882 破 2 号。

③ 王纯强：《关联企业合并破产重整实证研究：裁判样态与法理思考——兼评〈公司法〉与〈企业破产法〉的制度协调》，载《法律适用》2022 年第 10 期。

④ 王欣新：《实质合并破产中听证与复议的规制研究》，载《法律适用》2022 年第 8 期。

确，同一标准内部也呈现出认定因素不一的现象。以法人人格混同标准为例，在开封市中级人民法院承办的开封毛纺织总厂等四公司合并破产清算案中，① 承办法官仅泛泛地以四家企业人格混同的理由就认定应当合并清算，并未展开详细论述。而在昊华骏化集团有限公司等 12 家关联公司破产案②中，驻马店中级人民法院认为昊华骏化集团该案中各关联公司之间法人人格高度混同，区分各公司之间财产成本过高，对其合并重整有利于债权人公平清偿；无独有偶，在酒鬼酒河南有限责任公司、酒鬼酒河南北方基地销售有限公司实质合并破产案③中，新乡延津县人民法院认为两债务人公司间存在着财产、财务、管理人员等严重混同的情况，两公司法人人格严重混同，财产不可区分，为公平清偿，确保债权人等各方合法权益，该两公司应实质合并破产。显然，后者"财产不可区分"和前者"区分财产成本过高"的表述不能等同，略显粗放。值得肯定的是，自《破产会议纪要》实施后，大部分法院基本都能就法人人格混同内部各个要素进行论证，但是对"财产混同""债务混同"等核心要素的分析还停留在表面，需要进一步拓展。同时，将各种混同要素并列，没有严格区分"人格混同"与"业务混同"、"财务混同"等上下位概念。

四、实质合并破产裁定标准的完善

"法院在确定是否进行实质合并破产时考虑的因素往往不是孤立的、单一的，而是若干判断标准的结合。"④ 因此，在适用具体的标准时，首先应从内外部厘清各标准之间的逻辑关系，才能做

---

① 河南省开封市中级人民法院（2017）豫 02 破申 3 号。
② 河南省驻马店市中级人民法院（2022）豫 17 破 2 号。
③ 河南省新乡市延津县人民法院（2017）豫 0726 民破 1、2 号。
④ 王欣新：《关联企业实质合并破产标准研究》，载《法律适用（司法案例）》2017 年第 8 期。

到有的放矢。笔者认为，以适用的各标准间关系为依据，可以从核心判断标准、辅助判断标准和独立判断标准三个维度展开。

从外部视角而言，对于"关联企业成员之间存在法人人格高度混同""区分各关联企业成员财产的成本过高""严重损害债权人公平清偿利益"三个要件之间的关系，应以前者为核心判断要件，后两者为辅助判断要件，呈逐层递进的关系。从内部视角而言，对于"法人人格高度混同"诸如人员、业务、财务、资产、债务等因素应以资债混同为核心判断标准，其余因素为辅助判断标准，要素之间呈交叉重叠关系。关于具体标准的地位，也存在一些其他的观点，如以"法人人格否认"要件为例，多数观点认为应将其作为前置性条件，即赋予其"一票否决权"的地位。但是，在实践当中，关联企业可能并未构成人格混同，却在债权债务、业务经营等方面有交错，运用实质合并能够更有利于债权人利益。因此，笔者认为，无论将人格混同作为前置性标准还是唯一标准都是需要警惕的倾向。综上，我国在实质合并重整的裁定标准方面亟待完善，需尽快立法以弥补法律方面的缺失。具体而言，在厘清各要素逻辑关系的基础之上，从规范的内部和外部予以类型化的区分。为了更好把握各审查标准当中的关键性问题，下文采用列举的方式进行细致的阐述。

（一）核心判断标准之"法人人格混同"

如前所述，法院在审查过程中，通常是通过审查关联企业间是否存在人事混同、资产混同与生产经营业务混同而得出存在高度混同的结论。但是，不同的法院对人格混同的各个要素和逻辑关系存在着不统一的认知，导致判决在说理论证的部分呈现出开放性和不确定性。鉴于此，笔者认为应当从"混同因素"、"混同程度"以及"混同的持续时间"三个方面予以把握。

1. 关于"混同因素"

在认定关联公司的法人人格是否混同时应当确定构建以资产

和负债严重混同为核心的判定思路，弱化主观状态的考察。用美国法官的话讲，法人人格的严重混同就是资产与负债"令人绝望的混同"，如果企业间虽有某些资产或债务事项的混同，但并非严重，仍可以正常予以区分，则不应适用实质合并破产。[①] 至于关联企业间存在的其他一些现象或情况，如人事混同、管理混同，至多算是一般性事务混同，不能作为实质合并破产的充分乃至必要理由。同时，应当注重从以下两个维度入手：一是基础的法律关系；二是区分资产与负债可能花费的成本问题。具体而言，如构成混同，则相关财务、资产数据必然会有所反映，为避免审查流于形式，除注重前述企业意志、财产、人员、财务、场所等混同表征的审查外，还应注重对财务数据的审查。如无对价交易或不合理交易占到交易一方流动资产交易的比例，关联担保造成流动性水平下降的比例等，[②] 可要求财务、审计、评估人员出具相对独立的报告并专项说明。而区分资债成本这一手段行为作为判断人格混同标准的关键因素，应当贯穿始终。

2. 关于"混同程度"

在大量的司法裁判中，部分法院出于方便自身工作、节省工作时间、减轻工作量等错误目的，均未对人格混同程度进行判断，也并未说明如何判断关联企业存在混同因素的程度是否严重。实践当中的现象也表明有的裁判文书采用的是"法人人格混同"的表述，有的裁判文书采用的是"法人人格高度混同"的表述。有学者指出对此现象不应做扩大解释，只是法律术语应用问题，本意还是旨在说明"法人人格高度混同"。笔者以为不然，因为关

---

① 王欣新：《〈全国法院破产审判工作会议纪要〉要点解读》，载《法治研究》2019 年第 5 期。

② 财政部《企业会计准则第 36 号——关联方披露》，国家税务总局《关于完善关联申报和同期资料管理有关事项的公告》《特别纳税调整实施办法（试行）》中关于关联方及关联交易等相关内容的界定。

于混同程度的界定是一个量化的问题，我国长期的审判实践中历来有重定性不重定量的传统，对该要素如果做精细化的界定就意味着较大的工作量，阻碍审判的进程。该种观念应当尽可能扭转。

3. 关于"混同的持续时间"

《公司法》上的公司法人人格否认制度只关注个别交易中的人格混同，并无混同时间上的要求。《企业破产法》上的实质合并制度对人格混同的要求更高，是全方位的混同。如果关联企业之间的行为只是短时间内局部或偶尔的重合，正常区分仍可以实现，则实质合并程序不宜启动。因此，对于混同时间的把握也是需要关注的因素。法院裁判中同样未详细阐明混同情形发生的时长，是否可以以持续时间作为衡量混同程度的标准，混同持续时间在一定时间限度内的，可辅助判断为尚未构成混同；超出一定时间限度，构成人格混同；若达到一定时限的，构成高度人格混同。

（二）辅助判断标准之"区分资债成本"

若强行区分成员企业资产与负债所耗费的资金、时间与资源成本已经让债权人原有或然可得的清偿利益严重受损，则继续独立破产已不具有正当性。这一点，自《破产会议纪要》实施后，在大量的判决当中已有体现，但是表述还是过于粗糙。关联企业之间资产与负债的区分成本包括直接成本、间接成本以及社会成本。由于区分资产与负债的成本涉及财产与法律调查、性质判断、行为纠正、财务调整、资产回收、诉讼和仲裁费等方面发生的经济与人力等费用，以及使债权人的利益受到的综合性损失，所以需要通过关联企业实质合并破产专项审计，进行定性定量综合分析。主要从资产所有权、债务及关联交易等方面区分。在资产所有权的区分上，主要看各关联企业能否从财务账簿、不动产权属、资金来源等方面厘清各自资产。在债务的区分上，主要看各关联企业能否分辨债务最初产生于某个企业。在关联交易的区分上，主要看能否判断各关联企业哪部分是虚假交易，哪部分属于正常交易。实践中，如果区分成本较低，实现可能性较大，就不宜适用实质合并原则。反之，如果资产、债务根本无法区分或者区分难度很大，以至于关联企业之间资产与负债的混同程序及其衍生带来的企业独立区分会产生过度费用或迟延，则区分成本过高，应当适用实质合并原则。

（三）辅助判断标准之"债权人公平清偿利益"

"严重损害债权人公平清偿利益"也是判定能否启动合并破产重整的重要依据，是否损害债权人公平清偿利益应通过清偿率高低进行量化判断，实务操作方式如下：第一，要求清偿率降低的债权人对合并有损其债权进行举证，了解清偿率降低的原因、范围；第二，要求双方对合并前后清偿率进行测算，如相关债权人不了解企业对外债务、资产的具体数据，可由其查阅债务人企业破产资料或由管理人说明后进行；第三，全面分析合并破产对于债权人公平清偿利益的影响。

（四）辅助判断标准之"利益衡量"

利益衡量标准不宜作为一个单独的考量标准，应当与债权人信赖利益相结合。试举例说明，A 公司作为一家集团公司，旗下有 5 家关联公司，6 家公司共负债 1000 万元。其中，500 万元是通过 A 公司抵押融资贷款，其余 5 家公司对该 500 万元担保债务提供保证，另外 500 万元是 5 家关联公司的普通债权。后管理人主张公司关联人格混同，应当合并破产：对 6 家公司进行合并审计和评估，将 6 家公司的破产财产作为一个整体拟订分配方案，对全部普通债权人按统一清偿率进行清偿。农商行主张 A 公司享有独立人格，应进行独立破产。笔者认为，这当中就牵涉到一个利益衡量的问题。因为在关联担保的情况下，借贷人不仅拥有 A 公司的担保财产和无担保财产两个资产获得来源，同时还拥有各个关联公司作为追索债权的对象。而若是在实质合并中，普通债权和担保债权可以按照 1∶1 的比例。此时，对普通债权人的清偿明显是不公平的。这样就会引发普通债权人和担保债权人这两组利益的对抗。当然，公平之上还有效率的考量，如何发挥协商沟通和启动利益博弈机制也是解决问题的关键，即在利益总和固定的情况下，促使各债权人在让步的情况下获得一个各方相对满意的受偿方案。

（五）独立判断标准之"债务人欺诈"

根据联合国国际贸易法委员会制定的《破产法立法指南》第三部分"破产企业集团对待办法"的规定，法院确信企业集团成员从事欺诈图谋或毫无正当商业目的的活动，为取缔这种图谋或活动必须进行实质性合并。可见在审慎适用原则的指导下，还应考虑公司主要控制人的主观恶意，以及其主观恶意和人格混同之间的因果联系，如果人格高度混同的原因在于其他方面，如前述的母子公司本身的性质，就不能以此认定其人格混同，应从其他方面慎之又慎地考虑。以下几点应当注意识别：一是债务人几乎将其所有资产转移至某个新设立的实体或其自身拥有的不同实体，是为了自己的利益而保全和保留这些资产；二是对其债权人进行阻挠、拖延和欺诈；三是设局假冒或庞氏骗局和此类其他欺诈计划。

五、结语

在经济结构转型的当下，关联企业的合并破产重整案件数量呈上升趋势，司法实践亟须有效法律规范的明确指引。而首先需要解决的问题便是合并破产的裁定标准的明确化。标准的构建应注重在厘清逻辑关系的基础之上，运用类型化的思维使之精细化。本文在梳理清楚具体的问题后，从核心判断标准、辅助判断标准、独立判断标准三个方面提出了一些建议，规范层面还需立法去完善，具体的实施效果仍有待实践检验。

浅谈关联企业实质合并破产的审查标准

王书杰　王雅净[*]

摘要： 虽然最高人民法院于 2018 年 3 月施行的《破产会议纪要》及 2021 年 10 月发布的第 29 批指导性案例对关联企业实质合并破产的相关问题作出了回应，但是作为破产制度的一般性规定还不够全面和具体。尤其是关联企业实质合并破产规则适用的审查标准不够明确，实践中面临着法律依据缺失、审查标准不明等现实问题，亟须立法予以完善。本文通过对该规则适用中审查标准相关问题的分析，提出完善路径，将法人人格高度混同与欺诈防范作为实质合并破产审查的前提标准，将财产区分成本、整体受益、债权人信赖利益、利于重整作为实质合并破产审查的实质标准。当且仅当在满足前提标准与实质标准"$1 + n$"的条件下，方得以适用实质合并破产规则。

关键词： 关联企业　实质合并破产　审查标准

一、关联企业实质合并破产规则适用的现状

关联企业系现代经济高速增长下的产物，在依靠其自身独特经营模式带动经济高效迅速发展的同时，也产生了诸如关联企业实质合并破产规则适用难等司法困境。该规则从一开始就受到对有限责任制度、法人人格独立地位之否定的批判，且破产法制度

---

　* 王书杰，哈尔滨市中级人民法院清算与破产庭审判员，二级高级法官，法律硕士；王雅净，哈尔滨市中级人民法院清算与破产庭法官助理，法学硕士。

供给不足，加之企业破产程序本身具有的多元化、冗杂烦琐的特点，以至于在司法实践中出现判断适用和操作方法不统一导致的利益失衡问题，由此给司法实践带来极大阻碍。

（一）关联企业的内涵

对于关联企业的概念，《公司法》没有作出直接的概念定义，学界对其内涵存在诸多主张。施天涛教授提出关联企业是"特定目的之企业联合"，即具有独立法人人格的多个企业，为实现特定经济目的而通过纽带形成的经济联合体。[①] 王欣新教授提出"控制说"，即控制企业通过包括但不限于股权、资本、人事等关系对其从属企业或子公司产生控制或重大影响的企业集团。[②] 赵旭东教授也认同关联企业本身具有独立法人地位的说法，并提出当企业之间存在关联关系应以具有股权交叉、内部交易等行为为前提。[③] 域外大部分学者也存在相呼应的观点，即关联企业本质上是各具有独立法人人格的被支配企业的联合体，控制企业通过直接或间接的所有权控制方式进行渗透，从而产生从属关系。同时，随着市场经济的飞速发展，关联企业之间不再局限于形式上的控制和从属关系，而是愈加多样化、复杂化，并以母子公司、姊妹公司等多种企业联合形式呈现。[④] 因此，本文讨论的适用合并破产的关联企业是指基于特定目的的企业通过直接或间接关系控制其他企业而连接成的企业群体，应具备以下几个特征：其一，各成员企业在法律上人格独立；其二，关联企业是在经济上存在密切联系的特殊经济组织体；其三，实现密切联系的形式多种

---

① 施天涛：《关联企业的公司法调整》，载《政法论坛》1998年第6期。

② 王欣新：《关联企业实质合并破产标准研究》，载《法律适用（司法案例）》2017年第8期。

③ 赵旭东：《企业与公司法纵论》，法律出版社2003年版，第435页。

④ 郁琳：《关联企业破产整体重整的规制》，载《人民司法（应用）》2016年第28期。

多样，但主要集中体现在股权控制、契约关系、人事控制这三个方面。

（二）审判实践中关联企业实质合并破产的审查标准

近年来，由于破产审判的现实需要，多地法院对实质合并破产规则进一步深化、细化并发布了相关的操作指引或工作指引，如2021年发布的《山东省青岛市中级人民法院关联企业实质合并破产工作操作指引（试行）》、2022年针对破产重整出台的《北京市第一中级人民法院关联企业实质合并重整工作办法（试行）》等。但该规则的适用目前仍处于理论上持续探讨、实践上不断积累的进程中，也导致破产审判实践中存在不同的审查标准以及由此带来的相关问题。

笔者对近年来关联企业实质合并重整案的相关法律文书进行梳理，我国司法实践中主流的适用标准主要是法人人格高度混同、资产区分难度过高、债权人利益保护、利于重整这四项标准。

1. 法人人格高度混同

该标准是司法实践中最常用的标准，有学者认为该标准是实质合并的首要标准。《企业破产法》及其相关司法解释、《破产会议纪要》，均未对破产法层面的法人人格混同情形作出明确规定，破产实务中通常参考《公司法》《破产会议纪要》及其他部门法中的法人人格混同情形来进行认定。这一审查标准会在裁定书中单独出现，对于其他标准，往往都是从中选取几项与法人人格高度混同共同构成法院的裁判标准。可由此看出，我国破产审判实践中一致认可了法人人格高度混同这一标准的正当性与合理性。

2. 资产区分难度

区分成本属于破产费用，破产费用的增加则意味着债务人偿债资源的减少。资产区分难度作为一项审查标准，有其独立适用的空间。如润东汽车集团等 103 家企业实质合并重整案①所述，关联企业之间存在着大量无实质经济业务的大额资金调度以及大额相互担保等现实情况，强行区分各公司的财务和资产，费用高、耗时长、难度大。此种情形下，无论是否考虑法人人格高度混同、债权人公平受偿利益等因素，实质合并往往都成为不可避免的选择。因此，也有观点认为该标准才是适用实质合并的关键，即只要资产与负债存在严重混同、难以区分，就足以构成适用实质合并破产的充分条件。②

3. 债权人利益保护

适用实质合并破产主要存在两种受益情况：一种是有利于全体债权人，所有债权人的利益都会因适用该规则而得以提升；另一种是在整体上达到债权人利益上升，即部分债权人预期利益的减损，但部分债权人的损失要小于整体债权人的收益。如在雨润控股等 78 家企业实质合并重整案中③，关联企业之间存在利益的不当输送和转移，或因不当操控造成关联企业成员的资产与负债畸轻畸重，单一破产即会造成成员企业偿债资源的不公平，严重损害债权人利益。此种情形下，如采取实质合并破产会使债权人整体受益，法院则会考虑适用实质合并审理方式。

4. 利于重整

随着司法实践发展，利于重整标准逐渐成为适用实质合并的一项独立标准。重整是对债务人财产的再利用，可以有效避免单一破产程序下财产流转过程中的价值减损，对确保员工就业、保留税源亦有重要意义，是重整程序经济功能和社会功能的体现。尤其在经济下行趋势下，利于重整标准体现了破产司法更宏观的

---

① （2020）苏 03 破 10 号之一民事裁定书。
② 王欣新：《关联企业实质合并破产标准研究》，载《法律适用（司法案例）》2017 年第 8 期。
③ （2020）苏 01 破 37 号之一民事裁定书。

视野及更高的价值追求。因此，不排除利于重整标准脱胎独立，成为理论、立法和实务中适用实质合并的一项标准。

二、当前关联企业实质合并破产存在的问题

（一）规则适用缺少法律依据

实质合并破产规则虽然说在我国司法实践中已经被广泛适用解决关联企业合并破产的难题，但是《企业破产法》中并未存在任何有关实质合并破产规则的规定。仅仅只有上文所提到的《破产会议纪要》这一司法政策性文件的第六章对实质合并破产规则的适用标准以及程序作出了简要的解释，但是《破产会议纪要》从法律层级上来说只是一个司法政策性文件，法律效力层级较低。虽然具有一定的指导意义，但是由于我国是大陆法系国家，不同于英美的判例法，《破产会议纪要》并不能作为法官说理的依据。所以这就导致法院在适用实质合并破产规则时缺少法律文本来作为其说理的支撑，这也就导致了法院对于实质合并破产规则的理解产生了差异性，进一步导致出现了各种各样的实践困境。

（二）适用标准不统一

通过对上文搜集的样本案例进行分析，可以看出法人人格高度混同这一标准已经被绝大多数法院认可，成为实务中的适用标准。而资产分离难度过高、债权人利益保护以及利于重整等其余几项标准虽然也出现在诸多法院裁定书的说理部分，但是各个法院的说理都大不相同，甚至有的法院将这几项标准全部认为是用来判断法人人格是否混同的要素而已。审判实践中，除了法人人格高度混同这一标准必选，其他的标准就是法院从中选择，而没有具体的法律规定对法官进行规制，可以看出我国法院对于关联企业实质合并破产的适用标准这一问题并没能达成共识，存在着

显著的差异，这也导致各地处理的标准不同，自然引起了社会大众的不满。

（三）具体标准界定模糊

通过对上文搜集的案例样本进行分析，可以看出尽管审判实践对于关联企业实质合并破产判断标准的观点存在差异性，但基本都是从法人人格高度混同、资产分离难度过高、债权人利益保护以及利于重整这几个方面展开的。但是在个案中，各个法院对如何从事实方向具体认定上述几个标准仍然存在不同的看法，甚至有的法院直接引用《破产会议纪要》的内容，而对具体认定部分不给出具体说明。目前对于实质合并破产规则的适用标准，各地法院依然就具体的适用标准以及认定方法没有形成一致的观点，如何进一步明确实质合并破产的适用标准及其内容，显得尤为迫切。

1. 缺少法人人格"高度混同"具体标准的指引

审判实践中，法官主要从各企业存在人员混同、组织机构混同、业务混同、资金财产混同等方面进行论述。而学界有观点认为可援引《公司法》法人人格否认制度的外在表现形式来确定关联企业之间存在法人人格高度混同的情形；还有观点认为关联企业成员人格混同需要财产和意志独立性同时丧失；另有学者认为资产与负债的高度混同是认定关联企业实质合并破产的核心要素，丧失独立意志不能作为充分理由。① 对于法院审理而言，法人人格混同的具体标准成为现实难题，对于破产法律规范而言，是否需要参照公司法人格混同认定标准，对人格混同的三个方面进行审查？抑或是以财产混同为主，以资产与负债高度混同为核心？明确适用标准是现阶段急需回答的问题，既为法官审理实质合并破

---

① 王欣新：《〈全国法院破产审判工作会议纪要〉要点解读》，载《法治研究》2019 年第 5 期。

产案件提供具体指引，也为申请人申请实质合并破产提供法律预期。

2. 资产区分"难度过高"的界定标准模糊

关联企业中的主导企业利用其主导地位故意使从属企业从事高风险经营行为、转嫁债务的情况屡见不鲜，且该企业集团一般在已达到破产边界且无法扭转现状时才会提出破产申请。面对基本难以还原的各关联企业之间的账务往来及资产状况，是以区分所花费的金钱、时间等成本作为"难度过高"的参考，还是以从属企业丧失独立意志而招致内部侵害行为致使无法区分为判断标准，目前仍未有标准答案。

3. 债权人利益保护标准存在局限性

首先，在严重损害债权人公平清偿利益这一条件中，没有形成受损结果和举证责任的具体规则。该标准强调了债权人利益受损这一结果，但在实质合并破产程序中，对于损害的具体表现以及相应的举证要求没有作出规定，在申请人申请实质合并破产时也无法提供证据，在举证证明上进行较长时间的纠缠会影响破产案件审理效率。其次，法院在考量债权人的具体清偿比例时，通常所参考的是破产管理人提供的债务人财产信息。但是这些信息会随着破产程序的进行而发生改变，也具有不确定性。最后，统一清偿有违部分债权人信赖利益，相对受益标准在一定程度上损害了部分债权人的权益，不符合我国破产法公平与效率的价值追求。

（四）各标准之间位阶不明

法人人格高度混同标准已被绝大多数法院认可，笔者查阅到的受理实质合并破产裁定书几乎均对该标准作出充分论述，而资产区分难度过高、债权人利益保护、利于重整标准虽然也出现在诸多法院裁定书的说理部分，但是各个法院的说理都不尽相同，甚至有的法院将其余几项标准作为判断法人人格是否混同的要素而进行混淆。《破产会议纪要》只是明确了例外适用实质合并破产规则的几个要素，没有明确各要素之间适用的先后、主次位阶以及证明程度。① 各个要素能否单独适用，作为适用实质合并破产的单独标准也没有定论。

三、完善关联企业实质合并破产审查标准的路径

（一）实质合并破产审查的前提标准

传统的独立破产规则是法人人格独立和有限责任制度的逻辑延伸，但合并破产全面、彻底地否定了关联企业的法人人格，并可能导致部分关联债权人的清偿比例因合并而降低，故更应对关联企业实质合并破产加以限制，不能仅仅为了简化程序或降低工作量而随意启动，否则会动摇基本法律制度。因此，当且仅当满足任一前提标准的情况下，才有可能进入实质标准审查，从而决定是否适用实质合并破产规则。

1. 法人人格高度混同标准

针对该标准，实践中具体表现为：主要经营性财产混同、财务管理混乱或是银行账户共同使用。另外，在关联企业人格混同的情况下，往往同时出现主营业务相同、人员交叉任职、营业场所难以区分等其他方面的混同。值得注意的是，实质合并破产对关联企业人格全方位的彻底否定，决定了其对人格混同程度的要求比法人人格否认制度更高，需要达到令人绝望的程度，即各企业的资产、负债根本无法区分或区分将产生过度的成本，从而避免制度滥用损害各利害关系人利益。

在指导案例"江苏省纺织工业（集团）进出口有限公司及其五家子公司实质合并破产重整案"中，法院对其混同情形已经予以明确，即人员任职高度交叉，未形成完整独立的组织架构；共

---

① 肖彬：《实质合并破产规则的立法构建》，载《山东社会科学》2021年第4期。

用财务及审批人员，缺乏独立的财务核算体系；业务高度交叉混同，公司之间收益难以正当区分；存在大量关联债务及担保，债权债务清理极为困难。该标准客观合理且实践中的可操作性较高，若企业集团满足上述条件即可认定符合法人人格高度混同这一标准。同时，确立法人人格高度混同标准可以为关联企业破产案件带来诸多好处，既节省了区分关联企业之间的资产债务的成本，也在一定程度上提高了全体债权人的清偿利益，符合破产法规对公平与效率的价值追求。

2. 欺诈防范标准

关联企业与单个企业主体模式相比，具有交易流程简化、交易成本较低等优势，部分关联企业内部借用此种便利条件，通过恶意隐匿、转移财产、相互担保和融资借贷的方式侵害债权人的正当权益，更有甚者，借助欺诈破产这一方式以期达到逃避债务的目的。欺诈在实务中往往表现为通过关联关系操控关联企业进行资产、利益的不当输送和转移，以实现责任主体脱壳，进而达到逃废债务的目的，而实质合并可以成为矫正欺诈行为的有效手段。

多位学者均认同联合国国际贸易法委员会《破产法立法指南》第三部分"破产企业集团对待方法"中关于欺诈防范标准的论述，即如果关联企业从事没有正当目的或者恶意欺诈的活动，为了规制这种行为，必须进行实质合并。囿于无成文法明确规定等原因，目前欺诈防范标准在破产审判实践中还未被广泛接受，但各地法院已经开始逐步探索，如河北省高级人民法院发布的《关于在审理破产案件中防范逃废债行为的意见（试行）》、重庆市第五中级人民法院发布的《关于在审理企业破产案件中防范和打击逃废债务行为的工作指引（试行）》，都对通过适用实质合并审理方式打击逃废债进行了规定。可见，欺诈防范标准的重要性已经日渐显现，可在实质合并破产规则的审查标准中予以完善。

（二）实质合并破产审查的实质标准

在满足前述任一前提标准的情况下，还应辅之以实质标准，满足审查标准"1＋n"的条件，方得以适用实质合并破产规则。

1. 财产区分成本标准

对这一标准，以足以影响到债权人的清偿利益并使其清偿率降低为准。财产在破产案件中至关重要，只有将财产界定清楚才能厘清关联企业之间存在何种具体的经济关系或法律关系从而推进破产程序。但基于关联企业的本质特征，在发生企业破产时即便专业的管理人耗费极大精力也很难区分各关联企业之间的财产，虽然这种工作可以由专业的中介机构代劳，但核算费用最终还是由债权人承担，依然影响债权人的清偿率。因此，当这种区分行为足以影响到债权人的清偿利益并使其清偿率降低时，应当认定为"成本过高"，此时可考虑适用实质合并规则。

2. 整体受益标准

对于《破产会议纪要》第 32 条中载明的"严重损害债权人公平清偿利益"这一条件，美国判例法衍生出实质合并破产制度的衡量标准可供借鉴：一为是否所有债权人受益；二为实质合并下部分债权人所受利益是否大于其余债权人受到的损失。因此，在适用该制度时不仅要从清偿率角度论证适用实质合并破产的清偿率高于单独破产清偿率，还要从成本核算角度论证实质合并所产生的利益大于其损失。此时，债权人能够从实质合并中获得的利益主要是通过适用该程序所节省的司法成本、交易费用及去除关联债权债务后所得的利益，如此保留下来的额外利益用于增加债务人资产，进而提高了债权人的清偿。[①] 此外，申请人在提出

---

① 高小刚、陈萍：《论关联企业破产程序中实质合并原则的适用》，载《法律适用》2020 年第 12 期。

申请进行关联企业实质合并破产时应当提供影响债权公平清偿的量化分析证据，以便于法院进行审查裁判。

3. 债权人信赖利益标准

债权人信赖利益标准是针对与关联企业中单独企业进行交易的债权人而设置的。假设债权人是基于对该成员企业的信任而与之进行交易，实质合并破产规则否认了关联企业各自的独立人格，债权债务归于消灭，将其财产进行统一清偿，必然使部分债权人原本能够获得的清偿利益减少。破产实践中最常见的如有担保的金融机构债权人。那么此时实质合并破产必定会导致该债权人的合理信赖受损，也有违破产法所倡导的公平与效率原则。

我国司法实践中，部分法院在作出实质合并破产的裁定之前可能会询问债权人的意见，但只是作为破产程序中的一环，并不是作为判断实质合并破产的重要参考因素。而如果法院在审理案件时不看重债权人信赖利益标准，极有可能导致部分因信赖利益受损的债权人与其他债权人发生利益冲突，这无疑是让原本站在一边的债权人形成对立，更加不利于实现全体收益最大化的目标。因此，确立债权人信赖利益标准完全具有必要性。此外，由于要在整体获益与部分受损之间作出利益衡量，并依托衡量结果作出是否适用的决定，因此法院作为居中裁判的独立机关，必须将关联企业单独破产和实质合并破产作出区分后进行模拟演示，在经过科学的评估与论证后作出公正的判断。

4. 利于重整标准

2019 年发布施行的《深圳市中级人民法院审理企业重整案件的工作指引（试行）》第 45 条规定："……关联企业实质合并重整有利于增加重整价值，使全体债权人受益的，……可以申请对具有重整原因的多个关联企业成员进行合并重整，还可以申请将关联企业成员并入重整程序。"2022 年 4 月 28 日发布的《北京市第一中级人民法院关联企业实质合并重整工作办法（试行）》第 7

条也做出类似规定。这是对《破产会议纪要》第32条与第33条规定的具体细化，也是对利于重整标准的有益尝试。

利于重整标准的主要考量基点为债务人一方，适用于为保障关联企业度过危机、通过重整程序得以重生而选择适用实质合并破产的情况。企业破产的价值不仅仅局限于使资不抵债、运营困难的企业退出市场，更重要的应当是赋予债务人自救或者重生的机会。实质合并破产重整带来的整体效益要高于直接破产，将各个企业的债权债务一并处理，使得有效资源充分整合，给企业资产重组、战投招募、继续经营带来操作上的便利，同时增加债务人在重整过程中的价值创造，也能进一步提高对债权人的清偿率。

四、结语

关联企业破产往往是实践中的重大案件，常涉区域经济发展大局、涉众、涉维稳，利益关系错综复杂，近年来破产审判实践中的成功案例得益于既有理论与实践的成功探索，本文亦针对目前适用该规则的审查标准不规范、不统一的现状尝试提出了完善路径。实质合并作为破产法上处理关联企业破产问题的特殊规则具有重大价值，当前正值《企业破产法》修订之际，立法机关应以此为契机，在法律层面对该规则适用的标准及相关程序予以明确。同时，各地法院在破产审判实践中也应不断探索创新，提升办理破产工作水平，提高破产案件办理质效，拯救危困企业，营造更加稳定公平透明可预期的法治化营商环境。

关联企业合并破产的立法建议

丁玉光　申明昱[*]

摘要： 在全面推动市场经济改革的背景下，探索建立关联企业合并破产制度，完善相关的法律机制与权益保障体系，不仅是保障企业健康发展、依法破产重组的需要，更是维护市场秩序、保证社会资源公平分配、保障破产企业人员相关利益的根本要求。目前，从我国关联企业合并破产的实施情况来看，仍然存在着一些风险与挑战。面对目前存在的各种问题，为了进一步促进关联企业合并破产的规范化、有效化实施，本文提出一些针对性的立法建议，力图通过完善相关法律机制，切实保障关联企业合并破产工作的安全、稳定、有效运行。

关键词： 关联企业　合并破产　适用标准　立法建议

国务院发布的《关于积极稳妥降低企业杠杆率的意见》明确指出，建立健全依法破产的体制机制，探索建立关联企业合并破产制度，细化工作流程规则，切实解决破产程序中的违法执行问题。《破产会议纪要》第六章"关联企业破产"也强调建立关联企业合并破产制度，规定实质合并的条件与程序，指明实质合并审理的法律后果。由此可见，近年来一系列政策的实施与市场经济的快速发展，使得关联企业合并破产的话题成为法律界、经济界、政务界的共同关注点。在关联企业合并破产中，企业可以通

---

* 丁玉光，新乡市中级人民法院清算破产审判庭庭长，四级高级法官；申明昱，新乡市中级人民法院三级法官助理。

过合并破产的方式来整合资源，减少重复投资和浪费，提高经济效益。同时，合并破产还可以降低破产程序的时间和成本及破产风险，提高企业的生存能力和竞争力。但是，关联企业合并破产也存在着一些风险，面临着诸多问题，包括关联企业相关人员的利益问题、债权人的权益问题、程序是否合规问题等。本文主要通过对目前关联企业合并破产面临的风险与挑战进行分析，并提出针对性的立法建议，为相关领域提供决策参考。

一、关联企业合并破产的理论分析

（一）关联企业的界定

所谓关联企业，一般是指两个或两个以上具有直接或间接控制关系、从属关系等关联关系的企业。目前，我国法律界对关联企业的判定标准主要有8条，其中3条是法律界普遍采用的判定方法，主要包括：相互间直接或间接持有其中一方的股份总和达到25%或以上的企业，视为关联企业；直接或间接同为第三者所拥有或控制股份达到25%或以上的企业，判定为关联企业；企业与另一企业（独立金融机构除外）之间借贷资金占企业实收资本50%或以上，或企业借贷资金总额的10%是由另一企业（独立金融机构除外）担保的，判定为关联企业[①]。关联企业的出现是现代企业制度推行与资本市场发展的必然结果，也是市场经济发展的主要产物。

（二）关联企业合并破产的内涵

关联企业合并破产是指将两个及两个以上关联企业视为一个单一企业，合并其所有的资产和负债，在统一进行财产分配和债务清偿的基础上推进破产程序，各企业的法人人格在破产程序中

---

① 乔中国、樊艳红、韩松江：《〈破产会议纪要〉后关联企业实质合并重整研究》，载《中北大学学报（社会科学版）》2022年第5期。

不再独立。一方面，关联企业合并破产制度是处理关联企业破产问题的一项独立且重要的制度，是在关联企业出现破产情形时，切实维护好相关主体利益的关键机制。另一方面，关联企业破产合并的关键是资产、债务的合并，在破产程序中按照统一的清偿比例公平受偿。但是，实质合并本身并不产生关联企业组织合并的效力①。

二、关联企业合并破产现存问题分析

（一）合并破产的适用标准单一、混乱

目前，从我国关联企业合并破产机制运行的整体状况来看，仍然存在着合并破产的适用标准单一、混乱的问题。一方面，大多数情况下，在处理关联企业合并破产的案件时，其判定标准都指向"企业法人人格高度混同"这一核心标准，将企业法人作为唯一的判定对象，其判定标准、适用情形比较单一、局限。在一些情况下，部分关联企业存在着人员混同、财务混同、资产混同、业务混同等情况，而此时对于是否构成"法人人格高度混同"可能认识不一，如机械地认定上述情形符合或不符合法人人格高度混同的标准，则可能最终导致一些本应该合并破产的企业未合并破产，或不应合并破产的企业进入合并破产程序，并因此损害相关利益主体的权益。另一方面，一些法院也意识到了合并破产的适用标准单一问题，并有意识地丰富判定标准和适用情形，却也因此出现了合并破产的适用标准混乱，凸显了缺乏有效的法律依据与支撑的问题，因而无法得到关联企业债权人的认可，使得债权人对于破产合并裁定提出异议②。

---

① 曹文兵：《供给侧改革背景下实质合并破产制度的构建与完善——以 16 件关联企业实质合并破产案件为分析样本》，载《理论月刊》2019 年第 7 期。
② 郭歌：《"揭开公司面纱"作为关联企业合并破产之路径：规范解释与质疑回应》，载《中国政法大学学报》2022 年第 4 期。

（二）合并破产启动模式不规范

我国当前的实践中，在启动关联企业合并破产程序时，常见的模式大概有三种。第一种模式是当企业符合关联企业合并破产条件时，关联企业先分别破产，再进行合并，其适用于合并破产条件判断难度较高的企业集团破产案件。第二种模式是关联企业中的一个企业已经进入破产程序，法院裁定其他企业并入破产程序。该模式一般只适用于关联企业中一个企业已破产，而其他企业并不符合破产条件，但因企业集团内部人格高度混同，故法院依申请裁定将其合并破产的情况①。上述两种模式是目前实践中最常见也最为稳妥的方式。第三种模式是关联企业先行合并，然后再进入破产程序，该模式一般适用于合并破产判定难度不高的企业破产案件，但实践操作难度较大。然而，主要问题在于，无论是第一种模式，还是第二种模式，又或是第三种模式，均是司法实践自行探索的结果，尚无统一且具体的判定标准，也缺少必要的法律法规支撑，缺乏适用规范指导，而且《中华人民共和国企业破产法》（以下简称《企业破产法》）及其司法解释中也没有对上述三种启动模式进行明确规定与阐释说明，导致了关联企业合并破产程序的启动模式不规范，实践中往往是根据案件情况或实际情形比较随意地选择其中一种模式②。

（三）债权人及其他利益主体权益保护不充分

值得一提的是，关联企业合并破产的主要目的之一就是有效保护债权人的利益。因此，法院对关联企业实施合并破产程序时，就需要充分考虑到债权人的期待利益。但是实际上，在目前的许

---

① 黄耀、徐淑华：《房地产企业破产重整实务问题研究（三）——以 DZH 公司关联企业破产重整案件为例》，载《中国房地产（市场版）》2017 年第 8 期。

② 赵惠妙、左常午：《我国关联企业实质合并破产的裁定标准》，载《法律适用》2022 年第 4 期。

多案件中，均出现了债权人利益保护不充分的问题。另外，关联企业合并破产时，也往往涉及其他相关人员的利益，为了保护相关人员的利益，法院启动合并破产程序时，通常会通知相关人员参与听证。但问题在于，虽然现实情况中相关利益主体参与了听证，却很难提出异议，又或是提出了异议，但因为一些原因无法在现场或会后得到答复，导致其异议无法得到及时关照；况且，目前许多关联企业合并破产的案例中，参与听证呈现出很明显的流于形式的现象，许多利益相关主体在听证会上所提异议单纯是为了发泄情绪。产生这一问题的根本原因可归结于两方面。一是我国现行的法律体系中未对债权人参与重整计划草案的权利作出说明，现行的《企业破产法》第79条仅规定了债务人或管理人有制订重整计划草案的权利，未对债权人在重整草案制订方面设置权利，导致在实际的执行中，债权人始终处于被动地位，自身权益无法得到伸张[①]。二是参加听证人员范围不明，没有充分考虑到人员的广泛代表性，也未从法律机制中对听证制度、意见发表制度等给予说明，导致其意见不能被充分采纳或得到明确的反馈。

（四）管理人的选任规则不完善

从客观视角来讲，管理人是贯穿于关联企业合并破产整个程序的主要人员之一，管理人的身份、专业能力、执业背景等不仅关系着合并破产程序的实际效率，更关系着合并破产的最终效果。目前，我国对管理人的选任一般采取四种模式，分别是沿用旧管理人、选定新的管理人、分别管理、合并管理。无论是上述何种管理人选任模式，其选任标准、规则等都未在《破产会议纪要》中提及，关联企业实质合并破产的破产管理人选任制度仍处于缺

---

① 王静、蒋伟：《实质合并破产制度适用实证研究——以企业破产法实施以来76件案例为样本》，载《法律适用》2019年第12期。

位状态①。虽然《企业破产法》中对管理人的选任方式、基本标准等进行了较为详细的规定，但是，规定内容还较为笼统，实质合并破产毕竟是一种特殊的破产情形，应当充分考虑其适用特殊性。因此，《企业破产法》中的相关规定在一些情形下无法有效适用于个别特殊合并破产案件的管理人选任，实践中仍然存在由权利方根据条件情况随意选取管理人（如律师、会计师、政府部门或机构人员等）的情况，这极有可能出现能力不足或团队内部互不熟悉、责任划分不明的情形。

三、关联企业合并破产的立法建议

（一）明确合并破产的适用范围与适用标准

为了进一步促进关联企业合并破产的实施，本文建议从立法角度进行完善，明确合并破产的适用范围与标准。既要建立起灵活的合并破产适用标准，解决目前判定标准单一的问题，通过完善更多的适用标准，明确其适用范围，揭开关联企业"神秘面纱"；也要对所有建立起的适用标准在范围、原则、适用机制等方面进行明确，确保所有适用标准在实际使用时都有对应的范围与具体方向，解决适用规则盲目、随意及缺乏法律支撑的问题②。

建议对有关关联企业合并破产的判定标准、适用机制进行完善，对于目前的"关联企业成员之间存在法人人格高度混同""区分各关联企业成员财产的成本过高""严重损害债权人公平清偿利益"三个基本判定标准作进一步的完善。首先，在"关联企业成员之间存在法人人格高度混同"中，可考虑增加前置程序，即法院收到实质合并申请后，应当及时通知相关利害关系人并组

---

① 陈惠英：《关于集团公司破产实务问题探讨——以浙江某投资集团公司破产案为例》，载《中国经贸》2020年第8期。
② 杨鹿君：《价值解构视角下的实质合并适用标准区分研究》，载《财贸研究》2023年第2期。

织听证，听证时间不计入审查时间。此种前置程序可有效避免法院在审查过程中对混同的判断不够准确，故由相关利害关系人提供更多的信息，并听取利害关系人的建议，以考量是否受理实质合并的申请。其次，在"区分各关联企业成员财产的成本过高"中，应完善如何区分关联企业成员财产的内容，可考虑组建专业的调研小组，对关联企业成员的财产情况进行统计，对各关联企业的破产原因分别进行分析，对相关债权债务综合考虑并逐一梳理，对破产财产作出拆分和权属划定，对股权投资进行审计和核算，经过区分对比，将最终结果作为合并破产适用的依据与主要判定标准。最后，关于"严重损害债权人公平清偿利益"，该规则在司法实践中要谨慎适用，应当增加特殊情形下的适用标准。比如，当债权人与债务人进行交易时将关联企业视为同一实体，基于债权人的信赖保护，可以对该类关联企业适用实质合并破产规则；否则，当债权人与债务人交易时依据的是单体企业的信用基础，债权人仅以单体企业的经济状况来判断自己的交易是否适合进行时，破产程序中实质合并的适用则会损害该类债权人的利益，此时不能够适用合并破产①。

（二）完善合并破产启动程序及相关说明

针对目前存在的关联企业合并破产启动程序不规范的问题，应从法律机制入手进一步完善，同时在相关法律规范中填补相关内容，明确合并破产启动程序的具体规则与行使说明，以确保法院在启动合并破产程序时，能够按照规范化流程实施。

针对目前实践中常用的三种模式的适用标准与启动规则进行明确。首先，对上文提及的三种合并破产启动程序的优劣势进行

---

① 山东省枣庄市中级人民法院课题组：《关于关联企业合并破产问题的调研——以枣庄法院近 10 年审理的破产案件为分析样本》，载《山东法官培训学院学报》2021年第 5 期。

对比，将"先分别破产、再进行合并"模式和"一个企业已经进入破产程序，法院裁定其他企业并入破产程序"的启动模式作为最基本、最广泛适用的模式。例如，新乡市中级人民法院审理的新乡市新运交通运输有限公司等二十家公司合并重整案，即是采用前者，最终重整成功；而新乡县人民法院审理的河南新乡联达纺织股份有限公司与新乡联达纱线有限公司合并破产案则采用后者，亦取得良好效果。故建议在《公司法》《企业破产法》中明确将该两种模式作为最基本的、优先考虑运用的启动方式。适用范围上，适用于常规性的案件，只需根据发现具备合并破产情形的时间节点来决定使用哪种模式。如在关联企业均进入破产程序后发现，则采用第一种模式；如在其中一家公司进入破产程序后即发现，则采用第二种模式。启动程序上，建议分别按照"破产申请—法院审查—分别受理—合并处置"和"一家企业申请破产—法院审查—受理—合并破产申请—合并处置"的基本程序进行。其次，可以将"关联企业先行合并，然后再进入破产程序"作为例外模式，其适用于债权人对合并破产程序提出异议且无法立即解决的案件，通过企业先行合并，最后实施破产程序，为相关利益主体争取更多的协商与处置时间。建议按照"合并破产申请—条件审查—意见提出—先行合并—异议处理—实施破产"的流程设置启动程序。但该种模式的实施难度较大，在实践中往往难以操作，故建议将其作为特殊情况下的例外模式。

（三）增加债权人对重整计划制订的参与权

上文提及，我国现行的关联企业合并破产机制中，缺少关于债权人对重整计划制订参与权的规定，这是导致实际案件中债权人自身权益无法得到及时维护的主要原因。为了更有效地保护债权人的权益，切实发挥关联企业合并破产的应有作用与意义，本文重点建议在我国的相关法律法规中增加债权人对重整计划制订的参与权，同时对参与权的范围、适用情形进行详细说明，既要赋予债权人相关权利，也要确保权利发挥得当。

可考虑在《企业破产法》中增加债权人对重整计划制订的参与权、对债权人参与权的监督机制、债权人异议的解决程序三个主体内容。首先，在债权人对重整计划制订的参与权方面，建议在修订完善相关内容时，坚持"债务人制订为主，管理人为辅，债权人及股东等利害关系人共同参与"的原则，债权人的参与权主要集中体现在对重整计划的建议、讨论、制订信息知晓与异议提出方面。通过这种方式，不仅确保了重整计划制订的原有标准与安全度，也增加了债权人的参与度，改变了债权人过去被动的地位，对于保障债权人的权益有着积极作用。其次，在对债权人参与权的监督机制方面，可以由法院与地方政府部门协同，专门建立起人员结构完整的外部监督机构，对关联企业合并破产案件中涉及的债权人、债务人、管理人及股东等进行规范化监督，确保各个利益主体的权利发挥到实处。最后，增加债权人异议解决程序，如合并破产实施过程中，债权人提出异议的，法院在审查批准重整计划前，应当依债权人的申请组织召开异议听证会，债务人、管理人、其他利害关系人均应出席，债权人就自身利益损害事实发表意见，各方进行充分协商，若意见属实或协商达成一致的，应在债权人参与下修改重整计划草案。

（四）完善听证人员的意见发表和异议处理机制

对于法院而言，在开展关联企业合并破产的程序时，不仅要关注到债权人、债务人等主体的权益，更需要关注到破产企业其他人员的权益，包括破产企业中拥有一定股份的员工、管理人员、投资者等。法院进行公开审理时，应有针对性地选择听证人员，选择原则应遵循广泛代表性，确保参与听证的人员具有一定的利益代表性，能够在听证程序中发挥实质性作用。同时，也需要在相关法律条文中明确参加听证人员的意见发表、异议处理规则，使其权益得到切实关注，能够有效表达意见并得到回复。将听证人员所提异议与采纳情况作为处理整个案件的主要依据，以保证关注到每一个利益主体，保障相关人员的权益。

可以在《企业破产法》中专门增加关联企业合并破产程序中听证人员选择、意见发表、异议处理的标准与规则①。在听证人员的选择上，应重点审查参加听证人员的身份、背景、与案件相关联的程度等，遵循"利益关联度高""身份具有广泛代表性"的基本原则。在听证人员的意见发表上，应在《企业破产法》中明确其意见发表方式、内容重点等，指导听证人员发表与案件有关的意见或异议，减少抱怨性、泄愤性等言语，以提高所发表听证意见的实际价值，避免影响案件程序的正常进行。在异议处理上，建议在相关法律法规中明确听证人员异议的记录规则，做好当庭异议处理与回复的记录。如所提异议未被采纳，还可按照程序向上一级人民法院申请复议，由上级人民法院对其意见的真实度、客观度、合理度进行评议，若意见正当，异议成立，则可终止合并破产程序；若意见不正当，则在充分保障各方利益的同时继续推进合并破产程序。

（五）健全合并破产的管理人选任规则

法律实践表明，破产管理人在关联企业合并破产程序中发挥着至关重要的作用，从关联企业的合并破产条件判定，到合并破产程序的正式实施，都需要依靠破产管理人。针对目前关联企业合并破产程序中破产管理人选任随意、不规范的情形，应重点完善相关的选任规则和标准，对《企业破产法》中有关破产管理人选任的规则进一步完善，明确选任对象，制定出具体的选任标准及其适用范围。

遵循《破产会议纪要》第三章的相关规定，对《企业破产

---

① 张紫璇：《关于构建我国个人破产制度的思考——以〈深圳经济特区个人破产条例〉为视角》，载《河北企业》2023 年第 3 期。

法》中破产管理人选任的内容进行完善。《破产会议纪要》第三章明确指出，破产管理人应分级管理。法院应当综合考虑破产管理人的职业背景、专业能力、职业道德、勤勉程度、职业经验等因素，将破产管理人按照不同层次划分为不同级别，分别进行管理、考核、选任。该项制度在河南省已得到落实，为我们根据个案确定选任管理人的条件奠定了基础。为了充分体现出分级管理、选任这一特点①，应完善"竞争选任"的相关规定与标准，并在个案中对竞争选任管理人的条件进行细化。如处理关联企业合并破产案件时，法院应根据案件的类型、判定难度、处理复杂程度等，分析出个案中的重点难点环节、所需重点技术与专业技能等，根据案件实际需要，定位于相应的破产管理人层级，在该层级中开展破产管理人的竞选工作，竞选工作可以围绕专业能力、模拟案件处理能力、职业经验等要素开展，选择与案件烦琐程度、所需专业能力相匹配的破产管理人，从而提高合并破产程序的效率与质量。

四、结语

总而言之，关联企业合并破产的本质就是将两个或多个具有联系的企业进行资产和负债的合并，在统一进行财产分配和债务清偿的基础上推进破产程序。进一步完善相关法律机制，通过完善立法的手段促进关联企业合并破产工作高效开展，对于企业而言，可以减少重复投资和浪费，提高经济效益，降低破产风险，提高企业的生存能力与竞争力。对于政府部门而言，可以降低破产程序中的时间与人力成本。还可以及时保障各个利益主体的权益，避免相关人员在企业破产时遭受权益损失。为了有效发挥关

---

① 徐松子：《关联企业实质合并破产适用标准探究》，载《产业与科技论坛》2022 年第 10 期。

联企业合并破产的实际作用，促进该项工作规范化、有效化开展，重点是解决目前存在的诸多问题。我们应立足实际，并借鉴先进经验，尝试采用多种措施完善关联企业合并破产的各项制度构建，促进相关法律机制的完善，以达到保障关联企业合并破产制度有效运行的目的。

债权人利益保护维度下进一步完善实质合并破产制度

石德禄　张乐萌*

摘要： 实质合并破产规则是一种兼具公平与效率的规则，在我国的发展历程属于实践先行积累经验、法律再行制定完善。其作为一种打破法人人格独立壁垒的特殊性规则，本应秉承最高人民法院关于"慎用"的要求，但在实践中却蔚然成风，变成了通常性做法，使得侵害债权人合法权益的情况屡有发生。为此，人民法院既要对关联企业是否符合实质合并破产的条件进行实体性审查，也要充分保障债权人参加实质合并听证程序的权利和相应的知情权、发表意见的权利，以及异议债权人的复议权等程序性权利，将保护债权人利益的概括性条款进一步细化实施，才能在尊重债权人意思自治和人民法院司法裁判的天平中，找到最佳的平衡点。

关键词： 关联企业　实质合并破产　债权人利益保护

一、关于实质合并破产的法理基础与内涵

（一）关联企业的认定及实质合并破产的概念

关联企业是指相互之间存在股权、契约、其他控制关系或具

＊ 石德禄，硕士，北京市康达律师事务所律师；张乐萌，硕士，赤峰市中级人民法院员额法官。

有施加重大影响的能力，或为统一企业、个人所控制，具有独立法律地位的企业联合形态。《公司法》第265条规定"关联关系，是指公司控股股东、实际控制人、董事、监事、高级管理人员与其直接或者间接控制的企业之间的关系，以及可能导致公司利益转移的其他关系"，但该条未对"关联企业"进行准确定义。

实践中，关联企业的实质合并破产，是指将两个及两个以上关联企业视为一个单一企业，合并资产与负债，在统一财产分配与债务清偿的基础上进行破产程序，包括实质合并重整或清算，各企业的法人人格在破产程序中不再独立。实质合并破产的合并，不是公司法上的合并。当法院作出实质合并破产的裁定时，并不要求参与实质合并破产的所有企业履行公司法意义上的合并程序，各合并企业的法人人格仅仅是在破产程序中不再独立。①

（二）实质合并破产的域外经验

1. 美国实质合并的七要素标准

美国是实质合并破产规则的创立国与主要实践国，其经验具有重要的借鉴意义。实质合并最早起源于美国1941年的 Sampsell v. Imperial Paper & Color Corp. 案②，该案开创了实质合并破产的适用，并确认了地区法院拥有判决实质合并的权利。虽然如此，但是在1980年之前，由于欠缺详细的适用标准，所以实质合并案例虽然偶有发生，但适用范围不广。美国法院在 Vecco Construction Industries，Inc. 案中归纳了七条适用实质合并破产规则的标准：第一，确定企业的独立财产和负债的难易程度；第二，企业间的债务报表是否有合并；第三，以合并为单一实体方式运营的盈利能力；第四，资产和营业的混同情况；第五，不同公司所有者结

---

① 王欣新：《关联企业实质合并破产标准研究》，载《法律适用（司法案例）》2017年第8期。

② Sampsell *v*. Imperial Paper & Color Corp.，313 U. S. 215（1941）.

构和利益的同一性；第六，具有公司内部间的债务担保；第七，是否具有不符合章程规定的资产转移。①

2. 联合国国际贸易法委员会"破产企业集团对待办法"规定的实质合并破产标准

联合国国际贸易法委员会"破产企业集团对待办法"对各国关联企业实质合并破产的经验做了较为全面的总结，其认为可以适用实质合并破产的标准包括四种情形：一是企业集团成员的资产和债务相互混合，可以简称为法人人格混同；二是从事欺诈图谋或毫无正当商业目的的活动，简称欺诈；三是债权人受益标准，即债权人可以通过实质合并得到更大的清偿利益；四是重整需要。这四项标准在实践中往往会存在相互涵盖与交叉重叠，但理论上都是可以独立适用或者在部分情况下独立适用实质合并破产的标准。在司法实践中，进行实质合并破产的企业往往都是同时存在多种适用情况的，仅由于一项原因而适用实质合并的情况颇为少见。

二、实质合并破产的中国司法实践

2012 年 10 月，最高人民法院民二庭召开会议讨论了《关于适用实体合并规则审理关联企业破产清算案件的若干规定（征求意见稿)》，但该规定并未出台，直到《破产会议纪要》才最终明确了关联企业实质合并破产的适用条件及个别事项处理原则，这是迄今为止关联企业实质合并规范中层级最高、内容最全面的指导性文件。

（一）我国关于实质合并破产的有关法律依据

1. 《破产会议纪要》（2018 年 3 月 4 日施行）

第 32 条规定："关联企业实质合并破产的审慎适用。人民法

---

① 徐阳光：《论关联企业实质合并破产》，载《中外法学》2017 年第 3 期。

院在审理企业破产案件时，应当尊重企业法人人格的独立性，以对关联企业成员的破产原因进行单独判断并适用单个破产程序为基本原则。当关联企业成员之间存在法人人格高度混同、区分各关联企业成员财产的成本过高、严重损害债权人公平清偿利益时，可例外适用关联企业实质合并破产方式进行审理。"

2.《陕西省高级人民法院破产案件审理规程（试行）》（2020年12月31日施行）

第242条规定："债务人与其关联企业存在以下情形时，人民法院可以采用实质合并审判方式：（一）债务人与其关联企业成员之间存在法人人格高度混同。'法人人格高度混同'，是指债务人与其关联企业成员之间，在人员、业务、财务、管理、营业场所等方面发生实质混同，使得企业的法人人格形骸化。（二）区分各关联企业成员财产的成本过高。'区分成本过高'，是指债务人与其关联企业成员之间存在着复杂的股权控制关系、关联交易关系、债权债务关系、资金往来关系等，以致于对上述企业的各自财产作出区分会产生不符合司法程序价值的过高成本。（三）严重损害债权人公平清偿利益。'严重损害债权人公平清偿利益'，是指债务人与其关联企业成员之间存在着基于欺诈而发生的虚假交易行为，该交易行为违背了公平、公正的交易原则，严重损害了相关债权人的公平受偿利益。"

（二）我国关于实质合并破产的部分实践案例

在破产法领域，理论与实务界对实质合并原则持较为宽容的立场。最高人民法院原副院长贺小荣曾指出，在我国供给侧结构性改革的背景下，如何处理关联企业破产案件已成为当前破产审判实践的重要课题。通过检索全国企业破产重整案件信息网、中国裁判文书网以及最高人民法院、江苏、浙江等地高级法院近年来公布的实质合并破产有关案例，实质合并破产的司法实践和案例已经在全国各地"遍地开花"，部分案件列举如表1所示。

表1　我国关于实质合并破产的部分案例

序号	案件名称	受理法院
1	海航系321家公司实质合并重整案	海南省高级人民法院
2	辽阳忠旺投资有限公司等253家公司实质合并重整案	沈阳市中级人民法院
3	兴隆大家庭商业集团有限公司等92家企业实质合并重整案	沈阳市中级人民法院
4	辽宁辉山乳业集团有限公司等83家企业实质合并重整案	沈阳市中级人民法院
5	雨润控股等78家公司实质合并重整案	南京市中级人民法院
6	山东大海集团有限公司等57家公司合并重整案	东营市中级人民法院
7	广西柳州正菱集团有限公司及53家企业实质合并重整案	广西壮族自治区高级人民法院
8	安徽国购科技投资股份有限公司等43家公司实质合并重整案	合肥市中级人民法院
9	山西联盛能源有限公司等32家公司合并重整案	吕梁市中级人民法院
10	洪业化工集团股份有限公司等29家企业合并重整案	菏泽市中级人民法院
11	齐星集团有限公司等27家公司合并重整案	邹平市人民法院
12	南京建工集团等25家公司实质合并重整案	南京市中级人民法院
13	圣光集团等23家企业合并重整案	平顶山市中级人民法院
14	银亿集团有限公司等17家公司实质合并重整案	宁波市中级人民法院

序号	案件名称	受理法院
15	青海省投资集团有限公司等 17 家企业实质合并重整案	西宁市中级人民法院
16	重庆力帆控股有限公司等 11 家公司实质合并重整案	重庆市第五中级人民法院

三、实质合并破产规则下对债权人利益保护存在的问题和建议

随着司法实践的发展，部分实质合并破产案件中债权人合法权益受到损害的现象逐渐增多，各界对于实质合并破产规则的质疑也逐渐显现。《破产会议纪要》第 32 条规定也表明了最高人民法院的态度，根据最高人民法院民二庭郁琳法官的解读，[①] 实质合并破产规则目前在我国实践中被广泛应用，但有关实体制度、程序设计和监督制度尚不完善，因为毕竟属于对企业法人独立人格的极端否定，并可能导致部分关联债权人的清偿比例因合并而降低的情况，所以要"慎用"，应将其作为一个例外适用的原则，在现有制度框架内无法解决时才适用。但是，实践中，实质合并破产滥用的情况仍未得到缓解，也确实存在个别法院及管理人，在没有事实依据或不符合实质合并条件的情况下，轻易地突破法人独立主体的资格，并严重损害诸如担保债权人的合法权益等行为。

因此，虽然实质合并破产规则在我国司法实践中已多有适用，但有关实体制度、程序设计等也只是进行了概括性规定，从而导

---

① 郁琳：《关联企业破产制度的规范与完善——〈全国法院破产审判工作会议纪要〉的解读（四）》，载《人民法院报》2018 年 4 月 11 日，第 7 版。

致实践中适用尺度不一，通过实质合并方式侵害债权人合法权益的行为屡见不鲜，亟须在《企业破产法》的修订完善中进一步明确。

（一）法院应对是否适用实质合并破产规则进行实体审查

《破产会议纪要》认为，"既要通过实质合并审理方式处理法人人格高度混同的关联关系，确保全体债权人公平清偿，也要避免不当采用实质合并审理方式损害相关利益主体的合法权益"，明确规定"关联企业实质合并破产的审慎适用"。因此，破产受理法院应以保护全体债权人利益及程序效率为原则，以"法人人格高度混同"为核心要件，兼顾"区分成本过高"和"损害债权人公平清偿利益"要件等，对是否适用实质合并破产规则进行实体、程序的全面审查，避免为了全体债权人的清偿率而损害个别债权人的合法权益。

1. 坚决"慎用"实质合并破产规则

关联企业的协调审理制度同样可以实现"效率"原则，应避免为了全体债权人的清偿利益而损害个别债权人的合法权益。实质合并破产规则的核心要件是关联企业间是否存在人格高度混同的情况，而该情况主要从以下几个方面进行判定：关联企业人员、关联企业经营管理、关联企业资产以及关联企业财务管理是否存在混同。但是，关联企业间存在的这些诸如控制人同一、经营场所相同、高管兼职或相互担保、相互融资等，是许多集团企业在正常运营中都会存在的客观情形，如果没有定量分析的数据加以佐证，很难从上述情形判定关联企业之间是否存在人格高度混同情况。因此，法人人格高度混同的核心，通常是指关联公司之间资产和负债是否高度混同，更加具体地说，就是财务方面是否高度混同。

笔者认为，所谓财务混同的标准，在一定程度上与"区分成本过高"的标准是相通的，即判定是否适用实质合并破产规则，一定程度上可以从区分各关联企业成员财产成本是否过高来判定。王欣新教授认为，所谓区分成本过高的具体表现形式：一是原外观上看似资产较多的关联企业的债权人可能得到的清偿，低于合并破产的平均清偿。这时仍固守"一法人一破产"原则就丧失了实际意义，与实现债权人清偿利益最大化的破产立法与司法的目标相冲突。独立破产的过高成本给债权人带来的不再是公正，而是损失。二是区分资产和债务的费用以及大量的时间与资源成本，会使所有债权人受到严重的综合性损失。[①]

对于上述第二种情况来说，较容易理解。例如，在笔者所参与的某实质合并重整案中，存在关联企业由总部统一进行资金调配和使用的无序性、大量资金无实质性交易的情形，特别是部分关联企业发放了大量的商超预付卡，这些企业之间对于预付卡的应收和应付金额长期挂账，而且预付卡数以十万计以及部分企业间预付卡可以相互充值等诸多复杂情况，导致已经基本上不可能厘清企业间相互的债权债务关系，或者说要完全厘清这些债权债务关系需要耗费大量的时间、精力以及财务成本，因此，此时再区分各关联企业成员财产，完全没有必要。

然而，对于上述第一种情况来说，则有一定的商榷空间。部分债权人因实质合并破产所造成的损失，特别是对于有财产担保债权人来说，反而可能会大于其承担"会使所有债权人受到严重的综合性损失"中所应承担部分的损失，而且所谓"严重"，在法律中并无特殊规定。假如个别债权人愿意担负各关联企业成员间财产区分的成本，是否就可以此认定实质合并破产规则的不适用？或者说，管理人等提出实质合并破产的申请往往依赖于专业机构出具的关联企业间混同的财务分析报告，而如果个别

债权人同样聘请了专业机构并在不影响整体破产进程的情况下出具了与管理人所持财务分析报告观点相悖，即不存在财务混同情况的报告，是否也可以认定实质合并破产规则的不适用？笔者所假设的情况并非不可能存在，只是由于包括政府和法院的原因，部分债权人不再主张权利或主张权利被驳回而已。因此，应避免在不符合实质合并破产条件下，为了保护全体债权人的利益而去损害个别债权人利益的"多数人暴政"行为。

同时，关联企业的协调审理制度同样可以实现破产案件的"效率"目的，《破产会议纪要》第 38 条明确规定了关联企业的协调审理制度，因此，关联企业破产案件审理绝不是"自古华山一条路"，而应根据实际情况，适用不同的程序和规则。但可惜的是，关联企业的协调审理制度，在实践中被运用的要少得多。

2. 法院应对有关财务分析报告等进行实体审查

即使管理人等提交了由专业机构出具的关联企业间混同的财务分析报告等作为"背书"，法院仍然应当进行一定程度的实体审查。实践中，往往是由管理人聘请相应的审计公司等专业机构，出具专项财务分析报告，由专业机构从财务混同等角度，定量分析说明关联企业存在着财务混同情况，并辅之管理人提交的其他混同情况的材料，来判定关联企业之间是否达到法人人格高度混同的程度。但是，即使有专业机构的"背书"，同样存在着问题，即从专业机构所设置的分析维度出发，能否得出关联企业间财务混同的结论。

部分专业机构会援引最高人民法院《关于适用〈中华人民共和国业破产法〉若干问题的规定》（第五稿 2013 年 4 月征求意见稿）（未施行）第 3 条规定（"以下情况显著、广泛、持续存在的，人民法院可以认定关联企业成员严重丧失法人财产独立性：（一）流动资金、货币资产、固定资产等主要经营性财产，在占有、使用、收益、处分等方面难以区分的；……"），分析关联企业成员在财务方面是否存在显著、持续、广泛的法人人格混同情形，例如，在资金往来方面，通过设置"往来关联企业数量"、"往来交易频次"、"往来交易金额"或者"资金占用金额"等相关维度，以得出定量分析数据作为结论进行佐证。

人民法院在对实质合并破产案件的实体审查过程中，除了应要求提交由专业机构出具的关联企业间的专项财务分析报告外，还应本着审慎的原则，合理判断财务分析报告中有关内容是否合理合法，而非依赖专业机构的财务报告"背书"得出直接的肯定性结论。

（二）法院应在实质合并听证程序中充分保障债权人的程序性权利

现阶段对于实质合并重整中债权人特别是异议债权人的保护，应着重保障其在实质合并破产审查阶段参加听证程序的权利，特别是在听证程序中的知情权以及对受理或不受理实质合并破产申请的裁定不服的异议债权人的复议权等。

1. 保证异议债权人在实质合并审查阶段参加听证程序的权利

《破产会议纪要》第 33 条指出，人民法院收到实质合并申请后，应当及时通知相关利害关系人并组织听证。该条规定确立了实质合并破产案件的审查听证制度，而且是"应当"组织听证，可见听证对于实质合并破产案件是否准予适用的重要性，但该条规定并未对"利害关系人"加以详细阐述。

毫无疑问，所有债权人均应是实质合并破产程序中的"利害关系人"，但在实务操作中，法院和管理人受制于客观条件的限制，不可能在查清所有关联企业的债权人，并在通知所有债权人之后才召开听证会，这会大大提升时间成本和金钱成本；关于债权人的范围，管理人应开展合理且适当的调查工作，调查工作通常包括询问债务人的董监高、股东以及实际控制人，查询债务人的财务账簿和审计报告，并通过中国裁判文书网等公开途径调查债权人的信息。同时，在无法保证全体异议债权人参会的情形下，应至少保证不同类型的异议债权人参会，如应同意可能受到较大权利损害的有财产担保债权人、工程款债权人等参加听证会。

关于如何保障"及时"通知的问题，因没有可以参考的法律法规以及受客观条件的限制，大多数法院在处理该类问题时没有履行"及时"通知的义务。笔者认为，可以参照《企业破产法》第63条的规定和结合实际情况，即管理人应当提前15日通知已知的债权人参加听证。在通知的方式上可以采取包括邮递通知、电话通知以及在全国企业破产重整案件信息网上发布公告等方式，以期保障债权人的知情权。

2. 保证异议债权人在听证程序中的知情权、发表意见的权利、发问的权利以及提交有关证据的权利

听证程序中如何保障债权人权利与《破产会议纪要》第34条所述债权人的复议权是息息相关的，只有充分保障债权人参加听证会以及其在听证程序中的权利，才能降低债权人申请复议的概率。笔者认为，在听证程序中应从以下几个方面保障债权人权利：①保障债权人的知情权；②保障债权人发表意见的权利；③保障债权人发问的权利；④保障债权人提交证据的权利。但这几项权利实现的前提都应是保证债权人的知情权。如上所述，管理人往往以专业机构出具的财务分析报告作为法人人格高度混同的核心证据材料来主张适用实质合并程序，则在听证程序中，债权人能否查阅、复制财务分析报告以及相应的混同证据材料？

通过类推《最高人民法院关于适用〈中华人民共和国企业破产法〉若干问题的规定（三）》第10条，财务分析报告以及相对应的混同证据材料无疑也是债权人参与实质合并听证程序所必需的债务人财务和经营信息资料，结合《公司法》第57条"股东有权查阅、复制公司章程、股东名册股东会会议记录、董事会会

议决议、监事会会议决议和财务会计报告"的规定，债权人除查阅资料外，还应有复制的权利。不排除个别债权人同样聘请了专业机构并出具了与管理人所持财务分析报告观点相悖，即不存在财务混同情况的报告，则此时是否应适用实质合并破产规则还是未知数。

因此，在法院有对是否适用实质合并破产程序最终决定权的前提下，必须给予债权人必要的尊重，保证异议债权人查阅、复制财务分析报告以及相应混同证据材料的权利。同时，对于听证会中包含各方当事人发表意见的听证笔录，也应允许债权人查阅和复制。

3. 充分保障异议债权人的复议权

根据《破产会议纪要》第 34 条的规定，利害关系人对裁定不服的，可申请复议。但该规定较为粗放，在实践中产生了很多问题。根据全国企业破产重整案件信息网上发布的可查案例，债权人申请复议的理由基本没有得到法院支持。因为受到客观条件的限制，债权人了解和接收债务人财务信息的渠道和内容都比较少，所以债权人很难提供证据证实关联企业不符合实质合并破产的条件。虽然债权人申请复议的效果并不乐观，但是仍应充分保障债权人的复议权，这样可以督促法院审慎适用实质合并破产规则并对适用该规则进行充分、合法且合理的论证。

另外，异议债权人提出复议后，上级法院作出裁定的时间以及复议期间实质合并破产程序是否中止均无明确法律规定。笔者认为，对于是否应适用实质合并破产规则的判断是由法院裁量的，并不需要经过债权人同意，故在复议期间实质合并破产程序不应中止，而上级法院在收到复议申请后也应及时作出裁定，鉴于实质合并破产案件的复杂性及保证破产案件的顺利进展，上级法院对复议申请的处理时间规定为一个月为宜。

四、结语

目前，《破产会议纪要》关于实质合并破产规则的条款仍是概括性规定，远远不能满足对异议债权人合法权益的保护的要求。为此，我们期待新的《企业破产法》出台后，一方面，将人民法院以及复议法院对关联企业实质合行破产规则适用的实体性审查要求进行明确规定；另一方面，进一步细化相关条款，保障债权人参加实质合并听证程序的权利和相应的知情权、发表意见的权利等，以及异议债权人的复议权等程序性权利，以更好地规范和引导破产程序中各方的行为，也让人民法院在尊重债权人意思自治和人民法院司法裁判的天平中，找到最佳的平衡点。

关联企业实质合并破产管辖问题研究

翁煜明　秦海泉[*]

摘要： 管辖是案件审理的开端，关联企业合并破产管辖的确定可能影响到调查企业资产、负债等整体情况的便利程度、府院联动机制的构建及协调能力等，与案件办理质效息息相关。受关联企业合并破产立法滞后于司法实践等影响，管辖问题与其他规则一样存在诸多问题，具体表现为立法层级不高、缺乏统一标准；合并破产地域管辖规范不完备；合并破产的级别管辖与异议权等规定缺失等。本文基于"审判公正假定"，以便于法院审理及利于合并破产案件整体推进为理念，针对前述问题提出立法建议，以期构建完善的合并破产管辖制度。

关键词： 关联企业　实质合并破产　管辖

一、关联企业合并破产管辖概述

（一）关联企业合并破产

关联企业合并破产有实质合并与程序合并之分，根据《破产会议纪要》第 36 条及第 39 条之规定，实质合并破产是指将各关联企业之间债权债务归于消灭，并将其财产作为统一的破产财产，由各企业的债权人在同一程序中按照法定顺序公平清偿的破产程

---

[*] 翁煜明，鹤壁市中级人民法院审判委员会委员、民二庭庭长；秦海泉，淇县人民法院审判委员会委员、民庭庭长。

序；程序合并破产又称破产协调审理，是指多个关联企业成员均
存在破产原因，但不符合实质合并条件的，法院可根据申请对多
个破产程序进行协调审理，但并不产生合并关联企业财产，消灭
关联企业之间的债权债务关系的法律后果的程序。相较于程序合
并而言，实质合并因其牵涉到实体法律关系的变更，所以必须进
行集中管辖与审理，而管辖权的确定往往也与从案件审查受理到
结案的案件处理效率与法律效果相关联。因此，本文探讨的管辖
权限于关联企业实质合并破产。

（二）民事诉讼管辖制度

民事诉讼管辖是指各级法院或同级法院之间受理第一审民事
诉讼案件的权限和分工。① 管辖可以分为级别管辖和地域管辖。级
别管辖是上下级法院之间的纵向分配；地域管辖是同级法院之间
的横向分配。管辖制度实质上是一种案件分配制度，确定依据主
要包括三方面，即便利当事人诉讼、便于法院审理与案件执行和
维护国家主权。② 就国内民事诉讼而言，主要考虑前两个影响因素
并根据二者衍生出一系列管辖原则。例如，"原告就被告"的一
般地域管辖原则在便于当事人应诉的同时也有利于案件执行；协
议管辖原则在尊重当事人意思自治的同时也限制了协定管辖法院
必须与案件具有实际联系，体现了便于法院审理的理念。在通信
与交通便利化的当下，物理距离给诉讼造成的影响逐渐被抵消，
所以便于法院审理与案件执行成为管辖权确定时最重要的考虑
因素。

确定对个案有管辖权是法院审理案件的开端。除了自行审查
以外，法律还赋予了当事人管辖异议权，以便于当事人诉讼、防
止原告滥用诉权、维护程序公正。在诉讼实践中，管辖权异议提

---

① 江伟主编：《民事诉讼法》，高等教育出版社 2003 年版，第 64 页。
② 张卫平：《民事诉讼法》，法律出版社 2005 年版，第 84 页。

起的泛化与我国长久以来地缘性因素对司法的影响不无关联。诚然，地方司法保护在法治化进步的背景下并非普遍存在的现象，但当事人基于"司法地方保护假定"往往会对管辖利益进行争夺，造成诉讼效率低下并破坏秩序的稳定性。因此，在对管辖权的确定规则进行设计时，应当基于"审判公正假定"，即理论上每一个法院审理案件都是公正的。[1] 同时，管辖异议权的行使应当有时间限制，其只能在答辩前提起，应诉管辖制度与管辖恒定原则[2]对其进行适当规制，以保证诉讼的安定性。

（三）实质合并破产管辖的特殊性

相较于一般民事诉讼案件，实质合并破产因其涉及主体的多元性、处理事项的复杂性、波及范围的广泛性等特征，管辖具有特殊性。首先，由于合并破产的关联企业的债权人众多且较为分散，在考虑便利当事人参与破产程序时无法兼顾所有债权人的需求，因此以债务人所在地而非一般地域管辖中被告所在地来确定管辖法院；其次，合并破产的关联企业为两家以上，大型集团企业数量甚至高达上百，这些企业可能分布在不同地区，控制机构、主要资产等核心要素所在地也并非完全统一，在确定债务人所在地时判断具有模糊性，这种模糊性导致在跨区域大型关联企业破产时容易发生管辖权推诿或争夺；最后，一般民事诉讼中管辖主要起案件合理分配以便利当事人诉讼及法院审判和执行的作用，实质合并中，尤其是在重整程序中，管辖法院的确定与府院联动

---

[1] 张卫平：《管辖权异议：回归原点与制度修正》，载《法学研究》2006 年第 4 期。

[2] 应诉管辖是指在第一审中只要没有专属管辖规定，即使是违反管辖规定的诉讼，如果被告不提出异议就应诉本案，也等于表态承认接受该法院的审判，如同有协议一样，于是该法院就对之产生了管辖权。管辖恒定原则是指第一审法院对案件有无管辖权，以提起诉讼为准。提起诉讼时，受诉法院有管辖权，案件就自始至终由其管辖，其后情况变化，不影响受诉法院的管辖权。参见陈桂明、李仕春：《程序安定论——以民事诉讼为对象的分析》，载《政法论坛》1999 年第 5 期。

机制的建立、跨区域协调与资源整合能力息息相关，对合并破产审理效率以及案件办理效果具有重要影响。

二、实质合并破产管辖的现状及存在的问题

（一）立法现状

1. 地域管辖

《企业破产法》第3条及《最高人民法院关于审理企业破产案件若干问题的规定》（以下简称《规定》）第1条对破产案件的地域管辖作出了一般性规定，即由债务人住所地法院管辖，债务人住所地指债务人的主要办事机构所在地，无办事机构的由注册地法院管辖。该规定不能解决实质合并破产中集中管辖法院的确定问题，《破产会议纪要》第35条对该情形下管辖原则和冲突解决作出规定，由核心控制企业住所地法院管辖，核心控制企业住所地不明的由主要财产所在地法院管辖；同时第38条确定协调审理的管辖法院时考虑了破产案件审理效率、破产申请先后顺序、成员负债规模大小等影响因素。[①]

对于关联企业合并破产的管辖问题，各地法院意见并不一致。《广东省高级人民法院关于审理企业破产案件若干问题的指引》及《云南省高级人民法院破产案件审判指引（试行）》与《破产会议纪要》规定相一致，管辖争议发生时优先考虑核心控制地法

---

① 《破产会议纪要》第35条规定："实质合并审理的管辖原则与冲突解决。采用实质合并方式审理关联企业破产案件的，应由关联企业中的核心控制企业住所地人民法院管辖。核心控制企业不明确的，由关联企业主要财产所在地人民法院管辖。多个法院之间对管辖权发生争议的，应当报请共同的上级人民法院指定管辖。"第38条规定："关联企业破产案件的协调审理与管辖原则。多个关联企业成员均存在破产原因但不符合实质合并条件的，人民法院可根据相关主体的申请对多个破产程序进行协调审理，并可根据程序协调的需要，综合考虑破产案件审理的效率、破产申请的先后顺序、成员负债规模大小、核心控制企业住所地等因素，由共同的上级法院确定一家法院集中管辖。"

院管辖，其次是主要财产所在地管辖，最后是报请上级法院指定管辖。根据《江苏省高级人民法院破产案件审理指南》之规定，由共同上级法院指定管辖，不区分核心控制企业等因素确定管辖；《北京市第一中级人民法院关于印发〈北京破产法庭破产重整案件办理规范（试行）〉的通知》规定，只要核心控制企业以及主要财产在北京的，由北京破产法庭管辖；其余若出现争议的，由共同上级法院指定管辖。

2. 级别管辖

《企业破产法》未对破产案件的级别管辖作出规定，根据《规定》第2条之规定，以企业核准登记的工商行政管理机关级别来划分破产案件的管辖法院，基层人民法院管辖县、县级市或区级工商行政管理机关登记企业的破产案件，中级人民法院管辖地区、地级市（含本级）以上工商行政管理机关登记企业的破产案件以及纳入国家计划调整的企业的破产案件。根据《最高人民法院印发〈关于在中级人民法院设立清算与破产审判庭的工作方案〉的通知》，在直辖市及河北等11个省的省会城市和副省级市中级人民法院设立清算与破产审判庭，级别管辖范围与《规定》相一致。根据《最高人民法院关于审理上市公司破产重整案件工作座谈会纪要》第2条之规定，上市公司破产重整案件由于其涉及法律关系复杂、影响面广等原因，一般由中级人民法院管辖。除前述一般破产案件及上市公司重整案件的级别管辖规定外，无其他法律法规对实质合并破产的级别管辖作出特别规定。

（二）实践现状

实质合并破产管辖规则在司法实践中的适用情况也并不统一，以"合并破产""管辖"为关键词在中国裁判文书网、全国企业破产重整案件信息网等平台进行检索，选取了8份较为典型的民事裁定书进行分析，可以发现实质合并案件管辖适用存在以下几种现象。

（1）大部分案件在对管辖权的有无进行判断时以"核心控制企业所在地"或"主要财产所在地"为标准。以（2020）皖 01 破申 25 号民事裁定书为例，合肥市中级人民法院以国购集团住所地及集团内三家居核心地位和具有控制力的公司住所地均位于合肥市且经市工商局登记为由确认合肥市中级人民法院具有该案管辖权，① 部分案件未对管辖连接点进行说理，直接以实质合并为由报请上级法院批准由其集中管辖，② 个别案件在判断管辖权时还以"先行受理并展开前期工作"作为影响因素。③

（2）在判断核心控制企业所在地时往往以住所地，即工商部门核准登记地为准。以（2021）鲁 0203 破申 1 号民事裁定书为例，在受理破产申请时以注册地为债务人所在地判断管辖权，其后债权人在该案裁定实质合并后提起复议，其中对管辖权的异议为：债务人公司注册地及实际经营地一直在崂山区，在突然变更注册地后向市北区法院提起破产申请，存在恶意规避法律规定之嫌。

（3）大部分案件并未区分合并破产关联企业的规模，仅以其核准登记工商部门的级别来确定级别管辖，个别案件以"案情重大、复杂，涉及的法律关系多"为由报请上级法院提级管辖。④

（4）部分案件对于在作出实质合并裁定后提起的管辖权异议以无明确法律救济依据为由不予处理。如（2021）鲁 02 破监 1 号民事裁定书以复议申请人申请复议的依据为《破产会议纪要》第

---

① （2021）鲁 0203 破 2 - 1 号民事裁定书及（2022）川 1113 破申 11 号民事裁定书管辖权判断因素为"核心控制企业"、（2020）川 07 民辖 28 号民事裁定书管辖权判断因素为"主要办事机构"及"主要财产"；（2021）苏 13 民辖 2 号民事裁定书管辖权判断因素为"主要财产"。

② （2019）云 29 民辖 18 号民事裁定书及（2019）皖民辖 5 号民事裁定书。

③ （2020）川 07 民辖 28 号民事裁定书。

④ （2023）湘 11 民辖 25 号民事裁定书。

34 条①，该条为针对实质合并赋予相关权利人的救济途径，市北法院对该实质合并案件的管辖建立在已受理该公司破产清算申请的基础上为由，未对管辖异议进行处理。

（三）存在的问题

通过梳理现有关于关联企业实质合并破产管辖的法律法规，以及对司法实践中管辖适用的情况进行分析和归纳，合并破产管辖制度在规范与适用层面还存在许多问题，而这势必影响合并破产案件审理的效率与效果。

第一，立法层级较低，缺乏明确且统一的法律依据。法院在判断实质合并破产案件的管辖权时只能援引《破产会议纪要》或地方性司法文件，《企业破产法》及相关司法解释未对其作出规定，不仅仅是管辖问题，在合并破产日益增多的背景下缺乏统一的法律层面的规定可能会造成司法适用的混乱与无序。

第二，已有的规范性文件对于合并破产案件地域管辖的规定不完善，且在司法适用上存在一定的误区。《破产会议纪要》及地方性司法文件对于合并破产地域管辖的连接点仅包含"核心控制企业所在地"与"主要财产所在地"，而未考虑"申请在先法院"等因素。此外，司法实践中不区分注册地与实际经营地的常见现象实质上反映了工商管理机关监管的缺失，对于注册地与实际经营地不一致的企业未尽到督促变更之责，法院在审查管辖权时也应当尽到注意义务。

第三，缺乏对于实质合并破产案件的级别管辖规定，且对于一般破产案件，级别管辖依其注册登记机关级别而定，在注册资本认缴制且工商登记多以住所地为准的背景下，将破产企业注册

---

① 《破产会议纪要》第 34 条规定："相关利害关系人对受理法院作出的实质合并审理裁定不服的，可以自裁定书送达之日起十五日内向受理法院的上一级人民法院申请复议。"

登记机关的级别与案件管辖级别相关联，既不合逻辑也无实际意义，无法起到一般民事诉讼根据案件重大、复杂与否来划分审理机关的作用。

第四，对于实质合并破产案件管辖权异议规定缺失。《破产会议纪要》赋予了相关权利人关于实质合并事项的复议申请权，但并未赋予其对该条件下管辖的异议权。实质合并破产必然造成集中管辖的结果，而管辖法院的确定又与案件的审理效果相关联，相关权利人应当享有对管辖提出异议的权利。

三、实质合并破产管辖的立法建议

根据前文对实质合并破产管辖的现状及问题的梳理，发现尽管有一些问题诸如对住所地与注册地的等同理解属于在司法实践中适用偏离的结果，但大部分问题与实质合并破产在司法实践中激增，而立法较为迟滞具有紧密联系。因此，应针对合并破产管辖制度中存在的问题提出相应的立法建议。

（一）提高合并破产管辖制度的立法层级，统一法律适用

在《企业破产法》及其司法解释中增设关于合并破产的法律规定，特别是关于地域管辖与级别管辖的规定，统一且清晰的法律规定有利于全国法院的一致适用，避免因法律层级低而各行其是的现象发生；同时，也有利于相关权利人对管辖法院形成合理预期，防止因管辖不确定而导致的推诿、争夺、不当移送及万金油式的报请指定等情况出现。

（二）建立以"利益中心地"为原则，以"受理在先法院"为补充的标准

《破产会议纪要》第 35 条所规定的控制企业所在地及主要财产所在地实际上都是基于"利益中心地"所选择的连接点，由于在关联企业合并破产中，核心企业往往集中了关联企业的主要资

产和负债，并处于组织架构顶端，是关联企业的利益重心所在，因此由核心控制企业住所地法院管辖，以"利益中心地"为合并破产管辖基本原则，有利于程序各项工作的开展。[①] 在具体适用时，可以通过"主要财产""主要办事机构""主要经营场所"等多个因素共同判断利益中心地。同时，由于合并破产的启动模式不同，所以实践中存在着各关联企业先分别进入破产程序，再进行合并破产的情形，在这种条件下，如先行受理法院已经展开许多前期工作且对整体情况较为了解，有利于破产程序的推进，基于管辖恒定原则可以受理在先法院为管辖法院，但应将其作为例外，严格限制适用条件，避免相关利益人不当利用该规则恶意规避管辖。

（三）设置科学合理的合并破产级别管辖规则

首先，应对破产案件原有的级别管辖进行摒弃与矫正，与以破产企业工商登记机关级别为划分标准的规则相脱钩。其次，可以参照一般民事诉讼中级人民法院管辖一审案件范围，即争议标的额大、案情复杂，当事人众多或在辖区有重大影响等案件，以及上市公司重整案件，由中级人民法院管辖等规定，将破产案件的资产或负债数额、涉及债权人数量、影响范围等与破产案件的管辖级别相关联，一般在申请破产时需要债务人企业提交相应材料，进行管辖权审查时可以材料中的数据为依据。最后，针对合并破产案件，由于大部分存在关联企业众多、跨地区较广、资产与负债数额较大、债权人数量较多等特征，所以原则上由中级人民法院管辖较为合适。一方面，部分地区的中级人民法院已经设立清算与破产审判庭，其对破产案件的办理经验更为丰富，处理合并破产等复杂案件效果更好。另一方面，在破产案件的办理中

---

① 苏晓钧、何梓圻：《关联企业合并重整管辖权及协调审理研究——以实质合并和程序合并为角度》，载微信公众号"德和衡前海联营所"，2022年1月11日。

往往需要与多个执行法院进行沟通，中级人民法院的协调能力较基层人民法院更强，如需建立府院联动机制，法院的级别与影响力也会对案件办理效果有所增益。此外，如合并破产案件符合资产负债较少、影响力较小等条件，确需由基层人民法院办理的，也可由有管辖权的中级人民法院指定基层人民法院管辖。

（四）依法确立实质合并破产中适当的管辖异议权

尽管基于"审判公正假定"，地方司法保护主义不应成为管辖规则确定时的考虑因素，但在实质合并破产中，管辖法院的确定会影响到整个破产程序推进的效率，基于属地原则与府院联动机制建立的常态化，也可能影响案件的办理效果。因此，管辖法院的确定对于合并破产案件的当事人而言会影响到其实际利益，也就理所应当赋予其提出异议的权利。但这种权利不应当是毫无限制的。首先，应对管辖异议提起的前提条件进行限制，只有在实质合并时涉及核心企业的受理法院确定或变更时才可以提起，如果核心企业已经先行进入破产程序且在裁定实质合并时仍以原来的受理法院为管辖法院，则不应当赋予当事人管辖异议权。其次，应当对管辖权异议提起的时间进行限制，基于应诉管辖原则，如果权利人在裁定实质合并破产后的一定期间内未提出管辖异议，为维护程序的稳定性，尤其是合并破产事项繁杂、周期较长，应视为权利人接受管辖，不能再提出管辖权异议。

关联企业实质合并破产中听证与复议程序研究

——以程序正义为视角

谢蕊娜　闫　莉　齐　玺*

摘要： 关联企业实质合并破产是一种特殊的破产程序。原则上每个企业应独立破产，只有在例外情形下才能适用实质合并破产。这里的例外情形是指关联企业之间的法人人格高度混同。实质合并破产程序中要注重对利害关系人的保护，主要体现在听证与复议程序中对利害关系人的保护。法院对于实质合并破产的申请应审慎对待，在受理前应进行听证，应保证所有的利害关系人均有权参加听证，在听证会上充分听取利害关系人的意见。法院作出的裁定书应当符合最高人民法院对于裁判文书指导意见的要求，释法明理、说理充分，不能仅以空话、套话作出结论。利害关系人有权提起复议，法院应当充分保护利害关系人的复议权，对利害关系人的异议进行详细审查，并作出回复。

关键词： 实质合并破产　利害关系人　听证　复议

一、引言

随着我国产业结构的优化升级，市场退出机制不断健全，破

---

* 谢蕊娜，淅川县人民法院一级法官，法学学士；闫莉，淅川县人民法院一级法官，法学学士；齐玺，淅川县人民法院五级法官助理，法学硕士。

产重整制度越加受到重视，关联企业实质合并破产作为破产重整制度的探索和尝试，能有效地避免债务人利用关联企业的法人独立性逃避债务，保障债权人的利益，具有提高破产程序的司法效率的作用。但同时不当采用实质合并审理方式也不可避免地可能损害相关利益主体的合法权益。司法本身就是在冲突和矛盾下，将各种矛盾和纠纷通过一定的程序予以解决，依照程序进行的诉讼，才能保证诉讼的平和与稳定，诉讼参与者只有看到裁判者依循严格的程序才能使其对结果的公正充满信心。因此，关联企业实质合并破产中的程序问题就至关重要，其中听证和复议程序也是程序正义的重要体现，有必要加以规制。

二、关联企业实质合并破产中听证与复议程序的现状

（一）破产法中关联企业的概念

我国现行破产法对于关联企业没有明确规定，学界对于关联企业的概念也存在不同的理解。施天涛教授认为："关联企业是指企业之间为达到特定经济目的通过特定手段而形成的企业之间的联合。"[①] 王欣新教授认为："关联企业是指通过股权、合同或其他方法如人事控制、表决权协议等，在相互间存在直接或间接的控制与从属关系或重要影响的两个或多个企业。"[②]

关联企业具有以下几个特征。首先，关联企业是具有独立法律地位的企业联合体。其次，企业的独立性受到关联关系的严重影响，比如可通过人员高度混同、股权控制等方式造成严重影响。最后，各关联企业之间须达到人格高度混同的标准。[③] 需要注意的是，这里的人格高度混同比法人人格否认的人格混同的标准更高，

[①] 施天涛：《关联企业法律问题研究》，法律出版社 1998 年版，第 6 页。

[②] 王欣新：《关联企业的实质合并破产程序》，载《人民司法（应用）》2016 第 28 期。

[③] 关联企业的认定标准问题不是本文的研究重点，只进行简要介绍。

且需要具有持续性和稳定性。综上所述，关联企业的核心特征是"控制和从属关系"，从这个角度来看，王欣新教授对于关联企业的界定更为准确，本文将以王欣新教授的观点为基础进行研究。

（二）实质合并破产的内涵

实质合并破产是指将各关联企业的资产和债务合并计算，并将合并后的财产统一进行分配的特殊破产法律制度。要理解实质合并破产的内涵，需要注意两点。一是各关联企业的资产和债务合并计算的方法。各关联企业之间存在的债权、债务以及担保关系要进行消除、合并，也就是说，各关联企业之间形成一个整体，该整体内部的债权、债务以及担保关系归于消灭。二是合并后的财产的分配方法。合并后的财产要按照比例，平等地分配给债权人，在此过程中，不需要辨别具体的债权债务关系归属于哪一个关联企业。另外，实质合并破产要求全部关联企业都进入破产程序。实践中，关联企业进入破产程序的途径做法不一，具体存在两种做法：第一种是当部分关联企业进入破产程序后，当事人或者破产管理人向法院申请其他关联企业进入合并破产，由法院审查后决定是否同意实质合并破产的申请；第二种是当部分关联企业进入破产程序后，由法院依职权将其他关联企业纳入合并破产程序。

（三）关联企业实质合并破产听证与复议程序的立法与实践现状

我国关于关联企业实质合并破产相关制度的立法尚处于起步阶段，2012年10月，最高人民法院民二庭召开了企业破产法研讨会，会上对《关于适用实体合并规则审理关联企业破产清算案件的若干规定（征求意见稿）》进行了研讨，这是最高人民法院首次表现出对关联企业实质合并破产的认可态度，但该文件至今未正式出台。随着关联企业实质合并破产在实践中的运用越来越多，最高人民法院也意识到将关联企业实质合并破产制度纳入我国的法律体系势在必行，并于 2018 年 3 月 4 日印发了《破产会议纪要》。虽然《破产会议纪要》不具有与司法解释的同等效力，但也在司法实践中起到了重要的指导作用，为法院适用关联企业实质合并破产制度提供了正当性，并为未来的立法奠定了基础。

《破产会议纪要》关于听证和复议程序的规定在第 33 条和第 34 条，但只进行了原则性的规定，并未涉及具体操作。听证和复议程序都是对利害关系人权益的保护，但实践中由于做法不一，导致各个地方对于利害关系人权益的保护程度不同，且实践中一般更重视对债权人权益的保护，而忽视对其他利害关系人权益的保护。本文分别选取《破产会议纪要》出台前和出台后的案例，对实践中保护利害关系人权益的做法进行分析。

从表 1 可以看出，《破产会议纪要》出台前后各地对利害关系人的权益保护截然不同，《破产会议纪要》出台前，一些地方甚至存在利害关系人未参与实质合并破产程序的情况，即使保护利害关系人的权益，也只是侧重于对债权人的保护，保护方式上采用债权人会议的方法。《破产会议纪要》出台后，各地都意识到了需要对利害关系人的权益进行保护，并都根据《破产会议纪要》第 33 条的规定，采用听证会的方式听取利害关系人的意见，相比于《破产会议纪要》出台前五花八门的做法，已经有了明显的改善。但是，仍然存在对利害关系人的范围认知不统一、具体程序操作不统一、裁定书写作方式不统一等问题。另外，实践中一些法院在裁判文书中直接引用《破产会议纪要》。须知《破产会议纪要》并不是司法解释，只具有指引作用，不具有法律或者司法解释的强制性作用，不能作为裁判依据直接使用，只可以在裁判说理部分进行援引。

表1 研究样本概览

案件名称	受理时间	利害关系人是否参与	保护的利害关系人范围	参与方式
淮矿现代物流有限公司及其子公司合并重整案	2015年	否		
庄吉集团有限公司等四公司破产重整案	2016年	是	债权人	债权人会议
江山三星铜材线缆公司等五公司破产重整案	2016年	否		
江苏纺织集团等六公司合并重整案	2017年	是	债权人	债权人会议
惠州兴华公司等四公司合并重整案	2017年	否		
山东翔宇化纤有限公司和山东宏福化纤公司合并重整案	2019年	是	债权人、债务人	听证会
安徽文达电子有限公司等十九家公司合并重整案	2019年	是	债权人、债务人	听证会
江苏纺织工业（集团）进出口有限公司及其五家子公司实质合并破产重整案	2020年	是	债权人、债务人、外部保证人	听证会
江苏苏醇酒业有限公司及关联公司实质合并破产重整案	2021年	是	债权人、债务人、外部保证人	听证会
重庆金江印染有限公司、重庆川江针纺有限公司破产管理人申请实质合并破产清算案	2021年	是	债权人、债务人、外部保证人、股东	听证会

总之，法律规定的不完善导致实践中的做法非常混乱，不利于关联企业实质合并破产制度的顺利运行。利害关系人是实质合并破产中最重要的主体，是否进行实质合并破产直接影响到利害关系人的实体权利。因此，本文主要对听证和复议程序进行讨论，以更好地保障利害关系人的权益。

三、关联企业实质合并破产中听证程序的规则构建

以目前的法律规定来看，并未对听证程序进行详细的规定，因此，需要对听证程序进行完善，保证听证能够真正发挥作用。

（一）利害关系人的权益保障模式——以事前保护为主

对利害关系人权利的保护有两种模式：一种是以在法院作出实质合并裁定前的事前保护为主；另一种是以在法院做出实质合并裁定后的事后保护为主。前者是实质合并申请提出后，组织利害关系人进行听证，在听证会上收集利害关系人的异议，并设置异议解决程序；后者是将对利害关系人的各项权利保护的重点，放在法院做出实质合并破产裁定之后。采取听证的方式显然属于事前保护，这也与我国的立法和实践现状相契合。我国的破产相关法律制度起步较晚，各种制度还不完善，实质合并破产相关制度更是存在很大的漏洞，对利害关系人的权益保障严重缺失。因此，笔者认为，以保障利害关系人的权益为视角，应当采取事前保护模式更为适宜，即采取听证会的方式保护利害关系人的权益。

为充分保护利害关系人的权益，在听证会上法院应做好释明工作，包括实质合并对利害关系人权利的影响，合并前后各企业清偿率与整体清偿率的合理估算，如不进行实质合并对各企业资产、负债进行法律调整的时间与费用成本的预期和对清偿率的影响等，必要时可以聘请专业中介机构对此出具咨询报告，保证债

权人等在掌握充分情况的前提下做出判断。①

（二）听证参与人的主体范围

确定听证参与人的范围，实际上就是确定利害关系人的范围，听证会的主要作用就是听取利害关系人的意见，为法院作出同意或者不同意实质合并破产申请的裁定提供依据。实践中，对于听证参与人的范围认识不一，主要有以下几种观点。

第一种观点认为，利害关系人仅仅指债权人。对于哪些债权人参加听证会，又存在不同看法。有观点认为，只通知大债权人参加听证会即可，小债权人无须参加听证会，原因是这样可以提高司法效率，同时大债权人的意见一般情况下可以表现出所有债权人的意见。还有观点认为，所有债权人都有权参加听证会，因为每一个债权人的债权都应当受到平等保护。

第二种观点认为，利害关系人包括债权人和债务人。对于哪些债务人可以参加听证会，有观点认为，在实质合并破产申请前没有进入破产程序的关联企业，由法定代表人或者由法定代表人的委托人参加听证会；在实施合并破产申请前已经进入破产程序的关联企业，由管理人代表破产企业参加听证会。但是，由管理人参加听证会这一观点有待商榷。管理人并不能等同于债务人，债务人的知情权、询问权等权利无法由管理人代为行使，尤其是当管理人与债务人的意见相悖时，更不能由管理人代替债务人参会。

第三种观点认为，利害关系人包括债权人、债务人和关联企业的股东。这里的股东既包括实质合并破产申请前已经进入破产程序的企业股东，也包括实质合并破产申请前没有进入破产程序的企业股东。原因是无论各关联企业是否已经破产，实质合并破

---

① 王欣新：《关联企业的实质合并破产程序》，载《人民司法（应用）》2016年第28期。

产都会影响到股东利益，笔者对这一观点也表示赞同。

第四种观点认为，利害关系人包括债权人、债务人、关联企业的股东以及外部保证人。这里的外部保证人是指不属于各关联企业内部的保证人。要区分外部保证人和内部保证人，有两方面的原因。一是各关联企业内部因为资产与负债的合并，内部保证人的保证责任也归于消灭，因此是否进行实质合并破产都不影响内部保证人的权益，而外部保证人却可能会因为内部保证关系的消灭导致责任加重。二是外部保证人对债权人的抗辩权是独立于债务人对债权人的抗辩权而存在的，[①] 债务人可能会因为企业破产而"破罐子破摔"，消极履行抗辩权，但是保证人可能会积极行使抗辩权。

《破产会议纪要》第 33 条规定："人民法院收到实质合并申请后，应当及时通知相关利害关系人并组织听证。"所以，笔者认为，是否应当参加听证会的判断标准是"是否具有利害关系"。也就是说，只要可能会因为实质合并破产而影响其权益的，都有权参加听证会；不会影响其权益的，则无须参加听证会。厘清了这一基本原则，就很容易对上述四种观点进行评价。对于第一种观点，债权人并不是唯一的利害关系人，因此该观点过于片面。另外，每个利害关系人都有权参加听证会，不得以部分利害关系人的意见代替另一部分利害关系人的意见，要充分保护每个利害关系人的知情权与询问权。对于第二种观点，企业的破产管理人并不是债务人，在破产程序中，破产管理人是保持中立的，因此他们的权益不会因为实质合并破产而受到损害。但是破产管理人掌握着破产企业的详细情况，因此他们应当参加听证会，提供相关材料，并被动地接受询问，但他们本身没有询问权。对于第三

---

① 《民法典》第 701 条规定："保证人可以主张债务人对债权人的抗辩。债务人放弃抗辩的，保证人仍有权向债权人主张抗辩。"

种和第四种观点，根据上文提到的"是否具有利害关系"的标准，有权参加听证会的人包括债权人、债务人、股东、外部保证人、破产管理人以及其他能够证明与关联企业具有利害关系的人。实质合并破产必然会直接影响到股东股权的实现，因此股东属于利害关系人是毋庸置疑的；外部保证人会因为主债务人能够清偿的数额发生变化而导致保证责任加重，[①] 因此外部保证人属于利害关系人，有权行使对债权人的抗辩权。另外，实质合并破产申请人也当然属于利害关系人。

综上所述，参加听证会的人包括申请人、债权人、债务人、股东、外部保证人等利害关系人，以及破产管理人，利害关系人能够行使的权利包括知情权、询问权和质询权，破产管理人的权利相较于利害关系人是受限制的，其参加听证会最主要的作用是提供破产企业的相关材料以及接受询问。

（三）听证会的程序

听证会的程序是否规范，决定了听证会是否能取得预期的效果。我国司法听证的实践经验较少，可以借鉴行政听证的程序。

第一，听证会的会场设置。实质合并破产涉及的标的额一般是巨大的，为了方便当事人充分表达和交换意见，应当设置线下的唯一会场，会场的位置应当以方便当事人为原则。笔者认为，如果各关联企业在同一个城市的，会场可设置在企业所在地；如果各关联企业不在同一城市的，以方便大多数利害关系人为原则选择会场位置。但是，考虑到实践中实质合并破产涉及的企业以及利害关系人可能会比较多，一个会场难以满足需求，在这种情况下，可以设置一个主会场，若干个分会场，分会场可以线上或者线下的方式设置。总之，会场的设置应当以单一会场为原则，

---

① 王欣新：《实质合并破产中听证与复议的规制研究》，载《法律适用》2022年第8期。

特殊情况下，可以设置分会场。需要注意的是，无论会场设置情况如何，都需要在合理期限内提前告知需要参会的利害关系人和破产管理人，保障所有利害关系人参会的权利。

第二，听证会的提前通知。听证会召开前，法院应当在合理期限内提前通知需要参会的人，保证所有人有足够的时间准备材料、到达会场以及做好其他准备。这里的"合理期限"如何理解，破产相关立法未作规定，可以参照《中华人民共和国行政处罚法》（以下简称《行政处罚法》）第64条①的规定，法院应当在举行听证的七日前，通知利害关系人及破产管理人听证的时间、地点，并提供听证材料的查阅方式。为了方便利害关系人查阅听证材料，法院应当要求实质合并破产的申请人对听证材料做好释明工作，包括实质合并破产的理由、法律后果、对其他利害关系人的影响等，考虑到听证材料中可能涉及商业秘密，因此法院应当要求所有参会的人签署保密协议。另外，利害关系人可以委托律师代为参加听证会，但是破产管理人必须亲自参会，因为破产管理人对于破产企业的了解情况是无法替代的，且在接受询问时，也无法由他人代替回答。

第三，听证会的"听"与"证"。听证会的时长不宜过短，要保证充足的时间让利害关系人行使质辩权，保证听证会达到预期效果。法院选派人员作为听证会的主持人，首先，应由实质合并破产的申请人对关联企业基本情况、申请理由和相关证据材料进行出示和说明。其次，利害关系人向申请人和破产管理人行使提问权和质询权。所有利害关系人都有独立行使提问和质询的权利，申请人和破产管理人应当对提问和质询作出正面回答，若有分会场的，应当以远程视频的方式，实时反馈分会场的情况。无

---

① 《行政处罚法》第64条规定："听证应当依照以下程序组织：……（二）行政机关应当在举行听证的七日前，通知当事人及有关人员听证的时间、地点；……"

论是主会场还是分会场，对于利害关系人的提问和质询，申请人和破产管理人都应当立即进行答复，确因时间原因无法立即答复的，由法院确定一个合理期限，听证会结束后在合理期限内予以答复，"合理期限"不应超过七天。法院对听证会进行全程直播，形成录像并做好笔录，会议结束时，应向参会人员公示会议笔录，对笔录有异议的，应当立即提出，未提出异议的，视为没有异议。会议结束后应向所有参会人员提供录像和笔录，保证所有参会的人都可以自由查阅。未记载于听证录像和笔录中的事实和证据，不得作为作出受理实质合并破产申请裁定的依据。

四、关联企业实质合并破产中复议程序的规则构建

复议程序是对实质合并破产裁定的救济途径，因此要构建复议程序的规则路径，就必须先对法院的实质合并破产裁定进行研究。针对实践中法院作出的裁定内容空洞、释法明理不足、说服力不强的问题，应对裁定书的内容作出具体、明确的要求，为权利人行使复议权奠定基础，防止出现影响复议权行使的情况。对于复议程序，法院应当从保护利害关系人的权益出发，兼顾公正与效率，使复议程序真正起到救济作用，防止复议程序沦为形式化的程序。

（一）人民法院作出实质合并破产裁定的要求

对于实质合并破产的申请人提出的申请，法院以裁定的方式确定是否受理。裁定书也属于裁判文书，应当遵循裁判文书的写作要求。但实践中，部分法官并未意识到说理充分的重要性，对实质合并破产的裁定书仅用一些结论性套话，未讲明事实证据，也未说明裁定理由，无法使当事人信服。

根据最高人民法院发布的《关于加强和规范裁判文书释法说理的指导意见》，裁判文书释法说理的目的是通过阐明裁判结论的形成过程和正当性理由，提高裁判的可接受性，实现法律效果和

社会效果的有机统一；裁判文书释法说理，要阐明事理，说明裁判所认定的案件事实及其根据和理由，展示案件事实认定的客观性、公正性和准确性；要释法明理，说明裁判所依据的法律规范以及适用法律规范的理由。[①]

实质合并破产裁定是否符合裁判文书的写作规范，对实质合并破产的正确性以及利害关系人对于裁定的信服度都具有非常重要的影响，合格的裁定能够减少当事人的诉累，降低诉讼成本；而不合格的裁定甚至会影响当事人进行复议，比如部分法院仅以一句"实质合并破产申请符合法律规定，本院依法裁定受理"，就认定受理实质合并破产的申请，从此类过于空泛的语句中，利害关系人无法判断裁定是否存在错误。

总之，法院作出的实质合并破产的裁定应当符合最高人民法院关于裁判文书的写作要求，要认识到裁定书是具有和判决书同等效力的裁判文书，写作要求不能低于判决书，这既是裁定书的基本要求，也是切实保护利害关系人权益的必然要求。

（二）对受理实质合并破产裁定的复议的要求

《破产会议纪要》第 34 条规定："相关利害关系人对受理法院作出的实质合并审理裁定不服的，可以自裁定书送达之日起十五日内向受理法院的上一级人民法院申请复议。"复议是利害关系人行使异议权的途径，也是保护利害关系人权益的最后一道屏障，其重要性不言而喻。

第一，要认识到复议权与听证权的区别。实践中存在这样的情况：某些利害关系人没有参加听证，可能是因为未收到通知而没有参加，或者因为个人原因没有参加，法院以未参加听证为由限制其提出复议的权利。这样的做法是错误的。复议与听证是两

---

① 最高人民法院《关于加强和规范裁判文书释法说理的指导意见》第 1 条和第 2 条。

个不同的程序，复议权与听证权是两个相互独立的权利。即使利害关系人没有参加听证，只要对裁定不服，都可以提出异议。尤其是因为法院没有通知而导致未参加听证的情况，更不能因为法院的程序瑕疵而影响利害关系人异议权的实现。

第二，利害关系人申请复议期间不停止裁定的执行。关于复议期间是否停止裁定的执行，破产法律体系并未明确规定，但民事执行程序中的复议已经有了明确的法律规定，即复议期间不停止执行。鉴于我国民商合一的立法模式，实质合并破产中的复议应当与民事执行中的复议具有同等效力，即在复议期间不停止裁定的执行。但是，破产程序具有不可逆的特点，在复议审理期间，破产管理人应当考虑到法院复议后裁定驳回实质合并破产申请的情况，因此破产管理人应当在复议期间尽可能避免作出不可挽回的行为，以免导致出现复议成功，权益却仍然得不到保障的情况。

第三，对复议审理方式的选择和对复议裁定的要求。实践中，对复议的审理通常采用书面审理的方式，书面审理的优点是可以尽快作出答复，提高效率。但是，从保护利害关系人的角度来说，采用开庭审理的方式更好。对于复议裁定的要求，可以参考对实质合并破产申请的裁定，两者的要求是一致的，法院应对复议申请人提出的所有异议进行正面答复，对其中的证据和事实明确是否采纳，并进行释法明理，最终作出接受或者驳回复议的裁定。

五年回首：关联企业实质合并破产制度的检视与修正

桓　旭　刘梦飞[*]

摘要：《破产会议纪要》确立实质合并破产规则至今已经 6 年。通过对全国法院 6 年来实质合并破产案件办理、规范指引建设情况的调研发现，虽然实质合并破产案件的审理日趋规范，但关于申请主体、责任分配、启动模式、程序协调等关键问题还存在较大分歧。随着修法的推进，为应对现实中的复杂破产问题，我们迫切需要在对各类原则深入研究的基础上，结合我国实际，构建一套完善的关联企业实质合并破产制度，从而更好地维护市场秩序和公平竞争。

关键词：关联企业　实质合并　审慎适用　程序协调

2018 年 3 月，最高人民法院印发《破产会议纪要》明确关联企业破产案件审理规则。以前司法实践中长期存在的实质合并破产适用标准不一、审理管辖冲突、救济渠道不足等问题得到一定程度的解决，但缺少对实质合并破产制度的整体规则设计，相关规定较为笼统，导致了实践中理解和适用上的混乱。有鉴于此，我们亟须对实质合并破产的运行效果进行深入研究以做更准确的评估，同时也有必要对适用过程中遇到的问题进行梳理和总结，

---

　*　桓旭，平顶山市中级人民法院清算与破产庭庭长，法学硕士；刘梦飞，平顶山市中级人民法院清算与破产庭法官助理，法学硕士。

以期对实质合并破产规则的立法完善有所裨益。

一、透视：实质合并破产制度的实践样态和问题检视

如何准确适用实质合并规则，高效区分内外部资产债务，妥善处理合并程序中的权利保护等问题始终是司法实践的难点。为了真实反映实质合并破产制度的运行状况，我们以全国法院近五年来审理的实质合并破产案件和各地法院制定的规范指引为观察样本，进行实证分析，以期"管中窥豹"，有所启发。

（一）实践运行情况分析

通过对 102 件①关联企业合并破产案件进行梳理得知，关于关联企业合并破产的实践探索，主要分布在山东、重庆和江苏地区，分别为 21 件、20 件和 13 件，案件占比达 52.94%。

1. 破产程序类型

实质合并重整案件有 80 件，占 78.43%；实质合并破产清算案件有 21 件，占 20.59%；而实质合并和解案件仅有 1 件。

2. 涉及关联企业数量

进入实质合并破产程序的大多数案件中关联企业在 10 家以下，计 80 件，11~100 家的有 20 件，100 家以上的有 2 件，目前进入实质合并破产程序涉及关联企业数量最多的是辽宁忠旺集团有限公司实质合并重整案②，共计 253 家。

3. 启动模式选择

采用分别破产、再行合并模式的共计 66 件；采用个别先破、以点带面模式的共计 34 件；采用一并申请、合并破产模式的仅 2

---

① 在全国企业破产重整案件信息网设定"关键词：实质合并""内容类别：裁判文书""日期：2018 年 3 月 5 日至 2023 年 3 月 5 日"筛选条件，共搜索出 2 194 条相关记录，经逐一识别剔除，《破产会议纪要》印发后共搜集关联企业实质合并破产案件 102 件。

② 辽宁省沈阳市中级人民法院（2022）辽 01 破 7-1 号民事裁定书。

件，分别为金盛置业投资集团有限公司实质合并重整案①、重庆力帆控股有限公司实质合并重整案②。

4. 申请主体类别

关联企业管理人申请实质合并破产的占绝大多数，共计 90 件；债务人企业自行申请的计 7 件；管理人与债务人企业一并申请的计 3 件；管理人与债权人一并申请的计 1 件；关联企业出资人申请的有 1 件。因关联企业法人人格高度混同的举证十分困难，所以处于信息不对称地位的债权人几乎没有能力提供相关证据，继而难以提出实质合并破产的申请。

（二）规则制定情况对比

《破产会议纪要》对关联企业实质合并的适用标准、管辖确定、法律后果等进行了规定。此后，一些地方法院结合本地实际，进一步细化和完善了相关规则，比如陕西省高级人民法院、深圳市中级人民法院、北京市第一中级人民法院、东营市中级人民法院（见表 1）。从各地法院审判指引来看，多持审慎适用的态度，强调尊重企业法人人格的独立性，实质合并破产为例外情形。

表 1　各地实质合并破产规范指引对比

名称	申请人	举证责任	管理人指定	相关起算点
《陕西省高级人民法院破产案件审理规程（试行）》	破产管理人、债权人、债务人	申请人：法人人格高度混同且难以区分、损害债权人公平清偿利益的证据	采取指定联合管理人或者核心控制企业管理人为管理人的方式	按照债务人与关联企业各自进入破产程序的时间分别确定止息日

---

① 江苏省南京市中级人民法院（2022）苏 01 破 11 号之一民事裁定书。

② 重庆市第五中级人民法院（2020）渝 05 破 195 号民事裁定书。

续表

名称	申请人	举证责任	管理人指定	相关起算点
《深圳市中级人民法院审理企业重整案件的工作指引（试行)》	关联企业成员、关联企业成员的出资人、债权人、已经进入破产程序的关联企业成员的管理人	债务人、管理人、出资人：法人人格高度混同，损害债权人公平受偿利益的初步证据 债权人：能够证明存在合理理由信赖其交易对象并非单个关联企业成员、单独破产损害其公平受偿利益的证据	未规定	重整计划草案提交期限重新起算
《北京市第一中级人民法院关联企业实质合并重整工作办法（试行)》	关联企业成员、关联企业成员的债权人、已经进入破产程序的关联企业成员的管理人	申请人：法人人格高度混同且难以区分、损害债权人公平清偿利益的证据	重新指定关联企业的管理人	解除权、撤销权、止息日自对相应关联企业成员的破产申请受理之日起计算
《东营市中级人民法院关联企业实质合并破产案件审理规程》	关联企业、关联企业的债权人、已经进入破产程序的关联企业的管理人	债务人、管理人：关联企业发展过程中形成、构成混同的证据以及收集整理的混同证据	对拟适用实质合并破产的案件指定同一管理人	未规定

（三）问题检视

1. 申请主体不明确

各地普遍的做法是赋予关联企业、关联企业的债权人、已经进入破产程序的企业的管理人申请实质合并破产的权利。而实践中管理人申请占到了绝大多数，因为其更为方便且有能力全面了解关联企业间相互之间的实际情况，然而《企业破产法》规定的申请破产程序的主体并不包含管理人，在部分企业先进入破产程序、法院又裁定其他企业并入破产程序的情况下，后进入破产程序的企业事实上正是基于管理人的申请。在立法未作修改前，司法实践中大肆采用管理人申请的方式，存在违反现行法律之虞。另外，出资人是否能够申请实质合并破产也是一个颇有争议的问题。

2. 启动模式不规范

实践中常见的有三种模式，在以上 102 件案件中均有采用，其中分别破产、再行合并模式占 64.71%，该模式较为传统，能够避免管理人申请下的主体不当问题，但也存在后续程序衔接和管理人指定的难题；个别先破、以点带面模式占 33.33%，该模式直接将未进入破产程序的关联企业并入实质合并破产程序，存在违反立法的风险，且易引起关联企业及其债权人的反对；一并申请、合并破产模式的仅 2 件，该模式对前期准备工作要求极高，实践中采用相对偏少。

3. 举证责任分配规则不合理

各地一般要求申请人提供各成员企业间存在法人人格高度混同且难以区分的证据，而关联企业的内部交易往往具有很大的隐蔽性，要求外部债权人收集相关证据并不具备可行性。这也是债权人较少去申请实质合并破产的关键因素。为有效鼓励债权人的参与，同时防止规则滥用，有必要针对不同主体构建不同的举证责任体系。

4. 异议救济规则不完善

实质合并破产从企业集团整体债权人的利益出发，必然会对原本高清偿率的成员企业的债权人带来不利影响，目前《破产会议纪要》仅赋予了相关利害关系人申请复议的权利，并不能有效解决债权人之间的利益冲突，一刀切的做法也会伤及善意债权人的合法权益。

5. 程序起算点存在争议

破产法上的管理人的解除权、撤销权，债权申报期限，债权加速到期，债权停止计息都是从破产受理时开始起算，重整期限系从裁定重整之日起算，关联企业一并进入实质合并破产程序自无争议，但在各关联企业先后进入实质合并破产程序时，上述期限起算就会因裁定实质合并破产而趋于复杂化。

二、筑基：关联企业破产制度的特殊因素分析

在法律意义上，关联企业中各成员企业均具备独立法人人格，但由于存在特殊的控制关系，一定程度上会弱化或扭曲从属企业的独立性，在一个或多个成员企业破产时，会产生与单个企业破产完全不同的影响。

（一）特殊的控制关系

控制关系的存在为关联企业转移财产、逃避债务提供了便利。控制企业可以非常轻松和隐蔽地利用经济业务联系在企业间进行非市场化的利益分配，如采用高价买入、低价卖出、刻意提供担保等手段优先行使权利，有意侵害外部债权人的利益，达到"厚此薄彼"的不当目的。而由于关联企业内部往来具备的天然隐蔽性，所以债权人根本无从发现，企业进入破产状态时，处于优势地位的内部关联债权得到有效保护，而处于信息不对称地位的外部债权人的利益将受到严重损害。因而司法实践中，往往出现人为操控下的个别关联企业资产少但负债多，以及个别关联企业资

产多却负债少的现象。

（二）非市场化的关联债务与担保

控制关系一旦滥用，很可能导致各关联企业在财务资产、人员、管理等方面出现混同，大量的关联债务与担保，既不当掏空了成员企业的责任财产，损害了外部债权人的既得利益，又恶意稀释了外部债权人的清偿比例，导致可收回债权进一步减少，从根本上违背了破产法公平清理债权债务的立法目的。此外，混乱不堪的内部往来和关联交易，也给资产清理、债权认定和审理工作设置很大障碍，破产成本会进一步提高，办理时长也会进一步增加，不利于破产程序的高效推进。

（三）不可忽视的关联企业整体性价值

由于各成员企业在生产、经营、资金、业务、管理、人员等方面的特殊联系，从属企业的营业很可能是控制企业营业计划中的一部分或者一个环节，控制企业与诸多从属企业形成了一个综合性经营实体或较为完整的产业链条，各个企业各司其职、分工负责，从而追求规模效益。如果将各个成员企业割裂开来，分别破产，不仅会使该企业的营业价值因链条不完整而大打折扣，也会影响其他企业的价值评估，导致关联企业整体挽救陷入困境。

从比较法看，规制关联企业破产的手段主要包括"揭开公司面纱"规则、撤销权和无效制度、实质合并制度，各制度在出发点、侧重方向、实现效果方面均有所不同。实质合并破产是将多个集团关联企业视为一个单一企业，合并资产与负债，在统一财产分配与债务清偿的基础上进行破产程序。[①] 作为更加强硬和更富效率的救济措施，其是对关联企业法人人格的彻底否定，既不需要进行资产划分，也不需要鉴别关联债务，成员企业间的债权债

[①] 王欣新：《关联企业实质合并破产标准研究》，载《法律适用（司法案例）》2017年第8期。

务完全归零，资产统一合并统一清偿。

三、校准：实质合并破产制度的功能定位

在企业集团整体丧失清偿能力时，需要确定各关联企业之间是否存在法人人格混同，如不存在自可独立单一破产；如存在则需要借助实质合并破产规则统一处理。这既是破解现实问题的需要，也是破产法公平、效率原则和社会利益本位目标追求所决定的。

（一）公平清理债权债务

公平原则是破产法的应有之义，贯穿整个破产程序始终。关联企业破产中违法的内部交易、常见的虚假破产和破产欺诈行为、大量关联交易与担保，破坏破产法公平清偿的基本原则。[①] 在分别破产模式下，关联企业的资产和负债被人为操纵，不同企业的债权受偿呈现出两极分化的特点，部分企业成了"背锅侠"，而该部分企业的债权人成了"躺枪者"，造成严重的不公平。实质合并破产制度将法人人格混同的关联企业视为一个整体，将涉及的各个关联企业的资产进行整合，消除关联债权、债务与担保后，统一对待全部债权人，有效破解了关联企业过度控制所诱发的各种问题，利于实现企业集团整体债权人的实质公平清偿。

（二）提高破产程序效率

某种意义上讲，效率就是公平，有时没有效率、过度损耗的公平反而会损害当事人的实际利益。[②] 关联企业相互之间充斥着错综复杂的内部往来、关联交易、联保互保、交叉业务、人员管理

---

① 王欣新、周薇：《关联企业的合并破产重整启动研究》，载《政法论坛》2011年第6期。

② 王欣新：《关联企业的实质合并破产程序》，载《人民司法（应用）》2016年第28期。

等，短时间内完成划分界定十分困难，必须借助审计、评估等第三方机构进行整体核算和准确区分，时间、费用等成本尚且不谈，鉴于关联关系的内部性和隐蔽性，最终能否准确理清也是一个未知数。而实质合并破产有效减少了查实以及撤销企业各种不当行为的程序消耗，切实提高了破产审判的效率。

（三）发挥破产挽救功能

关联企业在市场和经济上有其合理性，以集团企业为联系的关联企业多存在着产业链关系或分工合作关系，既能借助产业布局有效降低交易成本，又能通过相互依存增强抵御风险的能力。但将关联企业分别出售可能破坏原本集团企业经营体系的完整性，无法实现资源的有效整合。① 而实质合并破产可以利用关联企业之间的分工合作体系，筛选具备市场价值和市场前景的关键营业，对主体存续、后续经营和组织管理进行妥善安排，实现企业整体价值的提升。

四、进路：实质合并破产制度的完善路径

实质合并破产制度建构必须贯彻审慎适用原则的要求，通过适用标准、异议救济、程序协调等全流程审理要素的规范化，提升办理破产的效率，实现债权人利益最大化。

（一）遵循审慎适用原则

法人人格独立是公司法的核心原则，而实质合并破产是对公司法人人格的根本否认，适用实质合并破产是具有现实意义的，但其危害性也是不可忽视的。一方面，会对尊重法人人格独立性这一基石原则造成冲击。有学者提出，大多数债权人多以整个集团的信用基础作为交易的判断条件，仅以单体公司的资产作为偿

---

① 肖彬：《实质合并破产规则的立法构建》，载《山东社会科学》2021 年第 4 期。

债财产，对该类债权人不公平。① 合并破产严重损害部分债权人的合理期待，将交易置于不确定的状态。另一方面，实质合并破产加剧了债权人群体之间的矛盾，改变了不同成员企业原本的偿债基础，将债务人与债权人之间的冲突演变成不同成员企业债权人之间的冲突。

因而无论是从尊重公司独立性这一基本公司法原则、保护债权人利益出发，还是从法律的稳定性和可预测性出发，都应当慎用实质合并。② 作为特殊情况下的例外选择，在成本和效率相匹配的情况下，应当优先适用撤销权、无效行为或法人人格否认制度进行纠正，避免纯为提高工作或审理效率之个人目的，而滥用实质合并破产制度。

（二）适用综合判断标准

法人人格高度混同是前提，如不具备该基本要素，自无适用实质合并破产的基础；资产分离困难是佐证，该标准反映的是一种事实状态，如果区分彼此财产将花费巨额成本，为了防止债权人损失进一步扩大，可作合并处理，但出发点必须是保护债权人权益而非审理上之便利；债权人收益是根本，这是决定是否启动实质合并破产的核心标准，此处的收益是指债权人整体清偿利益的实现，即实质合并破产带来的利益大于其造成的损害，而非满足每个债权人的利益。实践中，江苏法院运用多种标准进行综合判断的做法，值得借鉴。对在金盛置业投资集团有限公司等 28 家公司实质合并重整案中③，受理法院通过管理人调查和审计机构专项报告查明，28 家公司资产调拨、财务安排、经营决策、人事任免均由控制企业统一管理，累积发生非经营性往来共 67 196 笔，

---

① 肖彬：《实质合并破产规则的立法构建》，载《山东社会科学》2021 年第 4 期。
② 彭插三：《论美国破产法中的实质合并规则》，载《财经理论与实践》2010 年第 2 期。
③ 江苏省南京市中级人民法院（2022）苏 01 破 11 号之一民事裁定书。

难以逐一核对，不能还原各公司真实资产负债状况，通过实质合并重整不仅可以降低区分财产的成本，还能够保留 28 家公司运营链条的完整性，进而增加关联企业重整价值，最终实现债权人利益最大化。

（三）明确制度程序设计

1. 申请主体

就提起实质合并破产，应赋予债权人、债务人、出资人和管理人申请权。其一，债权人最具申请实质合并破产的积极性，尤其是受不当关联关系侵害的高负债、低清偿率成员企业的债权人，且任一合并企业的债权人均可单独提起。其二，债务人最为了解企业财产状况、负债情况、内部管理等信息，更为掌握关联企业内部交易和往来，具备提起实质合并破产的基础，但基于掩盖不当关联交易和违法行为的意图，多数债务人往往并无申请意愿。其三，关于出资人是否享有申请权的争议最大。王欣新教授明确提出，出资人不应享有申请权。[①] 笔者认为，出资人作为重整申请主体，应当具有申请实质合并重整的权利。在重庆双远实业（集团）有限公司与重庆双城房地产开发有限公司实质合并重整案中[②]，法院即是在出资人的申请下最终裁定进行合并重整。其四，普遍认为管理人最应享有申请实质合并破产的权利，因为管理人接管企业后，通过清产核资最为掌握企业内部情况，能够作出更为准确的判断。但需注意，先进入破产程序的成员企业的管理人不宜直接申请将未进入破产程序的企业并入实质合并破产程序，否则无异于赋予管理人申请企业破产的权利，与现行立法违背。当前，可考虑协调债务人或债权人提出申请，未来破产法修法应

---

① 王欣新：《关联企业的实质合并破产程序》，载《人民司法（应用）》2016 年第 28 期。

② 重庆市铜梁区人民法院（2017）渝 0151 破 2 号之一民事裁定书。

规定管理人申请实质合并破产的权利。

2. 举证责任分配

基于不同申请人具备的能力、掌握的信息、可用的手段并不相同，立法应当区分不同申请主体，设定相匹配的举证责任。管理人、债务人及其出资人提出申请的，应当就关联企业是否符合适用标准提供相应的证据，但债权人提出申请的，只要能够提供关联企业存在法人人格混同的初步证据即可，转由被申请企业就是否存在法人人格高度混同作出说明，不能作出确切说明的，法院得依职权要求管理人进行调查。

3. 审查方式

是否采用实质合并破产方式应由法院进行裁定，然而应采取何种方式进行审查，理论上争议很大。有观点主张，法院裁决合并破产应以多数债权人同意为前提。① 也有学者指出，实质合并属于意思自治的范畴，那么就应当由债权人自行决定。② 但另有观点认为，是否进行关联企业实质合并破产的决定权在法院，而不是债权人或债权人会议。③ 支持该观点的学者强调，如果以债权人会议表决通过为前提，无疑等于将司法决定权转交给债权人会议，不符合破产法关于司法权与债权人会议职权划分的原理。④ 事实上，采取听证会的审查方式更为适合，因为实质合并破产本质上就是法院的一种审理方式，实质合并后虽会对个别债权人造成一定的冲击，但目的是追求整体债权人的实质公平，判断是否符合

---

① 山东省枣庄市中级人民法院课题组：《关于关联企业合并破产问题的调研——以枣庄法院仅 10 年审理的破产案件为分析样本》，载《山东法官培训学院学报》2021 年第 5 期。

② 朱黎：《论实质合并破产规则的统一适用——兼对最高人民法院司法解释征求意见稿的思考》，载《政治与法律》2014 年第 3 期。

③ 王欣新：《关联企业的实质合并破产程序》，载《人民司法（应用）》2016 年第 28 期。

④ 徐阳光：《论关联企业实质合并破产》，载《中外法学》2017 年第 3 期。

适用标准以及决定是否采用实质合并破产方式均是司法裁判事项。另外，从实践考虑，要求各关联企业债权人会议，尤其是高清偿率企业债权人会议表决同意也是不现实的，更应关注的是异议债权人的救济规则。为避免实质合并破产规则被滥用，可以考虑在合议庭裁决前提交本院审判委员会讨论。

4. 异议救济

实质合并破产的要义就在于通过合并资产、统一清偿，以纠正不当关联关系对全部债权人整体利益的损害，平衡不同债权人之间的利益，并寻求实质公平。部分债权人必然会因改变各关联企业偿债基础遭受损失。《破产会议纪要》规定了相关利害关系人申请复议的权利，对异议债权人起到了一定的保护。例如，在镇巴县万象竹木投资开发有限公司等三家公司实质合并重整案①、盛泰集团有限公司等十三家公司实质合并重整案②中，异议人提出复议申请后，上级法院经审查均撤销了破产受理法院的实质合并破产裁定。但无论是参加听证，还是申请复议，均不能有效保护异议人尤其是善意债权人的合法权益，建议增加利益补偿的规则，在确定其因实质合并破产受损范围后，若只有个别受损群体，可由管理人、债委会与其进行沟通，协商给予适度补偿；若受损群体较多，则由管理人统一拟定适度补偿的比例、方式，并提交债权人会议表决。

5. 关于程序协调的问题

（1）司法管辖。根据《企业破产法》的规定，破产案件由债务人住所地人民法院管辖。而关联企业通常涉及多个地域，由此引发管辖上的冲突。对此，《破产会议纪要》规定由关联企业中的核心控制企业住所地人民法院管辖。但仍存争议的是，若先进

---

① 重庆市第三中级人民法院（2021）渝03破1号民事裁定书。
② 山东省东营市中级人民法院（2019）鲁05破监1号民事裁定书。

入破产程序的是非核心控制企业，此时管辖如何确定。较多学者支持"先入为主"原则，如徐阳光教授认为，为避免司法资源的浪费，一般应由已受理该破产案件的法院负责管辖。[①] 但"先入为主"的做法在实践中可能会产生一定的问题，若先进入破产程序的非核心控制企业系县、县级市或者区的市场监管部门核准登记的企业，则一般由基层人民法院管辖，在其他关联企业中存在市级（含本级）以上市场监管部门核准登记的企业时，若仍由先受理法院管辖，就会产生级别管辖上的问题，且很容易发生恶意选择审理法院，规避级别管辖的情况，不利于实质合并破产程序的整体推进。因而建议在此种情况下，应当由共同的上级人民法院综合考虑核心控制企业住所地、成员负债规模、程序协调便利、地方维稳需求和债权人分布等因素指定管辖。

（2）管理人指定。各关联企业分别进入破产程序的，若均已依法指定管理人，后启动实质合并破产程序的，就会发生不同管理人间的协调问题。一种观点主张，法院可直接统一指定一个或多个中介机构担任整个关联企业的破产管理人。[②] 另一种观点认为，应指定核心企业的管理人担任合并破产案件管理人，其他管理人应通过辞职等程序退出。[③] 第一种做法较为缓和，不会引发管理人之间的利益冲突，人员配备上的优势便于应对大型关联企业案件繁重的工作量，但也存在职责划分、利益分配和成本上升的难题。第二种做法稍显强势，指定同一管理人确实利于实质合并破产程序的协调推进，避免出现不同主体相互掣肘、推诿扯皮和

[①] 徐阳光：《论关联企业实质合并破产》，载《中外法学》2017年第3期。

[②] 曹文兵：《供给侧改革背景下实质合并破产制度的构建与完善——以16件关联企业实质合并破产案件为分析样本》，载《理论月刊》2019年第7期。

[③] 山东省枣庄市中级人民法院课题组：《关于关联企业合并破产问题的调研——以枣庄法院仅10年审理的破产案件为分析样本》，载《山东法官培训学院学报》2021年第5期。

重复工作的现象，但径行取消其他关联企业管理人资格或让其退出缺乏有效的法律依据，容易引起不同管理人之间的矛盾。因此在实践中，法院应立足具体案件情况，根据程序推进需要，结合债务人、债权人与管理人的意见，灵活选择管理人组成方式。

（3）相关期限起算点。在分别破产、再行合并模式下，会出现有关期限计算不一致的问题，主要包括债权止息日、撤销权起算点和重整期限起算点（即提交重整计划草案起算点）。

第一，关于重整期限起算点。理论和实践普遍赞成自法院裁定实质合并破产之日起算，因为实质合并重整后重整范围、破产财产、负债情况、清偿方式、经营方案等基础条件都发生了实质性变化，需要制订新的重整计划草案，理应重新计算提交期限。

第二，关于债权止息日。各方分歧比较严重，有观点主张，应以最先进入破产程序的关联企业成员破产申请受理之时作为申报债权止息时点。[①] 然并不恰当，《企业破产法》明确规定附利息的债权自破产申请受理时起停止计息，不因采用实质合并破产而发生变化。将止息日统一至最先破产企业破产裁定受理日，存在以下弊端。一是违背破产法公平清偿的目的，所谓债权人清偿率的提高不能仅限于"分母"的变小，否则将陷入前后逻辑矛盾的境地，一边主张实质合并破产系法院的一种审理方式，不属于当事人对自我权利的处分，另一边又以防止关联企业债务规模扩大为由，变相取消债权人获取孳息的正当权利。二是止息日统一至最先破产企业破产裁定受理日后，其他关联企业现有债务自该日起便不再产生利息，这样不仅不会促使其他关联企业尽早进入破产程序，反而会鼓励企业继续拖延、挣扎，期间甚至发生新的债务。三是以最先破产企业破产裁定受理日为止息日，若其他关联

---

① 王静、蒋伟：《实质合并破产制度适用实证研究——以企业破产法实施以来76件案例为样本》，载《法律适用》2019 年第 12 期。

企业在此时间点后、进入破产程序前发生债权，该债权的性质认定可能会存在逻辑冲突。

第三，关于撤销权起算点。《企业破产法》第 31 条、第 32 条分别规定了管理人可申请撤销受理破产申请前一年内和六个月内相对应的债务人的不当行为。这里一年和六个月的期限设定，体现了破产法追求破产财产最大化以实现公平清偿的目标，有利于维护外部交易安全和稳定，为市场交易提供稳定的预期。实质合并破产更应如此，以各关联企业破产申请受理日作为可撤销期间起算点，避免造成外部交易秩序混乱。

关联企业实质合并破产中的债权人保护研究

李　琦　师金博[*]

摘要：笔者通过分析关联企业实质合并破产制度在我国产生的过程和发展经过，结合域外法制经验，总结我国实质合并破产制度中关于债权人权利保护方面存在的主要问题，并从制度的适用标准、不同主体的利益需求及权利救济措施方面提出建议。笔者认为我国的实质合并破产制度尚需完善，应当构建实质合并破产制度综合适用标准，满足不同债权人的利益需求，优化普通债权人公平听审权的实现路径，赋予担保债权人更多选择权，给予职工债权人更多权利。通过构建有限实质合并规则和异议债权人合理信赖利益补偿机制，保障对异议债权人实体性权利和程序性权利的救济。

关键词：关联企业　合并破产　债权人保护

伴随市场经济的飞速发展和企业并购的日益活跃，多个市场主体以商业集团形式开展商业活动已成为常态。相较于单一主体企业，这些形成集团单位的关联企业之间更容易形成虚假交易或进行非法利益输送。在企业破产时，又通过法人独立人格的有限责任逃避债务，导致债权人权利受到损害。在衡平法的实质合并规则下，英美法系通过合并破产主体做大破产实体（Estate）[①] 的方式，在清算过程中增加债权人的整体清偿率，在重整时兼顾企

---

　　* 李琦，硕士，北京华泰（郑州）律师事务所律师；师金博，硕士，北京华泰（郑州）律师事务所律师。
　　① 《美国破产法典：中英文对照本》，申林平译，法律出版社2021年版，第6页。

业集群的整体利益。正是因为合并破产在处理集团案件时的优势，所以我国法院很早就在司法实务中利用实质合并规则来处理关联企业破产问题，仅 2021 年 4 月最高人民法院公布的 10 件典型破产案例中就有 4 件与实质合并有关①。但是基于现有实务中，关联企业合并破产后资产统一清偿的财产分配模式，债权人的实际清偿率与企业单独破产时的清偿率往往会发生变化。虽然在财产总量同步增加的情况下，债权人理论上的受偿金额不会发生变化，但是结合实务中不同破产主体的有抵押物的优先债权、破产费用、职工债权等存在较大差异，故不同破产主体的债权人利益亦将受到实质合并破产的影响。如何真正做到对所有债权人公平清偿系关联企业实质合并破产中不能回避的问题。

一、关联企业实质合并破产的概念及历史沿革

（一）关联企业实质合并破产的概念

"关联企业"就词义本身而言属于中性词汇，常出现于法律和财务领域。在法律领域，关联企业主要体现为股东与公司之间的股权关系，其法律后果着重于股东是否以出资范围为限承担有限责任。在财务领域，关联企业主要体现在两公司之间是否形成控制，其结果表现为财务数据是否需要合并，以及在关联企业间形成业务时的特殊处理。对于"关联企业实质合并破产"的具体概念，无论是国内还是域外的理论和实务界，目前尚未形成一致意见。有的美国破产法学者从各关联企业的资产负债合并计算的角度，对实质合并破产规则作出定义。而北京市第一中级人民法院公布的《北京市第一中级人民法院关联企业实质合并重整工作

---

① 北大方正集团实质合并重整案，海航集团有限公司等 321 家公司实质合并重整案，中航世新燃气轮机股份有限公司、中航世新安装工程（北京）有限公司实质合并重整案，海南华信石油基地有限公司重整案。

办法（试行）》中，将"关联企业实质合并重整"定义为，在重整程序中不再考虑关联企业成员的独立法人地位，消灭其互负债权债务，合并其资产和负债，对其同类债权人统一清偿，将关联企业视为一个单一企业实施重整。结合上述国内外对关联企业实质合并破产的定义，可以将其概括为在破产程序中，对关联企业的独立法律人格进行否认，将其视为一个整体，并在此基础上处理债务人与债务人及债务人与债权人之间的债权债务，在提高债权人整体清偿率的同时，增加破产企业集群的重整可能性，最大限度地维护债权人的利益。

（二）我国关联企业实质合并破产制度的产生和发展

以关联企业集群形成的集团公司已成为市场经济的常态化经济实体。大部分集团公司围绕其公司结构及特有的经营模式，在经营中往往忽视成员企业的单独利益而追求集团公司或核心企业利益的最大化。为实现这种利益最大化，集团公司内部之间通常默示一些资产和债务违规转移、关联企业间违规内部交易、设立空壳公司争取地方税收优惠等损害债权人权益的情形存在。而《中华人民共和国企业破产法》（以下简称《企业破产法》）在立法时主要是为了解决企业个体的破产问题，对关联企业实质合并破产未作规定，最高人民法院及一些地方高级人民法院早期对此均持排斥态度。① 后期基于实践需要，一些地方法院进行了尝试，并得到了最高人民法院的支持。② 最高人民法院曾于

---

① 《最高人民法院关于审理企业破产案件若干问题规定》第 79 条、《广东省高级人民法院关于审理破产案件若干问题的指导意见》、《青海省高级人民法院关于规范审理企业破产案件的实施意见》等，禁止以任何理由将具有独立法人资格的关联企业或下属企业及其财产列入破产范围连带破产。

② 深圳市中级人民法院审理的南方证券（2007 年）及关联企业破产案、汉唐证券公司及关联企业破产案（2008 年），两案例被载入《最高人民法院全国法院证券公司破产案件工作座谈会上的总结》。

2012 年至 2013 年拟就关联企业实质合并破产制度制定司法解释①，但最终未能实施。2016 年最高人民法院以典型案例形式对关联企业实质合并进行了认可。② 2018 年 3 月 4 日，最高人民法院发布了《破产会议纪要》，其第六章第 33 条至第 39 条就关联企业破产的实质审查及相关程序作了简要性规定，形成了我国关联企业实质合并破产制度（以下简称"实质合并破产制度"）的雏形。

二、我国实质合并破产制度的现状及域外经验

（一）我国实质合并破产制度的现状

1. 立法现状

现阶段我国实质合并破产制度的主要规范性文件仍然是最高人民法院于 2018 年印发的《破产会议纪要》。《破产会议纪要》第六章提出法院在运用实质合并规则进行破产审理时要保障全体债权人公平清偿利益。在适用情形上，虽然《破产会议纪要》在法人人格高度混同的标准外，囊括了债权人公平利益的其他适用标准，看似形成了综合性适用标准，但是深入研究不难发现，这两项条款仅是对可能的适用标准进行简单列举，没有具体说明适用标准之间的顺位和效力，对证明责任和证明标准亦未作出明确规定。在法律实践中，其他考虑因素仅是作为对法人人格混同的补强，失去了单独作为实质合并破产制度适用标准的可能。同时，《破产会议纪要》仅从框架上对规则的适用、实施过程和救济渠道等作出规定，没有细致的规定不同债权人的特殊利益保护，从而降低了《破产会议纪要》的实施效果。因此，我国现有的实质

---

① 《关于适用实体合并规则审理关联企业破产清算案件的若干规定（征求意见稿）》。

② 佛山市百业房地产开发有限公司破产重整案。

合并破产制度在立法层面上仍然缺乏明确的法律规定和相应的司法解释，尚未形成完整的法律体系。

2. 司法现状

就各地法院对合并破产的适用规则来看，多数法院以关联企业间构成人格混同为主要标准，其他判断要素亦围绕该标准展开。在债权人认为适用实质合并破产制度有可能损害其利益的时候，如由于采用合并破产方式导致成员企业丧失独立法人人格，以公司股权设定质押担保或以关联企业为保证人的债权人不再享有担保利益，债权人仅能通过复议方式救济权利。《破产会议纪要》赋予债权人对破产企业实质合并审理的裁定复议的权利后，债权人向上级法院提出复议的案件数量显著增加，但是结果多以驳回复议请求为主，异议债权人通过复议的方式改变管辖法院十分困难。

（二）域外经验

作为实质合并规则发源地的美国，其对债权人的权利保障可以归纳为建立综合性合并破产适用标准和全面保障异议债权人的救济权利。从适用标准角度来看，伴随美国司法实践的发展，法院对于合并破产规则的适用越发谨慎，设立了明确的实质合并破产适用标准，以防止法院或管理人滥用该规则。美国早期判例的做法是参考人格否认创立了企业间人格混同的七大标准。其后在判断人格混同七大标准的基础上美国法院又通过Auto‐Train案[1]和Augie/Restivo Baking Co. 案[2]等一系列判例将债权人利益考量引入适用标准中，进而形成包括债权人信赖利益和债权人利益整体保护在内的综合判断标准。以2005年的Owens

---

① Auto‐Train Corporation v. Midland‐Ross Corporation，810 F. 2d （D. C. Cir. 1987）.

② The Augie/Restivo Baking Corporation case，860 F. 2d （2d Cir. 1988）.

Corning 案为例，美国法院将人格混同判断与债权人利益考量相结合，形成两项主要判断标准①。一是关联企业人格过于混同不能分离，导致债权人将其作为整体看待；二是对关联企业分离处理将有害全部债权人利益。

从异议债权人的救济权利角度来看，美国法院有关判例中允许有异议的债权人对合并破产裁定提出上诉。以 1987 年的 Auto - Train 案和 2005 年的 Owens Corning 案为例，巡回上诉法院依据异议债权人信赖公司的独立性，认定适用实质合并规则的正当性不能实现，推翻了地区法院合并破产的决定。且在 2017 年的 Stewart 案和 2019 年的 Mihranian 案中，法官均认为实质合并破产的提出方必须通知到被合并方的全部债权人，且内容上要明确进行实质合并破产的程序正当性。②

三、我国实质合并破产制度在保护债权人利益方面存在的问题

（一）实质合并破产制度适用标准混乱

截至目前，我国对实质合并破产制度的适用尚未建立起类似于美国的综合性判断标准，司法实践中往往侧重于用人格混同的单一标准界定实质合并破产的范围。实质合并破产制度中的人格混同与《公司法》中的人格否认存在差异。虽然《九民纪要》完善了人格否认的认定标准，但是以《九民纪要》中人格否认的构成要件判断是否将企业纳入实质合并破产范围尚存在较大分歧。有的法院在破产受理裁定书中对合并审理的论述较为充分，有的法院则较多依靠自由裁量。这种司法现状容易造成实质合并范围

---

① 高小刚、陈萍：《论关联企业破产程序中实质合并原则的适用》，载《法律适用》2020 年第 12 期。
② 王静：《实质合并破产法律制度构造研究》，法律出版社 2021 年版，第 205 页。

的扩大化，对判断标准的构成要件、重要性排序呈现混乱状态，使法院忽视一系列重要因素，如个别企业债权人的利益会不会受到损害、合并是否有利于平衡整体债权人的利益等。同时，部分法院以生效判决中认定的人格否认事实作为实质合并破产的依据，亦与《九民纪要》中关于人格否认"一案一判"的原则相违背。

（二）对不同债权人保护缺乏针对性

关联企业实质合并破产规则作为一种集体追偿程序，其不可逆性致使债权人的利益将受到实质影响。因此在适用实质合并破产制度时应当给予债权人一定范围的利益保障。从总体上看，我国在适用实质合并破产制度时缺少针对各类债权人的利益保障机制。尽管《破产会议纪要》中规定了有关债权人的通知与听证程序，但是对该通知程序如何运行、听证会如何召开等具体的内容未作出明确规定。这必然造成不同法院在审理合并破产案件时，所实施保障措施的内容及效果各不相同。同时，《破产会议纪要》中没有专门为特殊债权人如担保债权人、职工债权人等设计特殊保障措施，这部分债权人的利益保护只能依靠一般性的规定。

（三）对异议债权人的救济不充分

实质合并规则在保护大多数债权人公平清偿利益的基础上，不可避免地减损了部分债权人的利益。《破产会议纪要》赋予了异议债权人就实质合并审理裁定不服的复议权[①]，但是债权人的复议申请很难得到支持。即使在少量得到支持的案例中，也多是以程序违法为由裁定驳回实质合并申请。这意味着只要修正程序上的瑕疵，实质合并破产程序仍会启动，异议债权人的权利并未得到实质上的救济。在相关案件中，法院更多地聚焦于实质合并破

[①] 《破产会议纪要》第 34 条规定："裁定实质合并时利害关系人的权利救济。相关利害关系人对受理法院作出的实质合并审理裁定不服的，可以自裁定书送达之日起十五日内向受理法院的上一级人民法院申请复议。"

产本身是否应当进行，而非考虑异议债权人是否存在基于企业独立性而产生的信赖利益。从实证案例可以看出，复议权在相关案例中发挥的作用是有限的，其不但存在难以推翻实质合并的先天倾向，更可能导致司法资源的重复浪费。其原因在于民事复议制度所救济的主要是程序性权利，而实质合并裁定不仅仅涉及程序性权利，还包括了债权人和债务人的实体性权利。

四、关于实质合并破产制度中债权人保护的完善建议

（一）构建实质合并破产制度综合适用标准

1. 以法人人格混同为主要标准

实质合并破产制度下的法人人格混同不是为了调整关联企业间的个别不当行为，而是从整体角度进行分析，当各成员间的财产、债务混同已经达到了相当严重的程度，分别破产所产生的社会成本过分高于其所产生的收益时，方才符合实质合并破产制度的适用标准。从核心上讲，实质合并破产制度是对所有关联企业独立法人人格彻底、终局性的否认，应当谨慎对待。

从法人人格混同的判断尺度分析，实质合并破产制度应当判断人格混同所达到的严重程度，一个重要指标便是财产混同的严重程度。这种程度应当长期存在，具有普遍性和经常性，不能仅是个例。如在海航集团实质合并重整案中，法院认定 321 家企业构成混同的重要因素便是各成员间资金往来频繁，但因很多成员企业并无独立财务部门从而缺少明确的债权债务记录。由此引申出的一项判断指标是区分成本过高，即在这种企业集团中各成员企业财产严重混同的情况下，强行厘清各成员企业债权债务所产生的成本已远高于对债权人所产生的收益，甚至可能会损害无担保普通债权人的利益。①

---

① 海南省高级人民法院（2021）琼破 1 号之一民事裁定书。

2. 从债权人角度确定其他标准适用位阶

第一，从债权人公平利益保护分析，应当存在两项证明标准，即全体债权人受益和部分债权人受益。就全体债权人受益来说，这是一种理想化的情形，如果实质合并破产规则的适用会使全体合并成员债权人受益的话，则债权人利益保护标准完全可作为一项独立标准予以适用。而当只有部分债权人受益时，则需要在损害和受益之间进行衡量，审慎进行裁定。

第二，就企业重整可能性和欺诈角度分析，企业重整可能性因其实质上也是为了整体债权人利益考虑，故可将其纳入债权人利益保护标准中。而就欺诈标准而言，参考联合国国际贸易法委员会"破产企业集团对待办法"中的欺诈标准，可以在维护债权人利益下将其作为独立的判断标准。这里的欺诈一般指关联企业在设立之初其目的便是对债权人进行欺诈。

第三，可以将债权人信赖标准作为一种辅助判断标准。所谓信赖利益是指债权人因信赖某一企业具有良好的资信状况而选择与其进行交易。美国法院基于对交易安全的维护，将债权人对相关关联企业的交易信赖作为判断是否适用实质合并的重要参考，以防止债权人的信赖利益受到合并破产的损害。债权人究竟是对该企业较为信赖还是对集团资信较为信赖，这种主观判断无论是债权人自证还是由法院判断都十分困难，故信赖标准不足以作为独立判断标准，但是可以作为辅助判断标准保障债权人的信赖利益。

3. 明确排除实质合并破产制度的适用情形

《破产会议纪要》中明确提出了对于实质合并破产规则的适用要慎重，但未规定排除这种特殊规则的适用情形。明确实质合并破产制度的排除情形是对实质合并规则适用底线的约束，亦可以成为异议债权人提出抗辩的法律依据，有利于维护其破产利益。

（二）为不同债权人的利益需求提供权利保障

1. 优化普通债权人公平听审权的实现路径

实质合并破产制度在本质上是一种非诉程序，相较于诉讼程序包含更多的职权主义色彩，在破产程序进行中需要以提高债权人的参与程度为前提，通过完善现有听证程序，赋予债权人更多的选择权，防范审判权专断，保护普通债权人的公平利益。

首先，债权人本身具有法定的破产申请权，可以通过调整债权人在破产申请时的举证责任，提高债权人参与合并破产审查的参与程度。根据现有案例，债权人在合并破产审查过程中的参与度不高，其原因主要在于相较于管理人，债权人难以全面了解企业间的实际关系及交易情况，难以有效证明企业间符合实质合并破产制度的使用标准。

其次，应当细化《破产会议纪要》第 33 条的规定①，给予债权人以有效的听证通知。以河北省廊坊市中级人民法院于 2021 年 2 月 23 日发布的听证公告为例，通知内容应当至少包括申请方的身份及所提适用实质合并破产理由、所适用程序性质及参加听证人员所要准备的材料手续。就通知到达债权人的认定标准来说，应当以一名普通债权人正常情况下可以接收到为准，不能徒增债权人接收通知的障碍。除此之外，法院在听证过程中应尽可能保证债权人可充分发表意见、提交证据或进行辩论。

再次，实质合并破产制度下各关联企业被纳入破产程序的时间节点不同，若按照普通破产下申报债权的止息节点计算利息，则明显损害了部分债权人的利益。现有实质合并破产制度对该问

---

① 《破产会议纪要》第 33 条规定："实质合并申请的审查。人民法院收到实质合并申请后，应当及时通知相关利害关系人并组织听证，听证时间不计入审查时间。人民法院在审查实质合并申请过程中，可以综合考虑关联企业之间资产的混同程序及其持续时间、各企业之间的利益关系、债权人整体清偿利益、增加企业重整的可能性等因素，在收到申请之日起三十日内作出是否实质合并审理的裁定。"

题未作约定，目前存在三种观点，即以最先进入成员为标准、以最后进入成员为标准和以裁定实质合并破产时为标准。

最后，应当拓展重整计划草案中债权人的选择途径，以便满足不同债权人的清偿需求。以北大方正集团有限公司等五家公司实质合并重整案为例，其重整计划草案为普通债权人提供了多种方案供其选择，包括"现金＋债转股"模式、"全现金"模式和起兜底作用的回购退出机制。方正集团股东将股东利益让渡于信托计划的方式，为普通债权人提供一份自主选择性高、补偿力度大并提供全方位保障的清偿方案，更有利于维护普通债权人的公平利益。

2. 赋予担保债权人更多选择权

如前文所述，实质合并破产制度下以股权质押担保的债权人及保证债权人的权益可能受到影响。尤其是在重整表决过程中出现不能完全实现担保债权人优先受偿权的情况时，对担保债权人表决权的拆分应保持谨慎态度，需要充分尊重担保债权人的意愿，避免因担保债权组和普通债权组之间表决规则的不同，导致担保债权人的表决权被不当削弱。同时，在合并破产程序中涉及不同担保的债权人较多，可能在重整计划草案中对部分担保债权人可以优先清偿，对部分担保债权人不能优先清偿的情况，管理人应确保与不同担保债权人及时沟通，作出合理解释。在债权人提出异议后应及时回复，不影响债权人行使诉权。

3. 加大职工债权人的权利保护

破产中职工债权人的保护问题由来已久。在单一企业破产过程中，便存在对企业职工知情权及参与权保护不周的问题。实质合并破产制度下涉及的职工人数更多，构成更为复杂。因此应当从建立适应这种特殊制度的债权人委员会出发，提高破产企业职工债权人参与破产程序的程度。按照《企业破产法》的规定，一般破产中债权人委员会的构成，即在总人数不超过9人的情况下应包含一名企业职工或工会代表。在实质合并破产制度下，必须增加债权人委员会中企业职工或工会代表的人数，尽可能地涵盖全部破产企业。在确定破产财产的过程中，将部分合并财产通过诸如保障基金的方式剥离合并范围。一方面可以提前预支一部分基础工资，另一方面可以作为对职工债权人基本权利的兜底保障措施，提取专用重整资金全额清偿职工债权。

（三）构建异议债权人实体性与程序性救济机制

1. 完善异议债权人实体性权利救济措施

异议债权人对适用实质合并破产制度提出异议大多基于实际利益受损。在这种情况下可以参考域外法治构建有限实质合并规则和异议债权人合理信赖利益补偿机制，从实体角度均衡异议债权人和各方破产参与人之间的权益，实现异议债权人实体层面救济。所谓有限实质合并规则，是指允许在适用关联企业实质合并规则的同时，例外对部分财产进行单独清偿的规则，即允许实质合并不适用于全部关联企业或全部财产。笔者认为，可以探索构建具有中国特色的有限实质合并规则，即应当允许部分财产不纳入实质合并规则，其中应当包括异议债权人可以证明确属特定企业的独立财产或专属于特定企业的特种经营权，如采矿权等。因为异议债权人在与特定企业开展业务时，确信该部分财产独立属于特定企业而与之产生债权债务关系，若任由该部分财产纳入整体破产财产的结果，无疑超出了商事活动中交易相对方所需尽到的注意义务范畴，亦将损害债权人合理的信赖利益。

目前，我国实质合并破产制度并未对关联企业合并破产时利益明显受损或对部分企业存在独立信赖利益的债权人规定特殊的补偿机制。这种"一刀切"地将全部关联企业视为一个整体，统一对全体债权人进行清偿的方式，对存在独立信赖利益的债权人来讲是不公平的。笔者认为，在将全部财产纳入破产财产时，可以对上述债权人进行适当的补偿，可以通过法院认定因适用实质合并破产制度损害存在独立信赖利益的债权人利益时，在清偿率上给予一定程度的特殊照顾，实现各方的利益均衡。通过构建信赖利益补偿机制，保证实质公平，亦有利于促进重整计划草案或分配方案的通过。

2. 完善异议债权人程序性权利救济措施

《企业破产法》中明确对破产案件上诉权进行了限缩性的规定，仅在裁定不予受理破产申请时和驳回破产申请时才赋予相关当事人上诉的权利。上诉权与复议权具体到我国实质合并破产制度中的最大区别是异议期间裁定是否生效的问题。我国司法实践中不难发现二审复议被过分拉长的情形，而由于复议不停止实质合并裁定的执行，所以过长的复议审理期限在实质上给实质合并裁定的变更提供了客观的阻力。上级法院在审查复议时也难免考虑实质合并裁定已经部分执行，更改裁定会导致司法成本上升的问题，从而维持实质合并裁定。故笔者建议在今后《企业破产法》的修订中打破原有的限缩性规定，赋予异议债权人就实质合并裁定上诉的权利，同时以立法方式明确二审审理期间、审判程序等问题，为实质合并案件的复议或二审审理提供明确标准化的程序，强化实质合并的程序正当性。

关联企业实质合并破产重整的审查标准研究

王红举　王　滢　卫腾飞[*]

摘要： 近年来，关联企业实质合并破产重整的需求日益增多，但《中华人民共和国企业破产法》对此类案件的立法还存在明显缺位。尽管《破产会议纪要》对关联企业实质合并破产的审查标准有所规定，但由于其并非法律或司法解释，所以不能作为裁判依据。实践中，法院在裁定时所引用的法律规定与裁定内容往往存在不契合的情况。此外，法院在处理不同的关联关系时，也未严格按照《破产会议纪要》的规定适用不同的审查标准。这一现状亟待改进，以保障破产法的公平实施和市场秩序的稳定。

关键词： 关联关系　实质合并重整　人格混同　过度支配

一、关联企业实质合并破产重整制度概述

（一）关联企业实质合并破产重整制度产生的背景

《企业破产法》中规定了两种不同的企业破产方式，分别为破产清算和破产重整。在破产重整制度的适用过程中，不仅存在单个企业的破产重整，还面临着关联企业的破产重整。根据财政部颁布的《企业会计准则第 36 号——关联方披露》第 3 条的规定，关联企业系指一方控制另一方或对另一方施加重大影响，以

---

　　* 王红举，河南大鑫律师事务所一级律师，法律硕士；王滢，河南大鑫律师事务所三级律师，法律硕士；卫腾飞，河南大鑫律师事务所执业律师，法律硕士。

及两方或两方以上同受一方控制、共同控制或重大影响的企业。关联企业在经营业务上多数存在上下游供需关系以及控制与被控制、影响与被影响的关系，各关联方财务、资金依赖程度较高，各个关联方之间影响程度较深。一般情况下，一个关联方出现《企业破产法》规定的破产情形，即会产生连锁反应，其他关联方的经营会受到不利影响，随之出现资不抵债的情况。在此种情况下，关联方同时破产的情形在我国的司法实践中较为普遍。和单个企业破产重整不同的是，关联企业之间普遍存在经营业务相互依赖、资金拆借较为频繁、交叉持股等情形，并未严格按照法人人格独立的原则进行规范化运作，各个关联方之间的法律关系较为复杂，如果一概适用单个企业独立破产重整，不利于公平清理企业债务，也不利于优化破产案件的审理效率。[1]

（二）关联企业实质合并破产重整制度的概念

我国现行的《企业破产法》并没有对关联企业合并破产重整的制度进行规定，也导致全国法院在审理此类案件时缺乏法律依据和操作指引。为了应对此种情况，最高人民法院发布《破产会议纪要》，其中第32条至第39条对关联企业合并破产重整制度进行了初步构建。根据该会议纪要的规定，关联企业破产重整分为程序合并和实质合并。程序合并系指在各关联方不存在实质合并条件的情况下，对各关联方进行独立破产。与单个企业破产重整的区别在于，程序合并由一个法院集中管辖，关联方利用关联关系进行不当交易形成的债权劣后于其他债权进行清偿。而实质合并与程序合并、单个企业破产具有较大不同，实质合并破产的目的在于解决关联企业之间资产负债严重混同的问题，保障债权人公平受偿。[2]

---

[1] 肖彬：《实质合并破产规则的立法构建》，载《山东社会科学》2021年第4期。

[2] 王欣新：《实质合并破产中听证与复议的规制研究》，载《法律适用》2022年第8期。

由于我国多数企业在治理方式和治理理念上尚不完善，各关联方之间普遍存在财产混同、过度控制等情形，因此，虽然上述会议纪要规定了要尊重企业法人的独立地位，以单个企业破产重整为原则，但是实践中，对关联企业进行实质合并破产重整仍然普遍存在。本文即以关联企业实质合并破产重整为论述对象，以关联企业实质合并破产重整的司法审查标准为切入点，通过对案例进行分析和评述的方式，对当前我国司法审查标准进行剖析，以期为司法审查标准的完善提出可行性建议。

二、关联企业实质合并破产重整的司法审查标准

《企业破产法》第 2 条确定了企业进入破产程序的审查标准为资不抵债或者明显缺乏清偿能力，无论是单个企业破产抑或是关联企业破产，均应适用这条规定审查企业是否具备破产条件。但是这条规定仅为企业是否能够进入破产程序的审查标准，并不涉及关联企业进入破产程序后产生的是否能够实质合并破产重整的问题。《企业破产法》并没有确立关联企业实质合并破产重整的相关审查标准以及合并破产程序，根本原因在于法律的滞后性。法律是对现存且必要的社会关系进行调整，法律规范的出现总是在某种社会关系产生并发展到一定程度之后。①《企业破产法》颁布于 2006 年 8 月 27 日，自 2007 年 6 月 1 日起施行，在《企业破产法》颁布施行时，中国经济正处于高度发展时期，司法实践中尚未大规模出现关联企业合并破产的情形。但是随着实践的发展以及供给侧结构性改革的深化，关联企业合并破产开始大量出现。为了回应实践需求，规范此类案件的审理，最高人民法院发布《破产会议纪要》，对实践中经常出现的关联企业合并破产案件进

---

① 顾爱平、王琪生：《法律手段的局限性及弥补途径》，载《法学杂志》1992 年第 4 期。

行规范。根据该会议纪要第 32 条的规定，关联企业实质合并破产重整的审查标准为关联企业成员之间存在法人人格高度混同、区分各关联企业成员财产的成本过高、严重损害债权人公平清偿利益。本文拟以江西旭阳雷迪高科技股份有限公司（以下简称"旭阳雷迪公司"）与江西旭阳电力有限公司（以下简称"旭阳电力公司"）合并重整案①、贵州云开投资有限公司（以下简称"云开公司"）与贵州和拓商贸有限公司（以下简称"和拓公司"）实质合并破产重整案②、河南科迪乳业股份有限公司（以下简称"科迪乳业公司"）与科迪巨尔乳业洛阳有限公司（以下简称"巨尔公司"）等实质合并破产重整案③三例不同地区的司法判例为样本，分析司法实践中对关联企业实质合并破产重整审查标准的适用现状。

（一）关联企业法人人格高度混同的审查标准

法人人格混同并非《企业破产法》所创设的概念，而是我国公司法所出现的概念。因此，在审查关联企业是否符合实质合并破产的条件时，需要援引公司法中对法人人格混同的相关规定，同时还要考虑到《企业破产法》的调整需要。④《公司法》第 23 条规定了公司股东滥用公司法人独立地位和股东有限责任，逃避债务，严重损害公司债权人利益的，应当对公司债务承担连带责任。但是该规定过于笼统，仍然不能为判断法人人格是否混同提供指引。最高人民法院于 2019 年 9 月发布《九民纪要》，其规定，当出现人格混同、过度支配与控制等情形时，即可否认法人人格。

司法实践中的关联情形包括股东和公司之间的关联关系以及

---

① 江西省九江市中级人民法院（2019）赣 04 破 1 号、破 4 号民事裁定书。
② 贵州省贵阳市南明区人民法院（2021）黔 0102 破 1 号之二民事裁定书。
③ 河南省商丘市中级人民法院（2022）豫 14 破 3 号之八民事裁定书。
④ 王欣新：《关联企业实质合并破产标准研究》，载《法律适用（司法案例）》2017 年第 8 期。

受同一家母公司控制的多家子公司之间的关联关系，《九民纪要》规定的上述两种情形几乎可覆盖所有关联情形，人民法院在审理关联企业实质合并破产案件中判断关联企业是否存在人格高度混同时也均以《九民纪要》的相关规定作为依据。

在上述案例一中，旭阳雷迪公司持有旭阳电力公司100%的股权，旭阳雷迪公司是旭阳电力公司的控股股东，同时旭阳雷迪公司和旭阳电力公司之间也存在母子公司关系，可以同时适用《九民纪要》第10条和第11条的规定对两公司是否存在人格高度混同进行综合判断。在本案审理过程中，人民法院查明旭阳电力公司的高级管理人员均由旭阳雷迪公司直接指派，旭阳电力公司无偿使用旭阳雷迪公司资产，旭阳电力公司的经营决策均由旭阳雷迪公司最终审批通过，旭阳雷迪公司和旭阳电力公司之间存在大量无实质交易的资金调拨行为，最终以旭阳雷迪公司和旭阳电力公司在人员、经营管理、财务等方面存在混同为由裁定两公司实质合并破产。在本案中，判断旭阳雷迪公司和旭阳电力公司是否符合实质合并破产条件的关键在于判断股东旭阳雷迪公司是否存在滥用股东权利，导致旭阳电力公司丧失法人独立意志和独立财产的情形。首先，关于旭阳电力公司是否具有法人独立意志的问题。根据法院查明的事实，旭阳电力公司的高级管理人员均由旭阳雷迪公司直接指派，旭阳电力公司的日常经营决策均需旭阳雷迪公司审批，但是旭阳雷迪公司作为旭阳电力公司持股100%的股东，参与旭阳电力公司经营管理决策和人事任免是旭阳雷迪公司依法应享有的股东权利，不能据此就认为旭阳电力公司丧失了独立意志。法院也并没有查明旭阳雷迪公司是否存在《九民纪要》第11条规定的过度支配与控制旭阳电力公司的其他情形，仅以人员和经营管理两方面即认定旭阳电力公司丧失法人独立意志，略显牵强。其次，关于旭阳电力公司是否具有独立财产的问题。当出现《九民纪要》第10条规定的股东财产与公司财产混同的情形时，可以认定公司不具有独立财产。本案中，根据法院查明的事实，旭阳雷迪公司持有旭阳电力公司100%的股权，旭阳电力公司长期占有、使用旭阳雷迪公司的财产不符合《九民纪要》第10条规定的股东无偿占用公司财产；法院另查明，旭阳雷迪公司和旭阳电力公司之间存在大量没有实质交易的资金调拨行为，该事实在一定程度上表明旭阳雷迪公司可以支配旭阳电力公司的财产，股东财产和公司财产混同，旭阳电力公司不具有独立财产。

根据上述分析，司法实践中，法院主要从人员、业务经营、资金调拨、财务等方面判断关联企业是否存在人格高度混同。

（二）关联企业财产无法区分或区分成本过高的审查标准

关联企业财产无法区分或区分成本过高在相当程度上是关联企业法人人格混同造成的后果，也是认定关联企业法人人格是否混同的重要审查因素。《公司法》第3条第1款确立了我国企业法人财产独立的基本原则。企业法人以盈利为目的，以法人财产对外从事经营活动并承担法律责任，法人财产是法人得以存续并持续经营的基础，而法人财产独立则是维持法人财产完整的保障，也是判断法人人格混同的关键且核心的标准。

由于我国公司治理规则尚不完善，所以司法实践中普遍存在公司股东滥用股东权利、损害公司财产独立的情形。在关联企业关系中，由于各关联企业成员之间存在着持股与被持股或者受同一家母公司控制的关联关系，导致关联企业成员之间更容易出现财产混同导致各成员财产无法区分的情况。一般情况下，关联企业成员之间出现财产混同往往伴随着人格混同，因此，审查关联企业成员之间是否存在财产混同是决定关联企业成员能否实质合并破产重整的关键因素。

在案例二中，法院据以认定云开公司与和拓公司财产无法区分的事实为：①云开公司将土地出租给和拓公司，由和拓公司投资建设，项目建设完成后，和拓公司可享有项目32年的占有、使用和收益，但在项目建设过程中，项目资金由两公司共同投入；②对项目的占有、使用、收益两个公司共同享有，因时间较长、财务账目记载混乱，已经无法严格区分项目的总投入，双方对财产的权益无明确约定，无法区分各自对财产享有的份额。

在案例三中，法院据以认定巨尔公司、科迪牧场公司、科迪生物公司与科迪乳业公司财产混同、无法区分的事实为：①科迪乳业公司为三家公司持股100%的控制公司，与三家公司之间存在大量无实质交易的资金调拨行为，与三家公司之间相互担保及股权质押；②科迪乳业公司与三家公司存在相互代为收付款、相互承担债权债务的情况。

根据上述分析，首先，在持股与被持股的关联关系情况下，法院审查是否存在财产无法区分的主要考量因素为股东和公司的财务收支是否明确可区分，股东收益和公司收益是否明确且能够区分；其次，在受同一家母公司控制的多家子公司之间的关联关系的情况下，法院审查时主要考量的因素为各关联企业成员之间的资金调拨行为、债权债务是否明确、财务收支是否明确等。

（三）分别重整将严重损害债权人公平清偿利益的审查标准

如上所述，法人人格高度混同和关联企业成员之间财产无法区分存在着千丝万缕的紧密联系，在审查标准上也具有颇多相似之处，针对财产混同的审查标准甚至可以共用。但是，单独重整将严重损害债权人公平清偿利益虽然以前两个审查标准为基础进行判断，但是其为相对独立的审查因素，也是具有相对独立性的审查标准。

在案例二中，根据法院查明的事实，在云关水食品项目的建设过程中，施工合同与和拓公司签订，部分工程款也由和拓公司支付，但是建设项目及土地均登记在云开公司名下，和拓公司并无实物资产。法院以此为基础，认为对云开公司、和拓公司进行实质合并破产有利于债权人公平清偿。

此外，最高人民法院发布的第 163 号指导案例中也对损害债权人公平清偿利益的审查标准作出了分析。在该案例中，法院生效裁判认为，在分别重整的情形下，各关联企业中的利益实质输入企业的普通债权人将获得额外清偿，而利益实质输出企业的普通债权人将可能遭受损失。①

上述两个案例共同确立了严重损害债权人公平清偿利益的审查标准，即由于各关联企业的不当交易，致使关联企业中存在利益实质输入企业和利益实质输出企业，在关联企业分别重整的情形下，利益实质输出企业的普通债权人因为偿债资金匮乏，利益将受到严重损失。在上述案例二中，多数施工合同由和拓公司签订，以和拓公司的名义对外负债，但是资产却登记在云开公司名下，云开公司为利益实质输入企业，和拓公司为利益实质输出企业，分别重整将严重损害和拓公司债权人的公平清偿利益。

三、关联企业实质合并破产重整审查标准的完善

（一）完善相关立法，为司法活动提供法律依据

如上所述，《企业破产法》施行时尚未大规模出现关联企业合并破产的现象，因此《企业破产法》并未对此作出规定，导致目前法院在审理此类案件时缺乏明确的法律依据。虽然最高人民法院发布了《破产会议纪要》，对关联企业实质合并破产的审查标准、审理程序、合并破产的最终结果等作出了规定，但是上述会议纪要仅是法院内部对某类案件作出的审判指引，并不属于法律或者司法解释，也不能引用作为裁判依据。司法实践中，法院引用的法律规定也与关联企业实质合并破产重整不相契合。文中上述案例，法院共同依据的法律规定为《企业破产法》第 2

① 指导案例 163 号"江苏省纺织工业（集团）进出口有限公司及其五家子公司实质合并破产重整案"。

条，但是第 2 条仅仅规定了企业破产的条件，并未对关联企业实质合并重整的审查标准作出规定。法院裁定的内容和依据的法律规定不符合，原因在于法律对于关联企业实质合并重整的缺位，导致实践中法院出现无法可依的局面。

法律应适应社会发展同步作出调整，在现今关联企业实质合并大规模出现的情况下，法律需要对此作出回应。在《企业破产法》中明确规定关联企业合并破产的审查条件、审理程序等内容，可以为法院审理此类案件提供法律依据，也可以进一步统一裁判尺度，规范法院自由裁量权。

（二）区分不同的关联关系，适用不同的审查标准

如上所述，关联企业包括持股与被持股关系、受同一家母公司控制的多家子公司之间的关联关系两种，两种关联关系所体现出的法人人格混同表象略有不同。《九民纪要》第 10 条和第 11 条也分别对上述两种关联关系的审查标准作出了规定。根据《九民纪要》第 10 条的规定，对于持股与被持股的关联关系来说，审查的关键在于股东是否滥用权利，导致公司丧失法人独立财产，具体要审查关联企业之间是否存在股东无偿使用公司资金或者财产，不作财务记载；股东用公司的资金偿还股东的债务，或者将公司的资金供关联公司无偿使用，不作财务记载；公司账簿与股东账簿不分，致使公司财产与股东财产无法区分；股东自身收益与公司盈利不加区分，致使双方利益不清；公司的财产记载于股东名下，由股东占有、使用；以及公司丧失独立财产的其他情形。根据《九民纪要》第 11 条的规定，对于受同一家母公司控制的多家子公司之间的关联关系而言，审查的关键在于母公司是否滥用股东权利，造成各子公司丧失独立意志和独立财产，具体要审查母公司是否存在滥用控制权使多个子公司或者关联公司财产边界不清、财务混同，利益相互输送，丧失人格独立性的情形。

　　因此，法院在审查关联企业是否符合实质合并破产的条件时，应区分不同的关联关系，对于持股与被持股的关联关系来说，重点审查股东是否滥用权利，侵害公司财产独立性；对于受同一家母公司控制的多家子公司之间的关联关系，要重点审查母公司是否过度控制与支配各子公司，导致各子公司人格混同。

论关联企业合并破产的程序
启动及其争议解决

石占臣　刘　琮*

摘要：关联企业成员之间既具有法律意义上的独立性，又具有客观上的关联性。按照基本的法理和我国的司法实践，关联企业的合并破产应当审慎适用。广泛的司法实践表明，在我国对关联企业合并破产还没有立法规定的情况下，这一规则存在适用条件宽泛、适用原则灵活、审查标准多样等问题。由此涉及的一个深层次问题是企业间的关联性对企业独立性的否定。为更好地发挥关联企业合并破产制度的价值，应当构建、完善相应的争议解决机制和救济途径，应当从这一程序的启动开始，通过争议机制的良性互动，维护利害关系人的合法权益，构建和谐的市场竞争秩序，以高质量的法律保障助推高质量发展。

关键词：关联企业的认定　合并破产的适用　争议解决

党的二十大报告指出，高质量发展是全面建设社会主义现代化国家的首要任务。破产是债权债务纠纷激化的结果，实现高效、公平清偿是破产法的宗旨。关联关系使得破产债权债务关系更加复杂。我国还没有通过立法规范关联企业合并破产这一突出的破产现象。在此背景下，我国在这方面的司法实践和理论研究已经

---

* 石占臣，北京申安投资集团有限公司法务；刘琮，上海仪电资产经营管理（集团）有限公司法务经理。

相当深入。而大量的司法实践和探索表明，这一制度的适用条件、原则需要规范，相应的程序需要完善，救济途径需要构建。

一、我国关联企业合并破产的法理研究

（一）民商法律对关联企业的认定

《民法典》第57条、第59条和《公司法》第3条均明文规定了法人人格独立的基本原则，关联关系、控制关系仅是例外导致各关联企业丧失人格独立的原因。

《公司法》在附则中还规定，关联关系是指公司控股股东、实际控制人、董事、监事、高级管理人员与其直接或者间接控制的企业之间的关系，以及可能导致公司利益转移的其他关系。但是，国家控股的企业之间不仅因为同受国家控股而具有关联关系。

从民事法律关系的角度来看，关联企业是指通过股权、合同或者其他方法如人事控制、表决权协议等，在相互间存在直接或间接控制与从属关系或重要影响的两个或多个企业。[①] 2022 年 4 月发布的《北京市第一中级人民法院关联企业实质合并重整工作办法（试行）》第 4 条对关联企业的规定与前述定义基本一致。笔者认为，破产法语境下的关联企业，特别是合并破产程序中的关联企业，应当明确为企业法人，不宜延及企业法人之外的合伙企业、个人独资企业等。

（二）关联企业合并破产原则在我国的法理依据立法现状

1. 法理依据

实质合并原则，是由美国法官根据衡平法创设的。关联企业实质合并原则以"企业主体理论"为基础。该理论由美国哥伦比亚大学 Adolph Berle 教授于 1947 年创立。他认为，企业主体理论

---

① 王欣新：《破产法》（第四版），中国人民大学出版社 2019 年版，第 383 页。

即整体责任论，是指如果在法律上相互独立的公司之间的经济联系足够密切，就可以将它们作为一个整体处理。如依法成立的公司实际上也是一个独立的经营企业，则该公司亦为经济事实上的独立主体。如果各公司仅在形式上独立，但实际上仅是某一企业的不同经营部门，则虽然它们是法律事实上的独立主体，但从经济事实来看，应作为同一主体来处理。因此，法院可以无视各个公司在法律上的独立性，将其当作一个经济上的同一体来追究企业的整体责任。企业主体理论为关联企业合并破产提供了理论上的合理性。[1]

2. 我国对关联企业合并破产的立法情况

目前，我国对关联企业合并破产还没有立法规定。与此相关的规范性文件主要由最高人民法院和地方高级人民法院、中级人民法院发布。

最高人民法院 2013 年 7 月发布《最高人民法院关于适用〈中华人民共和国企业破产法〉若干问题的规定（二）》（2020 年 12 月修正，现行有效），其中第 23 条首次出现"合并破产"的提法。

2018 年 3 月，最高人民法院印发的《破产会议纪要》，其中以 6 个条文对关联企业实质合并破产的适用原则、审查、利害关系人权利救济、管辖、法律后果等作出具体规定；以 2 个条文对关联企业合并破产案件的协调审理、管辖原则、法律后果作出具体规定。

自最高人民法院印发《破产会议纪要》以来，一些高级人民法院印发规范性文件，其中均有对关联企业合并破产案件审理的指引性规定，如四川省高级人民法院（2019 年 3 月）、云南省高级人民法院（2019 年 5 月）、河北省高级人民法院（2019

---

① 王欣新：《破产法》（第四版），中国人民大学出版社 2019 年版，第 382 页。

年 9 月）、山东省高级人民法院（2019 年 9 月）、上海市高级人民法院（2021 年 7 月）等。更有不少中级人民法院制定的规范性文件如雨后春笋一般发布，如深圳市中级人民法院（2019 年 3 月）、郑州市中级人民法院（2019 年 12 月）、南京市中级人民法院（2020 年 1 月）、周口市中级人民法院（2022 年 9 月）、长治市中级人民法院（2021 年 5 月）、晋中市中级人民法院（2021 年 7 月）、沈阳市中级人民法院（2021 年 8 月）、青岛市中级人民法院（2021 年 10 月）、东营市中级人民法院（2021 年 10 月）、北京市第一中级人民法院（2022 年 4 月）、乌兰察布市中级人民法院（2022 年 6 月）、镇江市中级人民法院（2022 年 8 月）等。这些文件多标明"试行""指引"等，体现出法院探索、审慎的态度。

2019 年 3 月，全国首批破产法庭在深圳、北京、上海成立。2023 年 2 月，最高人民法院发布《中国法院的司法改革（2013—2022）》白皮书说，自 2016 年以来全国超过 100 家法院设立破产审判庭。2021 年 10 月，最高人民法院发布第 29 批指导案例（共 3 件），均为关联企业实质合并破产案例。还有不少高级人民法院发布破产审判典型案例，还有的破产法院发布破产审判年度白皮书等。这些均涉及关联企业合并破产。

综上，关联企业成员之间既具有法律意义上的独立性，又具有客观上的关联性。我国法院关于关联企业合并破产案件的"立法运动"，也体现了我国司法对合并破产原则的审慎适用态度。

二、关联企业合并破产的适用及启动程序

（一）关联企业合并破产原则在我国的适用

1. 我国对关联企业合并破产的司法实践

通过在中国裁判文书网、北大法宝以及全国企业破产重整案件信息网搜集案例，去除重复性案例，截至 2022 年 3 月 27 日，

共检索到 376 个适用实质合并规则的破产案例。①

通过威科先行法律信息库、北大法宝数据库筛选，截止时间限定在 2022 年 4 月 22 日，最终筛选确定 113 个有效法律文书样本。从关联企业的最终结果来看，有 76 个清算，占比 67%；有 31 个重整，占比 27%，只有少部分案件未予以明确。实际上，关联企业合并破产案件的数量远不止这些，而且案件往往债务规模巨大、涉及数十家乃至上百家企业，如海航破产重整案，涉及 63 家关联企业，负债规模多达 1.1 万亿元。

2. 适用原则

最高人民法院《破产会议纪要》第 32 条规定："关联企业实质合并破产的审慎适用。人民法院在审理企业破产案件时，应当尊重企业法人人格的独立性，以对关联企业成员的破产原因进行单独判断并适用单个破产程序为基本原则。当关联企业成员之间存在法人人格高度混同、区分各关联企业成员财产的成本过高、严重损害债权人公平清偿利益时，可例外适用关联企业实质合并破产方式进行审理。"

一脉相承的是，最高人民法院在《九民纪要》之"关于公司人格否认"一节规定，在审理案件时，需要根据查明的案件事实进行综合判断，既审慎适用，又当用则用。

市场经济也是法治经济，公司法人人格独立是市场经济制度的基石和基本原则。关联企业合并破产，将债务人和债权人之间原本一对多的债权债务关系改变为多对多的债权债务关系。它的适用必然会突破企业法人的有限责任，甚至否定法人的独立人格。

综上，审慎适用应当作为关联企业合并破产的基本原则，而维护整体利益和实际公平、效率与经济等原则，必须秉持审慎适

---

① 赵惠妙、左常午：《我国关联企业实质合并破产的裁定标准》，载《法律适用》2022 年第 4 期。

用的态度。

3. 审查标准

我国对于关联企业合并破产案件的适用及审查标准尚无立法规定，最高人民法院以会议纪要的方式明确了审慎适用的原则，并从人格混同、资产与财务的区分难度、公平清偿利益三个角度进一步明确，但司法实践中的适用标准并不统一。

从 267 个裁定关联企业实质合并破产的案件来看，确定进行实质合并破产的理由或标准可以分为两类。第一类为单一标准，以"人格混同"作为裁定理由的约为 68 个，以"人格高度混同"作为裁定理由的约为 93 个，以"丧失独立人格"作为裁定理由的约为 4 个，以"企业存在高度关联关系"作为裁定理由的约为 7 个，以"衡平居次"原则作为裁定理由的有 1 个，以《企业破产法》第 2 条所规定的破产界限为标准的约为 7 个。第二类为多重标准，是以"法人人格混同"为基础标准，同时附加"资产难以分离""分离经济成本高""不合并会损害债权人利益""严重损害债权人公平清偿利益"等辅助标准，此类案件约为 87 个。

而从 113 个有效法律文书样本来看，法院在裁定实质合并破产审理时适用多种标准，其中"法人人格混同标准"适用率达到 100%，而"区分关联企业成本过高"以及"债权人整体获益"适用率也分别高达 99% 和 98%。反观"增加重整可能性""提高效率，节约司法资源""符合破产立法目的和宗旨"等虽也是标准之一，但占比较小。[①]

审慎适用原则，是破产法的立法宗旨与公司法的基本原则的最好平衡。关联企业合并破产的审慎适用，至少应当审查关联企业之间的人格混同程度、区分彼此财产的成本以及适用对债权人

---

① 陶广杰、陈凯旋、楼梦柯：《关联企业实质合并破产的适用标准研究——以 113 个案例为样本》，载微信公众号"浙江省破产管理人协会"，2023 年 1 月 6 日。

公平清偿的影响。笔者对此亦认同，这三个标准应当同时满足，且三者并非平行并列关系，而应该是递进关系①。

（二）关联企业合并破产的程序启动

1. 启动主体

根据《企业破产法》的规定，企业法人不能清偿到期债务、资不抵债，债务人可以依法申请破产；企业法人不能清偿到期债务，债权人认为其明显缺乏清偿能力的，也有权申请其破产。

对于关联企业合并破产的申请主体，《企业破产法》和司法解释尚未规定。从全国企业破产重整案件信息网（2018年7月31日至2022年7月30日）筛选的24个样本案例来看，管理人申请启动合并重整的案件达16个，债权人申请的有2个。在我国，关联企业合并破产案件一般是依当事人申请而启动。但由于立法的局限性，申请人的范围较为宽泛，大多在启动程序上就易发争议。

2. 启动模式

我国司法实践中有四种实质合并的启动模式。其一，分别申请、再行合并的"多元并行模式"，采取该模式的占所搜集的127个案例的68.49%，最高人民法院发布的第163号、第165号指导性案例即采用此种模式。其二，一并申请、合并破产的"联合申请模式"，该种模式对于关联企业破产申请前的准备工作要求较高，实践中通常与预重整等模式相结合，但可以有效协调各企业成员的程序性事项。其三，个别先破、以点带面的"一元集中模式"，实践中海航集团、北大方正集团、辽宁辉山乳业集团等大型重整案件采取此种模式，在我国对破产程序采取申请主义的前提下，如法院径行将未被申请破产的企业成员纳入实质合并显然超越职权干预的边界。其四，"执破"衔接、合并受理的"司法促

---

① 黄凤、黄思杰：《浅析关联企业实质合并破产的适用》，载微信公众号"德恒重庆律师事务所"，2022年5月11日。

进模式"，此种模式存在于"执转破"程序中，实践中较为少见。

3. 启动后果

根据《企业破产法》的规定，人民法院裁定受理破产申请的，同时指定管理人，债务人进入破产程序。而对于关联企业合并破产，人民法院的做法一般是分为两个阶段：申请审查和受理审查。例如按照北京市第一中级人民法院的规定，法院对实质合并重整申请材料依法进行形式审查。经审查认为符合法律规定的，法律以"破申"作为案号登记立案，并通知被申请人公告其他利害关系人。经过通知公告、被申请人及利害关系人的异议、听证等程序，法院经审查认为实质合并重整申请符合法律规定，关联企业符合实质合并重整标准的以"破"字案号作出受理裁定，关联企业整体进入合并重整程序。

破产是以司法强制力对原有的债权债务关系的再调整。关联企业合并破产的启动，将破产债权原有的一对多架构改变为多对多架构。由于立法的缺位，它的启动必然会引发多种多样的争议，从权利本位以及破产法的立法宗旨来看，更应当完善相应的争议解决机制。

（三）关于申请权的权利基础之探讨

司法具有被动性。一般而言，根据不告不理原则，没有当事人的申请，就不会有人民法院对关联企业合并破产的裁定，各关联企业的独立性就不会因彼此之间的关联关系而改变。

1. 债权人申请权的权利基础及举证责任

债权人对获得公平清偿的要求最为强烈，具有申请实质合并破产的积极性。[①] 企业主体理论和破产法的立法宗旨可以为债权人的申请权提供法理依据，但是，该申请权还应当建立在某种事实的基础之上，而这种事实应当足以推翻债的相对性和企业法人人

---

① 王欣新：《破产法》（第四版），中国人民大学出版社 2019 年版，第 408 页。

格独立、有限责任原则对被申请人的保护。

债权人行使该申请权，应当初步举证其债权未得到清偿系因关联关系造成，即关联关系已经造成了债务人与其他关联企业之间的以下事实：人格混同；资产和债务难以区分或区分的时间成本、财务成本过高；债务人违反诚信原则，关联企业之间滥用控制权、利益输送，唯有合并破产方能公平清偿债务。反观前等事实，它们足以破坏法律对被申请人的保护。否则，被申请人收到法院通知后或者在听证过程中提出此等抗辩，法院应当裁定不予受理其申请。

对于申请人能否对除债务人之外的关联企业直接提出申请的问题，笔者认为，债权人的申请，目的在于让债务人之外的其他关联企业也来承担清偿责任。债权人得以提出这种突破债的相对性之举措，需要考虑被申请人与债务人之间的关联关系、被申请人是否具有破产原因、关联关系是否到达"令人绝望的混同"①之程度等因素。这些因素决定着关联企业成员是否合并破产，首先应当保护和救济被申请人的权利。

2. 公平清偿视角下的债务人申请

准许债务人的关联企业提出合并破产，应当重点审查其申请是否严重影响公平清偿。从商业的角度来看，关联企业之间一般通过关联交易等正常或不正常的途径转移债权债务，从而保全部分关联企业，使其免于破产。在这种情况下，债务人与关联企业合并破产自然会减损债权人的清偿利益。故应当在准许债务人提出申请的同时，也应当准许债权人提出异议、抗辩的权利。至于债务人的申请权是否成立和债权人的异议、抗辩能否得到支持，应由人民法院审查。

---

① 王欣新：《破产法》（第四版），中国人民大学出版社 2019 年版，第 389 页。

3. 管理人的申请权

根据《企业破产法》的规定，人民法院裁定受理破产案件之后，依法指定管理人。管理人在法院的指导和监督之下全面接管债务人企业，并负责债务人财产的保管、清理、估价、处理和分配等职责。

管理人对债务人及其关联企业的情况有较为深入的了解，具有提出实质合并破产或重整的动力与能力，并易于完成举证责任。例如，在黑龙江省鹤岗市中级人民法院审理的海红公司等（2021）黑04破1号破产清算案中，管理人经组织核实后申请对债务人及其关联企业实质合并破产清算，该中级人民法院裁定予以支持。

总的来看，根据《企业破产法》第4条的规定，该法对破产案件审理程序没有规定的，适用《中华人民共和国民事诉讼法》（以下简称《民事诉讼法》）的规定；《民事诉讼法》第122条规定，原告应当与案件有利害关系。故债权人对债务人的关联企业提出合并破产请求，以及债务人之关联企业提出合并破产的申请，首先应当审查申请人对被申请人是否具有直接的利害关系，对于明显不具备的，不应当予以受理审查。管理人依据《企业破产法》的规定履行职责，具有兼顾债权人、债务人以及社会公共利益的"财团代表"职能，故管理人有权提出申请。而债务人及其关联企业的出资人因与案件并不具有直接的利害关系，清算义务人已经被管理人取代，他们行使申请权的，被申请人有权提出异议和抗辩。立法和双方亦应当完善相应的听证、复议等救济程序。

三、争议解决

关联企业合并破产的程序启动，关乎当事人的利害关系，不可避免地要引发申请人与被申请人之间乃至法院之间的争议；人民法院在受理、审理案件的过程中，应当尊重和保障当事人的异议权和权利救济。从我国现有的规范性文件和司法实践来看，这些主要有异议、听证、复议、通知、公告等。

（一）当事人的异议

1. 法院的申请审查和通知、公告

笔者认为，法院收到申请，应当参照《民事诉讼法》规定的立案登记制的要求予以形式审查。实践中，接收申请材料的法院经过形式审查，认为该法院有管辖权且符合立案条件的以"破申"作为案号登记立案。

知情权是异议权的前提，法院收到申请人提出关联企业合并破产的申请的，应当及时通知被申请人。有的破产法院，比如北京市第一中级人民法院等进一步规定，法院应当在收到申请之日起5日内通知被申请人，在10日内公告申请事项、利害关系人的异议权、听证事宜。被申请人和其他利害关系人对该申请均有异议的权利。

当然，依照谁主张谁举证的原理，被申请人和其他利害关系人对其异议主张负有举证的义务。

2. 管辖权异议及争议解决

《企业破产法》第3条规定，破产案件由债务人住所地人民法院管辖。住所地不相同的关联企业以及其他利害关系人，自然可以据此提出管辖权异议。笔者认为，参照《民事诉讼法》的规定，该管辖权异议成立的，法院应当裁定不予受理；异议人没有在规定期限内提出申请或者理由不成立的，该法院应当登记立案。

当事人的异议，有助于人民法院发现管辖冲突的问题。多个关联企业成员均存在破产原因的，法院可以根据相关主体的申请启动多个破产程序。在这种情况下，如果这些破产案件符合实质合并审理的条件，则会发生管辖权冲突甚至管辖权争议的问题。对此，《破产会议纪要》规定，采用实质合并方式审理关联企业破产案件的，应由关联企业中的核心控制企业住所地人民法院管辖。核心控制企业不明确的，由关联企业主要财产所在地人民法院管辖。多个法院之间对管辖权发生争议的，应当报请共同的上级人民法院指定管辖。该规定与《民事诉讼法》的规定基本一致。

3. 复议制度及救济措施

根据破产法的公平、效率宗旨和诉讼经济、便利原则，法院协商时应当听取、参考当事人的意见，上级法院在指定管辖时，在考虑核心控制企业要素的基础上，还需要考虑公平、效率、便利等因素；法院对管辖权异议的裁定，不予受理的裁定，应当允许当事人申请复议；而上级法院的指定管辖裁定，则不必许可复议。

（二）法院的受理审查与听证制度

1. 法院的受理审查

受理审查是法官对关联企业合并破产的适用条件、认定标准的具体运用。而对于个案的具体运用，一般可通过材料审查、调查询问、组织听证等方式判断，还可以结合中介机构对企业的关联关系、财务混同情况等做的专项报告综合判断。

相较于法官对普通民事案件的实体审理，在立法缺位的情况下，法官对关联企业合并破产案件的审查，显然面临自由裁量权和审慎适用原则的可操作性问题。

2. 听证制度

司法是公平正义的最后一道防线。人民法院在裁定受理关联企业合并破产案件之前应当通过听证等程序充分保障利害关系人的程序性权利。

听证程序有助于法官查明案件的基本事实、关注关联企业资产负债的混同程度、债权人利益可能受到的影响，从而有助于法官正确把握审慎适用的原则和关联企业合并破产的适用标准。人民法院组织听证，不能流于形式。听证应当提前通知参加人，以便于其准备听证意见、组织证据材料，充分保障参加人的听证权利。听证参加人的范围不仅应当包括申请人、被申请人，还应当包括已知的债权人、债务人、债务人的关联企业、债务人的投资人、债务人及其关联企业的保证人等受到合并破产实际影响的利害关系人。利害关系人均享有独立参加听证的权利。

人民法院根据审查需要，可能会组织多次听证，可能在申请审查阶段组织听证，也可能在受理审查阶段组织多次听证。当然，在申请审查阶段，经合议庭初步审查认为，合并破产的申请明显不符合法律规定，应当裁定不予受理的，可以不组织听证。

（三）法院的裁定和复议制度

人民法院对关联企业合并破产案件通过材料审查、调查询问、组织听证等方式的受理审查，认为符合条件的，裁定受理关联企业合并破产；不符合的，裁定不予受理关联企业合并破产。

1. 裁定受理关联企业合并破产

首先，裁判权专属于人民法院，人民法院有权决定关联企业是否适用合并破产程序。债权人会议的决定或者债权人与关联企业达成的协议仅具有意思自治的效力，可以作为人民法院裁定的参考。其次，人民法院受理关联企业合并破产的裁定书具有法律效力。根据该裁定，纳入实质合并破产的各关联企业之间的债权债务因主体合并而消灭，相互之间提供的担保亦随之消灭。而且，根据该裁定，纳入实质合并破产的各关联企业，其原来各自的资产、债务被视作整体，由管理人统一接管，统一进入破产程序。

人民法院作出受理裁定后，应当送达申请人和被申请人，还应当送达已知的债权人并公告。

人民法院经受理审查，认为部分关联企业不符合合并破产之情形的，可以向申请人释明并询问其是否变更申请。申请人变更申请后，人民法院经审查符合条件的，应对符合合并破产条件的关联企业作出受理的裁定；申请人不同意变更，或者变更后仍不符合条件的，裁定不予受理。

2. 裁定不予受理关联企业合并破产

人民法院不予受理关联企业合并破产的裁定具有法律效力。根据该裁定，各关联企业之间的债权债务依然分别有效，各关联企业彼此人格独立，资产独立，债务独立。

3. 复议制度

人民法院作出的受理裁定或者不予受理裁定，自作出之日起生效。利害关系人对裁定受理的裁定书有异议的，有权申请复议。

按照现有规定，复议不停止裁定的执行；复议裁定，也不属于申请再审的事由。但是，本文认为，人民法院的受理裁定从根本上影响利害关系人的实体权利，特别是还影响到关联企业成员的民事主体资格，所以应当在立法上建立和完善相应的救济途径。

论关联企业实质合并破产适用标准的构建

韦忠语　郭海洋*

摘要：实质合并破产本身是一把"双刃剑"，一方面，它可以给关联企业的全体债权人带来整体利益，并提高破产效率；另一方面，它也可能会把不构成破产原因的关联企业拉进破产程序，并损害部分债权人的利益，从而导致事实上的不公平。因此，当个别或部分关联企业陷入债务危机时，是否启动合并破产，应有合理且严格的适用标准。实质合并破产的适用标准应当尊重公司人格独立的基本原则，并同时满足破产法公平和效率的价值理念，且应当契合司法实践的可操作性需求。

关键词：实质合并破产　法人人格否认　适用标准

破产作为一种清理落后产能、盘活僵化资产的手段，符合经济新常态下关于重新优化资源配置的改革目标，有助于以法治化途径高效清理"僵尸企业"。随着我国规模经济的不断发展、企业集团化运行实践不断深化，集团内部企业法律地位的独立性与其经济地位的联系性产生实践冲突，而传统破产规则又仅针对单一企业破产，因此难以避免地催生出了很多传统破产规则难以解决的问题。企业之间非商业目的的利益输送导致破产程序难以推进，破产法的效率和公平亦难以实现，客观现实亟待实质合并破

* 韦忠语，西南政法大学副教授，法学博士，重庆市破产管理人协会副会长，重庆海川企业清算有限公司董事长；郭海洋，西南政法大学硕士研究生，广东省证监局工作人员。

产应用于司法实践。

关联企业实质合并破产一方面可以使关联企业的所有债权人获得实质性的公平清偿，另一方面可以降低破产成本，节约司法资源。然而，这一以实现公平和效率价值为目的的司法手段，从其产生时起就面临理论尴尬和实务难题，因为关联企业内部各企业间资产、债务不平衡的状态并不都是由非商业目的导致的，控制人也可能并无转移资产以逃避债务的恶意，而是各关联企业正常经营的结果。在关联企业资产和人格并不混同的情况下将其合并破产，就会带来另一个不公平的结果，即不构成破产原因的企业的债权人利益将受到损害。因此，关联企业之个别或部分企业构成破产原因时，是否适用实质合并破产不能一概而论，否则，为追求公平和效率而生的合并破产手段的实施结果将会适得其反。故，准确把握和科学构建关联企业实质合并破产的适用标准就显得极为重要。

一、实质合并破产的历史梳理

实质合并破产的起源最早可以追溯至 1941 年的 Sampsell v. Imperial Paper & Color Corp. 案①，但实质合并规则被正式确立为破产法规则是在 1966 年的 Chemical Bank New York Trust Co. v. Kneel 案②。在本案中，第二巡回法院认为如果矫正关联关系需要付出巨大的时间以及经济成本，而且会损害债权人利益，此时便可以例外适用实质合并破产规则。Vecco Construction Industries, Inc. ③ 案被视作实质合并破产规则适用标准宽松的开始，即确立了"七要素标准"，其中最重要的是确立资产和负债的分离难度标准，该标准跳出以往法院同意实质合并破产主要依

---

① Sampsell *v.* Imperial Paper & Color Corp. , 313 U. S. 215（1941）.
② Chemical Bank New York Trust Co. *v.* Kneel, 369 F. 2d 845（2d Cir. 1966）.
③ In re Vecco Construction Industries, Inc, 4 Bankr（BankrE. D. Va. 1980）.

据刺破公司面纱理论中的法人人格混同以及欺诈性转移财产行为标准的藩篱。此后，在 Auto – Train① 案中，法院确定了适用实质合并"三要素标准"，实质上是限制了实质合并规则的适用范围。此后，实质合并破产适用趋严。1988 年 Augie/Restivo Baking Co. ② 案从债权人能否得到公平清偿的角度创设了两个新标准。第一个标准的基本原理是满足债权人的预想"对信用市场十分重要"。③ 第二个标准认为，每个公司分别进行破产重整必须是可行的，所以需要进行成本比较，即便几个公司具备一定的独立性，但各个公司之间仍存在盘根错节的关系，以至于厘清两个公司资产与负债所需的破产费用远大于任一债权人可以从任一公司获得清偿的数额时，应当适用实质合并。④ 2005 年 Owens Corning⑤ 案的上诉法院提出以下标准来限制实质合并的适用范围并被广泛认可：第一，法院只有在特殊情况下才可以突破法人人格独立以及有限责任适用实质合并；第二，即便实质合并破产可以带来更多利益，也不当然适用实质合并；第三，实质合并破产只有当穷尽其他手段仍不能保障债权人公平受偿时才可以适用；第四，适用实质合并破产的目的是从损害中挽救债务人，但该损害必须是关联企业间存在的关联交易关系导致的；第五，实质合并破产是用来救济因公司间严重混同而带来的损害的防御性手段，不得被作为攻击性手段。

在我国，1986 年公布的《中华人民共和国企业破产法（试行）》对关联企业实质合并破产并无规定，同一时期的法律解释

---

① In re Auto – Train Crop. , 810 F. 2d 270, 276 (D. C. CIR. 1987) .

② In re Augie/restivo Baking Co. , 860 F. 2d 515, 515, 517 (2d Cir. 1988) .

③ 朱黎：《美国破产实质合并规则的实践及其启示》，载《浙江学刊》2017 年第 1 期，第 196 页。

④ ［美］道格拉斯·G. 贝尔德：《论破产重整的实质合并》，张钦昱译，载李曙光、郑志斌主编：《公司重整法律评论》（第 3 卷），法律出版社 2013 年版，第 450 页。

⑤ In re Owens Corning, 419 F. 3d 195, 210 (3d Cir. 2005) .

也规定破产债务人参股、控股或者其全资企业资不抵债需要进行破产的，应当另行提出破产申请，从而排除了实质合并破产的适用空间。此后，地方法院如青海省高级人民法院、广东省高级人民法院都发布相关的破产案件审理指导性文件禁止关联企业之间进行实质合并破产，不允许各企业间将资产负债合并计算。对于实践中的部分案件，企业间的关联关系可以通过破产撤销权或者揭开公司面纱的手段进行矫正。但是随着经济的发展，越来越多的企业采用集团化的发展模式，在此过程中，控制企业可能会对集团内部企业进行过度控制，过度参与集团内部企业的经营决策，导致资产负债混同，损害债权人利益，此时破产撤销权便很难继续保障债权人的公平受偿。

即便如此，2007 年实施的现行《企业破产法》对于关联企业实质合并破产也没有涉及。不过，从南方证券合并破产案被最高人民法院肯定开始，各地方法院对于关联企业实质合并破产的态度有所转变。如北京市高级人民法院发布《北京市高级人民法院企业破产案件审理规程》，其规定关联企业管理人、债权人、清算义务人及关联企业成员可以申请对存在不当关联关系导致法人人格高度混同、损害债权人利益的关联企业进行实质合并。而广东省高级人民法院也改变之前严格禁止实质合并破产适用的态度，在充分尊重有限责任以及法人人格独立的基础上，例外对关联企业适用实质合并破产。最高人民法院也起草了关于关联企业实质合并破产的司法解释草案，虽然多年仍未审议通过，但是仍能看出最高人民法院对于实质合并破产适用的肯定态度。

2018 年 3 月 4 日，最高人民法院发布了《破产会议纪要》，明确可以审慎适用实质合并破产，并对实质合并破产的申请审查、管辖原则、适用标准、权利保障与救济机制以及对不符合实质合并破产条件的关联企业进行协调审理进行了概括性规定。《破产会议纪要》第 32 条规定，关联企业成员之间存在法人人格高度混同、区分各关联企业成员财产的成本过高、严重损害债权人公平清偿利益时可例外适用实质合并破产规则。此外，2020 年最高人民法院对《最高人民法院关于适用〈中华人民共和国企业破产法〉若干问题的规定（二）》进行修改并保留了对于实质合并破产的规定，即破产债权人可以申请次债务人或者出资人与破产债务人进行合并破产。不过这一规定并非专门针对关联企业实质合并破产的规定，因为债务人与次债务人并不一定是关联关系。但无论如何，在我国，关联企业实质合并破产在司法解释和实务的层面已得到认可已是不争的事实。

二、我国关联企业实质合并破产的现实困惑

事实上，早在《破产会议纪要》发布之前，各地法院为解决关联企业债权人公平受偿的问题，就已对实质合并破产进行了大量的尝试，前述南方证券合并破产案即是其中的代表。然而，无论是在《破产会议纪要》、司法解释发布前还是发布后，有关关联企业实质合并破产的诸多问题仍长期困扰着破产实务人员。诸如关联企业的认定、合并范围的甄别、合并程序的提起、适用合并的标准以及当事人的权利救济等，其中以关联企业合并破产的适用标准最为突出。

"关联企业实质合并破产的适用标准"既是合并程序能否提起的指引，也是甄别合并范围的依据，因此，在关联企业实质合并破产中具有举足轻重的作用。但关联企业实质合并破产作为英美衡平法的产物，前述其所确立的无论"七要素标准"还是"三要素标准"，均仅作为一项司法原则存在，换言之，美国司法上确立的适用标准其实是法官造法的结果，而非既定的实然法条。在以成文法为根基的中国司法制度下，法官根本不具备造法的权力，且其自由裁量权也受到极大的限制。在此背景下，关联企业实质合并破产的适用标准的规范和制度化就显得

尤为重要。

　　现实的情况是，当具有关联关系的某一或部分企业构成破产原因时，是否应当将其他具有关联关系的企业一并纳入破产程序，至少目前是缺乏明确且具有法律效力的审查标准的。把修改后的《最高人民法院关于适用〈中华人民共和国企业破产法〉若干问题的规定（二）》第 23 条第 3 款作为关联企业合并破产的审查依据不仅不足为用，而且也与司法解释的本意相悖，因为该条规定实际上是对管理人怠于履行追收职责的补救。将次债务人和破产债务人的出资人纳入合并破产，与本文所述的关联企业实质合并破产不是一个层面上的问题。由是，在我国，可供法院作为关联企业合并破产审查依据的适用标准就只有《破产会议纪要》中的指导意见了。

　　然而，以《破产会议纪要》指引的精神作为依据仍存在以下两个问题。首先，《破产会议纪要》并不属于"司法解释"的五种形式之一，因此《破产会议纪要》并不具备司法解释的效力，不得作为裁判依据被援引，这就迫使法院在以《破产会议纪要》精神作为裁判依据时，必须作出充分的法理论证。其次，按照《破产会议纪要》第 32 条的规定，实质合并破产仅为例外适用，且须满足"关联企业成员之间存在法人人格高度混同、区分各关联企业成员财产的成本过高、严重损害债权人公平清偿利益"的条件。实务中，各地法院对于《破产会议纪要》第 32 条的理解也存在严重分歧：究竟是应当三个条件同时满足？还是仅需满足其中的一个条件？或者以其中某个条件为核心、以其他条件为辅助？从各地法院制做出的裁判书来看，既有全部满足的，如在龙江银行股份有限公司鹤岗分行、鹤岗市海红家电有限责任公司等破产监督强制清算案中，法院分别论证各个关联企业法人人格高度混同、区分财产成本过高、进行实质合并破产更有利于保障全体债权人公平受偿。① 也有部分满足的，如在广东哈奇食品集团有限公司破产清算案中，法院仅通过论证关联公司间存在法人人格混同的情形，便依照《破产会议纪要》第 32 条裁定适用实质合并破产。② 也有以人格混同为核心，将其他条件作为辅助的，如大唐海外（北京）国际贸易有限公司、淮南市软银投资管理有限公司破产清算案中，法院首先从经营管理混同、资产混同、人事管理混同三个角度论证关联公司之间存在法人人格高度混同，之后又认为由于各关联公司之间财产区分成本过高，执意区分将影响债权人公平受偿。③

值得一提的是，各地法院在以《破产会议纪要》精神作为裁判依据时，无一例外地都将人格混同作为论证的核心，但对于人格混同或者高度混同的判断标准却千差万别，极不统一。除以"人员混同""财产混同"为共同点外，有些案件中法院也会列举"经营范围混同""经营场所混同""经营决策不独立""存在股权上的控制""上下游经营关系"等因素，甚至在广东哈奇食品集团有限公司破产清算案中，法院根据 12 年前的一份关于买卖合同纠纷的判决中认定案涉企业存在法人人格混同的情况裁定适用实质合并破产。④ 由此可见，在实质合并破产的适用标准不统一规范的情况下，法官们的自由裁量权或多或少地会受到多方因素的影响，从而不可避免地造成事实上的不公平。

现实的困惑其实源于两个因素：一是《破产会议纪要》本身的低法律位阶使得其不能成为法院裁判直接援引的依据；二是《破产会议纪要》阐述的适用标准本身具有模糊性，使得各地法院的法官不得不按照自己的理解来阐释其含义。事实上，

---

① 黑龙江省高级人民法院（2022）黑破监 1 号民事裁定书。
② 广东省高级人民法院（2019）粤破终 27、28 号民事裁定书。
③ 安徽省高级人民法院（2019）皖破终 9 号民事裁定书。
④ 广东省高级人民法院（2019）粤破终 27、28 号民事裁定书。

《破产会议纪要》对关联企业实质合并破产的适用标准只有一个：就是法人人格高度混同，而"区分各关联企业成员财产的成本过高""严重损害债权人公平清偿利益"则只是"法人人格高度混同"后在破产程序中的必然结果。由此可见，《破产会议纪要》精神并未对关联企业损害债权人利益的其他行为有所涵盖。因此，当审判法官发现关联企业有其他损害债权人利益的行为而以自由裁量权裁定关联企业合并破产时，只能穷尽所能地论证各关联企业间存在"混同"或者"高度混同"的情形，以使其符合合并破产的基本条件。由是，各种千差万别的认定"混同"的方法便出现在不同地区法院的裁判文书中。

三、构建合理的实质合并破产适用标准

关联企业实质合并破产的本质是将关联企业的所有财产合并在一起，用于清偿各关联企业的所有债权人，其基本理念是破产法对公平和效率的价值取向。尽管关联企业实质合并破产与传统公司法理论尚存在一定冲突，但公平和效率同时又是整个商法体系的根基。在破产程序中，通过实质合并破产使公平和效率的价值得以实现，也符合商法的基本追求。从这一意义上说，传统公司法理论让位于商法的总体追求并无不当。此外，就法律属性而言，破产法向来被认为是商法中的特别法，作为普通法的公司法理论让位于破产法的价值追求也符合法理逻辑。所以尽管实质合并破产在理论上尚难自圆其说，但在客观需求和价值取向上却又有其存在的合理性。问题在于：以何种标准来判断关联企业应否实质合并破产，才能够满足破产法公平和效率的价值追求？

本文认为，对关联企业实质合并破产的适用标准的设定既要以公平和效率为目标，又要结合市场主体在商业交易中的繁杂情形。人格、财产混同固然是关联企业的常见形态，但关联企业之间为逃避债务、损害债权人利益的商业交易模式却远非"混同"

那么单一。因此，以"人格、财产混同"为主要核心的合并破产适用标准具有极大的局限性，单一结构的适用标准不仅不能实现公平的价值，而且极大地束缚了审判法官的手脚，使得除"混同"之外的其他非正常商业交易有机会逃脱法律的规制。故，基于商业社会的实际情形，在我国构建多层次的关联企业实质合并破产的适用标准实为必要。

（一）法人人格混同标准

不论是实质合并破产的美国模式还是我国的司法实践，不论是《破产会议纪要》发布前还是发布后，"法人人格混同"始终是实践中法院裁定关联企业进行实质合并破产的最主要因素。要适用"法人人格混同"的判断标准就必须厘清两个问题：第一，破产法领域的"法人人格混同"与公司法上的揭开公司面纱制度有何不同；第二，"法人人格混同"的具体考量因素如何确定。

对于第一个问题，笔者认为，作为关联企业实质合并破产适用标准的"法人人格混同"与公司法上判断是否要"揭开公司面纱"的人格混同判断标准是不同的。从对象来看，公司法上的"法人人格否认"主要针对特定企业的特定交易行为，而实质合并破产领域则要求各个关联企业间人格整体上高度、持续混同，而且实质合并对于法人人格的否认是彻底的、终局的。从这一意义上看，判断是否采用实质合并的手段进行破产所需达到的法人人格混同程度应当高于公司法上揭开公司面纱理论中的法人人格混同程度。从立法目的来看，公司法上的揭开公司面纱制度旨在"强调对单项债务清偿的连带责任，不影响公司的其他法律关系"①，其目的在于保护个别债权人的权益，而非处理关联企业破

①　王欣新：《关联企业实质合并破产标准研究》，载《法律适用（司法案例）》2017年第8期。

产业务所需面对的集团企业破产债权人整体的公平清偿问题。基于破产法的立法价值以及实质合并破产规则创立的原因，实质合并破产规则的适用需要更多地考虑破产效益、企业挽救、破产费用等因素。因此，公司法上的揭开公司面纱理论以及其适用条件在处理破产问题时具有明显的局限性。

既然无法套用公司法上法人人格混同的标准，那么第二个问题便无法忽视。作为实质合并破产规则诞生之初便采用的标准，其核心考量因素可以从实质合并的定义出发。虽然理论上对于实质合并的定义仍有很多种表述方式，但是核心的要素都是将各关联企业资产视为一个实体的资产，将各关联企业负债视为同一实体负债，所以判断各关联企业人格是否混同最重要的判断要素就是资产、负债混同，实务中即表现为区分各关联企业财产难度极大或者成本极高。各地方法院民事裁定书中所罗列的诸如"经营场所混同""人员混同""同一实际控制人""财务账簿不独立""经营范围混同"等，大致可以分为财产不独立以及意志不独立两个方面的因素，以上因素均可看作区分各关联企业间财产难度过高或者成本过大的原因以及表现等，而对于此类具体行为要素立法很难通过完全列举的方式进行规定，适当依赖法官的自由裁量权才能更好地应对层出不穷的现实问题。法官在处理此类案件时应进行公平与效益的抉择，因为若一定要区分企业财产并不一定不可能做到，但是在此过程中付出的时间成本以及经济成本很有可能导致债权人实际获得的清偿利益减损，缺少效率与效益的公平将是债权人权益实质受损的诱因，实质合并破产就是在不同层次的公平中寻求一种平衡，是一种面向未来的裁量性判断①。

---

① 王静：《非讼程序视角下实质合并的申请与审查》，载《法律适用》2021 年第 6 期。

（二）债权人利益标准

债权人利益受损的原因可以有很多，可以是由于各关联企业人格高度混同导致区分各关联企业成员财产成本过高、不当减少破产财产，也可以是为了挽救企业使债权人得到更好的清偿，抑或是关联企业的集团财产如知识产权等进行财产区分后价值贬损等。正如前文所说，实质合并破产的各个适用标准之间存在交叉关系，故债权人利益标准不是且不必要作为其他标准的辅助性标准，其应当具有一定的独立适用空间。

所谓"关联企业进行实质合并破产有利于债权人权益"分为两种情况：第一种是进行实质合并破产后每个债权人的所得利益均不会少于单独破产，没有损失只有获益，无论是实质合并后重整、清算还是和解。对于此种情况，债权人利益标准完全可以独立适用。虽然实质合并破产本身在一定程度上突破了法人人格独立以及有限责任原则，但是在债权人完全获益的情况下仍要坚持各个企业独立破产，造成不必要的损失，甚至造成司法资源的浪费，这并不符合破产法的公平价值取向。第二种是从整体上看，实质合并为债权人带来的利益大于其造成的损害。此种情况下，基于实质合并的特点，必然有一部分债权人遭受损失，但是仍少于另一部分债权人获得的收益。在此种情况下，债权人利益标准并不能单独适用，必须考虑其他标准，同时不能因为"少数服从多数"而裁定准予实质合并破产。因为如果一部分债权人权益因实质合并受损，那么实质合并破产的正当性就值得怀疑。此种情形下，如果全部债权人均同意进行实质合并破产，则法院应当裁定实质合并破产。各方当事人的协商谈判，可以以对受损的债权人进行弥补的方式促成各方同意的实质合并破产。

（三）信赖利益标准

目前，信赖利益标准或者债权人期待标准在我国司法实践中并未得到应用。信赖利益标准是指债权人进行交易时是基于对于单独企业信用还是依赖于企业集团的信用，即交易时是否将集团企业视为整个经济实体。实践中对当事人交易前预期的忽视从某种程度上也是对公平的损害。信赖利益标准在美国实践中一直存在争议。首先，债权人对于企业的信赖利益是一种主观感受，但是司法裁判需要以事实为依据，因此当事人很难举证证明自己交易时是基于单个企业的信用还是企业集团的信用，而且用以证明的事项通常也同时可以证明存在人格混同等情况，那么就更加没有信赖利益标准适用的空间。其次，由于商业交易的复杂性，所以各债权人信赖的对象很有可能是不同的，当信赖对象不同导致信赖利益相冲突时，法院如何在各方的利益间抉择？简单按照人数或者清偿份额、表决权进行取舍显然是不公平的。本文认为，信赖利益标准并不具备独立适用的空间，当信赖单个企业的债权人的信赖利益与信赖集团的债权人的信赖利益都可以证明的时候，需要引入其他标准进行判断，实质合并破产的适用标准不可能且不应当是单一化的。总而言之，将信赖利益标准作为一项独立的适用标准需要极高的立法技术支持以及具有高度专业性的司法工作队伍，甚至是债权人有较高的法治思维，而我国的实质合并破产规则仍处在探索阶段，不具备独立适用该条标准的现实基础。

虽然信赖利益标准不能够独立适用，但是也不应当完全排除出考量的范围，其既可以作为债权人反对关联企业进行实质合并破产的抗辩理由，也可以作为法院裁定实质合并破产的考量因素。因为确有部分企业会对交易相对人进行误导，如在对外宣传时利用关联企业名称、对企业性质进行不实陈述等情况，很有可能使交易相对人产生误解。提出以信赖利益作为抗辩理由的债权人仍然应当承担一定举证责任，其应证明交易时其基于对单个企业信用的信赖进行交易，进行实质合并破产将导致其利益受损。实质合并破产的申请人也应证明关联企业的行为导致债权人产生误解，致使债权人相信在交易时关联企业为同一经济实体，债权人基于此信任与关联企业进行交易，如果不对关联企业进行实质合并破产将导致债权人不能获得公平清偿。

（四）欺诈标准

欺诈，即破产企业故意从事非商业目的的行为，并因此破产给债权人带来损害，为了矫正此类行为必须对关联企业进行实质合并破产。欺诈标准起源于 Sampsell *v.* Imperial Paper & Color Corp. 案，该案中自然人以逃避债务为目的转移财产设立公司，而后法院判决自然人与转移资产设立的企业实质合并破产清算。欺诈行为因怀有主观恶意的非商业目的的行为会严重影响债权人公平受偿，类似行为必须被禁止，所以欺诈标准应有其独立适用的空间。将欺诈标准纳入实质合并破产适用标准的考虑范围不仅符合破产法的立法价值，且具有完全的必要性和现实可能性。

（五）重整需要标准

由于实质合并重整具有整合资源、挽救企业的功能，其往往可以使债权人获得的实际清偿更多，所以重整需要标准在实践中常被各地方法院适用。但本文认为，该标准不应独立适用，因为实质合并破产本身即是对法人独立人格与有限责任两大公司法基本原则的突破，不能够仅仅因为进行实质合并破产可以有效整合经营资源就对关联企业进行实质合并，此种做法有盲目扩大实质合并破产适用范围之嫌。须知，重整本身具有一定的不确定性，当重整失败时，基于"重整需要"而被纳入合并破产的企业将陷入破产清算的绝境，这对于不具备破产原因的企业的债权人来说是不公平的。

上述多层次适用标准的构造，在实务中，应以法人人格混同标准作为关联企业实质合并破产的核心适用标准，但"法人人格混同"不应当是实质合并破产的必要条件，也不应当是其他标准适用的前提。债权人利益标准、欺诈标准等都可以在判断关联企业实质合并破产时作为独立标准适用，而信赖利益标准和重整需要标准则只有在符合其他标准的情况下才可以辅助适用。概而言之，对关联企业实质合并破产的适用标准的规范应打破单一且模糊的"意见指导"模式，在实然法尚未修改的情况下，最高人民法院应尽快通过司法解释的方式将关联企业实质合并破产的适用标准规范化，以满足司法实践的急迫需求。

关联企业合并破产的程序启动

徐海莲　冯书健　乔雨雪*

摘要： 近些年，企业在发展中对外投资或者股东、法定代表人对外投资的情况，在我国呈现增长趋势。企业为了达到多元素、跨行业发展，增强抗风险能力，统筹资金调度，降低运营成本，较易形成企业间的密切关联关系。当某一企业破产，必然与其他企业存在多方面的联系。因此，关联企业合并破产才成为破产的一种重要形式。我国司法实践中已有较多破产案件采用关联企业合并破产程序。但因立法上的缺失，尤其是欠缺关联企业合并破产的程序启动及裁判标准，不可避免地将会引发观点分歧和理论争议。本文意在通过分析国内现有关联企业合并破产案例，进一步深入分析合并破产程序启动规则，探讨相关争议的解决办法。

关键词： 关联企业　合并破产　程序启动

一、关联企业合并破产的定义及现状

（一）关联企业合并破产的定义

《公司法》《企业破产法》中虽未有对"关联企业"的定义，但在《中华人民共和国税收征收管理法实施细则》《中华人民共和国企业所得税法实施条例》中对关联企业有相关表述。

---

* 徐海莲，河南道宇律师事务所主任、经济师；冯书健，河南道宇律师事务所律师；乔雨雪，河南道宇律师事务所律师。

"关联企业合并破产"是指法院在破产程序中，在各关联企业满足一定条件下，否认关联企业的独立人格，将各关联企业视为一体，将各关联企业之间的债权债务关系消除，各关联企业的财产作为合并后统一的破产财产，由各成员的债权人在同一程序中按照法定顺序公平受偿的破产程序。

（二）关联企业合并破产的现状分析

1. 企业设立的现状

以河南省为例，通过企业信息查询，以河南省、开业、注册资本 1000 万至 5000 万元、有限责任公司、股份有限公司为关键词，共检索到 315 450 家企业，按照注册资本随机抽取了 50 家企业，从其法人、股东、法定代表人等构成分析，发现可能存在关联企业情况的企业共 34 家，其中由法人投资或法人对外投资共 12 家，股东、法定代表人对外投资共计 22 家（见图 1）。这显示河南省多数企业为了增强抗风险能力，统筹资金调度，降低运营成本，较易形成企业间的密切关联关系。

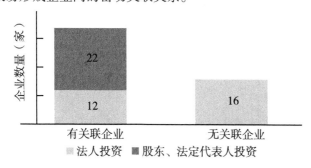

图 1 河南企业设立现状

2. 关联企业合并破产案件的现状及分析

通过全国企业破产重整案件信息网平台，以合并破产、2017 年至 2023 年 7 月为关键词，检索出 500 条记录，在进一步筛查，排除重复案件后，确定全国 195 起关联企业合并破产案件为数据样本，并对其进行分析。从数据分析来看，全国关联企业合并破产案件数量、涉及企业数量呈逐年增加趋势（见图2和图3），其中江苏、浙江、山东、河南地区的合并破产案件数量较多（见图4），且从破产案件类型来看，以破产清算、重整为主（见图5）。这显示关联企业合并破产已成为破产程序的重要形式。关联企业的发展态势在促进企业多形态、多领域发展同时，也可能会导致法人人格高度混同，在破产程序中影响债权人公平清偿利益。

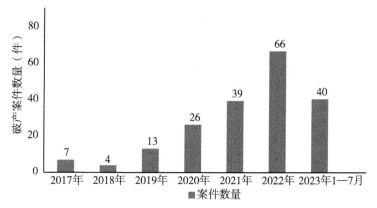

图2 2017至2023年7月全国合并破产案件数量统计

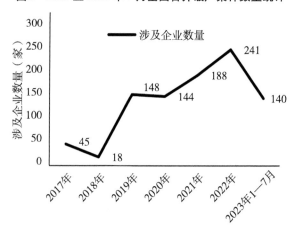

图3 2017年至2023年7月全国合并破产涉及企业数量

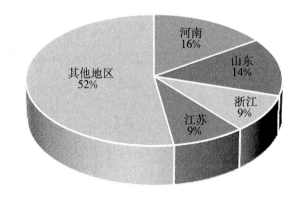

图4　2017 年至 2023 年 7 月全国合并破产案件地区分布情况

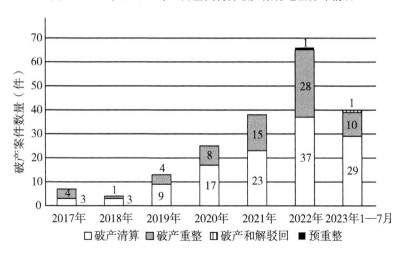

图5　2017 年至 2023 年 7 月全国合并破产案件类型统计

二、关联企业合并破产程序的启动

（一）适用标准

《企业破产法》虽未明确关联企业合并破产的适用情形，但最高人民法院在 2018 年印发的《破产会议纪要》中对关联企业合并破产的基本原则及适用情形进行了阐述，即法院在审理破产案件时，应以单个破产为原则，在关联企业存在法人人格高度混同、区分各关联企业成员财产的成本过高、严重损害债权人公平清偿利益时，才例外适用合并破产。通过查询到的 195 起企业合并破产案件来看，实践中法院在审查是否适用合并破产，均参照上述三种情形进行判定。

（二）申请主体

关联企业合并破产的申请人，是指依照《破产会议纪要》向人民法院提出关联企业实质合并申请的主体。关于能够提出关联企业合并破产的申请主体，我国现行法律尚无明确规定，但从一般法理来看，申请人应当包括债务人、债权人及利害关系人或破产管理人等有关职责的承担者。尤其是由人民法院指定的破产管理人，基于管理人特定的身份及职责，独立进行破产事务的管理，能够掌握破产企业的财务、资产、人事等各方面信息，因此，更应该对关联企业是否存在法人人格高度混同、区分各关联企业成员财产的成本过高、严重损害债权人公平清偿利益的情况进行判断并提出申请。

（三）管辖法院

《破产会议纪要》对管辖法院进行明确规定，即由关联企业中的核心控制企业住所地人民法院管辖；核心控制企业不明确的，由关联企业主要财产所在地人民法院管辖；多个法院之间对管辖权发生争议的，应当报请共同的上级人民法院指定管辖。

三、关联企业合并破产的申请人

在现行法律规定未对关联企业合并破产申请人有明确规定的情形下，以《企业破产法》相关规定精神，结合《破产会议纪要》内容，在各地市中级人民法院司法文件及实际操作中，关联企业合并破产申请的主体包括债务人、债权人、管理人，以及出资人及其他利害关系人。

（一）管理人提出申请

关联企业合并破产的申请人在《破产会议纪要》中无明确规定，但根据最高人民法院发布的 163 号指导案例"江苏省纺织工业（集团）进出口有限公司及其五家子公司实质合并破产重整案"、164 号指导案例"江苏苏醇酒业有限公司及关联公司实质合并破产重整案"、165 号指导案例"重庆金江印染有限公司、重庆川江针纺有限公司破产管理人申请实质合并破产清算案"，在关联企业进入破产程序后，管理人在履职过程中发现关联企业有在经营、财务、人员、管理等方面存在高度混同，严重损害债权人利益情形的。人民法院依照管理人的申请，裁定实质合并破产清算、重整。

《郑州市中级人民法院关于关联企业实质合并破产操作指引（试行）》以及《周口市中级人民法院关于关联企业实质合并破产操作指引（试行）》均规定了"先进入破产程序的破产案件的管理人在履职过程中，发现关联企业具有实质合并破产原因的，可以向人民法院申请实质合并破产"。《安阳市中级人民法院关于关联公司实质性合并破产操作指引（试行）》也确定了"关联企业中的核心控制企业进入破产程序后，由核心控制企业管理人在初步掌握债权申报、财产调查以及审计情况的基础上，向受理核心控制企业破产的人民法院申请对其他关联企业进行合并破产"。在其辖区范围内，为管理人提出关联企业合并破产申请提供了操作指引。一是基于《企业破产法》规定的管理人职责范围，管理人应具有提出企业合并破产申请的权利和义务。管理人在被法院指定后，对破产企业的接管是全方面的接管，对破产企业及其关联企业之间是否存在经营、财务、人员、管理等方面的高度混同掌握基本的证据，易甄别能否适用关联企业合并破产申请的标准。二是管理人提出申请后能够提高效率，缩短破产时间，避免重复对混同资产、债权债务进行区分划类。三是管理人提出申请更容易促进重整工作的完成和保证债权人债权的公平受偿。

（二）债权人提出申请

《郑州市中级人民法院关于关联企业实质合并破产操作指引（试行）》以及《周口市中级人民法院关于关联企业实质合并破产操作指引（试行）》均规定了债权人具有提出企业合并破产的申请权。债权人的身份决定了其申请破产最主要的目的是最大限度地实现债权的清偿，而对是否应该清偿、能否公平清偿并不许过多的考量，同时其对债务人的经营、管理、财务等状况也仅基本了解，因此债权人申请后进入企业合并破产程序的可能性较小。此外，债权人根据受偿情况的特点，也可能存在因提出申请而导致受偿比例降低的风险，在此种情形下依靠债权人提出关联企业合并申请，实践中存在一定的障碍。

（三）债务人提出申请

郑州市中级人民法院、周口市中级人民法院的关联企业合并破产操作指引也赋予了债务人提出企业合并破产的申请权。从程序设计以及提出企业合并破产的潜在条件要求来看，债务人无疑是最适合提出企业合并破产的主体。因为债务人对于自身实际经营情况和财务、人员等是否存在高度混同的情形最为清楚，提出相关证据也最为便利。但由于债务人存在诸多不规范行为或其他问题，所以债务人主动申请关联企业合并并提交证据的情形，在实践中也较少。

（四）出资人及其他利害关系人提出申请

《破产会议纪要》第 34 条规定："相关利害关系人对受理法院作出的实质合并审理裁定不服的，可以自裁定书送达之日起十五日内向受理法院的上一级人民法院申请复议。"该条是在人民法院作出关联企业合并破产裁定后，利害关系人所享有的救济权利。

依照法理，利害关系人能够对企业合并破产裁定申请复议，那么其应当享有关联企业合并破产申请的权利。而其中的出资人应包含在利害关系人范畴之内，但对其出资额应达到一定的比例限制，如《郑州市中级人民法院关于关联企业实质合并破产操作指引（试行）》、《周口市中级人民法院关于关联企业实质合并破产操作指引（试行）》均规定，出资额占债务人注册资本十分之一以上的出资人，可以申请关联企业合并破产重整。但利害关系人或出资人作为申请关联企业合并破产的主体，既存在债权人提出申请的弊端，也存在债务人提出申请的不利情形。因此由利害关系人或出资人提出申请，在实践中较为罕见，利害关系人更多的是对人民法院裁定企业合并破产提出异议。

综上，管理人、债权人、债务人、出资人及其他利害关系人均具有提出企业合并破产的申请权，都作为申请人提出申请。但在实践中，以管理人作为申请人的关联企业合并破产案件的数量占比较大，而由债权人、债务人、出资人及其他利害关系人等作为申请人的关联企业合并破产案件数量占比较小。

四、申请启动关联企业合并破产的程序要求

（一）启动申请关联企业合并破产的节点要求

根据《企业破产法》以及《破产会议纪要》中对破产程序启动的规定和内容，未确定提出申请关联企业合并破产的节点要求，具体情形如下所示：

（1）关联企业均未进入破产程序，但需要合并破产的申请人直接向人民法院申请关联企业合并破产。该情形下由受理法院受理关联企业合并破产申请的同时依法指定管理人。

（2）关联企业均进入破产程序。该情形下，申请人可向人民法院提出关联企业合并破产的申请。人民法院裁定关联企业合并破产的，各破产企业均已确定管理人的，可由人民法院指定各管

理人共同作为管理人并确定管理事务的分工方案。

（3）关联企业部分进入破产程序，部分未进入破产程序。该情形下，由申请人向人民法院提出关联企业合并破产申请，由法院审查裁定。管理人仍由已进入破产企业的管理人担任。

（二）申请关联企业合并破产的证据要求

《破产会议纪要》第32条规定："当关联企业成员之间存在法人人格高度混同、区分各关联企业成员财产的成本过高、严重损害债权人公平清偿利益时，可例外适用关联企业实质合并破产方式进行审理。"该内容是判断能否适用关联企业合并破产的标准。第33条规定："人民法院在审查实质合并申请过程中，可以综合考虑关联企业之间资产的混同程序及其持续时间、各企业之间的利益关系、债权人整体清偿利益、增加企业重整的可能性等因素，在收到申请之日起三十日内作出是否实质合并审理的裁定。"该内容确定了人民法院裁定能否适用关联企业合并破产的审查标准以及审查方向。基于上述内容，在申请人提出关联企业合并破产申请时，应当提交各关联企业之间存在高度人格混同、利用不正当的关联关系的证据，如人员工资发放、社保缴纳情况、合同经营交易情况、会计账簿制作情况、财产归属情况等，用于证明关联企业之间存在法人人格混同，严重损害债权人公平清偿利益。

五、关联企业合并破产的程序启动的完善

（一）关联企业合并破产申请主体的确定

以管理人提出申请为主，以债权人，债务人及其他利害关系人提出关联企业合并破产申请为辅提出关联企业合并破产申请，进一步完善关联企业合并破产程序启动的主体规范。

（1）提出申请的便利性考量。上文已对申请关联企业合并破

产主体浅作分析，结合最高人民法院第 163 号、第 164 号、第 165号指导案例以及目前各地司法实践，在关联企业合并破产的程序启动中，由管理人作为申请人占比较大。管理人相较于其他申请主体更具便利性。一是管理人的履职目标就是为破产企业的财产进行优化重组，使债权人公平受偿，与关联企业合并破产所预设的目的具有一致性。二是管理人的职责范畴包括：接管债务人的财产、印章和账簿、文书等资料；调查债务人财产状况，制作财产状况报告；决定债务人的内部管理事务；决定债务人的日常开支和其他必要开支；在第一次债权人会议召开之前，决定继续或者停止债务人的营业；管理和处分债务人的财产；代表债务人参加诉讼、仲裁或者其他法律程序；提议召开债权人会议；人民法院认为管理人应当履行的其他职责。管理人的职责要求和履职内容又与提出关联企业合并破产申请所需要的证据要求内容高度重合。在管理人履职过程中，必然会了解破产企业与关联企业之间的基本情况，其能够搜集和掌握部分法人人格高度混同的初步证据，为提出关联企业合并破产申请做准备。三是管理人具有相关专业知识，能够在提出申请之前对是否申请成功进行预先评估，相对其他主体提出关联企业合并破产申请，能够节约司法资源、减少程序空转。四是管理人属第三方，无论是债权人、债务人还是其他利害关系人均与管理人没有干涉。管理人以其职业操守和道德履行相应职责，能够提高关联企业合并破产申请启动的真实性和启动效率。

（2）提出申请的及时性考量。《破产会议纪要》中确立了关联企业合并破产审慎适用的原则，这表明关联企业合并破产属例外情形，严格意义上讲，关联企业合并破产制度，是为确保全体债权人公平清偿而嵌入单个破产程序中的一项特殊制度。那么对于关联企业合并破产的提出，也应当在出现法人人格高度混同的情形下，为确保债权人公平清偿而在单个破产案件程序中提出，以此为基础设计关联企业合并破产的启动程序较为适宜。在此情形下，由管理人作为提出申请的主体与法律规定和法理内涵一致，更便于实践操作。管理人通过接管债务人的财产、印章和账簿、文书等资料，调查债务人财产状况等行为，能够初步掌握和判断债务人存在与其他关联企业之间法人人格高度混同的情形，一旦发现，管理人可第一时间向人民法院提出申请，保证关联企业合并破产启动的及时性，更能够保障全体债权人公平清偿。

而与之相对的是债权人、债务人及其他利害关系人，对于关联企业合并破产程序启动存在滞后性。其原因在于除了提出破产申请的债权人以外，其他债权人获悉债务人破产的信息较为滞后，而债务人对申请其关联企业合并破产更是无心无力。相较于其他关联企业合并破产程序启动的申请人，管理人在单个破产程序中提出关联企业合并破产具有及时性。

综上，针对关联企业合并破产的程序启动，根据《破产会议纪要》内容、最高人民法院相关指导案例以及各地司法实践，均表明由管理人提出申请，作为关联企业合并破产程序的启动人，更符合实际情况。因此，应将管理人提出关联企业合并破产列入管理人职责范围，能够更有利地保障全体债权人公平清偿的权利。

（二）确定和完善关联企业合并破产程序启动的节点

（1）从程序设计连贯性角度考量。在确定由管理人提出关联企业合并破产申请后，应当在何阶段提出申请？根据《企业破产法》第25条的规定，管理人履行的职责能够覆盖提出关联企业合并破产申请的证据要求即确定债务人是否存在经营、财务、人员、管理等方面高度混同且损害债权人利益的情形。基于程序衔接的连贯性考虑，管理人在知晓上述情形时向人民法院提出申请较为适宜。

（2）从实质上保障全体债权人权利角度考量。关联企业合并破产的目的是保障全体债权人公平清偿债权。以此角度考量，对于提出关联企业合并破产的申请节点不应当严格限制，即使是管理人在接管单个破产企业后，也会因主客观原因导致其对破产企业的基本状况未能全部了解和掌握，无法鉴别真伪。此时不宜硬性要求管理人在接管破产企业、对破产企业进行调查后提出管理企业合并破产申请，管理人此时未真实了解情况，也没有提出申请的事实依据。鉴于此，可确定分配方案作出前为提出关联企业合并破产申请的最后节点，从实质上保障债权人的债权公平清偿。

关联企业实质合并破产规则的
适用局限及应对措施

刘　明[*]

摘要：破产法作为调整市场经济的基本法，对持续优化营商环境、推进经济高质量发展具有非常重大的意义。近年来关联企业实质合并案件数量呈现总体上升趋势，现有实质合并破产规则供给不足，在主体范围、适用标准和救济途径等方面存在适用上的局限性。在具体应对上，应着重解决实际控制人与企业人格严重混同的问题，区分资产分离困难的核心标准和债权人利益保护的从属标准，引入善意债权人补偿规则，并保障听证和复议时利害关系人程序参与的权利。通过加强对实质合并破产领域风险的法律防范，助推营造稳定公平透明、可预期的法治化营商环境。

关键词：关联企业　实质合并破产　适用局限　措施

　　关联企业在本质上是一个经济现象，由于交易费用的存在，企业有一种不断通过资本、协议、人事控制等多种形式将相关企业联合的倾向。相对于独立的市场交易，关联企业通过成员企业之间内部交易，能够避免因信息不对称造成的交易成本过高和市场风险问题。但是，一个或多个成员企业的破产给其他成员造成财务困境，会引发关联企业破产的问题。关联企业破产案件的合

---

　　* 刘明，福建省莆田市城厢区人民法院一级法官，法律硕士。

并审理方式包括程序合并和实质合并，其中实质合并是将各成员企业的资产和负债合并，视为由单一实体持有的资产和承担的负债。《中华人民共和国企业破产法》（以下简称《企业破产法》）采用单个企业破产的立法模式，难以满足关联企业破产的实践需求。本文将检视我国关联企业实质合并破产规则，探求完善路径，因应司法实践的需求。

一、实质合并破产的规范内容

对于关联企业实质合并破产，在解决何种情况下可以进行实质合并的问题后，才能探讨实质合并如何展开。前者涉及实质合并破产的适用标准，后者则涉及配套程序规则的保障。现从以上两个方面对我国关联企业实质合并破产规则进行分析。

（一）实质合并破产的适用标准

《企业破产法》及其司法解释未明确实质合并破产规则，仅在《破产会议纪要》中作了一些指导性的规定。《破产会议纪要》第32条和第33条规定了关联企业实质合并破产的审慎适用原则和具体的适用标准。

1. 审慎适用原则

根据《破产会议纪要》第32条的规定，应当尊重企业法人人格的独立性，以对关联企业成员的破产原因进行单独判断并适用单个破产程序为基本原则，以适用关联企业实质合并破产为例外。从救济方式的选择顺序来看，实质合并的适用应当遵循底线原则，应该是在穷尽破产撤销权、无效行为、法人人格否认等其他救济方式之后的最后选择。

实质合并的适用为何要遵循底线原则？从实质合并破产对公司法基石的挑战来看，实质合并破产是对股东有限责任和法人人格独立这一公司法基石的整体性否定，如果把法人人格否认比喻为修补法人人格和股东有限责任之墙上的"破损之洞"，那么实质合并破产是将这座坚固大厦摧毁，将各成员企业的资产和负债视为由单一实体持有和承担。① 从实质合并破产对当事人实体权利的影响程度来看，实质合并破产会对破产中各方当事人实体权利产生重大影响，如实质合并破产损害了当初基于单个企业的信任进行交易的债权人的信赖利益，如资产数额相对较多企业的债权人在实质合并破产后清偿比例会降低。

2. 具体适用标准

根据《破产会议纪要》第 32 条和第 33 条的规定，适用实质合并破产的判断标准为关联企业成员之间存在法人人格高度混同、区分各关联企业成员财产的成本过高、严重损害债权人公平清偿利益，其他综合考虑因素为各企业之间的利益关系、债权人整体清偿利益、增加企业重整的可能性等。法人人格高度混同是司法实践中普遍认同的标准，法人人格混同表现为没有独立的意思表示能力和资产、负债严重混同导致没有独立的民事责任能力。判断是否达到"人格高度混同"、需要适用实质合并破产的具体标准是，资产和负债无法区分或者区分的成本过高。区分成本过高具体表现为清理或纠正资产与债务混同的费用高于由此给债权人带来的收益。对严重损害债权人公平清偿利益的论证在实务中并不常见，很多学者也未将其作为独立标准，而是通过对其他标准的论证推导出损害债权人公平清偿利益的结论。

其他考虑因素包括欺诈标准、债权人受益标准和有利重整标准。欺诈是指公司活动根本没有正当商业目的，如将所有资产转移至新设实体，以企业集团结构逃避法定义务等。债权人受益标准是将关联企业独立破产与实质合并破产相比较，判断债权人能

---

① 朱慈蕴：《公司法人格否认：从法条跃入实践》，载《清华法学》2007 年第 2 期。

否通过实质合并获得更高的利益。有利重整标准是指通过实质合并能否整合集团营运资源，提高重整效率，提升企业整体重整的价值。[①] 法院在审查实质合并申请过程中，可以综合考虑上述因素后作出是否实质合并审理的裁定。

（二）实质合并破产的程序规则

1. 实质合并破产的申请与审查程序

实质合并可以由债权人、债务人和管理人提出申请，实践中管理人提出申请的情形较为常见。存在争议的是出资人能否申请实质合并破产？有学者认为，在破产企业经营价值大于清算价值时，出资人有申请实质合并重整的动因，应赋予其实质合并重整的申请权。法院在收到实质合并申请后，应发布公告并通知相关利害关系人，明确告知实质合并的含义、法律后果和救济途径。实践中管理人会考虑债权人的人数和参加听证的便利程度等因素，决定通知全部债权人或者通知主要债权人。法院应在收到申请之日起 30 日内作出是否实质合并审理的裁定。相关利害关系人对法院作出的实质合并审理裁定不服的，可以自裁定书送达之日起 15 日内向上一级法院申请复议。

2. 实质合并破产的管辖原则与争议解决

实质合并破产案件应由关联企业中的核心控制企业住所地法院管辖。核心控制企业住所地不明确的，由主要财产所在地法院管辖。当关联企业中一家企业进入破产程序，其他企业之后进入破产程序的，有学者认为，为了避免司法资源的浪费，应由先受理破产案件的法院管辖。[②] 有学者认为法律没有另行规定的情形下

① 王欣新：《破产王道：破产法司法文件解读》，法律出版社 2021 年版，第 167 - 169 页。

② 徐阳光、王静主编：《破产重整法律制度研究》，法律出版社 2020 年版，第 104 页。

应依法由核心控制企业住所地或主要财产所在地法院管辖，由先受理法院管辖会导致恶意争抢管辖权。多个法院之间对管辖权发生争议的，应由共同的上级法院指定管辖。[①]

二、现有规则的适用局限

虽然《破产会议纪要》对实质合并破产作出规定，但该规范不属于法律法规及司法解释，规范内容仅为一些指导性规定。而实践需求使实质合并破产的适用并不鲜见，有学者统计适用实质合并破产的案件数量自 2016 年之后逐年攀升，2018 年攀升到 35 件。[②] 现有实质合并破产规则供给不足，导致在司法实践中逐渐显露出适用上的局限性。

（一）主体范围的局限

1. 申请主体缺位时程序启动难

现代破产法对破产程序的启动，以当事人申请为原则，以职权开始为例外。《企业破产法》采取申请主义的原则，规定破产程序应当依据当事人的申请而开始，法院不能依职权对债务人启动破产程序。因实质合并破产的后果是将未进入破产程序的企业纳入实质合并破产，启动非破产成员的破产救济程序。这相当于法院以职权启动了非破产成员的破产程序，违背了《企业破产法》的明文规定。有学者认为，在不进行实质合并破产整个破产程序难以为继或损害债权人公平清偿目标，而申请主体怠于或拒绝申请时，应当允许法院突破现有破产规则，以职权将非破产成员纳入实质合并破产。[③] 现有实质合并破产规则遵循申请主义原则，但在实践中遭受

[①] 王欣新：《破产王道：破产法司法文件解读》，法律出版社 2021 年版，第 181 – 182 页。

[②] 王静：《实质合并破产法律制度构造研究》，法律出版社 2021 年版，第 35 页。

[③] 曹文兵：《供给侧改革背景下实质合并破产制度的构建与完善——以 16 件关联企业实质合并破产案件为分析样本》，载《理论月刊》2019 年第 7 期。

到挑战。如在沈阳欧亚集团破产清算中，沈阳市中级人民法院直接依职权裁定将其余 17 家企业并入欧亚实业公司的破产清算程序。

2. 企业负责人等个人无法合并破产

根据《企业破产法》第 2 条和第 135 条的规定，只有企业法人和其他法律有特别规定的企业法人以外的其他组织才具有破产能力。换言之，《企业破产法》不适用于个人，实质合并破产也仅限于企业法人或法律规定的其他组织之间的合并。由于个人破产制度的缺位，现实中许多对破产企业承担连带责任的企业负责人无法申请破产，一方面债权人通过各种手段追债，容易滋生不稳定因素；另一方面个人投资者失去"重生"机会，人力资源无法得到合理配置。为了弥补单一破产制度的缺陷，个别法院探索个人债务清理机制，最具代表性的是《深圳经济特区个人破产条例》，这是我国首部系统规定个人破产制度的地方立法，凸显了实践中对个人破产制度的需求。

（二）适用标准的局限

1. 具体标准的内部关系不明确

《破产会议纪要》规定，适用实质合并破产的判断标准为关联企业成员之间存在法人人格高度混同、区分各关联企业成员财产的成本过高、严重损害债权人公平清偿利益。但对于人格高度混同、区分成本过高和损害后果等因素之间的内在逻辑和联系存在不同观点。有观点从行为和结果要件出发，将前两个要素归入行为要件，将后一个要素归入结果要件。[①] 有观点认为人格高度混同和利益损害衡量为核心判断要素，区分成本过高等因素属于辅助判断因素。[②] 也有观点认为人格混同相当于实质合并破产的前置

---

① 朱黎：《论实质合并破产规则的统一适用——兼对最高人民法院司法解释征求意见稿的思考》，载《政治与法律》2014 年第 3 期。

② 曹文兵：《供给侧改革背景下实质合并破产制度的构建与完善——以 16 件关联企业实质合并破产案件为分析样本》，载《理论月刊》2019 年第 7 期。

条件，还应考虑重整可能性、债权人利益和破产效率。[①]

2. 过分强调关联企业人格混同

司法实践中，关联企业人格混同是法院作出实质合并裁定的核心理由，如江苏申特钢铁公司等 12 家关联公司合并重整案中，法院通过财产、财务管理、人员管理和经营管理四个方面论述法人人格高度混同，并据此作出实质合并的裁定。如果把法人人格否认比喻为修补法人人格和股东有限责任之墙上的"破损之洞"，那么实质合并是将这座坚固大厦摧毁。法人人格否认关注的是有限责任的合理界限，不会过多关注程序成本的影响。而实质合并破产关注的是对全体债权人的整体公平清偿，必然要考虑破产程序运行成本。实质合并已经脱离公司法上的人格否认制度，成为破产法上的独立制度。司法实践中过分强调关联企业人格混同有可能消解实质合并制度独立存在的价值。[②]

（三）救济途径的局限

1. 对善意债权人的补偿规则缺失

帕累托最优是社会配置的一种状态，"没有人的状况比原来差，而至少一个人的状况比原来好"。[③] 由于交易成本的存在，所以帕累托效率在现实中极难实现，人们更多的是追求卡尔多-希克斯效率，即追求最大多数人的福利而忽略少数人的利益。破产法作为商法的部门法之一，自然应突出效率价值。对于基于单个成员企业的独立信用而与之交易的债权人，关联企业实质合并破产确实可能会损害其利益，法院此时会对整体的收益与损失进行衡量。如果收益大于损失，实质合并破产符合卡尔多-希克斯

---

① 贺丹：《企业集团破产——问题、规则与选择》，中国法制出版社 2019 年版，第 135 页。

② 王静：《实质合并破产法律制度构造研究》，法律出版社 2021 年版，第 161－163 页。

③ 张维迎：《经济学原理》，西北大学出版社 2015 年版，第 291 页。

效率。从公平原则出发，此时应该给予受损的善意债权人适当补偿。但现有实质合并破产规则缺失补偿债权人的规定，不符合卡尔多补偿原则的要求。①

2. 利害关系人的异议权利保障不足

根据《破产会议纪要》第 33 条的规定，法院通过听证会听取债权人等意见后作出裁定。听证程序固然为异议债权人等相关利害关系人提供表达意见的渠道，但最终的主导权掌握在法院手中，他们能够行使的权利有限。根据《破产会议纪要》第 34 条的规定，利害关系人不服实质合并破产审理裁定的，可以向上级法院申请复议。但实践中异议债权人等利害关系人提起的复议极少能得到法院的支持。有的直接对他们的复议理由采取回避态度，有的仅以证据不足为由驳回复议。总体来看，现有实质合并破产规则在保障债权人等利害关系人的异议权方面存在不足。我们注意到部分法院在克服该局限时的能动应对，如《云南省高级人民法院破产案件审判指引（试行）》规定申请人不服不予受理实质合并破产申请裁定的可以提起上诉，将法律赋予的"复议权"升格为"上诉权"。

三、规则局限的应对措施

相对于一般商事案件，破产司法实践更为复杂生动，成文法大幅度滞后于实践发展。但破产法是商事法的"最后手段法"，故有必要从法理分析和实践经验中探索克服规则局限的途径。诚如学者所言，与美国实质合并破产发展的共同之处在于，我国关联企业实质合并破产的司法实践并无《企业破产法》的法条依据

---

① 卡尔多补偿原则又称假象的补偿原理，指的是受益者对受损者进行完全的补偿之后，受益者的状况仍有改善。卡尔多补偿说明社会总体福利得到了提高。参见陈波、卢志强、洪远朋：《弱势群体的利益补偿问题》，载《社会科学研究》2004 年第 2 期。

可循，是完完全全的"法官造法"。①

（一）主体范围的坚守与扩张

1. 坚守程序启动的申请主义原则

目前我国理论与司法实践的主流观点是坚守破产程序启动的申请主义原则，不允许法院依职权将未经申请的成员企业纳入实质合并破产程序。王欣新认为，由于实质合并对当事人的利益产生严重影响，所以不建议法院依职权启动实质合并程序。如确有必要适用实质合并但无人提出申请，法院可以行使诉讼引导职能，向当事人释明实质合并的基本功能后再由相关主体提出实质合并的申请。② 有的法院为了统一审查尺度，规范司法实践，明确禁止法院依职权启动实质合并程序。如《深圳市中级人民法院审理企业重整案件的工作指引（试行）》规定，关联企业个别成员进入重整程序，在无人申请对其他成员企业合并重整时，法院不得依职权适用合并重整。

2. 个人与企业合并破产的替代做法

与坚守申请主义原则不同，司法实践中不乏扩张实质合并破产的适用范围，将个人与企业的资产负债合并处置的案例。但已有案例一般是由于个人和企业人格严重混同、无法区分，经个人同意和债权人会议通过后，将个人和企业"合并破产"。如温州市中级人民法院审理的海鹤公司与兴欧公司实质合并重整案，关联企业及全体股东书面同意，且债权人会议表决通过将企业资产、债务与个人资产、债务合并处理的议案。有的采取较为保守的做法，由债权人自行提起人格否认诉讼，如在（2021）苏08民终

---

① 贺丹：《破产实体合并司法裁判标准反思——一个比较的视角》，载《中国政法大学学报》2017年第3期。
② 王欣新：《破产王道：破产法司法文件解读》，法律出版社2021年版，第172－173页。

4615 号民事判决中，法院认为杨某的财产与淮安潮流公司的财产形成混同，杨某应对案涉债务承担连带清偿责任。总体来说，目前解决个人与企业人格严重混同的途径：一是经征求个人和债权人的意见后，将个人与企业的资产负债合并处置；二是由债权人自行提起人格否认诉讼，主张个人对债务承担连带清偿责任。

（二）适用标准的核心与从属

1. 实质合并破产适用的核心标准

如前文所述，实质合并破产制度中的法人人格混同应区别于人格否认制度，不可以法人人格否认诉讼中的判决依据作为裁定实质合并破产的理由。有学者将实质合并破产的适用标准区分为资产分离困难标准和债权人利益保护标准，前者包括财产混同严重和区分成本过高两方面，后者是指实质合并所带来的正向收益提升、重整价值提高和避免现有资产更大损耗两方面。① 实质合并破产是对关联企业的资产负债合并处置，破产程序要解决的是债务人财产如何公平清偿债权的问题，故破产法的立法目的决定了判断实质合并破产的核心因素是资产和债务的严重混同。具体表现为资产与负债无法区分或者区分的成本过高，实践中通常以中介机构公正的专项财务报告为据。

2. 实质合并适用的从属标准

资产分离困难标准是实质合并破产适用标准中的核心标准，而债权人利益保护标准是从属于核心标准，其价值在于平衡各方利益，避免实质合并破产的滥用。我们注意到，《破产会议纪要》将债权人整体清偿利益与企业重整可能性作为适用实质合并破产的考量因素。因重整成功提高了企业整体经营价值，增加全体债权人的清偿利益，故企业重整可能性的法理依据是债权人利益的

① 王静：《实质合并破产法律制度构造研究》，法律出版社 2021 年版，第 179－180 页。

最大化，可与债权人整体清偿利益一并归入债权人利益保护标准。至于欺诈标准关注行为人先前行为的主观状态，但实质合并破产是在资产分离严重困难时为实现债权人整体利益最大化采取的审理方式，造成人格混同境况的主观因素并非其关注的重点。另外，债权人期待标准更多的是作为反对实质合并破产的抗辩理由，该标准作为类别性标准在适用上存在非自愿性债权人的合理信赖保护、债权人交易对象不同导致信赖利益冲突等问题。[①]

（三）救济途径的实体与程序

1. 引入受损债权人补偿规则

对于是否给予部分因实质合并破产而受损的债权人补偿存在争议。有学者认为少部分债权人基于个别企业的信赖进行交易，其债权清偿率因实质合并破产降低是市场交易风险的结果，不必对其进行单独补偿。[②] 支持补偿受损债权人的学者认为，基于个别企业的信赖进行交易的债权人遵循交易规则，却因为债务人的过错导致利益受损，给予他们合理补偿是必要的。[③] 至于补偿标准，应在管理人公示实质合并破产与个别企业单独破产情形下的不同清偿率后，由管理人与债权人进行协商，法院进行必要的指导后确定。需要注意的是，由于受损债权人在不合并情形下的清偿率难以准确估算，所以补偿只有在管理人估算的上述不同清算率过分悬殊时才会发生，且补偿只能是一个大致的数目。[④]

---

① 张善斌主编：《破产法改革与破产法治环境优化》，武汉大学出版社 2022 年版，第 442 - 443 页。

② 张善斌主编：《破产法改革与破产法治环境优化》，武汉大学出版社 2022 年版，第 411 - 412 页。

③ 张善斌主编：《破产法改革与破产法治环境优化》，武汉大学出版社 2022 年版，第 498 页。

④ 徐阳光、王静主编：《破产重整法律制度研究》，法律出版社 2020 年版，第 102 页。

2. 充分保障异议人的程序参与权

《破产会议纪要》第 33 条关于组织听证的规定，是对相关利害关系人知情权和异议权的保护。但很多学者认为，应通过更具对抗性的程序保障异议权，支持用诉讼的方式来处理利害关系人对实质合并破产提出的异议。有观点建议借鉴民事执行程序中的案外人异议的处理，构建实质合并破产中的债权人异议之诉。[1] 也有观点建议债权人等对实质合并破产裁定不服的，可以向上一级人民法院提起上诉。[2] 在现行法律制度框架内，对实质合并破产裁定的救济方式为复议。笔者认为，在立法未赋予异议权人诉讼权时，法院更应该保障异议权人程序参与的权利。在有效通知利益相关方的基础上，给予实体权利受到影响的利益相关方充分发表意见和提交证据的机会，法院作出的裁定应对异议权人提出的抗辩和提交的证据作出回应。

---

① 张善斌主编：《破产法改革与破产法治环境优化》，武汉大学出版社 2022 年版，第 497 页。

② 孙海龙、司伟、邹砚主编：《破产法律报告》，人民法院出版社 2021 年版，第 307 页。

关联企业合并破产审查要件的规制

——基于《全国法院破产审判工作会议纪要》第32条、第33条的分析

王　辉　郭洋洋*

摘要: 为切实维护企业相关利益主体的利益和经济发展秩序,最高人民法院颁布了《破产会议纪要》,建立了新的破产模式。作为企业破产的一种新形势,关联企业合并破产是保护债权人利益的重要方法,对于企业而言,其独立性仍需得到尊重。混乱适用审查依据导致该类案件的审理难以形成统一的适用规则,也导致该类案件难以服判息诉,有违该规定设立的初衷。本文以关联企业合并破产规定出台以来该类案件的审理情况为切入点进行分析,挖掘当前该类案件审查标准混乱的原因,探索出统一适用的关联企业合并破产审查标准的认定规则。

关键词: 关联企业合并破产　审查标准　规则

一、关联企业合并破产审查的司法现状

(一) 关联企业案件增加但受理比例较低

破产案件虽在诸多案件类型中不占多数,但破产程序连接着企业的"前世今生",既是对企业债权债务的总结与保护,更是

---

* 王辉,河南省平顶山市中级人民法院党组书记、院长,博士;郭洋洋,河南省平顶山市中级人民法院审监庭四级法官助理,法学硕士。

对企业后续发展的保障与托付。为了解近年来关联企业合并破产的司法审判情况，本文以 2018 年《破产会议纪要》颁布五年以来 P 市两级法院的破产相关案件为例进行梳理，情况如下。

从图 1 可以看出，近五年来，在 P 市受理的破产类案件中，破产案件的总数量在逐年增加，其中，关联企业合并破产的案件在 2018 年之后开始出现并不断增多。两个总体趋势虽大致相近，但在占比上，关联企业合并破产案件共 12 件，占比最高时也仅为约 22%。总体来看，该类破产案件所占的比例始终较低，且呈逐年降低趋势。然而，在上述破产案件中，涉及关联企业的案件却并不少，最多的涉及十几家关联企业，最少的有两三家，这类案件约占破产案件总体的 70%，但真正以关联企业合并破产进入诉讼的却少之又少。虽然最高人民法院在 2018 年印发了《破产会议纪要》，对关联企业合并破产作出了相关规定，但在实践应用中仍较为少见。在实用主义理念主导下，实质合并破产已经成为破产法院一项行之有效的破产程序管理工具。[①] 而目前的适用情况与实质合并破产这一立法预期不甚相符。

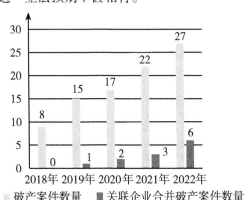

图 1　2018—2022 年 P 市两级法院破产案件数量统计

---

①　王静：《非讼程序视角下实质合并的申请与审查》，载《法律适用》2021 年第 6 期。

（二）审查标准不统一

虽然关联企业实质合并破产案件是破产案件的一种类型，所适用的法律法规也仍在《企业破产法》等相关法律的框架内，但从对前述 12 件关联企业实质合并破产案件的裁判情况分析来看，法院对这些案件的裁判准则并非一致，所涉及审判标准列举如表 1 所示。

表 1　P 市法院关联企业合并破产案件审判标准

	人格高度混同	财产区分成本过高	严重损害清偿利益	资产混同及其持续时间	各企业间利益关系	增加企业重整可能	经济秩序
案件 1	√			√			
案件 2	√			√			
案件 3	√	√		√			
案件 4	√	√		√	√		
案件 5	√				√		
案件 6							√
案件 7	√		√		√		
案件 8	√	√	√				
案件 9				√	√	√	
案件 10	√		√	√			√
案件 11	√		√		√		√
案件 12	√	√	√	√	√		

关于关联企业合并破产的审理标准，虽然《破产会议纪要》第 32 条、第 33 条明确规定了适用的原则和标准，即法人人格高度混同、财产区分成本过高、严重损害清偿利益等，为关联企业的实质合并破产提供了导向，但在实践中，破产企业的具体

情况复杂多样，关联企业的经营状况也存在相当大的查证困难，前述规定中的审查标准在具体适用时并非能够直接套用，对规定的不同理解导致在实际适用时存在诸多不一致的情形。如表1所示，在12件关联企业实质合并破产案件中，适用标准存在多种"组合"情形，同一时期和不同时期的案件也均有所涉及，有些案件在内容上甚至完全相同，但审查标准却不同，除此之外，每个案件所适用的标准均在两个以上，单一要素的情形几乎不存在。

（三）标准认定依据不一致

在具体的司法实践中，一般将"人格混同"作为主要适用标准或单一适用标准，在少数情况下，法院也会将审判效率和成本等因素纳入判定标准中。① 在前述12件关联企业合并破产案件中，认定最为频繁的就是人格混同，但经过对裁判文书的分析发现，法官在论述破产企业与关联企业存在人格混同时，最常见的就是仅仅一语带过，而甚少解释，有的则是从人员是否重合、资产是否关联来判断，存在较强的个人意志成分。从中可以明显看出，对于关联企业合并破产所沿用的一条关键要素——人格混同，在实践中并没有统一的标尺，个案"各自为政"，标准的随意和泛化已然司空见惯。在上述12件案件的后续处理情况上，经上级法院复议的有8件，复议率约为66.67%，在经过上级复议的该8件案件中，又经复查的有5件，虽然复议复查变更结果的案件数均为0，但复议复查率频发的情况表明涉关联企业合并破产的案件在服判息诉方面仍有较大不足。从对这些复议复查的案件申诉理由来看，事实依据不足和说理不充分占绝对比例。

---

① 吕晓倩：《企业实质合并破产制度问题及完善路径》，载《经济师》2023年第4期。

二、关联企业合并破产审查标准无序的原因分析

关联企业实质合并破产的本意是为高效解决破产纠纷，保障企业和债权人利益，但司法实践中的适用标准混同现象却频频发生，实质合并破产是应对关联企业破产的方式之一，但缺乏实体法基础以及明确的适用标准成为该路径对我国破产实务适用之桎梏。[①] 这主要表现在以下几个方面。

（一）法律规定模糊

关于关联企业，或企业的关联关系的界定，《企业破产法》并未作出相应的规定，其他法律法规虽或有涉及，但本质上与此不同，如《中华人民共和国公司法》（以下简称《公司法》）第265条从实际控制方面界定关联关系，范围较为狭窄，远不足以适应当前的需求。在目前的司法裁判中，法院对关联企业的论述说理简单，有的一笔带过，有的引用上述《公司法》的规定，时常与"人格混同"互相混淆，发生逻辑概念上的混乱，面对质疑时无法自圆其说。且在论述时，无任何论述而直接认定和简单默认这两种论述式最为常见，定义片面且说理随意，一案一说理，难以服判息诉，也无法应对复杂的司法现实。

关于合并破产依据的认定，由于《企业破产法》早于关联企业合并破产的出现，具有时代的滞后性，所以对关联企业实质合并破产并没有相应的阐述。对于关联企业实质合并破产的规则，只在《破产会议纪要》中有所体现，但十分粗略且效力层级较低，实践中债权人常常以"于法无据"作为反对实质合并破产的理由。《破产会议纪要》第32条和第33条对实质合并破产的适用条件进行了列举，用以指导审查，但并未就其中的各个标准作出

[①] 郭歌：《"揭开公司面纱"作为关联企业合并破产之路径：规范解释与质疑回应》，载《中国政法大学学报》2022年第4期。

解释，如高度人格混同应具备何种条件才符合"高度"，区分成本过高的成本应超过哪个数额才能称为"过高"等，均无参考依据。实践中，司法裁判对关联企业实质合并破产案件的审查标准常常出现不一致的情形，同一标准认定依据大不相同，虽然最终都指向相同的结果，即实质合并破产，但认定过程充满主观色彩。然而，从历年来畸低的服判息诉率来看，审查标准的认定依据是否统一、充分，关系着企业能否实质合并破产，也关系着关联企业实质合并破产这一规定能否取得真正的实效。由于法律规定的模糊和缺失，导致关联企业实质合并破产内涵的两个关键问题无法得到解决，在实践中，常常出现适用混乱的情况，兼之规定位阶较低，极大地影响了司法裁判的公信力。

（二）价值选择分歧

虽然关联企业实质合并破产是为了避免关联企业间人格混同，影响市场正常秩序，保障债权人在内的各个关联主体的合法权益，但在实践中，实质合并破产自设立以来就一直存在分歧，极大地影响着关联企业实质合并破产的法律适用发展。然而，各个主体立场的不同，也导致价值选择的不同。对于关联企业实质合并破产，学界认为实质合并破产违背了企业法人人格独立的原则，违背了公司责任风险分担的设立初衷，将企业关联起来共同负担债务，突破了公司有限责任的法律制度，否定了法人的人格，将使投资者望而却步，不利于市场经济的活跃。实务界中，债权人（被关联企业）、出资人出于自身财产安全的考量，极力撇清与债务公司之间的关系，即便无法撇清，也绝不愿选择申请实质合并破产。而大多数法官在审理涉及关联企业实质合并破产案件时，不仅仅要参照相关法律法规的规定进行严格审查，在当前法律法规界定不清晰的立法环境下，难以排除法律适用困难的顾虑，兼之考虑对市场经济秩序的影响，最终选择谨慎适用。仅有少部分法官认为最高人民法院既然出台了《破产会议纪要》专门应对该类案件，就应遵照《破产会议纪要》的规定，积极适用实质合并破产制度，以适应司法实践的需求。从前述样本数据的统计情况来看，涉及关联企业破产案件多而实质合并破产案件少，正体现了各方对关联企业实质合并破产价值选择的不同态度。

（三）裁判风险顾虑

虽然企业破产已运行多年，在司法层面也无较大分歧，但关联企业实质合并破产却是一个全新的概念，在目前尚无法律法规对此进行详细规范的大背景下，各个法院适用《破产会议纪要》审理该类案件，一定程度上可以视为一种试验。如前文所述，法院在办理该类案件时，对适用实质合并破产的依据应用混乱，解释随意，其中，既有法律规定上的粗疏导致实践难以精准适用的原因，也有法官内在顾虑的原因。经对 P 市两级法院从事破产审判的 13 名法官进行问卷调查，其中 8 名法官因适用条件难以把握而存在适用顾虑，3 名法官因担心适用新规定难以预估后果而不愿适用，2 名法官担心适用新规定会对本地企业发展产生不利影响。由上述问卷调查情况可以看出，法官在适用规定时，内在的忧虑难以消除，也对该规定的有效应用产生较大的影响。

三、关联企业实质合并破产审查的规制

（一）立法层面：提高法律位阶

作为破产案件的一个类型，关联企业实质合并破产比之普通的单个企业破产更具有特殊性，其不仅关乎主债务企业自身的利益，也关系到关联企业的存亡发展，更关联着债权人的利益能否实现，关联企业实质合并破产牵扯着多方利益，对于债权债务的再分配有着极为关键的作用。但目前却没有实质意义上的法律对

此予以规定，仅有最高人民法院出台的《破产会议纪要》对企业的实质合并破产进行框架式的指导，而无论是效力还是渊源，会议纪要的层级均不足以支持这一新的司法概念，难以有效实施。因此，应提升关联企业实质合并破产规定的位阶，以法律法规的形式将这一概念固定下来，为司法裁判和司法应用扫清法律适用的障碍。

（二）应用层面：细化标准内容

前文已述，虽然《破产会议纪要》对关联企业实质合并破产作出了相应的规定，其中的第 32 条、第 33 条对适用条件进行了列举，但对每一条的内容却没有相应的解释，仅仅是名词性的术语，其中的隐含条件、程度、数额等均没有提及，如何适用尚存问题。是以，在实践中，常常出现审查条件的适用混乱现象，同案不同判的情况比比皆是，严重影响着司法的公信力。因此，应细化关联企业实质合并破产审查标准的内容，明确具体的标准适用条件。对于"法人人格高度混同"，需要对所谓的"高度"作出规范，提出区分方法。判定关联企业的人格混合是否达到严重程度、是否适用实质合并破产的关键标准，是资产和债务的严重混同及其衍生出来的进行独立区分是否会产生过度的费用或迟延。[①] 以不同的类型作为区分标准，即一是关联企业之间的财产权存在界限不明的情况，经营收益存在共享；二是关联企业之间互有交易发生，且多为不正当交易，存在内部随意转移资产与负债的嫌疑；三是关联企业之间的身份、法律关系相互变更，彼此互负债权债务，保证关系多发；四是关联企业之间互为投资人，互相影响公司经营决策。

对于"区分成本过高"，一般来讲，符合实质合并破产的关

---

① 王欣新：《〈全国法院破产审判工作会议纪要〉要点解读》，载《法治研究》2019 年第 5 期。

联企业，一定是与债务人企业密切相关的企业，这类企业为规避法律风险，常常会存在账目混乱、数据残缺、材料丢失等情形，以扰乱对其资产负债的清查和判断，也增加了区分所耗费的成本。因此，当关联企业出现以上情况时，即表明区分成本过高这一条件已成就。再者，若在进行区分的过程中已耗费了预估能够获得债权清偿数额之五分之一时，也可视为区分成本过高，可直接进入实质合并破产程序。在法人人格混同的情况下，如果能够区分彼此之间的财产，自可通过个别调整的方式实现救济。但若彼此之间财产难以区分，达到"令人绝望"的地步，此时仍试图花费高昂的成本作区分，势必损害债权人利益，故可认定关联企业人格高度混同，应作实质合并破产处理。①

对于"严重损害债权人公平清偿利益"，由于关联企业之间常常存在债权债务的转移和利益输送，在清查时时常发现资产和负债的两极分化，即一个企业只负债务，一个企业只享资产，严重影响债权人利益的实现，因此，一旦查明存在上述情形，确认关联企业之间的债务转移，即可认定"严重损害债权人公平清偿利益"条件的成就。

对于"各企业之间的利益关系"，非关联企业必然会在作出决策前充分考虑自身的利益不受损，而关联企业则与之相反，常常会为了其中一个或多个企业的某个目的而作出不合理让步，损害自身利益，使目标企业获益。因此，一旦发现企业间存在明显不符合常理的经营决策，不是正常化的市场交易，就可认定各企业之间存在符合实质合并破产要求的利益关系。

对于"债权人整体清偿利益"，关联企业中各个企业的资产负债情况通常不会相同，有的盈余，有的亏损，无论是单个企业

---

① 王静、蒋伟：《实质合并破产制度适用实证研究——以企业破产法实施以来76件案例为样本》，载《法律适用》2019年第12期。

破产还是企业实质合并破产，都无法避免部分债权人的债权利益难以实现。因此，在关联企业实质合并破产时，所考虑的"债权人整体清偿利益"应为大多数债权人的利益，所需要实现的是多数债权人清偿率提高、少数债权人清偿率下降的利益衡平，即利益最大化理念，不应受少部分债权人利益受损而使关联企业实质合并破产受限。

（三）保障层面：畅通异议机制

实质合并破产制度的出发点是实现对债权人利益的公平保护，实质合并破产必须兼顾不同情况下的债权人期待利益。[①] 关联企业实质合并破产之所以有别于传统的单个企业破产，就在于其能够更大限度地保护和平衡债权人的权利。但需要注意的是，保障大多数债权人的权利，并不能保障小部分债权人的利益不会受损。因此，在适用实质合并破产时，有必要建立保障小部分债权人程序权利的机制——债权人异议机制，赋予异议债权人利益补偿权，即在财产分配阶段，对因个人与公司实质合并破产导致利益受损的债权人给予一定的补偿，平衡债权人之间的利益分配[②]。首先，裁判作出前，少数债权人可以针对实质合并破产提出异议，法院要予以正面回应。其次，裁判作出后，少数债权人可以申请复议，但需有次数限制；在少数异议债权人利益包括信赖利益相对于其他多数债权人利益明显受损时，即全体债权人公平受偿与个别债权人受偿发生冲突时，应对受损明显的少数债权人进行合理的补偿，努力使各方利益得以平衡、协调，最大限度争

---

① 姚志坚、荣艳、吴艳等：《〈江苏省纺织工业（集团）进出口有限公司及其五家子公司实质合并破产重整案〉的理解与参照——关联企业破产实质合并审理的适用条件和法律后果》，载《人民司法》2022 年第 23 期。

② 秦瑞鑫：《论我国个人与公司实质合并破产的程序构建》，载《东南大学学报（哲学社会科学版）》2022 年第 S2 期。

取包括少数债权人在内的各方当事人对实质合并破产的支持。[①] 具体而言，如果人格混同标准下异议债权人较多，应当重新审查实质合并破产裁定，异议债权人的举证责任较重。[②]

[①] 山东省枣庄市中级人民法院课题组：《关于关联企业合并破产问题的调研——以枣庄法院近 10 年审理的破产案件为分析样本》，载《山东法官培训学院学报》2021年第 5 期。

[②] 杨鹿君：《价值解构视角下的实质合并适用标准区分研究》，载《财贸研究》2023 年第 2 期。

关联企业实质合并破产标准的适用

常亚杰　周盼新 [*]

摘要： 关联企业实质合并破产是指将多个具有关联关系的企业成员视为一个整体，消灭互负债务，进行资产及债务合并。然而现行法律规制无法满足司法实践对实质合并破产日益迫切的需求，且各地对关联企业实质合并破产审查标准参差不齐。因此，法院在审理此类案件时应当从宏观的角度在维护整体债权利益与实质公平、注重效率和效益的前提下，从微观的角度综合考虑法人人格高度混同等具体标准审慎作出实质合并裁定。确立统一的审查实质合并的标准且明晰各标准之间的适用顺序和效力层级，对于填补立法空白，解决司法裁判中标准适用混乱，统一裁量标准和提高审判质效具有重要意义。

关键词： 关联企业　实质合并破产　审查标准

一、目前审查标准面临的困境

（一）审查标准缺乏现行有效的法律规制

关联企业已成为较多经济体存在的形式，但《企业破产法》及其司法解释在关联企业破产方面无相关规定，导致关联企业破产在审判实践中无法可依。实务界开展实质合并破产工作的主要

---

* 常亚杰，中牟县人民法院民二庭员额法官，经济法学硕士；周盼新，郑州大学法学院民商法研究生在读。

依据为最高人民法院印发的《破产会议纪要》，其中第六章"关联企业破产"专章规定了关联企业破产的适用标准、原则、范围以及管辖等问题。《破产会议纪要》为关联企业实质合并破产提供了司法政策上的依据，也填补了破产审判实践对于关联企业实质合并破产的需求，但该《破产会议纪要》并不具有法律、司法解释的效力，仅能在裁判说理部分进行分析使用，不能作为裁判依据直接援引，加快对实质合并破产的审查标准问题进行立法层面的规制依旧任重道远。

（二）审查标准过于抽象且多个标准之间适用效力不明确

现有的国家层面专门规制关联企业实质合并破产的文件仅有《破产会议纪要》，其中第32条规定了法院审查实质合并破产的标准，即关联企业成员之间是否存在"法人人格高度混同、区分各关联企业成员财产的成本过高、严重损害债权人公平清偿利益"。

首先，三个标准较为笼统和抽象，均加上了"高度""过高""严重"这样的程度性词语，判断是否到达这样的界限需要具体量化分析，在具体应用时难以把握。其次，三个标准之间均用顿号隔开，依照中华人民共和国国家标准《标点符号用法》（GB/T 15834—2011）的规范，顿号表示语段中并列词语之间或某些序次语之后的停顿。在司法实践中，专家学者或法官等对法律条文或合同等法律文件中的法律意义理解各不相同，因此，实质合并破产的三个标准是并列适用关系还是必须同时符合才能适用尚不明确。从条文本身来看，第一个标准是前提条件，后两个标准是结果要件，而文本表述却用了本应表示并列的顿号而不是"并且"这样的同时限制性连词，故审查标准是否必须同时具备三个要件依然值得商榷。最后，《破产会议纪要》第33条列举了除上述三个标准外其他在审查时需要综合考虑的因素："关联企业之间资产的混同程度及其持续时间、各企业之间的利益关系、债权人整体清偿利益、增加企业重整的可能性等因素。"这些是如前所述三个标准的辅助判断适用还是可以独立适用并不明确，有的学者认为应当以法人人格高度混同为基准，其他标准只能在进行辅助性判断时适用，这显然对于解决实践中的实质合并破产问题是远远不足的。[①]

（三）地方审查标准呈现多样化特点

《破产会议纪要》印发后，各地法院根据其精神制定了诸如"关联企业实质合并破产工作指引""关联企业实质合并破产操作指引"等文件，虽然这些文件不具有法律效力，仅对于法院内部审判案件具有指导意义，但也体现了法院在司法实践中对此类案件加以规范的努力。各地法院颁布的上述文件亦是根据各地司法实践总结凝练而成的，通过对各地制定的文件进行分析，有的法院仅对重整程序实质合并进行规定，有的法院对破产清算、重整以及和解程序进行笼统规定，因此各地对实质合并破产的细化标准不一致，导致司法裁量标准亦不统一。

以如下四个法院为例：《北京市第一中级人民法院关联企业实质合并重整工作办法（试行）》第 7 条规定三个标准同时具备才能实质合并，第一是法人人格高度混同，第二是资产负债区分成本过高或无法区分，第三是独立适用将严重损害债权人利益。除了以上标准，亦规定了法人人格虽未达到"高度"混同的程度，但是为了重整需要或全体债权人受益也可以实质合并破产。《深圳市中级人民法院审理企业重整案件的工作指引（试行）》第 45 条规定审查标准为法人人格高度混同，严重损害债权人公平受偿利益，或有利于增加重整价值使全体债权人受益。《郑州市中级人民法院关于关联企业实质合并破产操作指引（试行）》第 15 条规定法院裁定实质合并条件为如上所述的《破产会议纪要》第 32 条规

---

① 王欣新：《〈全国法院破产审判工作会议纪要〉要点解读》，载《法治研究》2019 年第 5 期。

定的三个条件同时具备。《许昌市中级人民法院关于规范关联企业实质合并破产的工作细则》第 17 条规定了具体审查标准，以法人人格高度混同为核心要件，兼顾区分成本过高和损害债权人公平清偿利益要件。综上所述，不同法院对《破产会议纪要》列举的标准理解和具体细化适用存在差异化的特点。

（四）不同形式的程序准入适用标准不明确

关联企业实质合并破产准入程序在实务中存在多种形态，主要有以下几种类型。第一，各关联企业同时具备《企业破产法》第 2 条①规定的破产原因，经债权人或债务人申请分别进入破产程序，法院裁定受理破产申请进入破产程序后有关主体提出关联企业实质合并破产。第二，申请人在申请破产之时兼提出实质合并破产请求，此时需要审查破产原因又需要审查合并破产的实质条件。第三，人民法院受理一个企业破产申请后，相关主体申请该企业与其他企业之间实质合并破产。有学者称为"一家破产、其余连带"。②

对于第三种状况，一个企业先行进入破产程序而其余企业未进入，案件审理过程中有关主体提出实质合并破产的，究竟是先审查是否符合破产标准还是先审查关联性需要明确。进入破产程序后合并情形下，在不符合破产条件的情况下是否还需要审查关联性，若存在关联关系再考虑该关联企业对破产企业的债权是否相对于其他普通债权劣后清偿，此为"深石原则"③的适用；若

---

① 《企业破产法》第 2 条规定："企业法人不能清偿到期债务，并且资产不足以清偿全部债务或者明显缺乏清偿能力的，依照本法规定清理债务。企业法人有前款规定情形，或者有明显丧失清偿能力可能的，可以依照本法规定进行重整。"

② 王欣新、周薇：《关联企业的合并破产重整启动研究》，载《政法论坛》2011年第 6 期。

③ "深石原则"，是指在关联企业场合下，控制企业通过不公平行为取得的对从属企业的债权，在从属企业破产或重整时，劣后于从属企业普通债权人债权及从属企业内部股东的剩余财产分配请求权受偿的一般原则。

均符合破产条件，则法院当然可以基于申请审查实质合并破产。先合并后进入破产程序的情况下，被关联企业可能经营状况良好，从其自身角度出发，若在完全否认与关联企业之间债权的情况下仍然不符合破产条件，此时使其因为部分关联债务被强制破产，则严重违背了《破产会议纪要》的审慎适用原则。

二、审查实质合并破产的宏观要求

（一）实质合并破产应作为最后救济手段

《破产会议纪要》第 32 条提出关联企业实质合并破产审慎适用的原则。当今经济一体化程度不断加深，各企业之间关系错综复杂，"关联关系"无处不在，区分关联企业之间是否存在法人人格高度混同举证责任较重，且能够形成关联企业的因素有很多，如企业合作、企业融资，抑或出于税收的目的，关联企业成员内部在一定程度上可以实现获取经济利益的良性发展。[①] 应以"一案一破"为原则，适用关联企业实质合并破产方式为例外。如果可以通过其他救济手段如《企业破产法》规定的撤销权[②]、无效制度[③]等实现债权人权利的救济，便通过以上途径解决，而实质合并破产只能作为穷尽手段后的最后选择。应当通过立法和司法手段不断限缩实质合并破产的适用范围，兼顾效率与

---

① 魏博：《论"深石原则"在我国破产法上的适用》，西南政法大学 2012 年硕士学位论文，第 4 页。

② 《企业破产法》第 31 条规定："人民法院受理破产申请前一年内，涉及债务人财产的下列行为，管理人有权请求人民法院予以撤销：（一）无偿转让财产的；（二）以明显不合理的价格进行交易的；（三）对没有财产担保的债务提供财产担保的；（四）对未到期的债务提前清偿的；（五）放弃债权的。"第 32 条规定："人民法院受理破产申请前六个月内，债务人有本法第二条第一款规定的情形，仍对个别债权人进行清偿的，管理人有权请求人民法院予以撤销。但是，个别清偿使债务人财产受益的除外。"

③ 《企业破产法》第 33 条规定："涉及债务人财产的下列行为无效：（一）为逃避债务而隐匿、转移财产的；（二）虚构债务或者承认不真实的债务的。"

公平的原则。①

《破产会议纪要》第 38 条亦提出如前所述的程序合并，存在破产原因但不符合实质合并破产标准的，可以采用协调审理的方式，尽可能避免实质合并破产的滥用，最大限度地尊重企业独立法人人格。《破产会议纪要》第 39 条规定了不适用情况采用"深石原则"将关联债权置于普通债权后进行清偿。此规定是对提高债权人清偿比例的另一种救济途径。

（二）注重债权人整体清偿利益

进行实质合并破产，不同的关联企业成员的债权人债权清偿势必会受到影响，而只有在产生的整体利益上大于不利的实际效果下，实质合并破产才有适用的必要。② 不应仅关注个别或者部分债权人的利益，若同一债权人在多个关联企业中均有债权，那么，虽然实质合并破产会削减破产成本，甚至会增加破产财产，但是依照差额比例进行清偿，该债权人在实质合并破产后的清偿额依然可能小于企业分别破产所能获得的清偿额。但是法院应根据具体情况确定清偿方案，综合各种因素考量是否对整体债权人有利，产生价值与造成损害相比孰轻孰重。即使一小部分债权人利益轻微受损，但从债权人整体利益却增加了，那么亦有必要。实质合并破产能够节约区分和清理成本、节省司法资源、降低破产费用或交易费用等，有利于对关联企业资产进行统筹，减少资产损耗，实现偿债资源最大化，从而使债权人利益获得整体衡平，利益既包含实际利益的增加，又包含现有利益的不减损。

（三）效率和效益双重标准协调适用

既要兼顾效率又要注重效益，不能为了实现效率而牺牲效

---

① 邓佩茹：《论公司集团实质合并破产的标准构建》，华东政法大学 2022 年硕士学位论文，第 56 页。

② 高小刚、陈萍：《论关联企业破产程序中实质合并原则的适用》，载《法律适用》2020 年第 12 期。

益，也不能为了效益而降低效率，需要对效率和效益之间的关系进行客观正确的评价。在实质合并破产中，通过合理的制度设计，在法院的主导下，债务人、管理人等相关主体有效地优化配置企业资产、司法资源，从而能够降低破产成本，减少资产损耗，提高效率。当然，提高效率不应以放弃效益为代价，提高效率的最终目的是提高经济价值，使债权人在最短的时间内在法定程序的保障下得到公平清偿。在推进实质合并破产程序中，通过对关联企业成员的债权人信息、资产信息等更为准确地摸排，更有利于债务清理以及破产衍生诉讼的解决，实现资源的有效整合，降低债权人破产费用和时间成本，实现效率与效益的均衡。

三、微观视角审视实质合并破产的具体标准

（一）以法人人格高度混同为首要审查标准

在破产法领域中，法人人格否认制度本身并非为了推翻法人独立人格，而是在具体个案中通过否认法人独立人格从而更好地维护法人人格独立制度的地位。有学者认为法人人格否认在公司法领域需个案分析，不宜直接嫁接到破产法领域。但也有学者认为，法人人格否认在破产程序中的延续没有突破个案适用特质，在实质合并破产中的法人人格否认只是企业法人资格的拟制消灭，只产生程序上的债务与资产的关联合并，而不产生实体法上的诸如公司法中公司合并的效果，并不导致所谓的"被合并企业"必须注销从而丧失法人资格的问题，企业法人人格并非永久绝对的丧失。①

笔者赞同后者，破产程序中对人格混同的适用与公司法中的

---

① 郭歌：《"揭开公司面纱"作为关联企业合并破产之路径：规范解释与质疑回应》，载《中国政法大学学报》2022 年第 4 期。

否认法人独立人格有所差别。首先，《破产会议纪要》第 32 条规定的人格混同有程度的限制，即"法人人格高度混同"，必须达到严重的程序才能适用。其次，法人人格混同没有突破个案，而是在程序上的拟制人格混同。《破产会议纪要》第 37 条回应了企业是否需要存续的问题，破产清算的关联企业在破产程序结束后才进行法人资格的注销，而破产重整和破产和解程序，在确有需要的前提下可以依然保持法人人格独立，届时将依照企业分立有关规则处理。

从目前的裁判案例和各地法院的司法文件来看，人格混同已经成为审查实质合并的必要标准。部分法院均沿用《破产会议纪要》的"高度"限制，"高度混同"主要表现在：财产混同难以区分、人员交叉兼职高度混同、经营场所混同等情形导致关联企业成员丧失财产独立性且无法体现独立意志。在具体个案的审查过程中判断关联企业之间的人格混同达到"高度"的程度还需要审计机构、管理人、债务人等从多个方面、多个角度进行举证证明。然而，北京市第一中级人民法院却提出了即使不符合高度混同标准，但为整体重整所必需且不损害个别债权人清偿利益或能使全体债权人受益时也可以实质合并破产，也就是有其他标准补强的情况下对人格混同标准有所下降。

（二）债权人整体受益标准

以维护整体利益与实质公平原则为基础，从个体的角度来看，实质合并破产应当使每个债权人的清偿率提高，此种情形为绝对受益标准。从整体的角度来看，实质合并破产产生的整体利益大于造成的损害，可能产生一部分债权人清偿率提高而另一部分债权人清偿率下降的情况，此种情形为相对受益标准。无论何种情形，都应当突破个体利益的局限性，从整体利益出发实现整体资源整合。因此，法院在审理案件的过程中，既要警惕管理人为了使债权人会议通过清偿方案、重整计划等而变相侵害部分债权人的公平受偿权，也要避免为了极小部分利益犹豫不决进而使整体债权人的清偿受到损害。法院要结合审计结果以及对债务和资产的梳理情况，综合考虑人格混同等情形审慎做出裁定。对于债权人绝对受益时，实践中如果存在管理人利益与债权人利益冲突的状况，法院应当以债权人利益为主导作出实质合并破产的裁定。[①] 在绝对受益时，对每个债权人均有利，则法院可以单独适用债权人整体受益标准；在相对受益时，则不能独立适用债权人整体受益标准，债权人整体受益标准只能作为实质合并破产的目的条件和结果要件，需要进一步结合是否符合法人人格高度混同等标准综合判断。[②]

（三）增加重整可能性标准

重整制度相对于破产清算，更加注重对破产企业的挽救，实现债务重组和企业再建，使企业恢复市场活力，走出债务困境。实质合并重整程序的启动类型大致分为三种情形：第一，关联企业中的一个成员先行进入破产程序，其他成员被迫进入破产程序；第二，关联企业中的多个成员分别进入破产程序，后进行合并审理；第三，关联企业中的多个成员同时申请实质合并破产。在前两种情形下，无论破产申请阶段是申请破产清算、重整还是和解，只要在受理之后符合法人人格高度混同等标准并且确有重整的必要，在不损害债权人利益的情况下就可以进行实质合并。而在第三种情形下，在申请之初就应当充分考虑是否有重整的必要以及是否符合实质合并的标准。

企业重整可能性可以从投资人意愿、债务结构以及现有资产状况等多重角度出发判断。从现有判例和地方规定来看，提高企

---

① 王欣新：《〈全国法院破产审判工作会议纪要〉要点解读》，载《法治研究》2019 年第 5 期。

② 王欣新：《关联企业实质合并破产标准研究》，载《法律适用（司法案例）》2017 年第 8 期。

业重整可能性只能作为辅助性判断标准，而作为案件审查最重要的前提条件，"人格混同"是否需要达到"高度"的程度，学界尚未达成统一认识。笔者认为，重整制度在于挽救企业于泥沼之中，对于法人人格混同的程度不宜作过高的限度要求，虽未达到高度混同的标准，但是关联企业加入重整程序一定要从债权人整体的清偿利益出发，进而决断是否作出裁定。

（四）欺诈标准

欺诈标准是《破产会议纪要》及我国现有地方司法文本中未提到的实质合并适用的标准之一，《破产法立法指南》第三部分中规定："法院确信企业集团成员从事欺诈图谋或毫无正当商业目的的活动，为取缔这种图谋或活动必须进行实质性合并。"该指南列举了具体的欺诈实例①。在破产法领域，要求企业不得利用自己的优势地位控制、剥夺对方的利益，在意思自治占主导地位的商事交易中，不得损害第三人的合法权益即债权人的利益。关联企业实质合并破产审查标准中的欺诈主要是指关联方对债权人进行欺诈从而损害债权人利益的行为，并非民法中的一方当事人使相对人保持或陷入认识错误而做出的损害其利益的民事法律行为。欺诈在主观上为恶意，客观上表现为恶意增加负债、抽走集团企业的资产、将资产转移至新设立的主体，该形式有时无法达到法人人格高度混同的标准。债务人欺诈的目的是逃避债务、降低资产，损害债权人利益。

欺诈在一些客观方面的表现形式与法人人格高度混同相类似，比如转移资金以躲避债务等，但是欺诈相较于法人人格混

---

① 这类欺诈的实例包括：债务人几乎将其所有资产转移至某个新设立的实体或其自身拥有的不同实体，为了自己的利益而保全和保留这些资产；对其债权人进行阻挠、拖延和欺诈；设局假冒或庞氏骗局和此类其他欺诈计划。参见联合国国际贸易法委员会：《破产法立法指南》第三部分"破产企业集团对待办法"，联合国维也纳办事处英文、出版和图书馆科 2012 年版，第 69 页。

同主观恶意更严重。一些客观方面的表现又与法人人格混同无关，如设局假冒、债权人进行阻挠等。因此，笔者认为，虽然现行实务中尚未将欺诈作为实质合并破产的标准单独适用，但是法院可以将其作为实质合并破产审查标准之一，结合其他因素综合判断。

关联企业实质合并破产审查规则辨析

朱宇卿*

摘要：关联企业集团化发展是市场主体参与市场竞争的必然结果。部分关联企业公司治理方面过度控制，造成关联企业在资产、财务、高管任职等方面高度混同。关联企业单独进入破产程序，不仅效率低，且会损害部分债权人的利益，实质合并破产应运而生。但因实质合并破产程序立法不完善，无统一的审查规则，导致实践中争议较大。本文试图从管理人视角，从主客观、成本、结果、必要性等方面探讨适用实质合并破产审查的四个规则，以期推动实质合并破产程序规则的构建。

关键词：关联企业实质合并破产　审查规则　实质合并

一、关联企业及其实质合并破产的相关概念

（一）关联企业

所谓关联企业，是指与其他企业之间存在直接或间接控制关系或重大影响关系的企业。相互之间具有联系的各企业互为关联企业。关联企业在法律上可由控制企业和从属企业构成。而控制企业与从属企业的形成主要在于关联企业之间的统一管理关系的存在。这种关系往往借助于控制企业对从属企业实质上的控制而

---

* 朱宇卿，河南雷雨律师事务所三级律师，河南省律师协会投融资委员会委员，南阳市律师协会金融委副主任，南阳市仲裁委仲裁员。

形成。

管理人应首先认定破产企业的关联企业范围，并确定关联企业中的居于控制地位的"核心企业"，其他关联企业为从属企业，所有的实质合并破产工作均应围绕对于"核心企业"的关联混同因素开展。通常情况下，处于控制、支配地位的企业即为"核心企业"，管理人应在实质合并破产重新调查过程中，围绕着"核心企业"对于关联企业的股权控制、资产控制、人事控制、业务控制等多个方面逐一开展调查工作，夯实相应证据材料。

（二）关联企业实质合并破产

2021 年 9 月 18 日，最高人民法院指导案例第 163 号"江苏省纺织工业（集团）进出口有限公司及其五家子公司实质合并破产重整案"中认为："采用实质合并破产方式的，各关联企业成员之间的债权债务归于消灭，各成员的财产作为合并后统一的破产财产，由各成员的债权人作为一个整体在同一程序中按照法定清偿顺位公平受偿。合并重整后，各关联企业原则上应当合并为一个企业，但债权人会议表决各关联企业继续存续，人民法院审查认为确有需要的，可以准许。"

依上可见，关联企业实质合并破产原则上将各关联企业合并成一个企业，作为一个法院拟制的"共同体"，对各关联企业债权人统一公平受偿。

二、关联企业实质合并破产的理论基础、法律依据、相关规则

（一）《公司法》相关规定

《公司法》中的人格否认制度，又称为"刺破公司面纱"。《公司法》目前只有一条规定，第 23 条第 3 款规定："公司股东滥用公司法人独立地位和股东有限责任，逃避债务，严重损害公司

债权人利益的，应当对公司债务承担连带责任。"该条规定仅系股东滥用公司法人独立地位和股东有限责任时，否认公司独立人格，其结果为公司与股东对公司的特定债务承担连带责任，与破产法意义上的实质合并破产法律需求并不相同。

（二）《民法典》相关规定

"公司法人人格否认制度"是市场自主性选择的必然结果，从完善法人制度、保护债权人利益的角度来看，公司法人人格否认制度被纳入民法典是必然。《民法典》第83条第2款规定："营利法人的出资人不得滥用法人独立地位和出资人有限责任损害法人债权人的利益；滥用法人独立地位和出资人有限责任，逃避债务，严重损害法人债权人的利益的，应当对法人债务承担连带责任。"该条规定承担连带责任主体由"公司股东"扩大到"出资人"，与破产法意义上的实质合并破产法律需求亦并不相同。

（三）最高人民法院《破产会议纪要》规定

最高人民法院发布的《破产会议纪要》第32条规定："当关联企业成员之间存在法人人格高度混同、区分各关联企业成员财产的成本过高、严重损害债权人公平清偿利益时，可例外适用关联企业实质合并破产方式进行审理。"第33条规定："人民法院在审查实质合并申请过程中，可以综合考虑关联企业之间资产的混同程度及其持续时间、各企业之间的利益关系、债权人整体清偿利益、增加企业重整的可能性等因素，在收到申请之日起三十日内作出是否实质合并审理的裁定。"

（四）地方法院相关规则

2019年5月《云南省高级人民法院破产案件审判指引（试行）》第37条、2019年9月《河北省高级人民法院破产案件审理规程（试行）》第11条、2019年9月《山东省高级人民法院企业破产案件审理规范指引（试行）》第199条、2020年1月《南京市中级人民法院关于规范重整程序适用提升企业挽救效能的审判指引》第 33 条、2021 年 10 月《山东省青岛市中级人民法院关联企业实质合并破产工作操作指引（试行）》第 5 条、2021 年 10 月《河南省高级人民法院审理企业重整案件的工作指引》第 31 条、2022 年 10 月《齐齐哈尔市中级人民法院关联企业实质合并破产工作操作指引（试行）》第 2 条，均直接引用《破产会议纪要》第 32 条作为实质合并破产的审查规则。

《重庆市第五中级人民法院重整案件审理指引（试行）》第 36 条，对关联企业实质合并重整的审查作出了规定，即"人民法院应当对实质合并重整的下列要件事实进行审查，谨慎适用实质合并重整：（一）实质合并重整的主体属关联企业成员；（二）关联企业成员均具备重整原因；（三）关联企业成员之间法人人格高度混同、区分各关联企业成员财产成本过高、对债权人公平受偿造成严重损害"。

（五）部分学者补充规则

有学者认为，还要补充一个审查规则，审查适用实质合并破产的单个关联企业是否具有《中华人民共和国企业破产法》第 2 条规定的破产原因，即关联企业成员应当分别或在整体上达到破产条件。

三、关联企业实质合并破产审查规则进一步细化

（一）主客观方面：法人人格高度混同，关联企业之间严重丧失法人意志独立性和法人财产独立性

最高人民法院指导案例第 163 号"江苏省纺织工业（集团）进出口有限公司及其五家子公司实质合并破产重整案"中，法院认为案涉六家公司存在人格高度混同情形，主要表现在："人员任职高度交叉，未形成完整独立的组织架构；共用财务及审批人员，缺乏独立的财务核算体系；业务高度交叉混同，形成高度混同的

经营体，客观上导致六家公司收益难以正当区分；六家公司之间存在大量关联债务及担保，导致各公司的资产不能完全相互独立，债权债务清理极为困难。"① 上述关联企业人格高度混同的认定规则可以直接适用。

最高人民法院指导案例第 164 号"重庆金江印染有限公司、重庆川江针纺有限公司破产管理人申请实质合并破产清算案"中认为，"发现金江公司与川江公司自 1994 年、2002 年成立以来，两公司的人员、经营业务、资产均由冯秀乾个人实际控制，在经营管理、主营业务、资产及负债方面存在高度混同，金江公司与川江公司已经丧失法人财产独立性和法人意志独立性，并显著、广泛、持续到 2016 年破产清算期间，两公司法人人格高度混同。另外，金江公司与川江公司在管理成本、债权债务等方面无法完全区分，真实性亦无法确认。……"② 上述关联企业人格高度混同的认定规则亦可以直接适用。

2019 年 3 月，《深圳市中级人民法院审理企业重整案件的工作指引（试行）》第 46 条规定："关联企业成员持续、普遍存在下列情形的，可以认定法人人格高度混同：（一）主要经营性财产难以区分；（二）财务凭证难以区分或者账户混同使用；（三）生产经营场所未明确区分；（四）主营业务相同，交易行为、交易方式、交易价格等受控制企业支配；（五）相互担保或交叉持股；（六）董事、监事或高级管理人员交叉兼职；（七）受同一实际控制人控制，关联企业成员对人事任免、经营管理等重大决策事项不履行必要程序；（八）其他导致关联企业成员丧失财产独立性且无法体现独立意志的情形。"

从以上规则可见，"高度混同"强调的是混同的程度，在判

---

① 最高人民法院指导案例 163 号（2021 年）。
② 最高人民法院指导案例 164 号（2021 年）。

断是否达到"高度"这一程度时，我们可以采取"主观 + 客观"的分析角度。

主观方面，即法人意志独立性，主要体现为核心企业对从属企业在主观层面的过度控制，使其丧失独立的经营自主权，一般可以体现在上述深圳规则第 46 条第 4、6、7 项；客观方面，即资产与负债方面的客观表现，一般可以体现在上述深圳规则第 46 条第 1、2、3、5 项。

（二）成本方面：难以区分各关联企业成员财产或者区分各关联企业成员财产的成本过高

实践中，部分关联企业的财产没有边界，对 A 公司的办公用房，B 公司长期使用视为己有，B 公司贷款，却由 A 公司偿还等，根本无法区分；或为了区分企业的独立资产和债务不仅花费的时间长、费用高，更可能在强行区分的过程中产生确权诉讼、取回权诉讼、撤销权诉讼、抵销权诉讼等各类破产衍生诉讼，再一次拉长时间成本、增加破产费用。当无法区分或者严格区分各关联企业的独立财产成本过高时，应当结合其他条件确定对关联企业进行实质合并破产。

为此，管理人在办理南阳市锦寓置业有限公司合并破产重整等类似案件时，在参考审计机构做出的《财务混同专项审计报告》相关数据结果的基础上开展尽职调查，并且主要应围绕以下几个方面的因素开展相应证据的搜集和整理工作，具体规则如下。

（1）关联企业之间是否存在公司流动资金、货币资产、固定资产等经营性资产在占有、使用、收益、处分等方面难以区分的情形。

（2）关联企业之间是否存在财务账簿、会计凭证难以区分以及互相混合使用共同账户的情形。

（3）关联企业之间是否存在生产经营场所互相无偿使用无法明确区分的情形。

（4）关联企业之间是否存在财务管理人员交叉任职、兼职的情形，各公司财务人员不能相互独立履职，财务管理体制交叉严重的情形。

（5）关联企业之间是否存在审计机构认定的相关财务混同的情形。

（三）结果方面：分别清算则严重损害债权人公平清偿利益，实质合并破产有利于保护普通债权人的公平受偿权

最高人民法院指导案例第 164 号"重庆金江印染有限公司、重庆川江针纺有限公司破产管理人申请实质合并破产清算案"中认为，"……查明两公司法人人格高度混同、相互经营中两公司债权债务无从分离且分别清算将严重损害债权人公平清偿利益，故管理人申请金江公司、川江公司合并破产清算符合实质合并的条件。"最高人民法院从反面阐述的上述规则可以直接适用。

实践中发现，一个企业如果单独破产，可能造成其他关联企业债权人受偿失衡，即清偿利益过高于或者过低于核心企业的债权人受偿，违背破产法公平保障债权人受偿权的立法本意。随着破产程序的展开，管理人往往又发现，大量存在着破产企业滥用法人人格独立的情形，核心企业恶意在其从属企业中安排资产和负债的结构，以达到其逃避债务、"金蝉脱壳"的不法目的。实质合并破产正是对滥用法人独立人格和过度控制关联企业的矫正，目的在于公平保护债权人受偿权。当案件基本事实显示，如果单独破产，可能导致关联企业的债权人与独立破产企业的债权人权利严重失衡时，基于公平考虑，管理人应将此等情形作为确定进入实质合并破产程序的重要依据。

所以，上述规则应表述为，当关联企业分别清算严重损害债权人利益时应考虑适用实质合并破产，从而符合破产法保护债权人公平受偿权的立法目的。

（四）必要性方面：实质合并破产确有必要，系最优选项，有利于兼顾效率与公平

（1）各关联企业均符合破产条件不应成为规则，而是坚持实质合并确有必要规则。反对的学者认为，如果关联企业并不具备法定的破产原因而将之纳入合并破产，则事实上剥夺了该关联企业的生存权，其认为各个关联企业均应具备破产原因。对此，最高人民法院第 163 号指导案例一针见血指出："具体到债权人而言，在分别重整的情形下，各关联企业中的利益实质输入企业的普通债权人将获得额外清偿，而利益实质输出企业的普通债权人将可能遭受损失。但此种差异的根源在于各关联企业之间先前的不当关联关系，合并重整进行债务清偿正是企业破产法公平清理债权债务的体现。"

（2）不实质合并破产无法推进资产核实、审计、评估等工作，实质合并破产确有必要。如对各关联企业单独进行调查核实、审计、评估，将很可能因各破产关联企业资产边界不清、财务无法区分难以进行，将严重拖延破产程序，进而导致资产不断贬值，最终导致债权人的利益受到严重损害。实质合并破产可以解决上述问题。

（3）不实质合并破产无法引入战略投资者、制订可行的重整计划草案，实质合并破产确有必要。如单体破产，因各关联企业资产难以准确估值，投资人招募、重整方案制订更难，况且各关联企业投资方案和重整计划草案可能无法有效衔接，单独破产重整计划执行也有难度。实质合并破产后，各关联企业成为一个共同体，上下游资源统一整合，资产统一调度，资产与负债结构更加清晰，整体投资方案更易制订，重整计划更切实可行而易被债权人接受，执行也更有保障。

从不同模式解析关联企业合并破产的类型化

岳鸿远[*]

摘要：破产是企业经营过程中可能面临的重大挑战之一，而合并则是企业在行业竞争和市场环境变化中寻求生存和发展的重要策略。然而，当这两种情况发生在关联企业之间时，会产生一种复杂而特殊的现象——关联企业的合并破产。本文将从不同模式出发，探讨关联企业合并破产的类型化问题，旨在通过深入研究和分析不同模式的关联企业合并破产，提出关联企业合并破产的类型化理论。通过引入新的理论模型，挖掘并归类了各种类型的合并破产案例，这为理解和应对这一现象提供了新的视角。

关键词：关联企业　合并破产　类型化　模式

一、合并与破产的理论基础和历史回顾

（一）合并的理论模型

企业合并是一种常见的战略决策，它有助于企业扩大规模、提高效率或者获取关键资源。在企业合并的研究中，已经形成了多个理论模型。

对于合并的动机，经济学家提出了多种理论。市场力量理论认为，企业通过合并可以增加市场份额，提高议价能力，从而取

---

* 岳鸿远，获嘉县人民法院民事审判庭副庭长，一级法官。

得更大的经济收益。资源依赖理论认为，企业合并是获取或确保关键资源的重要手段。技术经济学视角则强调合并可以实现规模经济和范围经济，降低生产和运营成本。

合并的过程和效果也有相应的理论模型。代理理论和股权治理理论从管理层和股东之间的关系出发，探讨了合并如何影响公司治理结构和企业价值。交易成本理论则着重分析了合并可以降低交易成本，提高运营效率。

（二）破产的理论模型

破产是企业经济活动中可能遇到的一种极端状态，它发生在企业财务状况极度恶化，无法偿还债务时。针对破产的发生，经济学家们提出了若干理论模型。

财务杠杆模型（Modigliani and Miller，1958）是理解破产的一个重要框架。这个模型认为，公司的负债结构决定了破产的可能性。过多的负债会增加破产的风险，所以企业应该寻求一个适合自己的财务结构，以最小化破产成本。Altman（1968）发展了著名的 Z 分数模型，通过财务指标预测企业的破产风险。这个模型对于识别和管理企业的财务风险具有很大的实用价值。

代理成本理论（Jensen and Meckling，1976）进一步阐述了如何通过改善公司治理结构，降低代理成本，从而降低破产的风险。

产权理论（Hart and Moore，1998）认为，破产并不总是一种坏事。在某些情况下，破产可以实现公司的所有权重新配置，使得资源得到更有效的利用。

（三）关联企业合并破产的历史案例

以下两个案例代表了不同的合并破产模式，通过对这两个案例的深入分析，可以对关联企业合并破产有更深入的理解。

1. 雷曼兄弟破产案

雷曼兄弟破产的案例显示了关联企业合并破产的风险。雷曼兄弟的破产不仅导致其自身的破产，也带来了其关联企业的连锁反应。这个案例反映了直接合并破产模式的特点，即由于企业之间的紧密联系，一家企业的破产可能会引发关联企业的破产。

2. 通用汽车破产案

通用汽车破产的案例显示了关联企业通过合并破产重组的可能性。虽然通用汽车的部分业务因破产而被停止，但其核心业务通过合并和重组得以存续。这个案例反映了间接合并破产模式的特点，即企业通过合并和重组，实现了破产的转型。

表1对两个案例进行了比较。

表1　两个关联企业合并破产的历史案例

案例	合并破产模式	结果
雷曼兄弟	直接合并破产模式	企业彻底破产，全球金融市场震动
通用汽车	间接合并破产模式	企业通过合并和重组，走出破产

关联企业合并破产的模式和结果会受到多种因素的影响，包括企业的财务状况、业务模式、市场环境等。这些因素的不同组合，可能导致关联企业合并破产的不同类型，也可能导致不同的结果。这也是本文接下来要探讨的主题。

二、关联企业合并破产的模式

（一）直接合并破产模式

直接合并破产模式是一种较为常见的合并破产模式，它是指通过合并活动直接引发企业破产的情况。这种模式一般运用在一家或多家经营困难的企业选择通过合并来尝试改善经营状况，但合并后的企业仍无法摆脱困境，最终导致破产的情况。

在直接合并破产模式中，企业通常希望通过合并实现经济规模，提高运营效率，或者获取关键的市场或技术优势。然而，这样的合并活动往往伴随着巨大的风险。首先，企业可能高估了合并的经济效益，导致合并后的财务表现不如预期。其次，合并可能会引发企业内部的管理混乱和文化冲突，从而影响企业的运营效率和员工士气。最后，合并活动可能需要大量的财务投入，加大了企业的财务风险。

以前文的雷曼兄弟破产案例为例，雷曼兄弟通过合并和收购的方式迅速扩大规模，成为全球最大的证券公司之一。然而，合并活动并未为雷曼兄弟带来预期的益处，反而因为过度投资房地产相关证券，加大了其财务风险。最终，在2008年金融危机爆发后，雷曼兄弟的财务状况无法维持，被迫申请破产。这个案例充分反映了直接合并破产模式的风险。

总的来说，直接合并破产模式具有一定的风险，企业在进行合并活动时，应该充分考虑到合并的可能影响，并尽量采取措施来降低破产的风险。对于管理层来说，他们需要具备出色的风险管理能力，以确保企业在合并后能够实现预期的效益，避免陷入破产的境地。对于监管机构来说，他们需要加强对合并活动的监管，确保企业的合并活动符合法规，避免企业因合并活动而引发的破产对社会和经济带来更大的影响。

（二）间接合并破产模式

间接合并破产模式主要是指一种企业通过合并活动间接导致破产的情况。相对于直接合并破产模式，这种模式更具复杂性，因为它并不是单一的合并行为直接导致了破产，而是在合并后的一段时间内，由于各种内外部因素的影响，最终导致企业的财务状况恶化，走向破产。

间接合并破产模式可能涉及的因素非常多，包括但不限于：合并后的经营效率低下，内部管理混乱，技术整合困难，市场竞争压力增大，经营环境恶化等。在这种模式中，合并行为本身并不直接导致破产，但它可能改变了企业的内部结构和外部环境，从而增大了企业破产的风险。

以美国汽车制造商克莱斯勒公司的破产为例。2007年，克莱斯勒公司与德国戴姆勒公司合并，成立了戴姆勒—克莱斯勒集团。然而，合并后的公司并未实现预期的效益，反而出现了大量的问题，包括销售额下滑、管理混乱、技术整合困难等。这些问题使得合并后的公司财务状况恶化，最终在2009年，克莱斯勒公司被迫申请破产保护。

对于企业来说，他们在进行合并活动时，应该充分考虑到可能的风险，并制订应对策略。此外，企业还需要加强合并后的管理，确保合并能够实现预期的效益，避免走向破产。对于监管机构来说，他们需要加强对合并活动的监管，防止企业通过合并行为逃避责任，同时也要监督企业合并后的运营情况，避免合并活动导致的社会和经济风险。

（三）混合合并破产模式

混合合并破产模式是指企业在合并过程中同时存在直接和间接导致破产的因素。这种模式的特点是合并行为直接导致一部分破产风险，同时合并后的内外部环境也对企业破产产生了推动作用。

在混合合并破产模式中，直接合并导致破产的因素可能包括合并成本过高、资本结构失衡、资产负债率过高等；间接导致破产的因素可能包括管理效率低下、市场竞争压力增大、经营环境恶化等。

同时，合并后的管理混乱和金融市场环境的恶化也间接推动了破产的发生。所以在混合合并破产模式中，企业需要在合并前对可能的破产风险进行全面评估，同时也要对合并后可能出现的问题有所准备，以避免破产的发生。对于监管机构来说，他们需要对企业的合并活动进行全面的监管，同时也要关注合并后的企业运营情况，防止合并破产对社会和经济产生更大的影响。

三、关联企业合并破产的类型化

（一）财务驱动的合并破产

财务驱动的合并破产模式是指由于企业的财务决策或财务状况的问题，导致企业在合并后无法维持其运营，进而导致破产。在此模式中，破产的直接原因是企业财务问题的存在，而非其经营模式或市场环境的改变。

财务驱动的合并破产通常涉及以下几种情况：高负债率的并购，过高的并购溢价，以及对并购后的财务状况评估不足。企业在合并过程中可能由于这些原因导致财务压力增大，从而无法维持运营，进而导致破产。以下将详细分析。

（1）高负债率的并购。并购通常需要大量的资金，如果企业选择通过借款的方式完成并购，可能导致负债率急剧升高。在一些并购活动中，企业可能为了获得竞争优势，在超出其负债承受能力的范围进行借款。这种情况下，任何小的市场波动或者运营问题都可能导致企业无法偿还负债，进而导致破产。

（2）过高的并购溢价。并购溢价指的是并购价格超过被并购企业的公允价值的部分。如果并购溢价过高，那么并购方需要更多的时间和资源去实现合并后的价值，而这可能增加并购方的财务压力和破产风险。

（3）对并购后的财务状况评估不足。在并购过程中，如果对被并购企业的财务状况或者并购后的财务状况评估不足，可能导致并购后的企业无法维持运营，进而导致破产。

这种类型化的破产模式提醒企业在进行并购时需要充分考虑其财务状况和并购对财务的影响，对并购成本和并购后的财务状况进行充分评估和规划。同时，也需要有针对性地设计出相应的财务风险管理机制，以避免因财务问题导致破产风险。

（二）管理驱动的合并破产

管理驱动的合并破产是由企业管理层的决策失误或决策缺乏科学性而引发的破产模式。在合并过程中，如企业对管理风险、文化冲突、整合难度等关键因素估计不足，往往容易导致破产。以下分析几个主要的触发因素。

（1）管理风险。企业在合并过程中，管理层的决策直接影响企业的运营和发展。一旦管理层犯下重大的策略或者运营错误，如对市场趋势的判断失误、投资决策错误等，可能直接导致企业的经营危机，进而引发破产。

（2）文化冲突。企业文化是公司内部统一的价值观、行为规范等，对于企业的运营具有重要的影响。在并购过程中，如果双方的企业文化存在巨大的差异，且未能有效解决，可能导致员工士气低落、工作效率降低，进一步导致企业运营困难，引发破产。

（3）整合难度。合并企业往往涉及组织结构、业务流程、信息系统等多个层面的整合。如果整合过程中遇到的困难超出了企业的预期，可能导致整合周期延长、成本增加，进而影响企业的运营，可能触发破产。

管理驱动的合并破产通常是多因素交织的结果，企业在进行并购的时候，需要充分评估和规划，特别是要重视企业管理、企业文化和整合过程中可能出现的问题，以减少合并破产的风险。

（三）市场驱动的合并破产

市场驱动的合并破产主要源自企业并购决策的市场环境因素，这主要涉及行业景气周期、市场竞争状况、技术进步、法规变化等。以下对市场驱动的合并破产的几个主要方面进行探讨。

（1）行业景气周期。企业并购活动往往在行业景气阶段进行，然而，行业的繁荣往往可能掩盖行业的潜在风险。当行业进入衰退期，可能导致并购后的企业经营困难，甚至破产。例如，2008年金融危机期间，银行业并购活动频繁，但许多并购后的银行因为行业的整体衰退而陷入破产。

（2）市场竞争状况。在高度竞争的市场中，企业往往通过并购来扩大市场份额，然而，竞争的激烈可能导致企业的利润水平下降，使得并购后的企业无法维持运营，进而破产。例如，21世纪初，电信行业竞争激烈，许多电信公司通过并购来寻求规模效应，但高竞争使得并购后的公司利润下降，多家公司最终陷入破产。

（3）技术进步。科技行业的迅速发展使得许多企业通过并购来获取新技术，然而，技术的快速变化可能使得并购后的企业技术过时，导致市场份额下降，进而可能破产。例如，20世纪90年代后期，许多企业通过并购来获取互联网相关技术，然而技术的快速迭代使得一些并购后的企业无法跟上，最终导致破产。

（4）法规变化。政策环境的变化可能影响并购后的企业运营。例如，政策收紧可能使得企业无法获取预期的收益，甚至导致企业破产。2007年，中国实施了新的《中华人民共和国企业破产法》，一些企业由于对新法不适应，导致并购后的企业运营困难，甚至破产。

市场驱动的合并破产显示了市场环境对企业并购决策的重要影响。企业在进行并购决策时，需要充分考虑市场环境因素，以降低合并破产的风险。

（四）小结

根据以上内容可得出相关分析（见表2）

表2　关联企业合并破产的类型化及其风险来源和实例分析表

类别	主要驱动因素	风险来源	举例
财务驱动的合并破产	高负债率的并购、过高的并购溢价、对并购后的财务状况评估不足	资本结构和财务风险	购买企业负债过高，超出了自身偿债能力

类别	主要驱动因素	风险来源	举例
管理驱动的合并破产	管理风险、文化冲突、整合难度	人力资源和组织管理风险	并购后的企业因为内部管理不善或者决策失误导致运营困难
市场驱动的合并破产	行业景气周期、市场竞争状况、技术进步、法规变化	行业和市场风险	企业在市场或行业出现状况变化时，未能及时适应，导致破产

表 2 从驱动因素、风险来源和具体例子三个维度对财务驱动、管理驱动和市场驱动的合并破产进行了详细的分类和对比。可以看到，不同类型的合并破产，其背后的主要驱动因素和风险来源是不同的。财务驱动的合并破产更多的是源自企业的财务状况和资本结构，管理驱动的合并破产主要是由于企业的内部管理和战略决策，而市场驱动的合并破产则主要受到外部市场环境和行业景气的影响。

这种分类分析对于理解合并破产的成因和过程具有重要的价值。企业在进行并购决策时，应对以上各类风险进行全面的评估和管理，以避免走向破产的道路。同时这也对政策制定者在制定相关政策，如并购审核、破产处理等方面具有指导价值，有助于更有效地防范和处理企业合并破产问题。

四、类型化合并破产的影响和应对策略

（一）对企业经营管理的影响

合并破产不仅影响财务稳定性，更深远地影响企业的经营管理。理解和分析合并破产对企业经营管理的影响，不仅有助于企

业提前防范和应对，同时对政策制定者和投资者也具有重要意义。

第一，合并破产对企业战略规划产生深远影响。企业合并往往是企业长期发展策略的一部分，其失败可能使企业失去未来发展的方向和动力。更进一步，合并破产可能导致企业彻底改变其战略目标，由原本的扩张和发展转向生存和稳定。

第二，合并破产对企业人力资源管理产生严重影响。合并破产通常导致大量的员工流失，特别是关键人才，这对于企业的稳定性和持续发展都构成严重威胁。合并破产还可能引发员工对未来的担忧，从而降低员工的工作效率和满意度。

第三，合并破产对企业的供应链管理也产生负面影响。供应商和客户对企业的合并破产常常持谨慎态度，他们可能会选择减少交易，或者寻找新的业务伙伴，这进一步加剧了企业的经营压力。

第四，合并破产对企业的财务管理带来严重的冲击。企业可能失去信贷机构和投资者的信任，导致融资难度增加，甚至无法融资。这将严重限制企业的发展机会，可能导致企业进入一种恶性循环：财务压力增大，经营难度提高，进一步加剧财务压力。

总结起来，企业合并破产对企业经营管理的影响是全面而深远的，需要企业、政策制定者和投资者高度重视。在企业合并过程中，应积极采取措施，避免合并破产的发生，以维护企业的稳定和持续发展。

（二）对资本市场的影响

合并破产事件在资本市场中引发的影响往往是深远且多元的。其冲击力并不局限于涉事企业自身，同时会对资本市场的稳定性、效率以及投资者信心产生一定影响。

企业合并破产可能引发资本市场对涉事企业股票的大幅调整。通常情况下，企业合并能带来合理的期待效益，然而，合并破产的发生往往迅速打破市场对企业未来的乐观预期，从而导致股票价格的大幅下跌。

合并破产事件也会对资本市场中的其他企业产生连锁反应。这不仅体现在竞争对手或供应链相关企业的股价波动，还可能引发市场对同行业或相似业务模式企业的信心下滑，引发全面性的市场调整。

企业合并破产可能导致市场对并购事件的整体风险感知增加。这种影响可能会扩散到整个市场，使得企业更加谨慎地对待并购事件，投资者也会更加审慎地评估并购企业的风险，导致市场并购活动的整体减少。

合并破产事件的发生可能引起监管部门对资本市场规则的反思和修正。企业合并破产的发生往往会揭示现行市场规则的某些不足，引发社会对市场公平性和有效性的质疑，这可能促使监管部门对并购规则进行修订，以防止类似事件再次发生。

（三）应对策略和建议

面对关联企业合并破产的可能性及其可能带来的影响，企业、投资者和监管机构需要采取一定的应对策略。表3是针对以上三种合并破产类型的应对策略和建议。

表3　不同类型合并破产的应对策略和建议

类型	企业应对策略	投资者应对策略	监管机构应对策略
财务驱动的合并破产	作出详细财务评估，确保偿债能力	关注并购企业财务状况	加强并购前期审核、并购过程监督
管理驱动的合并破产	建立健全的管理机制，提高整合能力	关注并购企业管理团队和企业文化	加强并购过程监督、并购后的跟踪审计
市场驱动的合并破产	提高市场敏感度，了解行业和市场环境	考虑市场因素，如行业竞争状况、行业景气周期等	完善并购监管规则，防止企业合并破产

通过对不同模式下的关联企业合并破产的深入分析，本文归纳了合并破产的三种主要类型：财务驱动、管理驱动和市场驱动的合并破产。这种分类的提出，有助于更深入理解合并破产的动态过程和影响因素，从而为企业决策者和政策制定者提供新的视角。同时，本文也对每种类型的合并破产的影响进行了分析，并提出了相应的应对策略和建议，旨在帮助企业更好地应对合并破产的挑战。

关联企业实质性合并破产审查
标准之法人人格混同

——以 2023 年河南省高级人民法院发布的
四起典型案例为分析样本

谷站营　李珠琳[*]

摘要："法人人格混同"作为关联企业实质性合并破产案件裁判中的核心标准，与公司法上的法人人格否认制度极易混淆。两者都会导致法人的独立人格被否定，在适用条件上也有相似之处，但二者之间存在较大的差别且相互不可替代。本文以河南省 2023 年 5 月发布的四起关联企业破产重整案例为样本，分析关联企业实质性合并破产中的"法人人格混同"与公司法上法人人格否认制度的区别。

关键词：关联企业　实质性合并规则　法人人格混同　审查标准

一、梳理四起典型案例的基本情况及法院对"法人人格混同"的认定

（一）基本案情梳理

1. 河南红旗煤业股份有限公司等 7 家公司合并重整案

河南红旗煤业股份有限公司（以下简称"红旗煤业"）及其

---

* 谷站营，北京大成（洛阳）律师事务所副主任，三级律师，法学硕士；李珠琳，北京大成（洛阳）律师事务所专职律师，法学硕士。

下属的 6 家全资子公司郑州鹏泰高新建材制品有限公司、巩义市华泰煤业投资有限公司、巩义市华泰煤业有限公司、郑州科泰耐材制品有限公司、郑州泰安矿建有限公司、巩义市华瑞商贸有限责任公司（以下简称"郑州鹏泰等 6 家子公司"）出现经营困难，严重资不抵债。根据债权人申请，巩义市人民法院（以下简称"巩义法院"）分别于 2020 年 10 月 25 日、2021 年 5 月 13 日裁定受理红旗煤业破产重整案并指定管理人接管红旗煤业。

管理人在履职过程中发现，红旗煤业与郑州鹏泰等 6 家子公司存在法人人格高度混同的情形，郑州鹏泰等 6 家子公司已严重丧失法人意志独立性和财产独立性，且郑州鹏泰等 6 家子公司均已出现破产原因，故管理人于 2021 年 7 月 1 日向巩义法院申请对前述 7 家公司实施合并重整。

经公开听证，巩义法院认为郑州鹏泰等 6 家子公司与红旗煤业人格混同具有广泛性、持续性，公司的财产和法人意志已失去独立性，为提高程序效率、节约成本，最大限度地公平保护所有债权人的整体利益，提升红旗煤业的重整价值和重整成功率，同意管理人的申请，裁定将郑州鹏泰等 6 家子公司纳入红旗煤业进行实质合并重整。此后，管理人将红旗煤业等 7 家公司作为一个整体引进战略投资人，制订合并重整计划草案。该合并重整计划草案经第二次债权人会议分组表决高票通过。经管理人申请，巩义法院于 2021 年 12 月 31 日裁定批准重整计划并终止重整程序。①

2. 洛阳万山湖旅游有限公司及洛阳荆紫仙山旅游开发有限公司合并破产重整案

河南省新安县人民法院（以下简称"新安县法院"）于 2017 年 7 月 25 日作出（2017）豫 0323 破 3 号裁定书，裁定受理洛阳

---

① 全国企业破产重整案件信息网，https：//pccz. court. gov. cn/pcajxxw/searchKey/qzss?ssfs＝1，访问日期：2023 年 7 月 4 日。

万山湖旅游有限公司（以下简称"万山湖公司"）的破产清算申请，并于次日指定管理人。

后管理人发现洛阳荆紫仙山旅游开发有限公司（以下简称"荆紫仙山公司"）与万山湖公司相互融资借贷、互为担保，股权交叉混乱，出资账目往来不清，在公司经营管理、财务管理、人员管理等方面存在混同。2017年11月30日，根据债务人荆紫仙山公司的申请，新安县法院作出（2017）豫0323破3号之二裁定书，裁定受理荆紫仙山公司同万山湖公司的合并破产申请，并指定同一管理人接管这两家公司。

2019年1月28日新安县法院作出（2017）豫0323破3号之四裁定书，裁定对万山湖公司和荆紫仙山公司合并重整。2020年12月28日，新安县法院批准了管理人提交的重整计划。后因受国家防疫政策及自然灾害影响，普通债权清偿率受到影响，新安县法院裁定终止万山湖公司和荆紫仙山公司的合并重整程序。

2022年1月11日，经管理人申请，新安县法院作出裁定批准经债权人会议表决通过的合并重整计划。①

3. 新乡市新运交通运输有限公司等20家公司合并重整案

新乡市新运交通运输有限公司（以下简称"新运公司"）于2006年成立，经营内容涵盖客运、货运、大型物件运输、旅游、仓储、客运站经营等多项业务。后因新运公司多年来业务频繁扩张、经营范围过大，加之受新冠疫情影响，新运公司资金链断裂，严重资不抵债。新运公司名下多处土地被抵押、查封。2020年10月9日，债权人以新运公司不能清偿到期债务，但具有重整可行性和必要性为由向新乡市中级人民法院（以下简称"新乡中院"）申请对新运公司进行重整，新乡中院于2020年11月4日作出（2020）豫07破申14号民事裁定书，裁定受理新运公司重整案。

---

① 参见河南省新安县人民法院（2017）豫0323破3号之十三民事裁定书。

后新乡中院陆续受理新乡市平原客运场站有限公司、新乡市新运公共交通有限公司等 19 家公司（以下简称"平原等 19 家公司"）破产重整案，并指定同一管理人担任包括新运公司在内的 20 家公司的管理人。

管理人在履职过程中发现新运公司与平原等 19 家公司（以下简称"新运等 20 家公司"）之间存在经营管理、劳动人事、财务管理、资产管理等方面的人格高度混同情形，区分相关企业成员的财产与债权债务关系成本过高，故而于 2021 年 1 月 26 日向新乡中院申请新运等 20 家公司合并破产，新乡中院于 2021 年 1 月 28 日作出合并破产重整裁定。2022 年 1 月 24 日，新乡中院裁定批准新运等 20 家公司的重整计划草案并终止合并重整程序。①

4. 河南银鸽实业投资股份有限公司等 7 家公司破产重整案

河南银鸽实业投资股份有限公司（以下简称"银鸽实业公司"）是河南省规模最大的造纸企业之一，对地方经济发展具有重要影响。后因公司经营面临严重困难、资金短缺，无力清偿到期债务，经债权人申请，河南省漯河市中级人民法院（以下简称"漯河中院"）于 2021 年 3 月 23 日作出（2021）豫 11 破申 2 号民事裁定书，裁定受理银鸽实业公司重整案。

漯河银鸽生活纸产有限公司、漯河银鸽再生资源有限公司、河南无道理生物技术股份有限公司、河南银鸽工贸有限公司、漯河银鸽至臻卫生用品有限公司、漯河银鸽特种纸有限公司等 6 家公司（以下简称"银鸽生活纸等 6 家公司"）系银鸽实业公司的子公司。因银鸽生活纸等 6 家公司与银鸽实业公司之间在人员管理、资金使用、生产经营等方面存在紧密联系，2021 年 6 月 15 日，银鸽实业公司向漯河中院申请对银鸽生活纸等 6 家公司进行

---

① 全国企业破产重整案件信息网，https://pccz.court.gov.cn/pcajxxw/gkaj/gkajxq?id=694A973D552B54544BBCACB05F478A31，访问日期：2023 年 7 月 5 日。

重整，漯河中院于同年 6 月 17 日裁定受理银鸽生活纸等 6 家公司破产重整案，并采用协调审理的方式进行整体债务风险化解。

2022 年 6 月 7 日，根据管理人申请，漯河中院作出（2021）豫 11 破 2 – 1 号、4 – 1 号、5 – 1 号、6 – 1 号、7 – 1 号、8 – 1 号、9 – 1 号裁定书，裁定批准银鸽实业公司等 7 家公司重整计划并终止其重整程序。①

（二）审查标准之"法人人格混同"的认定

从上述四个案例的名称可以看出，前面三个案例均为"合并重整案"，而最后一个则定义为"破产重整案"，其中的区别就在于关联企业破产时，究竟属于实质性合并破产还是只是应用了公司法人人格否认制度。

（1）巩义法院认为"郑州鹏泰等 6 家子公司与红旗煤业公司人格混同具有广泛性、持续性，公司的财产和法人意志已失去独立性"，因此将郑州鹏泰等 6 家子公司纳入红旗煤业实质合并重整。② 笔者认为红旗煤业与郑州鹏泰等 6 家公司之间属于母子公司关系，二者的混同本质上属于公司与其股东之间在财产、业务、人员等方面"混同"，这是一种"纵向人格混同"关系。

（2）新安县法院经审查认为"万山湖公司和荆紫仙山公司表面是两个独立公司，但实际上两个公司财务管理、人员、事务是混同的，两个公司相互融资借贷、互为担保，且股权交叉混乱，出资账目往来不清。在万山湖公司进入破产程序后，荆紫仙山公司已无法独立经营，独立偿债"，故裁定对万山湖公司和荆紫仙山公司合并重整。③ 该案中，万山湖公司与荆紫仙山公司受同一母公司控制，在财务、业务、人员方面存在混同，这是一种"横向人

---

① 全国企业破产重整案件信息网，https：//pccz. court. gov. cn/pcajxxw/searchKey/qzss?ssfs＝1，访问日期：2023 年 7 月 5 日。

② 河南省巩义市人民法院（2020）豫 0181 破 3 号之三民事裁定书。

③ 河南省新安县人民法院（2017）豫 0323 破 3 号之四民事裁定书。

格混同"关系。

（3）新乡中院认为"新运等 20 家公司在经营场所、人员、资产、财务、管理上存在高度混同的情形，已丧失对各自企业的经营决策权和意志控制力，导致各自财产、债权和债务无法区分，已构成法人人格混同，对债权人权益造成实质损害"。因此裁定对新运等 20 家公司进行合并破产重整。[①] 该案同样属于"一套人马，数块牌子"的情形，属于横向人格混同。

（4）漯河中院认为银鸽实业公司与其 6 家子公司之间在人员管理、资金使用、生产经营等方面存在紧密关联，因此采用协调审理的方式进行整体债务风险化解。该案中，银鸽实业公司与银鸽生活纸等 6 家公司同样是母子公司关系，二者的混同也属于公司与其股东之间在财产、业务、人员等方面的纵向人格混同。

综上可以看出，实践中，关联企业的合并清算或重整源于纵向或横向的人格混同，一些学者认为我国关联企业实质性合并破产中，基本都是横向混同关系，而基于纵向混同关系导致的合并清算或重整只是公司法人人格否认制度在破产法中的应用。[②]

二、关联企业实质性合并规则中的"法人人格混同"

（一）与公司法上的"法人人格否认"相区别

《公司法》第 23 条第 1 款规定了"法人人格否认"制度，根据该条规定，公司股东滥用公司法人地位和股东有限责任，逃避

---

① 河南省新乡市中级人民法院（2020）豫 07 破 14－15 号，（2021）豫 07 破 1－10、12－19 号民事裁定书。

② 赵惠妙、左常午：《我国关联企业实质合并破产的裁定标准》，载《法律适用》2022 年第 4 期，第 96 页；龚家慧：《关联企业实质合并破产启动规则研究》，华东政法大学 2020 年博士学位论文，第 67 页。

债务，严重损害公司债权人利益的，应当对公司债务承担连带责任。该规定要求母公司（股东）以其个人资产对子公司债务承担连带责任，否定子公司的独立人格。而关联企业实质性合并规则不要求关联公司的股东以其额外的财产来承担公司债务，而是将各自独立的关联企业的资产统一汇集到资金池中，不论外部债权人所负债权是哪个成员企业的，都可以按比例清偿。

1. 适用条件不同

关联企业之间因存在人格混同可能会进行实质性合并破产，但企业间人格混同并不是唯一的审查要素，而是必要条件之一；而在公司法中，只有在法人人格混同的情况下才能适用"揭开公司面纱"制度，从而突破法人人格独立的壁垒。这种对公司独立人格的否认是通过追究公司背后的股东展开的，而不能逆向揭开公司面纱，即通过股东去追究其公司的责任。

2. 适用范围不同

关联企业破产中的人格混同仅及于企业法人，且该规则是终极地、整体地、全面地、永久地否认，不局限于个别行为或事项；而公司法上的"法人人格否认"适用于特定的交易事项，但通过法人人格否认追究的责任主体可能是自然人或公司。

3. 法律后果不同

对于实质性合并破产清算的关联企业，合并清算后，关联企业会被解散并注销工商登记，其法律实体将不复存在。如果是实质性合并破产重整的关联企业，当重整程序结束后，各关联企业是否保留原有的法人人格，是否需要履行公司法上的合并程序进行注销或变更登记，则需要在经法院批准的重整计划中确定，或者由重整成功的企业自行决定。[①] 而且实质合并使得关联企业之间

---

① 王欣新：《关联企业实质合并破产标准研究》，载《法律适用（司法案例）》2017 年第 8 期。

的所有债权债务关系归于消灭，财产完全合并①；而公司法上的
"法人人格否认"并不会导致公司主体消灭，也不会导致股东个
人财产与公司财产完全合并。

4. 法律价值不同

关联企业实质性合并规则不仅是为了保护所有外部债权人的
公平受偿权，还在于对司法成本、程序效率的考虑；而公司法上
的"法人人格否认"仅仅保护了个别特定的利益受损的债权人。

（二）与公司法上的"法人人格否认"相联系

1. 公司法上的"法人人格否认"制度与破产案件中关联企业
实质性合并规则在历史根源上存在关联

在母子关联企业集团中，为使整个集团发展占据绝对优势，
母公司通常会控制或指挥子公司，有时为了集团利益可能要牺牲
兄弟企业的利益。这种对于成员企业不当干预的行为往往伴随着
部分被牺牲企业的资产骤减，而另一些成员公司的资产不正常增
加。这就意味关联企业成员的资产会因为一些非营利性的因素而
流转。正是因为关联企业间不正当的利益输送导致不同债权人的
利益清偿出现不公平，因此需要法律在此问题上作出进一步地调
整。② 也就是说，实质合并破产规则实际上脱胎于法人人格否认制
度，并逐渐发展成为一项独立的规则。③

2. "法人人格混同"是审查关联企业实质合并破产的核心
要素。

在我国，规范上和实务中都是以法人人格混同作为关联企业

①　王欣新、周薇：《论中国关联企业合并破产重整制度之确立》，载《北京航空
航天大学学报（社会科学版）》2012 年第 2 期。

②　朱慈蕴：《公司法人格否认法理在母子公司中的运用》，载《法律科学》1998
年第 5 期。

③　王静、蒋伟：《实质合并破产制度适用实证研究——以企业破产法实施以来 76
件案例为样本》，载《法律适用》2019 年第 12 期。

合并破产审查的核心要素甚至是唯一要素。而在关联企业合并破产实践的后续发展中，破产制度的特殊政策价值如债权人公平受偿、增加重整可能性等因素逐渐得到关注，对人格混同标准有所延伸，从而产生了区别于法人人格否认制度的实质合并破产规则。

（三）如何理解关联企业实质性合并规则中的"法人人格混同"

人民法院决定实质合并破产以后，其直接后果就是关联企业各方的独立人格不复存在，关联企业内部的债权债务关系归于消灭，外部的债权债务同归于合并的"一人"，所有关联企业要一起对外承担责任，共同对彼此的债权人负责。因此，实质性合并规则中的"法人人格混同"认定使得关联企业在事实上丧失了独立人格，该程序是对法人人格的一种逆向否认。

三、我国关于关联企业实质性合并破产中"法人人格混同"的制度规范

（一）《破产会议纪要》

《破产会议纪要》在第六章专门规定了关联企业破产问题，其中第 32 条规定了法院审查的"三要素"，即关联企业成员之间存在法人人格高度混同、区分各关联企业成员财产的成本过高、严重损害债权人公平清偿利益。其中对于法人人格高度混同如何认定，能否参照适用《公司法》的规定？成本过高如何判断，有无计算标准？如何判定债权人的清偿利益受到严重损害，严重程度如何衡量？对于这些问题，《破产会议纪要》均未能作出明确规定。且《破产会议纪要》作为司法审判的指导性文件，其效力位阶远低于法律。因此，我国目前不存在实质合并规则的直接适用规范，只能在既有的法律法规的基础上借由解释论来弥补立法

的缺陷。① 如最高人民法院在第 15 号指导性案例"徐工集团工程机械股份有限公司破产清算案"中就参照适用《公司法》第 23 条第 1 款的规定处理，创设了基于"人格混同"而否认关联企业独立地位，并因法人人格混同而对企业认定为关联关系，并要求对外部债权人承担连带责任的新的法律规范。②

（二）地方法院的司法文本

1. 全国其他省份

《破产会议纪要》发布后，各地法院结合本地司法实践经验对实质性合并规则进一步细化，如《深圳市中级人民法院审理企业重整案件的工作指引（试行）》（2019 年 3 月 14 日发布实施）第 45 条和第 46 条，《山西省晋中市中级人民法院关于关联企业实质合并破产工作指引（试行）》（2021 年 7 月 28 日发布实施）第 3 条、第 5 条和第 6 条，四川省资阳市中级人民法院《关于适用合并破产相关规定审理关联企业破产案件的实施意见（试行）》（2021 年 8 月 31 日发布实施）第 11 条，《山东省青岛市中级人民法院关联企业实质合并破产工作操作指引（试行）》（2021 年 10 月 29 日发布实施）第 5 条，《北京市第一中级人民法院关联企业实质合并重整工作办法（试行）》（2022 年 4 月 28 日发布实施）第 7 条，对于实质合并破产规则中的"法人人格混同"要素作出较为明确的规定，但上述规定大多呈碎片化模式，缺乏逻辑性和清晰的判断标准。而且上述司法文件都没有注意区分控制程度较高的关联企业与法人人格高度混同的情形。人格混同并不必然导致适用实质合并重整，只有高度混同导致区分成本过高、严重损害全体债权人利益，才会触发实质合并重整要件。那些控制程度

---

① 郭歌：《"揭开公司面纱"作为关联企业合并破产之路径：规范解释与质疑回应》，载《中国政法大学学报》2022 年第 4 期。

② 王军：《中国公司法》，高等教育出版社 2015 年版，第 66 页。

较高的关联企业运营中的一些共性特征，如资金的统一调拨使用、财务印章的统一管理等，不能简单地作为判断是否构成法人人格高度混同的标准。①

2. 河南省试行的司法文本

《破产会议纪要》出台之后，河南省各地方法院结合本地司法实践经验先后出台了相关工作指引，从"法人人格混同"要素审查这一角度来看，河南省这些工作指引大致可以分为两类。一类是在工作指引中对"法人人格混同"情形进行明确规定。如《郑州市中级人民法院关于关联企业实质合并破产操作指引（试行）》第16条、《洛阳市中级人民法院关于关联公司实质性合并破产操作指引（试行）》第8条、《安阳市中级人民法院关于关联公司实质性合并破产操作指引（试行）》第7条、《许昌市中级人民法院关于规范关联企业实质合并破产的工作细则》第18条、《焦作市中级人民法院关于关联企业实质合并破产工作指引（试行）》第15条、《周口市中级人民法院关于关联企业实质合并破产工作指引》第16条、《信阳市中级人民法院关联公司实质性合并破产操作指引》第8条，这些法院在工作指引中都对"法人人格高度混同"这一要素的认定作出明确要求。另一类则是在相关工作指引中规定了法院可以裁定关联企业实质合并破产的不同情形，其中包含"法人人格混同"情形，如三门峡市中级人民法院制定的《关联企业破产实质合并审理工作指引（试行）》第1条、河南省济源中级人民法院发布的《关于企业破产案件关联企业实质合并破产工作意见（试行）》第3条、新乡市中级人民法院《审理企业重整案件的工作指引》第20条，这些文件对于如何认定"法人人格混同"并不明确。

---

① 丁燕：《我国关联企业实质合并重整适用标准研究》，载《山东法官培训学院学报》2021年第6期。

综观全国各地的司法规范性文件，无论是专门对关联企业实质合并破产工作进行规范，还是在企业破产重整类工作指引设专章对关联企业实质性合并加以规范，对于其中核心的审查要素"法人人格混同"也只能做到尽量详细列举"混同"情形，却不能设定明确的标准指导法官判断"混同"应达到何种程度、"财产难以区分"、"董监高交叉兼职的程度"，实践中无法也无须加以明确，这属于法官自由裁量权的范围。

四、结语

关联企业合并破产是当前学界研究的热点，但我国现行有效的法律规定中并没有关于关联企业实质性合并破产的规定，在法律适用上，公司法关于公司法人人格否认的规定虽然与关联企业实质性合并破产相关联，[①] 但二者在适用条件、适用范围、法律后果、法律价值方面都存在很大差异。对二者进行区分有助于理论界与实务界对实质性合并破产规则的重要性达成共识，纠正"公司法上'揭开公司面纱制度'可以完全取代实质合并规则、实质合并规则并无存在的必要"[②] 之类的错误认识。本文对关联企业实质性合并破产审查标准中的"法人人格混同"要素进行粗浅分析，希望可以为司法实践提供一定的参考。

[①] 王欣新：《关联企业实质合并破产标准研究》，载《法律适用（司法案例）》2017 年第 8 期。

[②] 贺丹：《破产实体合并司法裁判标准反思——一个比较的视角》，载《中国政法大学学报》2017 年第 3 期。

破产检察监督的多维度构建

王翔雨　刘梦飞 *

摘要：检察权介入破产案件开展监督回应了破产实践的现实需求，具备正当性法律基础，但现行管理人中心主义的执行架构、法院主导的监督制度，以及债权人会议的决策机制限制了检察监督的适用空间。破产检察监督的体系构建，应加强与破产法的互动，转变被动监督理念，充实监督对象和内容，深化与破产程序参与主体的合作共赢，促进破产制度的作用发挥。

关键词：检察权　破产案件　法律监督　谦抑性

一、破产监督的困境揭示

（一）法院监督存在缺陷

不同于其他民商事案件，破产审判人员同时行使司法裁判权和事务管理权，体现为开庭与开会、办案与办事、审判与谈判的结合。在破产过程中，法院主导程序的启动、管理人的指定、破产债权的确认、方案的批准、程序的终结等全流程事项。不可否认，赋予法院总体监督的职责是有一定的价值优势的，但这种监督存在先天缺陷。

一方面，法院监督实施能力不足。在供给侧结构性改革背景下，破产案件数量呈现大幅增长态势，肩负繁重的办案任务，法

---

* 王翔雨，平顶山市人民检察院科员；刘梦飞，平顶山市中级人民法院法官助理。

院只能对重大环节或有争议的事项进行监督，而对于破产事务中的大量非法律事项无法做到详尽周延的关注，特别是对出于恶意侵占、转移财产目的而实施虚假诉讼等不法行为进而虚报债权的，面对成百上千笔债权，法院往往难以逐一调查核实，导致监督目的最终落空。另一方面，陷入自我监督困局。除管理人外，法院、负有协助义务的行政单位等破产程序参与主体同样需要被监督。但法院在破产案件中承担着主导者、裁决者和监督者的多重角色，容易出现"灯下黑"的局面，从而诱发债权人等利害关系人对法院与管理人合谋的质疑。

（二）债权人监督渠道不畅

我国《企业破产法》第 23 条、第 61 条、第 68 条、第 69 条分别规定了债权人会议与债权人委员会对管理人的监督权，包括对管理人实施日常事务的一般监督和重大财产处分行为的专项监督，但这种监督设计在破产实践中往往难以落实。一方面，债权人行使权利困难。债权人会议系会议机构，会议召集需要满足特定的条件和程序，频繁的会议会增加大量的破产成本，也会阻碍破产程序的高效推进。而债权人委员会在破产程序中属于非必需设立机构，可以设立，也可以不设立，具有很大的不确定性，且绝大多数成员代表并不具备法律或监督的经验，使得监督往往流于形式。另一方面，债权人信息获取困难。债权人有效行使监督权的前提在于及时、充分、全面了解破产程序进程和管理人的履职情况，而信息来源主要在于管理人的披露，我国破产法及有关司法解释关于信息披露的规定十分笼统，另外鉴于破产程序不法行为的隐蔽性，都导致债权人难以对管理人实施有效的监督。

（三）管理人责任追究困难

管理人作为破产法发展中最为主要的实践者，承担着大量专业性的法律事务与技术性较强的非法律事务，其作用发挥程度直接决定着破产制度功能的实现程度。我国破产法律监督制度集中于对管理人的单一监督，规定了很多监督措施，但在责任承担上较为模糊。2022年全国共审理管理人责任纠纷案件94件，[①] 就债权人认为管理人履职不当提起诉讼的，最终均没有得到法院支持。

第一，责任规定不明确。根据《企业破产法》第130条的规定，管理人未忠实执行职务的，可处以罚款，造成损失的要承担赔偿责任。但对何为没有勤勉尽责、何为没有忠实执行职务没有详细说明，对罚款数额多少、如何承担赔偿责任等均没有配套制度规定。有地区就管理人责任承担出台了具体意见，如河南省高级人民法院发布的《关于进一步加强对破产案件管理人监督指导工作的意见》，明确罚款数额、扣减报酬、除名、降级等惩罚措施，对促进管理人依法履职起到了很好的约束作用，但鉴于意见法律层级较低，实践中管理人不作为、乱作为现象仍然突出。

第二，考核机制不健全。管理人的执业行为与债权人等主体的权益实现密切相关，其业务水平的高低直接影响着破产程序的效率，但从实践来看，管理人执业能力参差不齐，导致管理人责任纠纷不断增长。目前破产法律未对管理人考核作出任何规定，国家层面没有统一的标准对管理人履职进行检查监督，虽然部分地区法院已着手实施个案考核与年度考核的机制，但几乎都排斥债权人的应然参与。

二、检察权介入破产程序的正当性分析

（一）实现公正司法的需要

检察权介入破产程序这一概念，本质上所反映的就是在特定权力结构模式下，检察权与审判权的制约与平衡问题。习近平总

---

① 中国裁判文书网查询显示，2022年全国法院共审理管理人责任纠纷94件，其中以判决方式结案27件，以裁定方式结案67件，均未支持债权人的诉讼请求。

书记强调，"推进公正司法，要以优化司法职权配置为重点，健全司法权力分工负责、相互配合、相互制约的制度安排"。党的二十大报告指出，要规范司法权力运行，强化对司法活动的制约监督，加强检察机关法律监督工作。

不同于西方三权分立，我国采用的是人民代表大会制度下的行政权、监察权、审判权和检察权的权力结构划分，实行"集权体制下的权力制约"模式。[①] 司法权与监督权交互融合的特征，决定了检察权法律监督的本质属性与功能定位。作为有效制约公权力的约束手段，检察机关负责对其他权力的监督与制约，有利于实现公平正义与维护公共秩序。[②] 因此，由具备专门法律监督属性的检察权，对破产案件进行监督，不仅是践行检察权与审判权相互配合、相互制约的体现，更是公正司法的本质要求。

（二）破产案件特性要求外部监督

第一，程序不可逆性。一方面，破产程序一旦终结，整体上往往难以回转，破产财产分配完毕、重整计划执行完毕、和解协议履行完毕或债务人主体资格注销后，执行回转已不现实，且与破产法立法目的相违背。另一方面，破产程序启动后再肆意退出，也会严重破坏破产法的刚性，导致部分生效裁决丧失基础，且会出现中止执行、解除保全措施的恢复等衍生问题，增加各方主体权利义务关系的不确定性。所以这种不可逆的特点，决定了破产程序一旦出现错误，整个程序的正当性基础会大打折扣，且会造成不法行为通过破产程序"合法化"的嫌疑。

第二，自由裁量权集中。破产案件除具备法律判断外，还包含大量市场判断的内容，故《企业破产法》赋予了法官较大的自

[①] 景跃进：《中国特色的权力制约之路——关于权力制约的两种研究策略之辨析》，载《经济社会体制比较》2017年第4期。

[②] 周新：《论我国检察权的新发展》，载《中国社会科学》2020年第8期。

由裁量权以解决实际问题。例如，在破产申请审查识别、管理人选任、重整计划批准方面，法官可以对重要环节事项作出裁断，主导并推动着破产程序的进程。但在缺乏监督时，就为滋生司法腐败提供了土壤。

第三，不法行为隐蔽性强。我国破产法实行的是管理人中心主义的模式，在破产程序中管理人负责接管企业、清产核资、债权审核、管理和处分破产财产、召集会议、分配债权等全流程破产事务办理，而其作为中介机构受到的监督并不充分。所以在管理人与债务人或个别债权人之间存在恶意串通、利益交换的行为时，这种违法行为很难被其他主体发现。另外，从破产实践来看，近些年在立案受理、选任管理人、确定报酬、债权审查、战投招募、重整计划批准等环节，司法腐败问题频发，破产案件已逐渐成为虚假诉讼和廉洁风险的高发区域。

作为兼具实体性与程序性的破产案件，是各种矛盾冲突集中爆发的突出体现，不同主体之间的利益诉求呈现差异化乃至冲突化的特征。如出现程序或实体方面的瑕疵错误，其不利影响往往难以消除。为防止各类利害关系人滥用权利，应当建立一个有效的监督机制。[1] 综上，应确立检察监督准入，使权力置于全面监督下，构筑破产审判廉政风险防控的屏障，确保公正高效廉洁司法。

（三）检察监督具备制度优势

有学者建议设立破产管理局作为破产案件监督管理机构。其主要职能包括：负责有关行政部门的协调督促、追踪董监高落实诚信义务情况、作为公共管理人、管理破产管理人等。[2] 但其功能定位主要是破产行政配套管理和管理人管理，目的在于促进破产

---

[1] 韩长印主编：《破产法学》，中国政法大学出版社 2016 年版，第 227 页。

[2] 李曙光：《两套机构设计助力经济解困——关于成立金融国资委和破产管理局的设想》，载《国家智库》2010 年第 1 期。

法的高效实施，而对于破产逃废债、虚假诉讼以及司法腐败等问题恐难以有效制约。与之相比，破产检察监督在监督范围和监督效力上，则更具有实施的可操作性。其一，制度成本优势。通过设立专门的机构对破产案件进行监督，固然能够加强对破产领域不法行为的震慑，但也会带来人、财、物等一系列制度成本的增加，且与机构精简设置原则和"放管服"理念相违背。而检察机关开展民事诉讼监督本就是题中应有之义。其二，专业能力优势。专业化是有效实施监督的前提与基础，而破产管理行政部门在调查、核实不法行为上缺乏相应的手段，也并不具备监督审判权的宪法基础。而自2012年《中华人民共和国民事诉讼法》（以下简称《民事诉讼法》）修改完善民事检察监督的内容以来，检察机关在丰富监督方式、创新监督规则、提升监督能力方面积累了丰富的做法和经验。另外，检察监督在运用调阅卷宗、组织听证和调查核实等措施以及行使检察建议、抗诉等手段上也更具成本优势。

三、破产检察监督实践检视

（一）检察监督的实施现状

虽然我国法律明确规定了检察院全面监督民事诉讼的职权，但鉴于破产案件的特殊性，事实上检察机关对破产案件的监督实施并不规范，普遍存在着监督缺位的情况。以河南省为例，2019年"四大检察"监督职能确立以来，全省法院共受理破产案件2354件，破产案件数量呈现大幅增长趋势，但检察机关对于破产案件中的程序瑕疵、实体裁判不当、假借破产程序逃废债、虚假申报债权以及审判人员廉政风险等问题并没有充分行使监督权。除极少数破产案件中检察机关对管理人没有忠实勤勉履职发出检察建议外，普遍都没有建立起对破产案件监督的常态化工作机制。

因此，有学者指出，破产案件处在检察监督的空白地带。① 这从侧面表明，加强破产案件检察监督的紧迫性。

（二）监督机制的实证考究

2021 年 8 月施行的《人民检察院民事诉讼监督规则》将破产程序纳入民事诉讼审判程序，但仅明确可对审判人员违法行为进行监督。截至 2023 年 7 月，全国范围内尚无出台针对破产程序实施监督的统一规定，实践中仅极少部分地区对破产案件检察监督进行了有益探索，并建立了规范化的监督机制（详见表1）。

表1　部分地区发布的破产检察监督相关文件

发文时间	文件名称	发文主体	主要内容
2017 年 6 月	《关于对破产程序实施监督的若干意见》	杭州市富阳区人民检察院、杭州市富阳区人民法院	建立协作机制，对破产案件审理活动实施监督
2017 年 9 月	《关于破产程序法律监督的若干意见（试行)》	长春市人民检察院、长春市中级法院	明确企业破产程序沟通联系机制、申请检察监督条件、依职权监督情形和检察监督手段
2020 年 7 月	《关于破产程序法律监督工作机制的若干意见（试行)》	广西壮族自治区人民检察院、广西壮族自治区高级人民法院	明确依职权开展监督的案件类型、监督内容、监督方式和反馈机制、调查核实措施、责任追究具体情形和处理措施、健全法律监督工作机制等内容

---

① 梁伟：《破产案件检察监督新构造》，载《西南政法大学学报》2017 年第 3 期。

发文时间	文件名称	发文主体	主要内容
2020 年 8 月	《加强破产案件检察监督工作的指导意见（试行）》	江苏省人民检察院	细化破产监督理念、思路、工作举措、沟通协调等内容
2021 年 8 月	《关于破产程序法律监督的若干意见》	台州市路桥区人民检察院、台州市路桥区人民法院	明确以破产参与主体为监督对象，建立检察机关债权审查机制、管理人监督机制、法院破产审判监督机制、行政机关及中介机构监督机制等内容
2022 年 9 月	《关于建立提前介入监督民事、破产案件工作规范运行机制的意见（试行）》	荔浦市人民法院、荔浦市人民检察院	明确线索信息共享、介入监督措施等内容
2022 年 10 月	《破产检察监督及审判工作协作备忘录（2022 年)》	贵港市人民检察院、贵港市中级人民法院	明确破产案件卷宗调阅、线索移送、问题研判、联动协作、群体性矛盾纠纷风险排查等内容

通过分析以上有关破产案件检察监督的规范文件，可以发现：一是对破产检察监督的重要性认识不足。自 2012 年《民事诉讼法》修改以来，全国范围内专门针对破产案件检察监督的实施意见，仅有 7 份，其中省级文件 2 份、地市级文件 2 份、县区级文件 3 份。而全国法院 2022 年收到破产申请审查案件 27 132 件，①

---

① 《专家建议最高院巡回法庭下设专门的破产审判庭》，载第一财经，https://www.yicai.com/news/5122878.html，访问日期：2023 年 5 月 15 日。

较 2012 年的 2100 件，增加了近 11.9 倍。检察机关对破产程序的监督作用未能充分实现，破产检察监督的制度建设与日益强烈的破产实践需求之间存在严重脱节。二是破产检察监督的深度稍显不足。在以上 7 份文件中，仅台州市路桥区建立以破产参与主体为监督对象的机制，包括债权审查、管理人履职、法院破产审理、行政机关配合等内容，符合新时代破产案件的监督需求。其余多集中在启动监督程序、有关线索移送、破产信息共享和合作机制建立等内容，对指定管理人、管理人执业、审计评估、拍卖、战投招募等以及行政部门配合等重点事项仍未实现全面覆盖。

（三）监督缺位的原因剖析

破产检察监督缺位的原因除检察机关对其重视不够外，还有破产法律制度构建方面的深层次原因。其一，管理人中心主义架构下的适用限制。我国破产立法赋予管理人十分特殊的身份地位，享有审核债权、起草方案、组织会议等全方位职权，负责执行破产案件中大量的法律和非法律事务，是破产事务的实际执行者，但管理人的构成范围是社会中介机构和个人，而检察机关主要针对审判活动的不法行为进行监督。其二，三重监督制度下的介入排斥。立法采用的是以法院为主导，辅以债权人会议与债权人委员会的多重监督，属于破产程序的内部监督。一定意义上，排斥了检察权对除法院外其他主体的监督介入。其三，债权人主义理念的空间压缩。破产法奉行的是债权人主义理念，通过建立债权人会议这一决策平台以及运用多数决的原则，充分尊重当事人的意思自治。此时，检察权径行介入似与尊重当事人处分原则相冲突。

四、破产检察监督的实现路径

（一）完善破产检察监督的法律支撑

2021 年实施的《人民检察院民事诉讼监督规则》为检察权介

入破产程序进行监督提供了直接法律依据，但仅为最高人民检察院的司法解释，法律效力层级较低，与《企业破产法》之间没有实现良性的互动协调，且规定十分笼统，没有考虑破产案件与其他民商事案件之间的巨大差别，可操作性不强。这也是破产检察监督长期缺位的根本原因。在破产法修改背景下，一要强化检察权在破产案件中的法律定位，明确检察机关有权对破产案件实施法律监督，并由最高人民检察院出台专门针对破产案件进行监督的指导意见，以消除司法实践对于检察权介入破产案件的质疑，为破产检察监督的统一推进提供法律基础。二要健全完整的破产监督体系，将以法院为主导的闭环监督，与以检察院为主体的外部监督有机结合起来，形成"法院＋债权人会议＋债权人委员会＋检察院"内外有序的监督体系，改变对管理人进行单一监督的模式，实现破产案件、破产审判与破产程序的监督全覆盖，推动破产监督向深向实发展。

（二）确立"监督＋支持"的实施理念

检察监督的介入既要维护破产程序的公正和高效进行，又要保持必要的克制。[1] 破产检察监督要坚持监督和支持并重的理念，通过检察权的介入追求司法公正，同时避免对审判权与个人私权的不当干预，确保检察监督不缺位不越位。具体体现在三个维度。其一，职权性。检察机关对民事诉讼的法律监督需要根据监督规律演绎相应的行为准则，职权监督原则即为其中之要义。[2] 实施法律监督是检察机关的职责所在。民事检察监督工作要走出"舒适区"，以能动司法提升监督效能，通过对破产案件的精准监督，服务保障经济高质量发展。其二，公益性。公益性是检察权行使的

---

① 梁伟：《破产案件检察监督新构造》，载《西南政法大学学报》2017年第3期。

② 汤维建：《民事检察监督具有十个基本特性》，载《检察日报》2021年11月26日，第3版。

正当性前提，事实上检察机关的各项职权都与公共利益密不可分。近年来，检察机关的公共利益维护者角色得到不断强化。① 但破产检察监督的公益性是广义的，其不仅包括破产案件中国家利益和社会公共利益，同时还包括广大债权人的合法权益等私益性内容。作为实践的产物，破产重整制度尤其体现了破产法在维护债权人利益的同时，亦强调社会利益的保护。因此，破产检察监督要以社会公益和债权人利益最大化为遵循。其三，谦抑性。破产法的私法属性决定了检察权的介入要有一定的界限，因为不介入或过度介入都不利于破产制度的正确实施。一方面，要尊重私权自治，除涉及社会公共利益保护可依职权启动检察监督外，应以当事人申请为原则，避免检察权的介入破坏当事人之间的权利义务平衡。另一方面，要维护审判权独立，对于审判活动的纠错要优化通过行使上诉权、复议权等法定救济途径处理，尊重法院内部机制，保障法院依法行使审判权。

（三）划定"全覆盖 + 全流程"的监督范围

第一，明确全覆盖的监督对象。现行破产监督体系对象单一，是检察权难以发挥监督作用的直接原因。破产程序除破产管理人外，还包括法院、债务人、债权人以及负有协作义务的行政部门。而在债务人企业破产过程中，无论是管理人未忠实勤勉履职，还是法院的不当裁判，债务人假借破产程序逃废债务，债权人通过虚假诉讼虚报债权，抑或是有关行政部门不履行配合协助义务等，都会削弱破产法的制度功能，影响司法权威。所以，以上主体均应纳入检察机关法律监督的对象，才能最终实现检察监督的效果。

第二，明确全流程的监督内容。检察机关要对破产程序启动到终结过程中可能损害社会公共利益或广大债权人合法权益的全流程事项进行监督。既包括破产申请审查、债权人会议召集与表

---

① 周新：《论我国检察权的新发展》，载《中国社会科学》2020 年第 8 期。

决、破产宣告与终结破产程序等程序方面，如破产案件应受理不受理的问题；也包括管理人选任、债权申报确认、清产核资、债务人企业接管、破产财产管理、变价与分配、投资人招募，以及重整计划批准与执行等实体方面，如当事人恶意串通通过虚假诉讼转移破产财产的问题。此外，检察机关要综合运用个案监督、类案监督与系统治理手段，对破产逃废债、虚假诉讼、不当裁判、司法腐败等突出领域进行专项监督。

（四）优化"线上＋线下"的线索渠道

第一，建立数字化线上监督渠道。线索渠道窄、发现难的问题是破产检察监督机制运行渠道堵塞的关键所在。从各地实践来看，只有畅通线索渠道，才能切实地开展破产案件监督。而数字检察，是提高破产检察监督能力的重要依托。如江苏省苏州市检察机关通过"破产领域虚假劳资债权监督模型"[①]，陆续发现涉虚假劳动债权线索 24 件，有效维护了真实债权人的合法权益。[②] 建议在 12309 中国检察网、全国企业破产重整案件信息网同时开通破产案件不法行为线索端口，进一步强化数据收集、模型培育、类案线索管理等工作，通过人工智能打造破产检察监督新模式。

第二，建立协同式线下监督渠道。民事检察监督要摒弃"单打独斗"，转向"聚力借力"，形成法律监督工作合力，践行双赢多赢共赢的理念。如河南省高级人民法院、河南省人民检察院出台文件，明确线索移送、破产信息共享，形成了打击破产逃废债

---

① 该模型以进入破产程序或已经资不抵债的企业作为重点筛查对象，筛选相关企业涉劳动报酬纠纷、劳动争议等民事案件，再依托语义分析、要素提取等对相关民事裁判文书进行疑点画像，梳理出疑点较高的企业及关联案件，将其纳入同一个"集合"，通过苏州市人民检察院大数据法律监督平台向检察官推送线索。

② 张璁：《数据"慧眼"赋能法律监督》，载《人民日报》2022 年 7 月 28 日，第 19 版。

的常态化协作机制，取得了良好效果。上海市人民检察院第三分院与上海市破产管理人协会建立破产案件办理的协作机制，明确破产案件法律监督合作事宜。协同性是检察监督基本元素，检察机关要持续加强与审判机关、行政机关以及破产管理人协会之间的协作配合，拓宽线索来源渠道，提升破产检察监督的效能。

关联企业实质合并破产适用标准研究

周欣宇*

摘要： 关联企业实质合并破产制度作为我国企业破产法中的一项特殊破产制度，相应法律规定并不完善，实务操作样式也不尽相同。全国法院近年来不断进行程序适用探索，在《破产会议纪要》与一些相关法律和司法文件的指引下，实质合并相关标准在理论界和实务界逐渐达成相对统一的认识。总体来讲，有关法律文件确立的判断企业实质合并破产"三大标准"还缺乏统一详尽的实操性规定，需要在具体案件办理中继续探索并适时形成立法加以固定，以更好指导企业实质合并破产实务。

关键词： 实质合并破产　标准　法人人格混同

实质合并破产起源于美国判例法，是法官根据自身衡平权限，通过否认各相关联公司的独立法人人格，① 将其互相之间债权债务予以消灭，财产合并向所有外部债权人公平清偿的一项工作举措。② 关联企业实质合并破产的实践探索在我国早期公司破产的司法实践中也有迹可循。2021 年 3 月，海南省高级人民法院对海航集团 300 余家关联公司裁定实质合并重整，是我国截至目前涉及企业数量最多、影响最大的一起实质合并破产重整案。《破产会议

---

* 周欣宇，河南省社会科学院法学研究所助理研究员。

① ［美］查尔斯·J. 泰步：《美国破产法新论》（上册），韩长印、何欢、王之洲译，中国政法大学出版社 2017 年版，第 261 – 266 页。

② 徐阳光：《论关联企业实质合并破产》，载《中外法学》2017 年第 3 期。

纪要》第 32 条规定了对关联企业实质合并破产的审慎适用这一操作原则，并列举规定"关联企业成员之间存在法人人格高度混同、区分各关联企业成员财产的成本过高、严重损害债权人公平清偿利益"这三大例外标准。此三大标准拿到破产案件办理实践中，仍然是无法直接具体操作的原则性规定，就关联企业实质合并破产的标准适用问题，学界和实务界仍在不断探讨。

一、关联企业实质合并破产制度运行现状

（一）关联企业的概念及特征

关于关联企业的法律概念，我国当前破产法、公司法中并未明确加以界定，而在税法、会计准则等法律及规范性文件中，对关联企业从涉税业务、会议操作等层面进行了一些具体形态的描述，并非关联企业的正式法律概念。关联企业也即集团企业，是通过股权、合同或其他方法如人事控制、表决权协议等，在相互间存在直接或间接的控制与从属关系或重要影响的两个或多个企业。[①] 关联企业可以描述为各自具有独立法人地位的企业，通过实控企业的统一管理形成企业集合，其成员企业某些方面从属于实控企业。关联企业的一般认定特征如下：首先，关联企业因一定的经济目的达成企业间的联合；其次，各关联企业通过一定方式在相互间存在直接或间接的从属关系；最后，存在关联关系的各企业具有独立的法人人格。[②] 因此，关联企业是指多个拥有独立法人人格的企业，因一定的经济目而通过各种方式联结在一起的企业联合体。[③]

[①] 王欣新：《关联企业的实质合并破产程序》，载《人民司法（应用）》2016 年第 28 期。

[②] 王文洁：《关联企业实质合并破产制度构建》，载《法制博览》2022 年第 34 期。

[③] 李晓燕、王昕娅：《论关联企业的法律识别》，载《晋阳学刊》2020 年第 1 期。

（二）关联企业实质合并破产的概念及适用标准

实质合并原则源于美国。我国对这一制度的研究起步较晚，但近年来对于实质合并破产的现实需求逐渐强烈，相关学术研究也逐步深入。《美国破产法》第 105 条授权法院"发布任何命令，只要是为贯彻相关法律规定所必要并且适当"时，即可对某些商事破产案件发布合并的命令。[①] 但更多的是基于判例法中的衡平法规则，运用多个判例逐步确立企业实质合并破产的概念及适用标准。[②] Phillip Blumberg 认为，实质合并是对已经破产的关联企业进行资产和负债的合并，并除去破产前关联企业彼此间的各种债权担保关系，以合并后的全部破产财产，对该关联企业的全体债权人按比例进行清偿。[③] Judith Elkin 认为："合并破产制度是一种允许破产法院在特定情形下忽略关联企业破产债务人拥有的独立法律主体地位，为了实现破产法的宗旨而合并彼此之间资产和负债的衡平规则。"[④]

联合国国际贸易法委员会《破产法立法指南》第三部分"破产企业集团对待办法"在其"术语表"（e）和第 224 条对"实质性合并"以及具备的法律效力作出了规定。指出实质性合并是"将企业集团两个或两个以上成员的资产和负债作为单一破产财产的组成部分对待"。[⑤] 我国在《破产会议纪要》中首次对实质合并

---

① ［美］大卫·G. 爱泼斯坦、史蒂夫·H. 尼克勒斯、詹姆斯·J. 怀特：《美国破产法》，韩长印等译，中国政法大学出版社 2004 年版。

② 徐阳光：《论关联企业实质合并破产》，载《中外法学》2017 年第 3 期。

③ Phillip Blumberg, *The law of Corporate groups*, Little Brown &Co Law &Business, 1985.

④ Judith Elkin, *Lifting the veiland finding the pot of gold：piercing the corporate veiland substantive consolidation in the united states*, Texas Journal Of Business Law, Fall, 2013, p. 88.

⑤ 联合国国际贸易法委员会：《破产法立法指南》第三部分"破产企业集团对待办法"，联合国维尔纳办事处英文、出版和图书馆科 2012 年版。

破产的适用对象、适用程序、适用方法和法律后果作出了原则性规定，"人民法院在审理企业破产案件时，应当尊重企业法人人格的独立性，以对关联企业成员的破产原因进行单独判断并适用单个破产程序为基本原则。当关联企业成员之间存在法人人格高度混同、区分各关联企业成员财产的成本过高、严重损害债权人公平清偿利益时，可例外适用关联企业实质合并破产方式进行审理"。

（三）关联企业适用实质合并破产的现状

根据《破产会议纪要》文件精神，人民法院在审查实质合并申请过程中，需要综合考虑关联企业之间资产的混同程度及其持续时间、各企业之间的利益关系、债权人整体清偿利益、增加企业重整的可能性等因素作出是否实质合并审理的裁定。① 我国对关联企业实质合并破产持审慎适用态度，既要通过合并审理方式处理法人人格高度混同的关联关系，也要避免不当采用实质合并审理方式损害相关主体的合法权益。

1. 地方法院关于实质合并适用标准的相关探索

《破产会议纪要》发布后，各地法院针对实质合并破产纠纷在本地实践的基础上，依照有关法律和司法解释文件规定细化操作流程和适用标准，进一步就实质合并破产作了规定。2019 以来，以深圳市中级人民法院、郑州市中级人民法院、厦门市中级人民法院以及河北省高级人民法院、广东省高级人民法院为代表的地方高级人民法院和中级人民法院分别发布了有关审理关联企业实质合并破产案件的操作指引、操作规程。文件基本涵盖了实质合并重整程序的受理申请的方式、适用的具体情形、审查方式及期限、申请主体及举证责任分配、裁定受理的程序、异议人权

---

① 王欣新：《〈全国法院破产审判工作会议纪要〉要点解读》，载《法治研究》2019 年第 5 期。

利救济途径、重整相关事项的处理及法律后果等方面。

2. 实质合并程序适用标准的实务把握

一是法人人格是否真正混同。法人独立财产权是公司具有法人人格的基础和核心，股东、实际控制人的过度控制行为本身会导致关联企业丧失意志独立性，从而在一定程度上丧失财产独立性，使关联企业实质只有一个财产基础，只构成一个偿债主体。① 实务中判断法人人格混同的标准是关联企业之间通过股东、法定代表人、高级管理人员以及重要事项决策人员的频繁交叉，形成一种企业内部资产、权益、负债分配不均，外部债权人权益不能平等实现的状态。也即是关联企业严重丧失法人意志独立性，即意思表示能力；严重丧失法人财产独立性，即民事责任能力。

二是财产难以区分或区分成本过高。破产法既要考虑各类债权的公平有序清偿，也要考虑处理的及时高效。如果清理资产与债务混同的费用过高，严重减损债权人尤其是无担保的普通债权人清偿利益，那么继续寻求以企业法人人格独立作为破产程序进行的基础就丧失了意义。② 通过实质合并破产，各关联企业的债权债务归于一处，内部之间的债权债务关系归于消灭，破产程序可节省大量时间、人力和财务成本，且更利于债权债务梳理和外部债权人权益的有效保护。

三是对债权人的公平受偿或提高债权人的整体清偿率是否有益。从民法典到企业破产法，对破产企业清理债权债务的基本要求都是遵守公平原则。债权人受益标准分为两种情形：一种是适用合并破产规则能够提升所有债权人获得的利益；另一种则是适用合并破产规则虽然会损害部分债权人的利益，但相较于损失，

① 王欣新：《破产王道：破产法司法文件解读》，法律出版社 2021 年版，第 168 – 171 页。

② 王欣新：《〈全国法院破产审判工作会议纪要〉要点解读》，载《法治研究》2019 年第 5 期。

其他债权人能获得大于损失的利益。而实践中债权人全部获益的情况几乎不存在，以相对权益提升为常态。故在司法实践中，此标准主要作为对其他合并破产适用标准特别是法人人格混同标准的重要补充。

四是重整秩序的特别需要。在重整情形下，实质合并能对各关联企业的资源和生产要素进行有效整合，维护关联企业整体的运营价值，防止企业资产因分拆处置而贬值，为企业重整或整体营业出售提供操作便利，提高重整成功率。比如在海航合并破产重整案中，一些企业单独从财务等方面判断还未满足进入破产的相应条件，但为了重整程序全局考虑，让所有关联企业均同步进入破产，统筹各类资产和资源分配，整体盘活后发挥更大效用。

二、关联企业实质合并破产适用中存在的问题

（一）实质合并破产标准不够明确、统一

当前，仅有《破产会议纪要》第 32 条和第 33 条对实质合并破产的适用标准进行了规定，但第 32 条中规定的条件更侧重于对形式要件的规定，而实务中大部分案件法人人格混同却是适用实质合并破产的首要原因。法院在裁定书中一般都会对法人人格是否混同做重点论述，但对"区分各关联企业成员财产的成本过高""严重损害债权人公平清偿利益"有关原因的阐述较少。这其中"过高""严重损害"是一个相对适用标准，并非明确的判断标准，这就导致法院对标准的判断有较大的自由裁量空间，甚至可能出现判断不准或者故意作出偏颇判断的情形。加之第 33 条规定法院在审查过程中还应综合考虑企业之间资产混同程度及持续时间、债权人整体清偿利益等因素，这些因素的考虑更侧重于对个案的具体判断，在审查过程中法院是否必须考虑这些因素、是三大标准同时具备还是具备其中一种即可，并未作出明确规定，导致各地法院自由裁量空间过大，对实质合并的审查标准存在较

大差别。当前各地法院针对实质合并破产程序的进入和使用都纷纷发布了相关规定，但各地发布的规定均是针对《破产会议纪要》作为基础完善补充的，适用程序和标准又不尽统一，导致出现地区差异。

（二）实质合并破产增大债权人实体权益受损可能性

关联企业合并破产制度的适用虽然减少了破产程序的破产费用，使关联企业间债权债务消灭，整体债权清偿率得到提升，但部分债权人的权益会在无形中受到损害。比如，拥有关联企业间相互担保的债权人在合并破产前，可在债务人和保证人的两个破产程序中分别获得表决权和债权清偿的机会，但合并破产后，担保债权人仅能行使一次表决权和得到一次债权清偿机会。又如，相对人与公司签订合同并成为债权人后，该公司的关联企业破产申请将该公司合并纳入破产程序，使得债权人须在破产程序中获得清偿。此善意相对人的信赖利益与预期利益均被该合并破产打破，无形中增加了市场主体在经营中对交易相对方是否存在关联企业及关联经营的注意义务，对债权人显属不公平。反向观之，一些关联企业中有成员进入破产程序，其他关联企业会为了利用重整获得利益或者通过破产逃避债务而干预合并破产的适用，甚至将其他关联企业排除在外。[①] 而债权人复议成功率极低，导致其权利在破产程序中处在绝对弱势地位，有违破产法公平清理债务的立法价值。

另外，合并破产程序启动方式不统一，存在分别受理破产后再裁定合并审理、核心企业进入破产程序后再将关联企业纳入合并破产程序中、集中申请一并裁定受理等多种方式。前两种启动方式最直接的影响是关联企业破产程序的启动时间不唯一性，对

[①] 高小刚、陈萍：《论关联企业破产程序中实质合并原则的适用》，载《法律适用》2020 年第 12 期。

于后进入破产程序的企业，其行使撤销权的时间、债权利息的止付时间显然与最先进入破产程序的企业的时间不一致，尤其是两者间隔时间较长时，各普通债权人的债权利息可能存在较大差异，而合并破产后是对所有债权人的债权一并清偿，这显然对管理人确认债权产生较大影响，债权人可能因此产生较大争议。

（三）债权人利益保护机制运行不畅

企业实质合并破产作为一种债务清理程序，对债权人的实体权益有着十分重大的影响，因此，债权保护机制在实质合并破产规则下至关重要。然而，目前我国破产法律体系和实践中对债权人利益的保护，相比于企业经营者或其他股东利益，往往排在次要位置。特别是在破产案件中债权人一般都是小额债权人，权益分散，面对企业经营者或股东强大的组织能力，信息严重不对称，导致在破产程序中，债权人的利益得不到充分保护。

为给予债权人保护自身权益提供表达空间，实质合并破产程序中规定了听证程序，这是债权人依法保护自身权益的重要程序。但在实践中，由于相关利害关系人的范围未被相关法律法规明确规定，且相关利害关系人往往人数众多、诉求不一，所以法院对参加听证债权人范围或人数采取一定的限制性措施。由于相关利害关系人中对破产重整方案的意见并不统一，所以管理人可能有意阻止持反对态度的相关债权人参会。法院一方面无法充分了解债权人意见，另一方面也阻止了债权人听证会正常作用的发挥，甚至反而使债权人利益受到损害。

三、关联企业实质合并破产适用标准的完善建议

（一）立法完善实质合并破产适用标准

《企业破产法》是规定关联企业实质合并破产的最适宜法律，通过将实质合并破产制度纳入《企业破产法》，建立规范的法律

指引，辅之以相关司法解释，便可以为实务中适用实质合并破产提供完善的操作指引。此外，还需要立法对实质合并的发起、举证、破产程序运行等方面作出具体明确的规定，以规范实质合并破产的运作流程，保证偿债程序的有序进行。

关于关联企业实质合并破产标准的适用依据，为避免合并破产审查过程中对法官产生专断方面的质疑，建议就关联企业合并破产标准的适用依据完善立法，发挥会计师事务所、律师事务所等第三方机构的专业优势，由其在对拟作为关联企业实质合并破产的企业经过调查研判后出具报告，作为人民法院决定是否对关联企业适用合并破产的依据和参考，提高实质合并破产的公正效率价值。

（二）合理分配实质合并举证责任、规范实质性审查标准

实质性审查判断标准是关联企业合并破产司法审查最为关键的问题，《破产会议纪要》中提到适用实质合并需要考虑和依据"三大标准"。目前我国实质合并的主要判定标准是法人人格高度混同，但同时也会考虑其他因素，综合实务裁判观点和学界研究成果。建议对实质合并的适用标准规范为：关联企业人格高度混同；实质合并能使债权人获得更大的清偿利益；资产和负债无法区分或区分成本很高；债权人在与企业进行交易时依据的是对单个交易企业还是整个关联企业集团的信赖；为了拯救企业而使其关联企业整体进行重整；合并有利于提高清算效率或重整效率。这些因素的适用和考量需要在厘清相互关系，不违背破产法立法目的的前提下加以系统、明确规定。明确判断标准后，在关联企业实质合并破产中，就企业是否适用实质合并破产程序，应根据证据的远近和举证的难度，来分配举证责任。就谁主张谁举证的举证责任分配，应更多由关联企业成员和已进入单体破产程序的关联企业成员的管理人承担。债权人对关联企业间的不当关联行为多以局外人角色存在，离证据较远，举证难度大，仅要求其能

初步举证证明即可；实行"举证责任倒置"，让反对者举证证明没有出现实质合并破产的适用标准。

（三）建立健全债权人利益保护机制

首先，破产审判中应当充分发挥司法的主观能动性，通过探索府院联动机制，在市场和政府能动转换过程中发挥积极作用，全面提供司法服务和保障，在厘清所涉关联企业整体状况的基础上，依职权裁定关联企业实质合并，快速公平实现债务清理。

其次，通过法律明确规定债权人的知情权、参与权和监督权，使债权人能够及时了解破产程序的进展，并能就自身利益提出异议和建议。同时，应加强对债务人和相关方行为的监督，防止其通过滥用破产程序等手段损害债权人利益。

最后，要不断完善实质合并破产适用的听证程序，虽然当前《破产会议纪要》中规定，在进入实质合并破产程序前要进行听证程序，但是针对听证程序的组织、内容、参与主体身份、评判标准等均需要有相关法律法规予以确认，从而确认债权人在管理人或者法官不当进入实质合并破产程序时享有保护自身权益的法定权利和救济程序。

关联企业实质合并破产司法审查规则研究

吴　涛[*]

摘要： 关联企业实质合并破产需要在司法实践需要的基础之上寻求立法依据，虽然各地法院出台不同的规范性指引文件，但仍未形成破产法条文或司法解释。公司法人人格否认制度与破产法上的实质合并破产在立法宗旨和实务适用上均存在重大区别，可以认为破产法中的实质合并破产是对公司法人人格否认制度的扩张运用，在此种情况之下，对于关联企业实质合并破产司法审查有其独有规则。本文从实质合并破产的法理依据深入分析实质合并破产适用条件，审查重点内容以及在程序方面应当关注的问题，进一步优化关联企业实质合并破产司法审查规则。

关键词： 实质合并破产　法理依据　审查规则

一、关联企业实质合并破产的现实意义及法理依据

实质合并源于美国破产案件的司法实践，是指在破产程序中将各关联企业（或称为企业集团的各个成员）视为一个整体，合并各成员资产、债务，在此基础上进行整体破产清算或者重整。实质合并破产突破了现行破产法规定，将企业集团原本为规避风险分别设立的法人主体进行合并，将企业集团作为整体对外承担

---

　*　吴涛，许昌市中级人民法院三级高级法官。

债务，合并破产实质是对关联企业法人人格的全面否认①。因此，关联企业实质合并破产有何现实意义及法理依据是首先需要讨论的内容。

（一）关联企业实质合并破产的现实缘由

1. 关联企业法人治理不规范

关联企业是指拥有关联关系、受同一实际控制人控制但却未必表现在股权关系中的多家企业，既包括姊妹企业也包括母子企业。这些关联企业有可能被实际控股股东操控，通过转移资产、输送利益来逃避债务，将其某一企业的资产转移至其他关联企业，导致背负债务的企业资产流失，偿债能力大幅降低，沦为"空壳"。②

2. 在破产语境下，现有法律规定无法充分公平保护债权人利益

企业集团滥用其控制地位，造成关联企业存在不公平交易，若企业仍不适用实质合并破产，债权人只能通过行使撤销权、确认无效等手段来维护自身权益。特别是关联企业自益性担保处理上，形式上的合法性完全可以隐藏其非法的求偿目的。现有公司法上的法人人格否认制度是个案适用原则，而并非对法人人格的全面、永久性的否认，其是暂时性的适用，只针对个案发生法律效力，不及于其他债权人和债务纠纷，这与在破产程序中要求对全体债权人进行公平清偿原则相悖。

3. 企业分别破产增加企业集团资产碎片化风险

一些关联企业日常中已经作为一个企业整体经营，其经营业

---

① 王静、蒋伟：《实质合并破产制度适用实证研究——以企业破产法实施以来76件案例为样本》，载《法律适用》2019年第12期。

② 王康：《关联企业实质合并破产规则适用探究》，济南大学2022年硕士学位论文，第10-11页。

务、各类资产、人员团队互相混杂不清，难以分割。单个企业不再是一个独立主体，而类似于企业中的一个部门。① 如果强制将这些企业分别破产、处置，其价值难以体现，也可能因此失去重整挽救的机会。即便可以分开重整，也由于资产不完整、体系被破坏而导致重整效果大打折扣，债权人的债权受偿也同样受到损失。

综上，关联企业实质合并破产规则较单独破产规则而言，在司法实践中体现出了诸多优势。能够有效保障债权人利益，严厉遏制与打击了关联企业之间不法的转移资产、逃避债务等行为，同时有利于维护关联企业经营链条的完整性。这种情况下的实质合并破产，既维护了债权人利益，也保障了社会整体利益。②

（二）现有"法人人格否认"制度的类推扩张适用

我国现行《公司法》中仅规定了股东与公司之间法人人格否认，这种立法缺失导致长期以来债权人面对股东运用关联企业转移资产、逃避债务的情形，只能通过债权人撤销权之诉、代位权之诉等方式较为受限的方式维护自身债权利益。在破产案件中适用关联企业实质合并破产也面临无法可依的状况。在立法不完备的情况下，有学者建议通过对《公司法》第 23 条第 1 款关于传统正向法人人格否认规定进行类推适用，作为关联企业横向法人人格否认的法律依据。③《公司法》第 23 条第 1 款规定否认法人人格的核心构成要件是法人人格被滥用，立法目的是为保护债权人利益。只要符合这两个核心条件，关联企业可以成为滥用法人人

---

① 金剑锋：《公司人格否认理论及其在我国的实践》，载《中国法学》2005 年第 2 期。

② 王静、蒋伟：《实质合并破产制度适用实证研究——以企业破产法实施以来 76 件案例为样本》，载《法律适用》2019 年第 12 期。

③ 王韵洁：《关联公司间人格否认的裁判依据和标准构建——以最高人民法院 15 号指导案例切入》，载上海市法学会编：《上海法学研究集刊》，2020 年第 7 卷，第 114 - 123 页。

格、损害债权人利益的主体，也可以刺破关联企业之间的面纱，否认其法人人格独立。故此，针对《公司法》该条的类推适用既满足了实践需求，也有法理上的依据。

（三）"单一商业体"理论的实践运用

关于人格混同情形下关联企业实质合并破产规则的另一理论依据，是最早由哥伦比亚大学 Addph Berle 教授提出的"企业整体说"。"企业整体说"也被称作"单一商业体"理论或"同一体说"。该理论认为，人为地借助法人人格独立制度和股东有限责任，将原本一个商业体拆分成不同的企业，那么就仍然应该将这些关联企业视作一个整体，让它们为自身全部债务共同承担责任。根据该理论，如果关联企业之间关系过于紧密、难以分割，则可将这些关联企业视为一个"单一商业体"对外共同承担债务。而从债权人的角度讲，其与企业集团中任何一个企业交易、借款，往往也是出于对企业集团的整体信誉、偿债能力的认可。将各关联企业作为一个整体对外共同承担债务，也是对债权人公平受偿的体现。故此，在破产程序当中可以对各关联企业予以实质合并，作为单个企业进行破产清算或重整。

综合上述两种理论，导致企业集团内部企业"面纱"的集中刺破，使其作为一个主体、以其成员全部财产对外承担债务，都存在法人人格被滥用而侵犯债权人利益这一关键因素，而该因素也恰是企业集团内部企业否认法人人格独立，进行实质合并破产的正当性依据。

二、法人人格否认与实质合并破产制度的异同

关联企业实质合并破产虽然在理论依据上借鉴了公司法人人格否认制度，并且实务中大量法院审理实质合并破产的裁定中也将关联企业之间是否存在严重混同作为重点予以论述，但不可否认的是，两者仍然具有重大区别。

（1）公司法人人格否认并非对公司法人人格彻底的否认，而关联企业合并破产则并非如此。公司法的人格独立和股东有限责任始终是公司法律制度的基石，揭开公司面纱的适用，也仅仅是修复公司法人人格独立和股东有限责任之墙上的破损之洞，并非要将这座坚固大厦摧毁。① 而关联企业实质合并破产则是对企业法人人格的全面否认。

（2）从法律后果来看，公司法"刺破公司面纱"之后，其法律后果是对股东连带责任的追索，并且该连带责任追索也需要在特定条件下才能够实施；同时，即便在承认反向人格否认的理论背景下，也限于母子公司之间的追索。而实质合并破产规则不限于此，一方面，其更多地出现在企业集团的关联企业之间的合并破产中②，这些关联企业可能是姊妹企业或者其他更多类型；另一方面，企业合并破产是将这些关联企业所有债权债务进行归集，进行统一处理，而并非限于对股东连带责任的追索。

（3）集团控制股东滥用控制权造成关联企业法人人格独立性丧失，并不必然导致需要直接适用合并破产。无论是最高人民法院的《破产会议纪要》还是学者普遍观点，都认为关联企业实质合并破产需要审慎适用。企业集团破产，如通过撤销权、确认无效等权利的行使，或有学者提出排序居次，抑或将公司债务延伸至股东承担连带责任等特别措施则可以达到相应效果的情形之下，则不必然直接适用实质合并。

三、关联企业实质合并破产的规则分析

最高人民法院发布的《破产会议纪要》中，对于关联企业实质合并破产的适用条件进行了指导性的规定，提出"当关联企业

---

① 朱慈蕴：《公司法人格否认：从法条跃入实践》，载《清华法学》2007年第2期。

② 徐阳光：《论关联企业实质合并破产》，载《中外法学》2017年第3期。

成员之间存在法人人格高度混同、区分各关联企业成员财产的成本过高、严重损害债权人公平清偿利益时，可例外适用关联企业实质合并破产方式进行审理"。由于对关联企业实质合并破产的立法缺失，对于该指导性意见，存在不同的理解，造成各级法院出台的工作指引存在不同规定。《杭州市富阳区人民法院破产案件实务操作指引》第5条规定认为只要满足上述条件之一即可，不必要同时满足。《焦作市中级人民法院关于关联企业实质合并破产工作指引（试行）》第14条规定则认为须同时满足《破产会议纪要》中所列条件。① 而厦门市中级人民法院《企业破产案件关联企业实质合并破产工作指引》第2条则认为除《破产会议纪要》所列上述原因之外，还可以存在其他因素而导致启动企业实质合并破产。② 长治市中级人民法院《关于关联企业实质合并破产工作操作指引（试行）》除重申《破产会议纪要》内容之外，又增加了"应结合2019年9月11日《九民纪要》和《山西省高级人民法院关于法人人格否认案件的审理规范》进行实质审查"的内容。③

---

① 《焦作市中级人民法院关于关联企业实质合并破产工作指引（试行）》第14条规定："企业法人存在以下情形时，人民法院可以裁定关联企业实质合并破产：（一）与其他关联企业之间法人人格高度混同；（二）区分各关联企业成员财产的成本过高；（三）严重损害债权人公平清偿利益。"

② 厦门市中级人民法院《企业破产案件关联企业实质合并破产工作指引》第2条规定："关联企业实质合并破产审理原则人民法院在审理多个关联企业成员破产案件时，发现关联企业成员之间存在法人人格高度混同、区分各关联企业成员财产的成本过高、严重损害债权人公平清偿利益等情形时，可依据本指引的规定适用关联企业实质合并破产方式进行审理。"

③ 长治市中级人民法院《关于关联企业实质合并破产工作操作指引（试行）》第2条规定："关联企业实质合并破产的审理适用。在审理企业破产案件时，应当尊重企业法人人格的独立性，以对关联企业成员的破产原因进行单独判断并适用单个破产程序为基本原则。当关联企业成员之间存在法人人格高度混同、区分各关联企业成员财产的成本过高、严重损害债权人公平清偿利益时，可例外适用关联企业实质合并破产方式进行审理。适用关联企业实质合并破产方式时应结合2019年9月11日《九民纪要》和《山西省高级人民法院关于法人人格否认案件的审理规范》进行实质审查，审慎适用。"

《山东省青岛市中级人民法院关联企业实质合并破产工作操作指引（试行）》第 5 条规定认为除满足会议纪要所列上述原因之外，还要综合考虑其他因素综合判断。① 上述操作指引，存在下列需要统一认识的问题。

（一）实质合并破产主要解决关联企业之间由于人格混同而侵害债权人的公平受偿权

如上论述，虽然上述两种制度在法理上存在相同之处，但关联企业实质合并破产显然对《公司法》规定的法人人格否认制度进行了扩张性解释，从而成了破产语境下的一条特殊规则。在破产语境下，关联企业实质合并破产关注的是企业集团是否滥用法人独立地位，使得关联企业之间的财产混同难以区分而侵害债权人的公平受偿权。因此，判断是否适用关联企业实质合并破产，首先应当符合关联企业之间是否已经丧失了法人的财产独立性和法人意志独立性。若关联企业之间并未丧失独立法人人格，则不具备实质合并破产的正当性。关联企业之间丧失独立法人人格，具体表现在企业集团存在集中的控制关系，这种控制关系一旦被过度使用，将导致各关联企业之间在资产、负债以及经营管理、人事任免决策等方面产生混同，各企业之间人格的独立性不复存在，甚至一些关联企业可能通过资产和债务负担进行分别处理，使得优质资产被转至债务负担少的企业，而让无偿债能力的其他关联企业来承担巨额债务，从而严重损害债权人的公平受偿权。在该前提之下，则需要适用关联企业实质合并破产来达到债权人

---

① 《山东省青岛市中级人民法院关联企业实质合并破产工作操作指引（试行）》第 5 条规定："企业法人存在以下情形时，人民法院可以裁定关联企业实质合并破产：（一）与其他关联企业之间法人人格高度混同；（二）区分各关联企业成员财产的成本过高；（三）严重损害债权人公平清偿利益。在审查实质合并申请过程中，除考虑上述要件外，还可以综合考虑关联企业之间资产的混同程度及其持续时间、各企业之间的利益关系、债权人整体清偿利益、增加企业重整的可能性等因素。"

的公平受偿。

（二）《破产会议纪要》所列三种情形是实质合并破产的必要条件

实质合并破产规则所具有的公司法与破产法的复合属性决定了其适用应采用综合标准。法院在确定是否进行实质合并破产时考虑的因素往往不是孤立的、单一的，而是若干判断标准的结合。实质合并破产规则虽源于公司法人人格否认制度，但有其独立个性，两者之间不能简单等而视之。美国实质合并破产规则经历了由宽松的单一标准逐渐向严格的综合标准演进的过程，通过一系列经典案例逐步完善实质合并破产规则的适用。法人人格混同标准应是实质合并破产规则适用标准中的基本要素，其他标准则是基于法人人格混同标准前提下的辅助判断要素，目的在于衡平各方主体利益，避免实质合并破产规则滥用。在法人人格混同的情况下，如果能够区分彼此之间的财产，自可通过个别调整的方式实现救济。但若彼此之间财产难以区分，达到"令人绝望"的地步，此时仍试图花费高昂的成本作区分，势必损害债权人利益，故可认定关联企业人格高度混同，应作实质合并破产处理。除此之外，当然提高审判效率、增加重整可能性等也是关联企业实质合并破产的影响因素。

（三）实质合并破产的审慎适用原则

需要区分不同情况，分别采取合并破产、行使破产撤销权、同步破产等不同方法。在救济手段选择顺序上，实质合并破产规则的适用应遵循底线原则。对于不当利用关联关系损害债权人利益的行为规制，依照对相关主体权益影响程度，破产撤销权、无效行为、公司法人人格否认及实质合并破产规则构成了由弱到强的递进救济制度体系。法律救济手段的选择适用应遵循比例原则，与其目的达成、法律后果、成本收益相匹配。对于个别关联交易或不当关联关系能够通过破产撤销权、无效行为和公司法人人格否认制度予以纠正的，应当优先适用，即实质合并破产应是穷尽其他救济手段后的最后选择。

四、关联企业实质合并破产司法审查优化处理

（一）准确划定关联企业实质合并破产的企业主体范围

在部分司法实践中，存在为了适用实质合并重整，而人为地事先挑选一些具有重整价值、预计能重整成功的关联企业来进行实质合并重整，而将其他不具重整价值的关联企业排除在外，由这些关联企业的债权人自行通过诉讼和法院强制执行方式实现债权。这种做法明显违背了公平原则，同时也与实质合并破产的根本目的相违背，并不能达到全体债权人的公平受偿。被排除在外的债权人并不能通过破产得到救济，还需要另行提起诉讼要求清偿，这也是对司法资源的极大浪费。对于企业来说，关联企业之间本来就存在内幕交易、关联交易损害公司利益，具有重整价值的关联企业，是不当利益转移的受益方，抑或被排除在合并破产之外，也会存在对非法或不当利益的认可。经济状况的复杂性和多样性，决定了符合合并条件的关联企业之间存在差异性。有的关联企业虽然已经资不抵债、不能清偿到期债务，但仍然可能具有持续经营的价值，或具有较强的研发能力，或具有独特价值的销售渠道，或具有经营资质、特殊许可等，而有的确实没有任何保留企业主体的价值。如果在符合合并条件的关联企业中间，以是否具有重整价值进行选择是否纳入合并重整范围，则会有悖公平原则和实质合并破产规则确立的初衷。这些做法都是司法实践中貌似有效实际却不可取的行为。①

---

① 朱黎：《论实质合并破产规则的统一适用——兼对最高人民法院司法解释征求意见稿的思考》，载《政治与法律》2014 年第 3 期。

另外，法人人格高度混同并非能够适用实质合并破产的唯一理由，在确定实质合并破产企业主体时，还应当考虑其他因素，这就包括某些关联企业并不能达到破产条件，是否应当纳入实质合并破产企业范围之内。在审查是否实质合并破产时，对于债权人公平受偿以及实现企业破产财产价值最大化的考虑也应当是重要审查部分。对于关联企业应否实质合并破产，应是综合性的判断结果，如公司是否高度混同、资产和负债的分离是否需耗费大量的成本与时间、债权人是否有同整个集团进行交易的合理期待、实质合并破产是否有利于保护全体债权人的利益等都是需要考虑的因素。法院在作出具体判断时，应在充分考虑各方面因素的前提下，分析采取实质合并破产是否有利于全体债权人的公平清偿、是否有利于企业的挽救或是否有利于实现破产法的公平价值、程序价值，并在此基础上作出裁定。

（二）对关联企业法人人格高度混同的审查规则认定

实质合并破产规则适用条件分两种类型：①符合《企业破产法》第 2 条第 1 款规定，即不能清偿到期债务、资不抵债的关联企业，不当利用关联关系，导致关联企业成员之间法人人格高度混同，导致资产不足以清偿全部债务或者明显缺乏清偿能力的；②关联企业成员虽未达到《企业破产法》第 2 条第 1 款规定的条件，但因其与符合条件的关联企业成员之间法人人格高度混同，或者系出于欺诈目的成立，从而在实际上符合《企业破产法》第 2 条第 1 款规定的。

在司法实践当中，确定关联企业人格混同，主要从组织架构、业务经营、财务及资产、关联担保等方面进行审查。组织架构方面，审查是否高度集中于集团实际控制人，公司董事、监事和高级管理人员存在大面积的交叉兼职，人员招聘、离职、调岗统一进行，公司印章、采购、物资等统一保管调配。业务经营方面，审查是否统一审批权限，对外进行贸易及投融资。财务及资产方面，审查是否存在大量无偿调拨资产情况、资产转移情形以及大量关联担保。关联企业财产区分成本过高方面，需要考虑所涉金额大小，有无基础合同及凭证、是否可以通过财务调查、诉讼等予以纠正。

（三）实质合并破产听证程序

《破产会议纪要》中，要求"人民法院收到实质合并申请后，应当及时通知相关利害关系人并组织听证"。听证会可以使利害关系主体的意见得到充分表达，为实质合并破产提供参考依据，有利于后续工作开展。基于上述目的，听证会确定的参会人员应当至少包括各债权人代表，尤其大额债权人，合并破产企业股东及法定代表人、职工代表等利害关系人代表，确保覆盖各利益团体，充分尊重债权人意愿。通过听证会的召开，给予参会人员充分自由表达意愿的权利，也有利于加强利害关系人对管理人工作的理解，增强互信，为后续破产工作的开展创造条件，减少异议申请。

关于法人人格否认制度在企业实质合并破产应用中的思考

穆文博　周劭励*

摘要： 目前我国很大一部分企业集团的合规化管理制度尚不完善，企业集团的成员企业之间往往存在着盘根错节的内部关系，极有可能导致企业集团风险外部化，使企业集团的债权人处于非常不利的境地。近年来，我国关联企业破产案件日益增多，国内大型企业实质合并破产的案件屡见报端，引起社会各界极大的关注。在实践中应如何处理此类案件，来最大限度地保护债权人的利益，使社会矛盾得到有效化解，维护市场的正常运转，已成为实务界和理论界共同面对的重要课题。

关键词： 集团公司　关联企业　法治　法人人格否认

一、对集团公司、企业集团及关联企业异同的辨析

（一）域外法律对集团公司、企业集团及关联企业的界定

目前，全世界范围内只有德国、巴西、斯洛文尼亚等极少数国家对母子公司和企业集团进行过专门立法。除此之外，大多数国家都没有"正面"对企业集团进行专门立法，而是采用了"反向立法"或者"底线规制"的方法，也就是不从正面以专门立法

---

* 穆文博，北京华泰（郑州）律师事务所律师；周劭励，北京华泰（郑州）律师事务所律师。

的形式对集团公司、企业集团的内部关系、治理结构、组织关系等进行系统性规定，而是从保护债权人以及少数股东、投资人的角度对集团公司、企业集团的某些特定类型的交易以及行为进行反方向规制，即在普通的民商事法律中增加一些旨在保护债权人以及少数股东、投资人的禁止性规定。

由上可知，针对企业集团不同的立法模式会导致在对待同一主体以及问题时产生不同的称谓和效果。我们可以将德国、巴西等以正面立法的方式对集团公司、企业集团进行规制的，称为企业集团法治；将从反面对集团公司、企业集团进行"反向立法"或者"底线规制"的，称为关联企业法治。

基于此，笔者认为集团公司、企业集团和关联企业之间的关系并非泾渭分明，二者的关系更像是"一枚硬币的正反两面"。在日常的商事往来中，我们习惯地称之为"集团公司、企业集团、公司集团"，以此突出其群体性与规模性；而当集团公司在经营活动中出现负面事件时，我们则习惯地称之为"关联企业"，以此来突出其经营活动的不正当性。现实中集团公司、企业集团在"人、权、钱"等方面确实存在着诸多关联，内部成员企业之间往往还伴随着大量的关联交易。对集团公司、企业集团而言，关联交易既是蜜糖又是砒霜，一方面可以有效减少内耗、分散风险、扩大经营范围，集团总部还可以对内部成员实行"一盘棋"控制，使各成员服从于集团的经营规划，防止和减少内部成员相互之间不必要的摩擦；另一方面，集团公司、企业集团的关联交易，又有可能损害公司债权人、少数股东以及投资人的合法权益。

（二）国内法律对组建企业集团的规定

历史时期，我国多部法律法规对企业集团登记作出过原则性或限制性规定。如《中华人民共和国企业法人登记管理条例》第5条主要规定了企业集团登记的批准机关或部门；《企业名称登记管理规定》第13条对可使用的企业名称作出了限制性规定；《企业集团登记管理暂行规定》第 5 条则是对企业集团的设立应具备的必要要件作出明确规定。

今天，我国社会主义市场经济繁荣发展，与之有关的法治建设也与时俱进。目前，企业集团登记的主要法律依据有 2022 年 3 月 1 日施行的《中华人民共和国市场主体登记管理条例》第 10 条和 2020 年修订版《企业名称登记管理规定》第 14 条。以上两部法规均明确了企业法人在不违背公序良俗的基础上，对其是否使用"企业集团"具有意志自由这一规则，同时也标志着我国形成了统一规范各类市场主体登记管理的行政法规，对在我国境内以营利为目的从事经营活动的市场主体登记管理进行统一规定和管理，为保护市场主体合法权益、促进创业创新、维护市场秩序的和谐稳定提供了坚实的法治保障。

（三）《公司法》关于关联企业的规定

1993 年，我国颁布实施《公司法》，标志着我国向社会主义市场经济迈出了非常重要的一步。随着我国市场经济的迅速发展，1993 年《公司法》在很多方面已经不能适应经济发展的需求。《公司法》在 2005 年进行了全面修订，本次修订涵盖的领域多，修订力度大、涉及范围广。其中主要的修订亮点包括新设"一人公司制度"和"法人人格否认、刺破法人面纱"规则，上述制度内容一直沿用至今。

除此之外，2005 年《公司法》另一重要特征则是增加了涉及关联企业的规定。该规定出台的背景主要是我国上市公司普遍存在着诸如关联企业之间互相借贷、互相担保甚至是互相投资等情形，上述不具有正当性的关联交易行为严重损害了中小股东权益。概括来讲，2005 年《公司法》中涉及关联交易的规定主要包括以下几个方面：一是在《公司法》第 217 条中明确了企业关联关系涉及的主体以及具体表现；二是在第 16 条、第 20 条以及第 21 条中增加了对关联企业的禁止性、限制性规定。

（四）关联企业的概念和本质特征

我国现行法律制度未对关联企业的概念作出明确定义，同时理论界对于如何界定关联企业也没有形成统一认识。如施天涛教授虽从经济学的角度对关联企业进行了概括，但其给出的定义并未能揭示出关联企业的本质特征；赵旭东教授认为股权和契约关系不应成为界定关联企业的全部，除此之外还应着重考察究竟由谁掌控企业资源、技术、人力等方面；江平教授则认为业务关系以及投资关系这两方面对于界定关联企业来说最为重要。

笔者认为，关联企业可以概括理解为：公司治理结构上存在控制或者施加重大影响的能力且使被控制或者被影响企业不能独立作出意思表示的企业联合体。关联企业具有两个显著的特征：一是设立时人格独立；二是关联企业在经营运行中不具有真实、自由的意思表示。

二、法人人格否认制度在实质合并破产中的适用

如前所述，集团公司和关联企业是公司法人处于不同经营状态下的不同称谓，犹如一个人的"正邪两面"，而促使其"变身"的最关键决定因素很可能就是法人人格否认制度。我国自2005年《公司法》设立法人人格否认制度，该制度历经《公司法》数次修改仍沿用至今，但《公司法》仅对法人人格否认制度作了原则性规定，并未明确规定法人人格否认制度的适用标准。

与之相关的，原《中华人民共和国民法总则》（以下简称原《民法总则》）对营利法人的出资人应如何正当行使权利作出了一般的原则性要求，即规定出资人不得滥用出资人权利以及法人独立地位，不能滥用出资人有限责任致使他人利益受损，同时还明确了出资人滥用权利应当依法承担相应的民事责任。考虑到并非只有公司法人的出资人会出现滥用权利的现象，所以《民法典》在借鉴《公司法》的实施经验的同时，也对前述原《民法总则》

的相关规定进行归纳、提炼，在保留原有立法本意的同时使文字更加简练流畅。最终《民法典》第83条规定了出资人滥用权利的责任承担方式，美中不足的是，该法条并未明确规定法人人格否认制度的具体适用标准。

由此可见，我们并不能直接从《民法典》抑或是《公司法》中获知到法人人格否认制度具体的适用原则和标准，这就需要我们结合《九民纪要》的立法精神以及相关规定对法人人格否认制度的具体适用原则和标准加以理解和适用。

（一）法人人格否认制度的适用标准

2019年，最高人民法院印发《九民纪要》，该纪要第二部分第10条至第12条，具体列举了适用法人人格否认制度的三种常见情形。

（1）人格混同。公司是企业法人，是独立的民事主体，具有独立于股东的意思和财产。因此认定公司人格与股东人格是否存在混同，最根本的判断标准就是公司是否具有独立于股东、投资人等的财产以及能否独立作出其意思表示。公司人格与股东人格存在混同的最主要的表现形式就是公司的财产与股东的财产出现混合和交叉且无法区分。若公司沦为股东的工具，公司的资金、财产被公司股东无偿使用或被公司股东用以偿还其个人或其他债务而不作财务记载等，即可认定公司已丧失其独立性。值得注意的是，在公司出现人格混同的情况下，往往还伴随着公司和股东之间的业务、员工、财务人员、住所地等的混同。

（2）过度支配与控制。即公司的实际控制人或控制股东对公司享有绝对的控制权，公司经营、人员变动等决策过程由其掌控。此时公司已完全丧失独立性，沦为控制股东的工具，若过度支配与控制的行为严重损害了公司债权人利益，此时的公司人格就应当被否认，并由滥用控制权的股东对公司债务承担连带责任。若控制股东或实际控制人控制着集团公司下属的多个子公司或者关联公司，滥用控制权致使子公司或者关联公司出现财产以及业务混同，各公司之间相互输送利益，那么就可以认定子公司或者关联公司已丧失人格独立性，沦为控制股东实施逃避债务、非法经营，甚至违法犯罪等恶意行为的工具。可以看出，第11条规定不但规定了纵向法人人格否认即否定公司人格，否定股东以出资为限对公司债务承担有限责任，还规定了横向法人人格否认，即否认子公司或关联公司的法人人格，在控制股东控制了多个子公司或关联公司致使子公司或关联公司沦为控制股东的工具的情况下，子公司和关联公司之间应相互承担相应的连带责任。

（3）资本显著不足。因我国实施的是公司注册资本认缴制度，公司设立后在经营过程中很可能会出现以下情形，即股东未向公司缴纳或实际向公司缴纳的资本数额远远不足以应对公司在经营中所隐含的风险。该种情形的本质就是股东利用较少资本从事力所不及的经营，因公司缺乏足够的抵御风险的资本，故公司始终处于较大的风险杠杆中。上述行为表明股东缺乏好好经营公司的积极主观意图，实际上存在着利用公司独立人格和股东有限责任这一法律制度将投资风险转嫁给债权人的主观恶意。

（二）法人人格否认制度的适用原则

股东的有限责任和公司法人人格独立是《公司法》的基石。法人人格否认制度即是否认公司法人独立人格，由滥用公司法人独立地位和股东有限责任的股东对公司债务承担连带责任，是股东有限责任的例外情形，其设立的意义主要是补救在特定法律事实发生时过于强调有限责任制度会对债权人缺乏足够保护的负面效果，因此法人人格否认制度在适用时应重点把握以下几个原则。

（1）严控法人人格否认制度的适用范围。坚持有限责任是法人制度的最为重要的准则，只有在股东实施了滥用公司法人独立地位及股东有限责任的行为，且该行为严重损害了公司债权人利益的情况下，才能适用法人人格否认制度。因此在司法裁判中，应具体案件具体分析，不能随意扩大法人人格否认制度的适用范围，致使有限责任这一准则受到挑战。

（2）严控适用法人人格否认制度时的责任承担主体。只有实施了滥用法人独立地位和股东有限责任行为的公司股东才应当对公司债务承担连带清偿责任，未实施上述行为的其他股东则不应对公司债务担责。

（3）坚持"一案一否认"的审慎适用原则。在实践中，公司法人人格否认并不意味着公司的法人资格被彻底、永久地否认，而只是在具体案件中依据特定的法律事实、法律关系，有针对性地突破公司法人独立和股东有限责任的例外性规则，判令"逾矩"的公司股东对公司债务承担连带责任。

三、法人人格否认制度在合并破产实务中的适用

2018 年，最高人民法院印发《破产会议纪要》，该纪要第六章对关联企业实质合并破产的申请、听证、审查、管辖、救济、法律效果以及适用原则等内容进行了规定，但是上述内容仅是框架性和原则性规定，其将适用标准表述为法人人格存在高度混同、区分各自财产的成本过于高昂、严重损害债权人利益。此时，虽然 2019 年《九民纪要》尚未出台，但是法人人格否认制度已经开始在我国司法实践当中适用。

（一）山东晨曦集团有限公司合并破产案简介

山东晨曦集团有限公司（以下简称"晨曦集团"）成立于 1999 年 12 月 1 日，注册资本 2.3 亿元，实际控制人为邵仲毅。晨曦集团在山东省工业企业以及石化企业中占据着极其重要的地位。其下属公司涉及石化、粮油、旅游、建筑等诸多板块。2009 年晨

曦集团纳税金额达 265 亿元，在中国外贸企业 500 强、外贸民企 500 强、中国民企 500 强、山东民企百强等榜单中的排名节节攀升。

2018 年 7 月 16 日，晨曦集团向山东省莒县人民法院申请破产重整，理由是其不能清偿到期债务，明显缺乏清偿能力。2018 年 7 月 20 日，山东省莒县人民法院审查认为晨曦集团不能清偿到期债务，符合《企业破产法》第 2 条关于重整的规定，裁定受理晨曦集团破产重整申请。

2018 年 8 月 20 日，山东海右石化集团有限公司（以下简称"海右石化公司"）等 6 家公司管理人会同晨曦集团等 20 家公司管理人向山东省莒县人民法院申请对晨曦集团等 26 家公司进行合并重整。2018 年 8 月 27 日，山东省莒县人民法院经审查后认为：晨曦集团等 26 家公司在人员、财务、资金、资产、资质使用及业务等方面存在高度混同，为更好地保护各方当事人的合法利益，更高效地厘清债权债务关系和数额，有效整合晨曦集团等 26 家公司的资产、资源，盘活企业运营价值，晨曦集团等 26 家公司应当合并重整。

2018 年 12 月 20 日，山东省莒县人民法院裁定：批准晨曦集团等 26 家公司的重整计划；终止晨曦集团等 26 家公司的重整程序。

（二）山东晨曦集团有限公司合并破产案中的法理解析

在晨曦集团等 26 家公司合并破产案件中，山东省莒县人民法院查明部分显示，晨曦集团等 26 家公司之间在组织机构和人员、财务、资金资产、生产经营资质、业务等方面存在高度混同，具体表现如下。

（1）晨曦集团的各下属公司缺乏决策和管理机构及职能，管理机构均统一在晨曦集团。晨曦系企业不能自主决定其经营方针、财务和人事任免，以上事项均由晨曦集团各部门统筹管理调配，各下属公司高管人员由晨曦集团任免，交叉任职的情形更是屡见不鲜，普通员工亦由晨曦集团统一管理。

（2）晨曦集团内部已出现严重的资金混同。晨曦集团财资部统一管理各下属公司的财务，各下属公司不能独立进行财务决策，资金由晨曦集团财资部统一调配，账户混同使用情况严重，而且各公司融资由晨曦集团财资部统一筹措，下属公司没有融资决策权和资金使用调配权，资金去向与具体融资主体不匹配。各下属公司之间资金往来频繁，存在巨额应收应付款，资金使用情况且与实质业务交易无法对应。各公司之间普遍存在数额巨大的贷款互保关系，各自债权债务实际已经无法区分。

（3）晨曦集团内部财产出现严重混同。各下属公司之间的资产使用由晨曦集团统一配置，各公司之间的资产权属划分不清，存在普遍、持续的无偿使用土地、房产、机械设备等资产的情形，资产权利人和使用人不一致的情形大量存在，致使各下属公司资产区分困难。

（4）晨曦集团与海右石化公司存在生产经营资质混同使用的情形。子公司海右石化公司使用的成品油进口和批发资质均由晨曦集团持有；海右石化公司的公章及法定代表人人名章由晨曦集团办公室统一管理使用。其他各公司经营业务实施统一的采购、生产和销售政策。

由上可知，晨曦集团等26家公司虽然名义上是独立法人，但是各个公司无论是在控股股东、组织机构、人员构成等方面，还是在财务、资金、资产、资质使用、业务往来等方面，均存在显著、广泛、持续的混同情形。各个公司在实质上已成为不具有意思表示真实、自由的一具空壳，其独立人格在实际上已经形骸化，沦为实际控制股东的另一自我与工具。此时，如果继续肯定其法人人格，将会损害其他弱势股东、投资人、债权人的利益，导致股东、公司及其相对人之间的利益失衡。因此，为了矫正上述利益失衡情形，公平清理债权债务，平等保护各方当事人的合法利益，有效整合晨曦集团等26家公司的资产、资源，提高破产重整工作的效率，承办法院选择否认晨曦集团等26家公司的法人人格，将之认定为关联企业从而进行实质合并破产无疑是成熟且明智的决定，该决定是在当时的法律法规规定框架内结合企业实际作出的大胆探索。

论关联企业实质合并破产的判断标准

——兼论《全国法院破产审判工作会议纪要》第32条

王治超　李佼阳　张　连*

摘要：最高人民法院发布的《破产会议纪要》第32条将关联企业成员之间存在法人人格高度混同、区分各关联企业成员财产的成本过高、严重损害债权人公平清偿利益作为合并破产的判断标准，既不科学也不合理；它在实践中提高了关联企业实质合并破产的标准，将导致本应实质合并破产的关联企业不能通过整合企业间债权债务的方式处理破产问题；它在理论上也不符合破产法公平清理债权债务、保护债权人和债务人的合法权益的立法宗旨。为此，笔者建议在《破产会议纪要》第32条之外，增设欺诈标准、债权人收益标准、重整需要标准，单独或者合并选择适用实质合并破产程序，从而平衡全体债权人的利益，公平保护全体债权人的合法债权，实现债权人利益最大化的目的。

关键词：关联企业　实质合并破产判断标准　实质合并破产规则　破产重整

一、问题的提出

关联企业实质合并破产的判断标准是近年来破产法理论和

---

* 王治超，重庆海川企业清算有限公司法务，法律硕士；李佼阳，重庆海川企业清算有限公司法务，法学学士；张连，重庆海川企业清算有限公司法务，法学硕士。

实务界最具争议的话题之一，它反映了我国对破产企业的保护水平，体现了我们对破产法本质的理解。2018 年 3 月 4 日，最高人民法院发布了《破产会议纪要》，其中第 32 条以关联企业成员之间存在法人人格高度混同、区分各关联企业成员财产的成本过高、严重损害债权人公平清偿利益作为关联企业实质合并破产的评判标准。该判断标准可能导致实践中对个案处理不公，并与破产法的立法目的相悖。当下，最高人民法院已对关联企业实质合并破产若干问题进行立项研究，本文尝试对关联企业实质合并破产标准进行探讨，以期为相关问题的研究尽绵薄之力。

二、实质合并破产判断标准的法理解读

（一）《破产会议纪要》规定的实质合并破产判断标准之间界限不清晰

根据《破产会议纪要》第 32 条的规定，关联企业要适用实质合并破产需要满足三个条件：①关联企业成员之间法人人格高度混同；②区分各关联企业成员财产的成本过高；③严重损害债权人公平清偿利益。我们试依次分析各条件。

1. 关联企业成员之间法人人格高度混同

关联企业成员之间法人人格高度混同是此前法院在判断关联企业是否进行实质合并破产时最重要甚至唯一的标准[1]，我国最高人民法院关于实质合并破产的司法解释草稿（第五稿）[2] 中，将关联企业法人人格的高度混同分为严重丧失法人意志独立性和严

---

① 徐阳光：《论关联企业实质合并破产》，载《中外法学》2017 年第 3 期；王欣新：《关联企业实质合并破产标准研究》，载《法律适用（司法案例）》2017 年第 8 期。
② 该文件属于内部征求意见稿，未公开发布。转引自王欣新：《关联企业实质合并破产标准研究》，载《法律适用〈司法案例〉》2017 年第 8 期，第 13－14 页。

重丧失法人财产独立性两种情形①。其中，法人严重丧失财产独立性一般包括难以区分关联企业间主要经营资产、财务资料及生产经营场所等情况。实务中，判决法人人格高度混同标准多样且不一。（2021）最高法破复 1 号复议裁定书中，最高人民法院从三个维度对海口美兰国际机场有限责任公司（以下简称"美兰机场"）与海航集团有限公司是否存在人格混同进行分析：一是从关联企业的管理模式出发，美兰机场内部法人治理结构被架空，对自身财务、资产缺乏自主决定权，不能行使自身的法人主体权利；二是根据永安（中国）企业咨询有限公司出具的《财务混同情况调查报告》，证明关联企业之间在财务管理、资金调拨、关联往来、对外融资、融资担保等方面存在严重的混同；三是人员和场所方面，美兰机场多名董事、监事等高级管理人员在多家关联企业间交叉任职，存在严重的人员混用和混用办公场所的情况。而在杭州戴德实业有限公司、杭州阳城颜料化工有限公司及杭州萧山艳阳颜料化工有限公司合并破产清算案中，承办法官在认定各关联企业人格混同时主要从企业实际控制人相同，公司运营、人事、财务混同来进行认定。

2. 区分各关联企业成员财产的成本过高

最高人民法院关于实质合并破产的司法解释草稿（第五稿）

---

① 严重丧失法人意志独立性包括：①主要经营业务相同，交易行为、交易方式、交易价格等受控制企业的支配的；②相互担保或交叉持股的；③董事、监事或高级管理人员交叉兼职的；④受同一实际控制人控制，关联企业成员对人事任免、经营管理等重大决策事项不履行必要程序的；⑤其他可以认定关联企业严重丧失法人意志独立性的情形。严重丧失法人财产独立性包括：①流动资金、货币资产、固定资产等主要经营性财产，在占有、使用、收益、处分等方面难以区分的；②财务账簿、会计凭证难以区分，或者混合使用共同账户的；③生产经营场所未予明确区分的；④其他可以认定关联企业严重丧失法人财产独立性的情形。转引自王欣新：《关联企业实质合并破产标准研究》，载《法律适用〈司法案例〉》2017 年第 8 期。

第 1 条[1]只将关联企业成员之间法人人格高度混同和损害债权人的利益作为实质合并破产的判断标准，此次《破产会议纪要》第 32 条增加了"区分各关联企业成员财产的成本过高"这一条件，提高了关联企业实质合并破产的门槛。有会计专业人士认为，只要通过专业的财务审计手段，在技术上完全可以区分关联企业之间因不当交易导致的经济事项，故而应删掉"区分各关联企业成员财产的成本过高"。[2] 此外，关联企业成员财产的区分成本过高与法人人格混同中的丧失法人财产独立性的内涵有交叉，将两个条件并列，似乎有语义重复之嫌，有违法律条文的严谨性。

3. 严重损害债权人公平清偿利益

相比于最高人民法院关于实质合并破产的司法解释草稿（第五稿）中规定的"损害债权人的利益"，此次《破产会议纪要》在损害之前增加"严重"二字，但如何举证证明损害债权人利益达到了"严重"程度，如何避免司法实践中法官的自由裁量权过大，《破产会议纪要》似乎没有进一步阐明。

《破产会议纪要》第 32 条规定的适用实质合并破产的三个条件为并列关系，其中条件一和条件二为行为标准，条件三为结果标准。[3] 然而，条件三难以通过有效证明的标准进行判断，特别是在目前最高人民法院慎用实质合并破产规则的倾向下，一旦不被法

---

[1] 最高人民法院关于实质合并破产的司法解释草稿（第五稿）第 1 条规定："关联企业不当利用企业控股股东、实际控制人、董事、监事、高级管理人员及其直接或间接控制的企业之间的关系，以及可能导致企业利益转移的其他关系，造成关联企业成员之间法人人格高度混同，损害债权人利益的，人民法院可以适用关联企业实质合并破产规则审理案件。"转引自朱黎：《论实质合并破产规则的统一适用——兼对最高人民法院司法解释征求意见稿的思考》，载《政治与法律》2014 年第 3 期。

[2] 左北平：《关联企业破产，建言最高院〈纪要〉》，载微信公众号"破产法快讯"，访问日期：2018 年 3 月 17 日。

[3] 孔维璃：《实质合并规则的理解和运用》，载《人民司法（应用）》2016 年第 28 期。

官认为达到"严重"程度，即使符合条件一和条件二，也难以被判定适用实质合并破产。

（二）《破产会议纪要》规定的实质合并破产判断标准有悖破产法立法目的

通过与我国各商事部门法的立法目的进行对比分析，我们可知《企业破产法》的立法目的为"公平清理债权债务，保护债权人和债务人的合法权益"，这背后体现了《企业破产法》的价值取向是追求公平与效率，而且是实质公平。① 然而，《破产会议纪要》第32条采取了严格坚持企业法人人格独立的立场，最高人民法院法官在《破产会议纪要》颁布后撰文指出，"其（实质合并破产）毕竟属于对企业法人独立人格的极端否定，并可能导致部分关联债权人的清偿比例因合并而降低的情形，故《破产会议纪要》第32条要求要审慎适用这一规则"。②

但法人人格独立理论并非金科玉律，尤其是在应对关联企业破产问题时。③ 一方面，如果一味坚持法人人格独立，则无视实质合并破产能实现企业价值最大化的功效④。另外，因实质合并破产可能导致部分债权人降低清偿比例而强调审慎适用，无视相当多

---

① "实质合并破产的立法目的，是要打破企业集团破产时的形式公平，实现实质公平，保障对集团各企业的债权人的整体公平清偿"；"某种意义上讲，效率有时体现的就是实质公平，没有效率、过度损耗资源成本的形式公平反而会损害当事人的实际利益"。参见王欣新：《关联企业的实质合并破产程序》，载《人民司法（应用）》2016年第28期。

② 郁琳：《关联企业破产制度的规范与完善——〈全国法院破产审判工作会议纪要〉的解读（四）》，载《人民法院报》2018年4月11日，第7版。

③ 王欣新、周薇：《论中国关联企业合并破产重整制度之确立》，载《北京航空航天大学学报（社会科学版）》2012年第2期。

④ 在一些集团公司内每个成员都是一个单独的实体，但管理可能是按产品系列分部门安排的，子公司可能有一个或多个产品系列，因而分属不同的部门管理。在某些情况下，对独资子公司的管理就像对母公司分支部门的管理一样，对于此类公司采用实质合并破产的方式进行处理，有利于提升所有债权人的清偿比例。

的企业通过实质合并破产重整方式而走出了困境，并使所有债权人获得了满意结果，实为"因噎废食"了。

另一方面，债务人企业会利用法人人格独立这一有力武器通过某些手段使其控制的关联企业达到形式上的独立状态，以规避相关进入破产的程序①。这不仅在实践中难以保障关联企业间不同债权人清偿公平的权利，也让个别关联企业以法人人格独立为借口反对合理的实质合并以逃避债务，违背了《企业破产法》追求实质公平的价值取向。

三、实质合并破产判断标准的国际趋势

（一）实质合并破产判断标准的域外经验

实质合并破产案件最早出现在美国。美国的实质合并破产规则并非直接来自美国制定的联邦破产法典，而是通过司法实践中的一系列判例，逐渐形成了美国现今的实质合并破产制度。② 美国实质合并破产判断标准，源起于 1941 年的 Sampsell v. Imperial Paper & Color Corp. 案，此后又经过多个著名案例的讨论而逐步扩展完善。

1941 年的 Sampsell v. Imperial Paper & Color Corp. 案中，美国联邦最高法院首次通过判决确认了关联企业进行实质合并破产，法院判断实质合并破产的标准基于债务人有欺诈的故意。③ 1942

① 一些国家破产法中，当集团所有相关成员均同意把其他一个或多个成员列入在内，而不论其破产与否，或含债权人在内的所有相关当事人均表示同意的，也可以允许提出程序启动的联合破产申请。《联合国贸易法委员会破产法立法指南第三部分"破产企业集团对待办法"》，联合国维也纳办事处英文、出版和图书馆科 2012 年版，第 23 页。

② 贺丹：《破产实体合并司法裁判标准反思——一个比较的视角》，载《中国政法大学学报》2017 年第 3 期，第 76 页；参见郁琳：《关联企业破产整体重整的规制》，载《人民司法（应用）》2016 年 28 期，第 12 页；参见彭插三：《论美国破产法中的实质合并规则》，载《财经理论与实践》2010 年第 2 期。

③ 贺丹：《破产实体合并司法裁判标准反思——一个比较的视角》，载《中国政法大学学报》2017 年第 3 期，第 77 页。

年的 Stone et al *v.* Echo 案中，法院在判断是否进行实质合并破产时依据了公司法上的人格混同理论。① 1966 年的 Chemical Bank New York Trust Co. *v.* Kneel 案扩大了实质合并破产的适用情况，该案中法院采用的实质合并破产的判断标准为区分关联企业资产的难易程度及时间成本。② 1980 年的 Vecco Construction Industries, Inc. 案标志着实质合并破产判断标准进入宽松期，该案中法院将判断实质合并破产的标准归纳为七个要素③，其中最核心的要素为分离确定关联企业各自独立资产和负债的难易程度，该要素突破了法人人格混同以及欺诈性转让的理论范畴，被认为是基于破产法效率理念和公平公正保护债权人的要求而发展出的独立新原则。④ 1988 年的 Augie/Restivo Baking Co. 案被认为创设了新的实质合并破产的判断标准，该案中法院将实质合并破产的判断标准创设为两条：一是债权人与债务人交易的基础是基于关联公司集体，还是基于单个公司；二是各关联公司的资产债务是否达到了严重混同的程度，以至于通过实质合并破产程序能使全体债权人受益。⑤ 2005 年的 Owens Corning 案则反映出实质合并破产判断标准变得严格，该案中法院认为实质合并破产需满足以下任一条件：一是破产申请前，关联企业间难以区分独立人格，致使各企业的债权人必须

---

① 贺丹：《破产实体合并司法裁判标准反思——一个比较的视角》，载《中国政法大学学报》2017 年第 3 期。

② 徐阳光：《论关联企业实质合并破产》，载《中外法学》2017 年第 3 期。

③ Vecco Construction Industries, Inc. 案中判断实质合并破产的标准归纳为七个要素：第一，分离确定各关联企业独立资产和负债的难易程度；第二，关联企业间是否存在合并报表的情况；第三，各关联企业合并为单一实体后的营运能力；第四，各关联企业资产和营业部分的混同情况；第五，各企业利益的一致性；第六，各关联企业内部是否存在债务担保；第七，未遵守公司规范方式的资产转移。

④ 徐阳光：《论关联企业实质合并破产》，载《中外法学》2017 年第 3 期；贺丹：《破产实体合并司法裁判标准反思——一个比较的视角》，载《中国政法大学学报》2017 年第 3 期。

⑤ 徐阳光：《论关联企业实质合并破产》，载《中外法学》2017 年第 3 期。

将关联企业视为统一整体；二是进入破产程序后，关联企业的资产负债严重混同，以致区分单个企业的资产负债的成本极高并使得所有债权人的利益受到了损害。此外，申请者还需举证证明债权人与单个企业交易时相信且事实上相信了各关联企业是一个整体。①

此外，实质合并破产判断标准在国际组织讨论企业集团跨国界破产问题时也被重点论述。例如，联合国国际贸易法委员会制定的《破产法立法指南》第三部分："破产企业集团对待办法"第 220 条规定："法院可以仅在下列几种有限情况下针对企业集团中两个或多个成员下令进行实质性合并：（a）法院确信企业集团成员的资产和债务相互混合，以至没有过度的费用或迟延就无法分清资产所有权和债务责任；或（b）法院确信企业集团成员从事欺诈图谋或毫无正当商业目的的活动，为取缔这种图谋或活动必须进行实质性合并。"②

王欣新教授在总结美国司法经验及联合国国际贸易法委员会"破产企业集团对待办法"的基础上，将实质合并破产的判断标准归纳为四种情况：一是"企业集团成员的资产和债务相互混合"，可以简称为法人人格混同；二是从事欺诈图谋或毫无正当商业目的活动，简称欺诈；三是债权人收益标准，即实质合并可以给债权人更大的回报；四是重整需要，也就是为挽救企业、制订重整计划所需要。③

（二）我国判断标准与国际经验之间的差异

对比我国与国外的实质合并破产的判断标准，两者至少有以下几个实质性差异。

---

① 徐阳光：《论关联企业实质合并破产》，载《中外法学》2017 年第 3 期。
② 联合国国际贸易法委员会《破产法立法指南》第三部分《破产企业集团对待办法》，联合国维也纳办事处英文、出版和图书馆科 2012 年版，第 71 – 72 页。
③ 王欣新、周薇：《论中国关联企业合并破产重整制度之确立》，载《北京航空航天大学学报（社会科学版）》2012 年第 2 期。

（1）我国实质合并破产的判断标准更加严格。为纠正我国此前对实质合并破产的宽松尺度，《破产会议纪要》第32条对实质合并破产采取了审慎态度，将各关联企业间法人人格高度混同、区分各关联企业成员财产的成本过高、严重损害债权人公平清偿利益三个并列条件作为我国法院判断是否进行实质合并破产的标准。而国际上在判断实际合并破产时，法院通常要综合考量法人人格混同、欺诈、债权人收益、重整需要等多种因素，且这些因素既可综合适用又可以在某些情况下独立适用。① 对比美国司法经验和联合国国际贸易法委员会"破产企业集团对待办法"，我们明显可以看出，我国对适用实质合并破产采取比其他国家更加严格的准入门槛，有矫枉过正之嫌。

（2）我国实质合并破产规则重形式公平而轻实质公平。通过《破产会议纪要》第32条可以看出，最高人民法院在认定关联企业是否进行实质合并破产时严格坚持法人人格独立，并认为实质合并会导致部分债权人的清偿利益受到损失。② 然而，这种实质合并破产判断标准没有考虑到关联企业在现实生活中的运行情况，忽视了广大债权人的实际利益诉求，特别是实质合并破产重整能提高关联企业各债权人实际清偿比例的情况。③《企业破产法》追求的是实质公平，而法人人格独立理论更偏向于形式公平，在对实质公平和形式公平进行价值取舍时，我们应该选择更实质的公平以维护社会整体的利益。④

---

① 王欣新、周薇：《论中国关联企业合并破产重整制度之确立》，载《北京航空航天大学学报（社会科学版）》2012年第2期。

② 郁琳：《关联企业破产制度的规范与完善——〈全国法院破产审判工作会议纪要〉的解读（四）》，载《人民法院报》2018年4月11日，第7版。

③ 王欣新、周薇：《关联企业的合并破产重整启动研究》，载《政法论坛》2011年第6期。

④ 王欣新、周薇：《关联企业的合并破产重整启动研究》，载《政法论坛》2011年第6期。

四、我国实质合并破产判断标准的设想

与美国情况类似，我国的实质合并破产规则并不是来自破产法条文，而是通过各地法院在司法实践中发展而来。在1986年颁布的《中华人民共和国企业破产法（试行）》条文中没有规定关联企业实质合并破产方面的内容；从2002年颁布的《最高人民法院关于审理企业破产案件若干问题的规定》第76条和第79条①可以看出，最高人民法院对关联企业实质合并破产持一种排斥态度。② 2006年颁布的《企业破产法》中虽未明文规定关联企业实质合并破产，但在此后的司法实践中适用实质合并破产成为一种稳定状态。③

现今，最高人民法院已着手对关联企业实质合并破产若干问题进行立项研究。因此，对关联企业实质合并破产判断标准的制定，应符合我国经济发展水平、破产法立法宗旨以及国际化发展趋势。根据国外司法经验，在判断关联企业实质合并破产时，法人人格混同标准和欺诈标准被普遍适用，债权人收益标准和重整需要标准适用范围较前两个标准小。④ 我国应在本土司法实践的基础上，吸收借鉴国际通行、符合我国破产法价值取向的关联企业实质合并破产判断标准。除了法人人格高度混同标准外，还可以增加欺诈标准、债权人收益标准、重整需要标准。具体而言：

① 《最高人民法院关于审理企业破产案件若干问题的规定》第76条规定："债务人设立的分支机构和没有法人资格的全资机构的财产，应当一并纳入破产程序进行清理。"第79条规定："债务人开办的全资企业，以及由其参股、控股的企业不能清偿到期债务，需要进行破产还债的，应当另行提出破产申请。"

② 徐阳光：《论关联企业实质合并破产》，载《中外法学》2017年第3期。

③ 贺丹：《破产实体合并司法裁判标准反思——一个比较的视角》，载《中国政法大学学报》2017年第3期。

④ 王欣新、周薇：《论中国关联企业合并破产重整制度之确立》，载《北京航空航天大学学报（社会科学版）》2012年第2期。

（1）欺诈标准。这是指企业在成立之初或者存续期间，不以从事正当经营活动为目的，而是为了执行具有实际控制权的集团公司的相关欺诈行为，从而达到各关联企业整体获益。或者企业在经营过程中，成为实际控制人利益输送的中转站，以便实际控制人恶意转移财产、逃避债务，或者通过空壳公司破产使得债权人利益受到重大损害。前述行为多为披着合法形式的外衣进行各关联企业之间债权债务的不正当交易，以实现企业实际控制人利益的最大化。在这种情形下，只有通过实质合并破产的方式才能使得债权人利益最大化，实现各债权人的公平清偿。

（2）债权人收益标准。这是指实质合并破产债权人的清偿率高于单独破产债权人的清偿率的一种标准。符合《企业破产法》第1条的立法目的。此处的债权人收益是指全部债权人或者大部分债权人收益。如果实质合并破产仍有少部分债权人受损，该部分债权人可能会对实质合并破产提出异议。此时，法院、管理人应当以实质公平为出发点，平衡各债权人之间的利益，同时兼顾社会稳定等因素，综合考虑是否适用实质合并破产程序，赋予异议债权人以救济的权利与路径。债权人收益标准主要表现在全体债权人的清偿比例，但实践中一致同意比较少见，少数服从多数才是常态。因此债权人收益标准可以作为适用实质合并破产的判断标准。

（3）重整需要标准。重整制度相比破产清算程序的彻底否定与终结，在拯救有价值的困境企业方面更具有制度优越性。重整制度通过对破产企业的优势资产进行整合和经营管理策略的调整，从而帮助破产企业恢复运营。这不仅有利于增加就业岗位，也有利于区域经济的发展，促进社会的和谐稳定。例如，各关联企业在产品的研发、设计、生产、销售等各个环节表现出高度的体系化、完整性，各关联企业之间各司其职又高度协同配合。如果仅针对个别企业进行破产清算或者重整，将会打破关联企业之间的整体性和系统化，从而导致单个企业经营运作的效率十分低下。而如果通过关联企业实质合并破产重整，则可以充分发挥各关联企业的优势，增加集团企业重整的可行性及重整价值，吸引更多优质的战略投资人或者财务投资人，从而提高债权人的整体清偿率。

综上所述，笔者建议我国在修订《企业破产法》之时，可以对关联企业实质合并破产的标准进行明确，以适应实践所需。在《破产会议纪要》第 32 条之外，增设欺诈标准、债权人收益标准、重整需要标准，单独或者合并选择适用实质合并破产程序，从而达到平衡全体债权人的利益、公平保护全体债权人的合法债权、实现债权人利益最大化的目的。

论实质合并破产案件管辖制度的完善

朱亚涛*

摘要： 我国关于关联企业实质合并破产的管辖尚无法律规定，最高人民法院《破产会议纪要》对关联企业实质合并破产管辖的规定太过简单，关联企业若存在具有多个核心控制企业或主要财产所在地、核心控制企业无法查明、不具有核心控制企业等情形，则无法确定管辖法院。再者，没有规定报请共同上级人民法院指定管辖的具体程序、时限，可能导致报请共同上级人民法院指定管辖中出现"梗阻"现象，以至于影响实质合并破产程序的顺利进行和审理效果，有必要对实质合并破产案件的管辖制度予以完善。

关键词： 关联企业　实质合并　破产　管辖

一、问题的提出

近年来，实务中涉及关联企业成员破产实质合并审理的案件呈多发趋势。因关联企业成员众多且分布在国内不同地区，甚至跨境，所以，一旦具备破产原因进入破产程序需要实质合并审理，就必然涉及管辖法院的确定问题。《中华人民共和国企业破产法》（以下简称《企业破产法》）采用"一企一破"原则，因而在管辖

---

* 朱亚涛，河南金年华律师事务所三级律师。

上确立了由债务人住所地人民法院管辖①的原则，而在多家关联企业成员需实质合并破产的情况下，便凸显出《企业破产法》第3条规定的局限性。《中华人民共和国民事诉讼法》（以下简称《民事诉讼法》）虽确立了多种管辖方式，但对于关联企业实质合并破产如何确定管辖却没有作出规定，势必造成司法实践中出现"争"或"推"等情形。最高人民法院《破产会议纪要》第35条提出了核心控制企业所在地、主要财产所在地、上级人民法院指定的次序确定管辖的指导规则，但该规则又会和现实中存在的核心控制企业仅为履行决策管理职能而无财产、关联企业财产分散而无法区分主次等现状不符。若该两个前置管辖次序无法确定，则只有报请上级法院给予指定。若管辖争议发生于一省（市）之内，尚有冗长的审查指定程序；若关联企业横跨若干省（市），势必会产生更加漫长的审理程序。最高人民法院规定法律适用问题请示答复工作按照审级逐级层报，但相关的人民法院是否上报、如何上报可能并不协调一致，因没有报请共同上级人民法院指定管辖的具体程序、时限的规定，再基于地方利益保护等因素的影响，极可能出现逐级层报不畅的"梗阻"现象。而破产案件尤其是重整程序，又需要程序快速运行而避免财产流失和重整机会的错失。因而，亟须确立完善的关联企业实质合并破产的管辖规则，以提升破产案件审理效率。

二、域外的做法和学者的观点

（一）联合国国际贸易法委员会《破产法立法指南》的立法建议

1. "利益中心说"管辖原则

欧洲理事会2000年5月29日关于破产程序的第1346/2000号

---

① 《企业破产法》第3条规定："破产案件由债务人住所地人民法院管辖。"

条例指出，主要利益中心这一术语应当相对应于"债务人对其权益常年进行管理并因而可以由第三方查明的地点"①。联合国国际贸易法委员会《破产法立法指南》将"主要利益中心"定义为债务人对其利益进行经常性管理并因而可由第三方查明的地点②；因关联企业成员的经营行为均涉及经常性的管理行为，若依此认定债务人"利益中心"所在地，即使该地点可由第三方查明，得出的结论也可能是所有关联企业成员所在地均具备"利益中心"所在地的条件。若结合"主要"这一因素，可将该定义理解为关联企业中对全部关联企业的利益进行经常性管理的可由第三方查明的地点，即核心企业住所地或控制企业住所地。该立法指南第三部分中"处理企业集团破产问题：国内问题"第18段③就明确使用了"集团控制权中心所在地"这一概念。同时，该立法指南第二部分中的"管辖权"部分也将"主要利益中心"④作为确定管辖法院的备选之一。

2. 资产所在地管辖原则

联合国国际贸易法委员会《破产法立法指南》第二部分中的

---

① 欧洲理事会2000年5月29日关于破产程序的第1346/2000号条例，陈述部分13。

② 联合国国际贸易法委员会《破产法立法指南》"导言"中的术语和定义："（f）'主要利益中心'：债务人对其利益进行经常性管理并因而可由第三方查明的地点。"

③ 联合国国际贸易法委员会《破产法立法指南》第三部分《破产企业集团对待办法》中的"处理企业集团破产问题：国内问题"第18段："在一些国家，不同法院的程序可以转移或合并到一个法院。在此种情形下，确定哪个法院最适合处理这类申请可能涉及各种标准。例如，可以是有权管理涉及一个集团母公司的破产程序的法院，如果申请中包括该母公司的话。在国内环境中也可以选用其他标准来确立一个法院的主要管辖权，如集团各成员的负债数额或集团控制权中心所在地。集团不同成员的债权人也可能在不同的地方，这就会造成代表权问题以及债权人委员会将何处作为其开会或组成地点的问题。"

④ 联合国国际贸易法委员会《破产法立法指南》第二部分《有效和高效率的破产法的核心条文》中的"申请和启动"第13段："尽管一些破产法采用了主要营业地等检验标准，但贸易法委员会在《跨界破产示范法》中采用了债务人'主要利益中心'的检验标准来确定用以就该债务人而启动所称'主要破产程序'的适当地点。"

"管辖权"部分将资产所在地作为确定管辖法院的备选方案①。

（二）大陆法系德国和日本的做法：先申请管辖原则

日本破产法和德国立法草案都认为集团企业破产应坚持先申请原则，除非有显著损害，才移送其他法院管辖②。

（三）国内学者的观点

1."利益中心说"

该观点认为由核心企业住所地法院管辖便于确保案件的审理效率和程序经济。应把"利益中心说"作为确定管辖的一般原则。同时，该观点又认为"核心企业"和"控制企业"之间不能画等号，虽然企业集团中的控制企业即集团公司往往是核心企业，但有时控制企业是无经营资产，仅从事股权控制和资本运作的纯粹控股公司，也不一定是财产意义上的核心③。

2.先受理法院管辖原则

该观点认为基于效率原则和管辖恒定原则，除特殊情况外（包括恶意规避其他法院管辖、确实不利合并重整进行等），一般应由已经受理该破产程序的法院统一管辖，而不宜再向核心企业住所地法院移送④。

----

① 联合国国际贸易法委员会《破产法立法指南》第二部分《有效和高效率的破产法的核心条文》中的"申请和启动"第17段："一些法律规定，可以由目前或一直以来在法域内拥有资产的债务人或针对该债务人启动破产程序，而不用要求该债务人在该法域内拥有营业所或主要利益中心。贸易法委员会示范法并未规定承认以资产所在地为基础启动的外国程序，但它确实规定，为了处理本地资产，可以在承认外国程序的国家以资产所在地为基础启动本地程序。"

② 黄影影：《我国关联企业实质合并破产研究》，华中科技大学2021年硕士学位论文，第38页。

③ 王欣新、周薇：《关联企业的合并破产重整启动研究》，载《政法论坛》2011年第6期。

④ 王欣新、周薇：《关联企业的合并破产重整启动研究》，载《政法论坛》2011年第6期。

三、完善关联企业实质合并破产管辖的意义和建议

（一）完善的意义

1. 有利于解决受理案件裁量标准不统一问题

目前，实质合并破产的启动方式有三种。一是关联企业成员各自单独进入破产程序，后基于相互之间的关联关系，再进行合并破产。二是部分关联企业成员先进入破产程序，再基于关联企业成员公司人格高度混同的原因，经申请法院裁定将其他关联企业成员并入破产程序。三是在破产程序启动之前，将关联企业实质合并，将合并之后的企业作为一个整体进入破产程序。除第三种启动方式外，其他两种启动方式都存在关联企业成员分别进入破产程序的情形，如此，因受理法院非同一法院，各法院衡量是否具备破产原因、是否具备实质合并破产的条件等因素的判断标准难以统一，可能会出现地方利益保护、侵害部分债权人利益等影响破产程序正常进行的情况，不利于实质合并破产的进行。

2. 有利于缩短审判周期，提高审判效率

现行规定将核心控制企业住所地管辖作为一般原则。司法实践中，多数情况是关联企业成员进入破产程序的时间点有先后顺序，甚至在人民法院裁定进行实质合并破产的时候，还有部分关联企业成员没有进入破产程序。在此情况下，还不能判断哪个（或哪些）成员是核心控制企业，若待查明核心控制企业后再将案件移送其住所地人民法院管辖，实质是在实质合并破产程序启动之前，变相增加了先行查证谁是核心控制企业这一前置程序。若不将核心控制企业住所地管辖作为一般管辖原则，而将其作为一般原则的补充，将改变现行规定的缺陷。

3. 有利于减少管辖权争议和指定管辖的使用概率

按现行规定，若关联企业的核心控制企业为两个以上、没有核心控制企业或者无法甄别核心控制企业，以及无法认定主要财

产、主要财产不在同一法院管辖范围之内，则必将出现管辖权争议，需要报请共同上级法院指定管辖。如上所述，除可能存在的地方利益保护外，逐层请示等程序也无形中将延长审理周期，有针对性地完善管辖制度，可减少管辖权争议和指定管辖使用概率，以提高审理效率。

（二）完善建议

1. 以先受理法院管辖为一般原则

先受理法院管辖原则是指关联企业中的部分成员已经进入破产程序或者全部进入破产程序，在需要对关联企业进行实质合并破产时，由最先受理关联企业成员破产的法院管辖。除恶意规避管辖、严重损害部分债权人利益等特殊情形外，无论是关联企业成员均已被人民法院裁定受理破产，还是部分关联企业成员尚未进入破产程序，均由最先裁定受理破产申请的人民法院管辖。依此管辖原则，关联企业成员已经全部进入破产程序的，则后裁定受理的案件应移送至最先裁定受理破产的人民法院；部分成员进入破产程序的，尚未进入破产程序的成员均向最先裁定受理的人民法院提出申请。

若人民法院裁定受理时间相同，即在同一天，可查明在同一天裁定受理的法院管辖区域内有无关联企业的核心控制企业。若有，则由该核心控制企业住所地人民法院管辖。若无，可查明在同一天裁定受理的法院管辖区域内有无关联企业的主要财产，若有，则由该主要财产所在地人民法院管辖。若在同一天裁定受理的法院管辖区域内既无关联企业的核心控制企业，又无主要财产，则由同一天裁定受理案件的人民法院协商解决；协商解决不了的，报请共同上级人民法院指定管辖。

2. 以核心控制企业住所地管辖为补充

在先受理法院管辖作为一般原则的情况下，若存在恶意规避其他法院管辖等其他不宜由最先受理法院管辖的情形的，可选择适用核心控制企业住所地管辖作为补充。核心控制企业在关联企业中的地位和作用，决定了其是对关联企业负债、资产、决策控制状况等调查时的重点和核心。因此，在实质合并破产的情况下，根据关联企业的实际状况，若由核心控制企业住所地法院管辖更有利于破产程序进行，或者先受理法院存在不宜管辖的情形，可由核心控制住所地法院管辖。

3. 以主要财产所在地管辖为例外

以先受理法院管辖为一般原则，核心控制企业住所地法院管辖为补充，基本上可以满足关联企业实质合并破产的管辖需要。但若出现先受理法院和核心控制企业住所地法院均不宜管辖或者无法查清核心控制企业的情形，就应该考虑相应的处理方案。比如，赋予关联企业主要财产所在地法院管辖权。《企业破产法》并没有规定主要财产所在地法院对破产案件具有管辖权，最高人民法院《破产会议纪要》第35条中由关联企业主要财产所在地人民法院管辖的规定尚无法律上的依据。当然，通常情况下主要财产所在地和关联企业成员的住所地或注册地存在重合的情况，基于该重合，主要财产所在地法院也具有管辖权。但二者无关的情形也有可能存在，即关联企业的主要财产与各成员的住所地、注册地均不在同一地域。因实质合并破产案件由主要财产所在地法院管辖有利于查清关联企业的主要财产状况，有利于关联企业财产处置或重整，在先受理法院和核心控制企业住所地法院均存在不宜管辖的情形时，可考虑由主要财产所在地法院管辖，以弥补先受理法院管辖和核心控制企业住所地法院管辖的不足。

4. 完善破产案件移送制度和指定管辖制度

（1）完善破产案件移送制度。

基于申请企业破产的权利人的非唯一性，以及关联企业成员遍布不同地域的实际情况，依据《企业破产法》可能有多个法院对关联企业成员破产均具有管辖权。针对此种情形，不能依据

《民事诉讼法》第 36 条①的规定要求已裁定受理破产或者已受理申请尚未裁定受理的法院进行移送，而《民事诉讼法》第 37 条②规定的移送管辖的基础是人民法院对案件本无管辖权，因此，第 37 条亦不适用于关联企业实质合并破产的审理。基于此，有必要对关联企业实质合并破产案件的移送作出明确规定，可考虑在关联企业成员已被人民法院裁定受理破产的情况下，受理在后的法院应在规定的时限内主动将案件移送至先受理法院，此后关联企业其他成员的破产申请也要向先受理法院提出。

（2）完善指定管辖制度。

首先，明确指定管辖的适用范围或者情形。若将先受理法院管辖作为一般原则，除人民法院在同一天裁定受理破产申请外，基本上不会出现人民法院之间因管辖权发生争议的情形。若出现人民法院在同一天裁定受理破产申请的情况，则根据核心控制企业住所地、主要财产所在地等因素依序决定管辖法院；仍不能解决的，按本文完善建议第一部分由人民法院协商解决，协商解决不了的，报请共同上级人民法院指定管辖。还有另外一种情形，即如上所述的恶意规避其他法院管辖，或者基于关联企业的实际情况由先受理法院管辖确实不利于案件审理的，可由相关人民法院或债务人、债权人、投资人等利害关系人提出，由相关人民法院协商解决；协商解决不了的，报请相关法院的共同上级人民法院指定管辖。

其次，明确报请法院不能对实质合并破产案件作实体审查，

---

① 《民事诉讼法》第 36 条规定："两个以上人民法院都有管辖权的诉讼，原告可以向其中一个人民法院起诉；原告向两个以上有管辖权的人民法院起诉的，由最先立案的人民法院管辖。"

② 《民事诉讼法》第 37 条规定："人民法院发现受理的案件不属于本院管辖的，应当移送有管辖权的人民法院，受移送的人民法院应当受理。受移送的人民法院认为受移送的案件依照规定不属于本院管辖的，应当报请上级人民法院指定管辖，不得再自行移送。"

只能作形式审查。

最后，明确规定各级法院报请上级法院的工作时限，以及逾期报请的责任。

我国现行法律尚无关联企业实质合并破产管辖较成熟的程序安排，而关联企业实质合并破产又是急需解决的问题，应该结合我国经济社会发展的实际，在现有法律规定的基础上予以完善，以保证关联企业实质合并破产案件的顺利进行。

论实质合并破产听证程序的完善

方　松[*]

摘要：目前关联企业实质合并破产听证程序尚无法律或司法解释明文规定，仅在司法指导性文件《破产会议纪要》第33条、第34条作出原则性的规定，人民法院在接收实质合并破产申请后应当及时通知相关利害关系人并组织听证，相关利害关系人对裁定不服可以提起复议。没有关于听证程序的具体规则规定，人民法院在司法实践中组织听证时无据可依，相关利害关系人的听证权利难以得到有效保障，相关利害关系人的救济途径不畅，应当予以明确立法，制定具体规范，保障听证程序和救济途径依法依规有序进行。

关键词：破产　实质合并　听证　救济

一、实质合并破产听证的地位和价值

关联企业实质合并破产听证是人民法院裁定是否受理实质合并破产申请的必经前置程序，依该程序所取得的结果应当是人民法院裁定是否受理实质合并破产申请的重要依据。实质合并破产审查中引入听证程序，相关利害关系人参与到审查过程中，与《企业破产法》第10条规定的"法院径直裁"相比，是法治的进步，是贯彻落实司法公开、司法为民的重要司法制度。

　＊　方松，河南金年华律师事务所专职律师，法学学士。

通过听证，人民法院可以了解到实质合并破产申请人的理由，相关利害关系人掌握的关联企业情况，尤其是申请人未提交的其他证据材料，保障利害关系人在实质合并破产审查程序中的知情权、异议权等权利实现，体现了司法为民、司法公正的宗旨。

通过听证，利害关系人可以充分表达自己的意见，不仅可以稀释、缓解各方利害关系人之间可能存在的利益冲突与不满情绪，更有利于法院通过双方充分的论证己方观点意见，来判断并证实是否应当受理实质合并破产的申请。

通过听证，相关利害关系人充分参与到实质合并破产申请的审查中，体现了司法程序的公开化、透明化。可以对审判权予以适当制约，有助于限制承办法官自由裁量权的过度使用，减少实质合并破产申请受理裁定作出后可能发生的复议争议。[①]

习近平总书记指出："坚持以法为据、以理服人、以情感人，努力实现最佳的法律效果、政治效果、社会效果。"[②] 实质合并破产听证制度，是检验人民法院审查实质合并破产申请时是否保障各方权利、依法裁决、保护和平衡各方利益的重要标杆，是评价人民法院办理破产案件是否实现了法律效果、政治效果、社会效果统一的直接体现。

二、实质合并破产听证程序的不足

（一）听证的法律地位缺失

听证程序是程序法范畴，是实现案件实质正义的必要途径，理应规范化、稳定化、公开化。听证不仅是法院裁定是否受理实

---

① 王欣新：《实质合并破产中听证与复议的规制研究》，载《法律适用》2022 年第 8 期。

② 习近平：《关于严格规范公正文明执法》，载习近平：《论坚持全面依法治国》，中央文献出版社 2020 年版，第 260 页。

质合并破产申请的必经程序，听证结果也应当是法院作出裁定的重要依据。全国企业破产重整案件信息网上公布的重庆市第五中级人民法院（2022）渝 05 破 125、126、127、128、350、351、352、353 号阿兴记八家企业实质合并重整裁定书①载明"本院依照法律规定组织了听证"。目前我国企业破产法律体系中尚无听证的规定，"依照法律规定组织了听证"明显错误；同时，也说明实质合并破产听证程序亟须由法律予以规定，避免出现法院作出裁判文书时无法可依，裁判文书的准确性、严谨性被质疑的尴尬局面。

（二）听证参与主体不统一

《北京市第一中级人民法院关联企业实质合并重整工作办法（试行）》②将听证参与人分为两部分：一是必须通知参加主体，即申请人、被申请人，申请人包括关联企业成员、关联企业成员的债权人、已经进入破产程序的关联企业的管理人；二是可视情况通知已知主要债权人、职工代表等其他利害关系人，利害关系人可主动申请参加。《重庆市第五中级人民法院重整案件审理指引（试行）》③规定听证参与人的相关利害关系人范围包括关联企业成员及其出资人、债权人、管理人等。《四川省自贡市中级人民法

---

① 《阿兴记八家企业实质合并重整裁定书》，载全国企业破产重整案件信息网，https://pccz.court.gov.cn/pcajxxw/pcws/wsxq？id＝03E2F716C3203037EB0B9A50BD8E3729。

② 《北京市第一中级人民法院关联企业实质合并重整工作办法（试行）》第 15 条规定："本章所称'利害关系人'，系指申请人以外的、将受到是否受理实质合并重整申请直接、重大利益影响的债权人、被申请人、出资人等其他人。"第 18 条规定："组织听证应当提前五日通知申请人、被申请人，并可视情况通知已知主要债权人、职工代表等其他利害关系人参加。利害关系人也可以向本院申请参加听证。"

③ 《重庆市第五中级人民法院重整案件审理指引（试行）》第 37 条规定："人民法院应当自收到申请五日内通知相关利害关系人，并组织听证调查。"第 40 条规定："关联企业成员及其出资人、债权人、管理人等利害关系人，对人民法院作出的实质合并重整裁定不服的，可以自裁定书送达之日起十五日内向上一级人民法院申请复议。"

院关联企业破产实质合并审理工作指引（试行）》① 也明确规定参与主体是申请人及利害关系人，申请人包括债权人、债务人、管理人以及其他利害关系人。《深圳市中级人民法院审理企业重整案件的工作指引（试行）》② 也作出类似规定，明确了参与听证主体是关联企业成员及其出资人、债权人、管理人等利害关系人。上述列举的工作指引，对听证参与人的范围规定得中规中矩。厦门市中级人民法院《企业破产案件关联企业实质合并破产工作指引》③ 仅仅含糊其词地规定通知相关利害关系人，未对利害关系人的范围作出规定。

上述地方法院制定的实质合并破产工作指引，规定的听证参与主体各有不同，在《破产会议纪要》作为最高人民法院的司法规范性文件对听证参与主体未作限制的情况下，地方法院的列举相关利害关系人范围或选择性通知相关利害关系人参与听证，明显违背了《破产会议纪要》的本意，必然会侵犯相关利害关系人的听证权利，特别是未知债权人若不经相应的公示公告程序通知，其权益受损的概率较大。

（三）听证程序缺乏统一的具体规则

听证作为必经程序，人民法院在组织听证时应当依据相应规范操作。虽然有些地方法院制定了相应的工作规范，但是该规范

---

① 《四川省自贡市中级人民法院关联企业破产实质合并审理工作指引（试行）》第 3 条规定："债权人、债务人、管理人以及其他利害关系人可以向人民法院申请对关联案件进行实质合并破产审理。……听证时间不计入审查时间。"第 4 条规定："应当于听证会召开五日前发布听证公告，并通知合并破产申请人及利害关系人参加。"

② 《深圳市中级人民法院审理企业重整案件的工作指引（试行）》第 47 条规定："关联企业成员及其出资人、债权人、管理人等利害关系人对申请有异议的，应当在公告期届满前以书面方式提出。利害关系人提出异议的，合议庭应当组织听证调查。"

③ 厦门市中级人民法院《企业破产案件关联企业实质合并破产工作指引》第 4 条规定："人民法院收到申请人的实质合并破产申请后，应当及时公告通知相关利害关系人，并组织听证。"

仅是地方法院的司法实践探索。各地法院制定的规范具有一定的差异性，"三里不同音，十里不同俗"，会导致营业范围覆盖多区域的关联企业债权人或其他利害关系人无所适从，失去法律规范应有的指引功能。在没有明文的上位规范规制下，地方法院制定的规范不能当然地作为听证程序的依据，相关利害关系人的权利难以得到充分保障。比如，关于相关利害关系人的范围，厦门市中级人民法院和北京市第一中级人民法院规定法院对通知参加听证的相关利害关系人拥有较大的自由裁量权，可能出现部分相关利害关系人难以实现参与听证的权利。最高人民法院应当制定统一的听证程序规范，指导地方法院组织听证有据可依，如引用公安部制定的《公安机关办理行政案件程序规定》和最高人民检察院制定的《人民检察院审查案件听证工作规定》中的听证程序。

（四）听证内容与裁定脱节

在全国企业破产重整案件信息网上关于人民法院作出的实质合并破产裁定中，很多裁定仅表述人民法院组织了听证，但是听证的内容、相关利害关系人的意见、人民法院对意见是否采信以及相应理由如何回应，在裁定上没有展示出来，没有体现出听证应有的地位和作用，不是司法公开公正的应有之义。

（五）相关利害关系人救济途径简单不畅

2021年10月9日最高人民法院发布的第29批指导性案例共3件，[①] 均为关联企业实质合并破产案例，可见实质合并破产案件在当前司法案件中越来越多。虽然《破产会议纪要》第34条赋予了相关利害关系人复议的救济途径，但是复议过于单一化、内容过于简单化。听证程序是程序法范畴，相关利害关系人的实体权

---

① 2021年10月9日最高人民法院发布的第29批指导性案例163号、164号、165号。

利在听证程序中难以实现。特别是裁定受理实质合并破产中利益严重缩水的债权人关心的是其诉求能否得到支持，有时复议仍然不能解决相关利害关系人的诉求，某些利害关系人的实体权利通过复议无法得到有效保障。

三、完善实质合并破产听证程序的法律化、规范化的建议

（一）在立法层面明确听证的法律地位

关联企业的实质合并破产，可能对当事人尤其是债权人的实体权利义务造成重大影响，所以，必须保障当事人的知情权与异议权。[①] 不管是行政听证还是实质合并破产听证，其目的都是保障相关利害关系人的利益得到保护和合法权利不被侵害。相关利害关系人被赋予知情权和异议权，通过在听证程序中充分陈述申辩、举证质证，参与到利益与权利的处分中，是民事意识自治的法律体现。应当在立法层面规定听证的法律地位，明确相关利害关系人在听证程序中的权利，畅通权利保障途径，保障相关利害关系人充分参与到实质合并破产申请的审查过程中，而且这也是对司法审判权的监督。

（二）明确听证的具体规则

1. 明确听证的参与主体

根据《破产会议纪要》第 33 条的规定，法院应当及时通知参加听证的是相关利害关系人。据此，确定实质合并破产听证参加人的范围是与关联企业有利害关系的人。

（1）听证会主持人和记录人。承办法官应当作为听证主持人，更重要的是通过参会各方的陈述、辩论来揭示各种争议事项

---

① 王欣新：《关联企业的实质合并破产程序》，载《人民司法（应用）》2016 年第 28 期。

的利弊，以提示风险，帮助相关利害关系人作出决策。① 人民法院应当安排书记员作为记录人，记录听证会现场内容，也可以采用全程录音录像的方式记录听证会内容。

（2）相关利害关系人应当包括债权人、债务人、债务人的法定代表人、董事、监事、股东以及其他在实质合并破产中可以证明自身利益可能会受到不利影响的人，即只要有证据证明自己与关联企业成员有利害关系即可参与听证。

值得注意的是，已经进入破产程序的关联企业，其管理人仅作为听证会参与人，因为管理人不是实质合并破产的当事人，其在破产程序中是破产企业的管理者，其利益不受关联企业是否进行实质合并破产的影响。故其不能以利害关系人的身份参加听证，也不应作为债务人的代表参加听证。但是，管理人尤其是提出实质合并破产申请的管理人，有义务出席听证会，提供证据资料、接受相关利害关系人的提问与质询。②

2. 听证程序统一、明确

目前实质合并破产中的听证程序问题没有法律或司法解释的具体规定，对听证程序问题可以参照行政听证的相关法律规定适用，可以分为听证会的会前准备、听证会的会议召开、听证会内容的公示三个阶段。

第一阶段：听证会的会前准备。

一是听证会的通知。知情权是相关利害关系人参加听证和行使听证权利的首要权利，人民法院及时将听证事项通知相关利害关系人是保障相关利害关系人参与听证的基础。各地法院制定的相关工作指引对听证通知的时间设置为至少提前5日，在无法可依的情

---

① 王玲芳：《浅析听证在破产程序中的运用》，载《人民法院报》2022年11月10日，第8版。

② 王欣新：《实质合并破产中听证与复议的规制研究》，载《法律适用》2022年第8期。

况下，可以参照《中华人民共和国行政处罚法》（以下简称《行政处罚法》）、《中华人民共和国行政许可法》关于听证程序的规定在听证程序中，人民法院应当采用书面形式通知已知的利害关系人和已进入破产程序关联企业的管理人。同时，人民法院应当以公告形式通知未掌握的可能的利害关系人，听证会召开之前是利害关系人提出异议的时间。总之，人民法院应当通知每一位已知的债权人和可能存在的未知债权人，由于涉及关联企业成员职工债权人人数众多，所以可以组织各关联企业成员职工债权人分别推举 1~2 名代表参与听证。

听证是实质合并破产各方利益主体沟通交流、论证事实的平台，人民法院应当通知相关利害关系人听证会召开的形式、时间、地址。听证会可以采取现场会的形式，也可以采取现场会与线上会（视频会）相结合的形式。

二是听证的信息公开。异议权是利害关系人在听证程序中的核心权利。异议权是相关利害关系人特别是债权人在被人民法院告知听证事项后，了解关联企业基本信息后才能发表意见提出异议的权利。所以，异议权的基础还是知情权，知情的范围不仅包括听证的时间、地点、方式等程序性安排，还应当包括关联企业的财务和经营信息资料，如财产状况报告、债权债务状况等资料。为保障相关利害关系人能够充分行使权利，人民法院可以参照《最高人民法院关于适用〈中华人民共和国企业破产法〉若干问题的规定（三）》第 10 条债权人查阅的规定（"单个债权人有权查阅债务人财产状况报告、债权人会议决议、债权人委员会决议、管理人监督报告等参与破产程序所必需的债务人财务和经营信息资料。"），将查阅范围扩大到相关利害关系人，并且允许查阅时复制。人民法院应当要求关联企业及时准备全部材料以供相关利害关系人查阅，有利于相关利害关系人在充分了解关联企业信息后提出合理有效的意见，同时也便于人民法院全面审查。

第二阶段：听证会的会议召开。

一是申请人陈述事实理由，相关利害关系人答辩。申请人陈述申请理由，特别是关联企业成员或已进入破产程序的关联企业的管理人申请实质合并破产的，应当围绕实质合并破产的适用标准、启动实质合并破产的急迫性和必要性等方面提出相应的证据；相关利害关系人根据听证会前查阅的证据材料就是否适用实质合并破产发表答辩意见并提供证据或有效的证据线索。对于相关利害关系人因客观原因无法提供但有证据线索且关联企业成员应当掌握而未提供的，人民法院应当要求关联企业成员提供。对于申请人或关联企业成员在听证会上新公开的资料，人民法院应当要求提供者说明理由，避免证据"突袭"影响听证会的正常进行。

二是人民法院公布实质合并破产意见征询情况。主持人整理、汇总异议期内收集到的利害关系人的意见并在听证会上公布。主持人针对收集到的意见总结焦点，引导利害关系人围绕焦点展开辩论。

三是相关利害关系人陈述意见。关联企业的法定代表人、股东、监事应当到达听证会现场发表意见，对企业的实际经营情况进行陈述并提供全面的经营和财务资料。相关利害关系人可以就关联企业实质合并破产的有关问题向关联企业的法定代表人、股东、管理人提问，被提问人应当及时答复。

四是人民法院做会议总结。会议总结并不要求对是否实质合并即时作出明确意见，而应对会议产生的意见类型、理由依据作出简要的归纳汇总。[①] 人民法院对相关利害关系人沟通讨论后一致认可的事实和证据材料予以确认；同时，主持人应当在听证会上

---

① 龚家慧：《关联企业实质合并破产启动规则研究》，华东政法大学 2020 年博士学位论文，第 116 页。

向参与人解释相关规定和政策。

第三阶段：听证会内容的公示。

人民法院应当对听证会内容形成笔录，听证会结束后，笔录应当经参与听证会的相关利害关系人签字确认，拒绝签字的应当备注说明，该笔录应当在一定期间内向相关利害关系人公示，笔录应当归入案件卷宗。人民法院可以参照《行政处罚法》听证程序的规定，根据笔录上绝大多数利害关系人公认的事实和证据对事实加以认定，并在此事实认定的基础上作出是否受理裁定。

（三）拓宽、畅通异议人救济途径

《破产会议纪要》第 34 条仅简单地赋予相关利害关系人复议的权利，没有从根本上解决利害关系人关心的主张能否实现问题，复议途径不能满足相关利害关系人权利保护的需要。相关利害关系人的异议救济途径应该多样化，切实保障每一位相关利害关系人的合法权益。所以，在赋予利害关系人复议权利的同时，可以再依据《中华人民共和国民事诉讼法》（以下简称《民事诉讼法》）第 59 条第 3 款的规定赋予其第三人撤销之诉的权利。《民事诉讼法》第 59 条第 3 款规定了第三人撤销权制度①，其立法本意是防止诉讼双方当事人在司法程序中损害或影响第三人的合法利益，导致人民法院即使是在程序合法的情况下作出错误的判决、裁定、调解。相关利害关系人在实质合并破产审查案件中的身份属于申请人和被申请人之外的第三人，人民法院作出是否受理实质合并破产裁定，相关利害关系人依据《民事诉讼法》第 59 条第

---

① 《民事诉讼法》第 59 条第 3 款规定："前两款规定的第三人，因不能归责于本人的事由未参加诉讼，但有证据证明发生法律效力的判决、裁定、调解书的部分或者全部内容错误，损害其民事权益的，可以自知道或者应当知道其民事权益受到损害之日起六个月内，向作出该判决、裁定、调解书的人民法院提起诉讼。人民法院经审理，诉讼请求成立的，应当改变或者撤销原判决、裁定、调解书；诉讼请求不成立的，驳回诉讼请求。"

3 款的规定提起第三人撤销之诉，与本条立法精神高度契合。

虽然《最高人民法院关于适用〈中华人民共和国民事诉讼法〉的解释》（2022 年修正）第 295 条列举了人民法院不予受理的第三人撤销之诉包括破产程序，但是司法解释只是法律解释的一种方法，不是我国正式的法律渊源，况且立法解释尚未限缩第三人撤销之诉的范围，该条司法解释不符合《民事诉讼法》对本条规定的立法本意，也已经不能满足日渐增多的关联企业破产案件中利害关系人权利保护的需要。民事主体的民事权利基础是《宪法》和《民事诉讼法》等基本法律，"法无禁止即自由"，赋予利害关系人对抗生效判决、裁定、调解书第三人撤销之诉的权利，符合基本法律规定，也能更权威、更全面实现对利害关系人权利的有效保护。

关联企业实质合并破产的审查程序及实质标准

赵俊霞 亓文婷*

摘要： 新郑市人民法院目前正在审理的 LG 公司破产清算案中，LG 公司的关联企业 GZ 公司债权人，以 GZ 公司已经具备破产原因且与 LG 公司存在人员、管理、财务上的混同为由，向新郑市人民法院申请对 LG 公司及 GZ 公司进行实质合并破产清算。现以此案为例，笔者将在阐述关联企业实质合并破产内涵及意义的基础上，试对关联企业实质合并破产的审查程序及实质标准展开分析。

关键词： 关联企业 实质合并破产 审查程序 实质审查

一、问题提出

2023 年 3 月，新郑市人民法院（以下简称"新郑法院"）根据 LG 公司债权人 S 的申请，裁定 LG 公司进入破产清算程序，并依法通过竞争方式选任管理人，发布债权申报公告，组织召开第一次债权人会议等。2023 年 6 月，GZ 公司的债权人 L 向新郑法院提交合并破产申请书，请求新郑法院对 LG 公司及 GZ 公司进行实质合并破产清算，理由如下：①其对 GZ 公司的债权已经生效民事调解书确认；②GZ 公司到期不能清偿债务且资不抵债，已符合破

---

* 赵俊霞，新郑市人民法院民二庭庭长；亓文婷，新郑市人民法院民二庭法官助理。

产条件；③LG 公司及 GZ 公司在人员、管理、账册上存在混同。在证据上，债权人 L 仅提供了 L 与 LG 公司之间的生效民事调解书复印件、GZ 公司的营业执照复印件。

后管理人根据上述申请提交专项法律分析报告，建议对 LG 公司与 GZ 公司进行实质合并破产清算。理由如下：一是 GZ 公司债权人 L 主体适格，有权提出实质合并破产清算。二是 GZ 公司具备破产清算条件，经管理人向 GZ 公司的实际控制人 G 调查询问，GZ 公司名下无土地、车辆、房产及应收款，且涉诉及终结案件已有十几件。三是 GZ 公司与 LG 公司之间符合实质合并破产清算条件：①GZ公司与 LG 公司人格高度混同，具体表现为两公司的实际控制人均为 G，工商登记资料显示两公司的高级管理人员相同，GZ 公司无独立经营场所和经营性财产，均系使用 LG 公司的资产从事相应的生产经营活动，两公司的经营范围一致，存在员工交叉使用、财务账册混同的情况，两公司对外负债未严格区分，存在混同；②GZ公司与 LG 公司财产混同，区分财产成本过高，两公司存在银行账户混用的情况，难以区分各自财产且成本过高；③若仅对 LG 公司进行破产清算，将严重损害 GZ 公司债权人公平清偿的利益。

二、关联企业实质合并破产的内涵及意义

关联企业是企业集团化发展下的必然产物，其是对相互之间具有关联关系的企业的统称。我国理论及实践中尚未对关联企业形成统一的定义，根据《中华人民共和国企业所得税法实施条例》的规定，关联企业是指在资金、经营、购销等方面存在直接或者间接的控制关系，或同为第三者直接或间接控制，或者在利益上具有相关联的其他关系的企业。关联企业最显著的特点在于各关联企业在法律上的独立地位与在经济上密切联系间的矛盾。[①]

---

① 徐阳光：《论关联企业实质合并破产》，载《中外法学》2017 年第 3 期。

根据企业集团经营一体化的程度，大致可将关联企业分为两种：一种是各关联企业间虽通过统一战略布局具有相应的控制关系，但本质上仍然保持独立经营，不存在法人人格混同；另一种则是各关联企业间在资产负债、企业管理、经营决策等方面存在严重混同，丧失独立法人人格。

在后一种情况下，因各关联企业在资产、债权债务等方面的混同以及各种不正当交易，使得在对单个关联企业进行破产时，往往面临着各关联企业债权人无法得到实质公平清偿，以及对各关联企业资产界定、债权债务梳理等方面的障碍，故为保障债权人的实质公平清偿、降低破产成本、提高司法效率，就需要对关联企业破产进行特殊处理，即在破产程序上进行实质合并。

实质合并破产最早起源于美国的 Sampsell v. Imperial Paper & Color Corp. 案，根据美国破产法的规定，实质合并破产是指："将各合并债务人的财产整合为一个破产财团，各合并破产债务人的债权人转而从破产财团中获得清偿，其本质是将多个债务人的破产财产予以合并，从而有助于解决债权人无法确定其债权所对应的债务人而导致的重复申报问题。"[①] 根据《破产法立法指南》的规定，下列情况下可以适用实质合并破产：①法院能够确信各关联企业成员的资产负债相互混同，以至于需要高额的成本及时间才能分清各关联企业之间的资产所有权和债务责任；②法院能够确信各关联企业成员系基于欺诈图谋或无正当商业目的活动成立，为制止这种图谋和活动必须采用实质合并。虽然我国破产立法及司法解释尚未确立实质合并破产制度，但鉴于较强的现实需求，2018 年最高人民法院印发《破产会议纪要》中明确，实质合并破产就是将各关联企业间视为单个企业，消灭各关联企业间的债权

---

① ［美］查尔斯·J. 泰步：《美国破产法新论》（上册），韩长印、何欢、王之洲译，中国政法大学出版社 2017 年版，第 262 页。

债务，将各关联企业的财产进行合并，统一清偿各关联企业债权人。

由此可以看出，实质合并破产系在法人人格否认制度、深石原则以及从属求偿原则基础上发展起来的一种全新制度，通过对关联企业进行实质合并破产，从而减少破产程序中因分离资产债务而导致的高额破产成本，提高司法效率，最大限度地保障债权人的信赖利益及清偿利益。①

三、关联企业实质合并破产的启动模式

（一）启动方式

在实质合并破产的启动方式上，主要存在三种模式：第一种是"先分别破产再合并"模式，即各关联企业成员间均具备破产原因，并分别进入破产程序，后法院裁定对其进行实质合并破产；第二种是"部分破产再加入"模式，即在部分关联企业成员进入破产程序后，基于申请人的申请，法院将其他关联企业成员一并纳入破产程序进行实质合并破产；第三种是"先合并后破产"模式，即在进入破产程序前，先将各关联企业实质合并为一个整体企业，之后再对合并后的企业进行破产。因第三种"先合并后破产"模式实质是在破产程序之外的合并，故笔者认为其严格意义上并不属于破产程序下的关联企业实质合并。故在实质合并破产的实践操作上，第一种和第二种模式较为常见。在第一种"先分别破产再合并"模式下，因各关联企业均具备破产原因并进入破产程序，故将其进行实质合并破产一般不会引发相应的争议。但在第二种"部分破产再加入"模式下，因仅部分关联企业成员进入破产程序，那么法院在决定对其他关联企业进行实质合并破产时，就可能面临能否将并不具备破产原因的关联企业成员一并纳

①　徐阳光：《论关联企业实质合并破产》，载《中外法学》2017 年第 3 期。

入破产程序进行实质合并破产的问题。

（二）启动主体

在破产程序的启动主体上，存在着申请主义及职权主义之分。其中，申请主义是指法院必须根据相关主体的申请才可决定是否启动实质合并破产；而职权主义则指除当事人申请外，法院可依职权对关联企业启动实质合并破产。当前我国各地在实质合并破产启动上主要采用的是申请主义，如广东省、北京市、威海市、郑州市等。在笔者看来，在实质合并破产启动上采用申请主义符合我国客观实际，一方面系我国破产法已经确定了"申请—受理"的依申请启动主义原则，另一方面系破产法本身的私法属性，其更倾向于强调商事主体的意思自治，若在实质合并破产上采用职权主义，将导致法官意志取代独立法人意志的后果，有违民商法意思自治的原则。

四、关联企业实质合并破产的审查程序

（一）适格的申请主体

根据我国各地在关联企业实质合并破产上的实践操作，在对申请主体的规定上，大致分为三类（见表1）。

表1 关联企业实质合并破产申请主体分类

申请主体	代表地区
关联企业成员、关联企业成员的出资人、债权人、已进入破产程序的关联企业管理人	郑州市、威海市、重庆市、深圳市等
关联企业成员、关联企业成员的清算义务人、债权人、已进入破产程序的关联企业成员的管理人	乌兰察布市、青岛市等
关联企业成员、债权人、已进入破产程序的关联企业管理人	东营市、北京市等

通过表 1 可知，各地均认可各关联企业、各关联企业债权人及已进入破产程序的关联企业管理人具有申请关联企业进行实质合并破产的权利，但对于关联企业出资人、清算义务人是否具有申请主体资格，各地则存在不同认识。

清算义务人主要是指在企业出现解散事由时，在规定期限内对企业进行清算的人员。根据《最高人民法院关于适用〈中华人民共和国公司法〉若干问题的规定（二）》的规定，有限责任公司的清算义务人为股东，股份有限公司的清算义务人为董事及控股股东。清算义务人的主要义务是在特定情况下及时对公司启动清算程序，若在清算过程中发现公司资产不足以清偿债务时依法申请破产清算。故笔者认为，在部分关联企业进入破产程序的情况下，既然其他进入清算程序的关联企业的清算义务人具有对该企业申请破产清算的权利，故也应当享有对关联企业申请实质合并破产的权利。

根据《中华人民共和国企业破产法》的规定，占债务人注册资本十分之一以上的出资人可申请对债务人企业进行重整。王欣新教授认为，因出资人与债务人重整具有实质性利害关系，所以破产法赋予出资人申请债务人进行重整的权利，但关联企业实质合并破产主要影响的是各关联企业间债权人的权益，而不是单个关联企业与出资人之间的关系，故出资人不应当享有对关联企业实质合并破产的申请权。[①] 但笔者认为，因关联企业实质合并破产系为了保障各关联企业债权人的实质公平清偿，降低破产成本，所以若单个关联企业的出资人基于其内部人员优势，能够证明关联企业具备实质合并破产条件的，则应当赋予其申请实质合并破产的权利。

---

① 王欣新：《关联企业的实质合并破产程序》，载《人民司法（应用）》2016 年第 28 期。

（二）申请人的证据审查标准

基于申请主体的不同身份，在对不同主体实质合并破产申请的证据审查上，也应当采用不同的审查标准，具体来说可分为三个档次。一是达到引起合理怀疑的初步证明标准。该标准系针对关联企业债权人申请的情况，因债权人通常对关联企业之间的内部交易、管理运作模式均不了解，所以笔者认为债权人在申请时只需提供能够引起合理怀疑的初步证据即可。如《郑州市中级人民法院关于关联企业实质合并破产操作指引（试行）》规定："债权人申请实质合并的，应当提供能够证明存在合理理由信赖其交易对象并非单个关联成员、单独破产损害其公平受偿权益的证据。"回归到前述案件，GZ 公司的债权人 L 仅提供了 GZ 公司的工商登记信息，仅能看出 GZ 公司与 LG 公司的法定代表人一致，经营范围部分重合，但在证据上尚不足以达到引起合理怀疑的初步证据标准。二是达到初步证明的证据标准。该标准系针对关联企业成员、关联企业成员的出资人及清算义务人，基于关联企业成员、出资人以及清算义务人的内部人员属性，其对于关联企业的管理模式、人员情况以及内部交易一般较为了解，但因其并非专业法律人士，所以在申请上只要提供关联企业之间法人人格混同损害债权人公平清偿权益的初步证据即可。三是达到充分证明的高度标准。该标准系针对管理人申请的情况，在我国"管理人中心主义"的构造下，管理人可依职权对企业的资产负债情况进行调查，因此更便于掌握各关联企业间是否存在人格混同的证据，且基于管理人的专业性，以及能够聘请相应的审计、评估机构，故其应当提供应适用实质合并破产的测算数据。

（三）审查方式

在对关联企业进行实质合并破产审查的实践操作上，主要存在着两种方式：一种是法院裁定适用实质合并破产需以债权人会议或债权人委员会表决同意为前提；另一种是法院以召开听证会的方式进行审查。但自 2018 年以后，根据各地法院出台的实质合并破产指引规定，基本都已采取听证会的方式进行审查，如北京、深圳、南京、郑州等地。例如，《郑州市中级人民法院关于关联企业实质合并破产操作指引（试行）》规定："实质合并破产申请的审查，应当组织申请人、债权人代表、债务人以及其他利益相关方听证。"

在运用听证程序进行实质合并破产审查时，笔者认为主要要解决两个问题：一是了解各关联企业的相关利益方对于实质合并破产的意见；二是进一步摸清各关联企业间的情况，核实各关联企业间是否存在人格混同的事实。因此，在召开听证会时，一般应当通知以下相关主体参与听证：申请人、被申请的各关联企业、被申请的各关联企业具有代表性的部分已知债权人、被申请的各关联企业实际控制人、已进入破产程序的关联企业法定代表人、股东、实际控制人、管理人等。同时，除申请人系管理人外，其他申请主体在申请合并破产时，仅提供了引起合理怀疑或初步证明标准的证据，故若直接召开听证会，可能存在效率低下的情况。因无论是"先分别破产再合并"模式还是"部分破产再加入"模式，均存在已指定的管理人，故笔者认为可充分发挥管理人的作用，以职权指示管理人对于被申请的关联企业间的资产负债的混同状况、程度，以及分别破产和实质合并破产下对债权人的影响展开调查分析，并在管理人取得相应证据并形成初步建议的情况下再召开听证会。这样既能够提高听证效率，也能够让其他相关利益方在了解关联企业真实状况下，发表更切合实际的意见。但需要强调的是，虽然在相关利益方均同意进行实质合并破产时，法院原则上应当适用实质合并破产，但法院决定是否进行实质合并破产，并不以相关利益方的同意为前提，而是基于法院对关联企业是否符合实质合并破产条件的申请情况。例如，在前述案件中，新郑法院就要求管理人对 LG 公司及 GZ 公司之间是否存在人格混同、是否难以区分各自资产负债以及是否存在相关债权人利益等展开调查，并开具相应律师调查令以方便管理人调查。

五、关联企业实质合并破产的实质审查标准

（一）以必要性为原则

对关联企业进行实质合并破产虽然能够降低破产成本，实现各关联企业债权人间的实质公平清偿，提高破产案件的经济效率，但因实质合并破产系对各关联企业独立法人人格的彻底、终局性的否认，实质上构成了对当前公司独立法人人格及股东有限责任的制度冲击，因此应当采用审慎适用、例外适用的原则。同时，在对实质合并破产申请审查时，应当以必要性为原则。根据《破产会议纪要》的规定，对关联企业进行实质合并破产必须具备以下三个要件，即法人人格混同、资产分离困难、债权人收益。[①] 故在对关联企业合并破产申请进行实质审查时，原则上应在满足上述三个条件的基础上，结合其他因素进行综合判断。

1. 法人人格混同

法人人格混同可以说是我国各地对关联企业实质合并破产适用的主要理由，以及实质审查的基本前提。只有各关联企业间存在法人人格混同情形，才能够考虑能否适用实质合并破产。而在对关联企业法人人格混同的审查上，笔者认为可以在参考《九民纪要》对法人人格否认标准的基础上，着重审查各关联企业间是否存在以下情况：共用或混同相同的银行账户、共同的经营地、

---

① 王静、蒋伟：《实质合并破产制度适用实证研究——以企业破产法实施以来 76 件案件为样本》，载《法律适用》2019 年第 12 期。

无偿或低价转移资产、随意调拨资产、资产或主营业务混同、交叉贷款或担保、管理层相同或存在交叉任职等。

2. 资产分离困难

据我国公司法的规定，法人人格混同将导致法人人格否认，即"揭开公司面纱"的适用——股东需对公司债务承担连带责任，但这种否认是基于单个债权或者个案下的人格否认，指向纠正个别不公平行为，并不能直接适用于所有债权，因此其也被称为股东有限责任的例外。但实质合并破产系对关联企业法人人格的整体、终局性否认，所以在对关联企业实质合并破产进行审查时，除需要各关联企业符合法人人格混同的情况外，还需要法人人格混同的程度达到严重的标准。根据联合国国际贸易法委员会《破产法立法指南》第三部分"破产企业集团对待办法"的规定，对法人人格混同达到严重程度的认定标准之一就是区分关联企业资产债务的费用过高，即资产分离困难。王欣新教授认为可以从以下三个方面判断区分资产负债的费用是否过高：一是区分资产及负债的费用将全部或绝大部分吞噬债权人尤其是无担保的普通债权人可能受偿的财产；二是表面上资产较多的关联企业，在扣除区分资产负债的费用后，将导致其普通债权人的清偿比例低于表面上资产较少的关联企业的普通债权人清偿比例；三是区分资产负债将产生大量的时间及资源成本。因前两种情况均可以通过具体的测算得到大致的数据，故在对关联企业实质合并破产申请进行审查时，可引导管理人聘请专业的中介机构对上述情况进行测算，而对于第三种情况，则需要法官对损失进行一个整体综合的考量及权衡。

3. 债权人收益

在对债权人收益标准的认定上存在两种不同的观点，一种观点认为只有当实质合并破产有利于所有关联企业债权人，即所有关联企业债权人将在实质合并破产程序中受益时，才符合债权人收益标准；另一种观点则认为实质合并破产带来的收益大于其所产生的损害，即虽部分债权人会在实质合并破产下受损，但只要获益部分的债权人的获益大于受损债权人所受损失，就可以认为债权人能够在实质合并破产中整体获益，就符合债权人收益标准。通常情况下，在关联企业实质合并破产清算状态下，全部债权人均可获益的情况基本无法实现，故就需要对债权人整体获益进行实质判断。因上述情况均可通过模拟计算得出，故在认定债权人收益时，应当在保证相应数据真实、可靠的基础上，引导管理人聘请专业机构进行模拟测算，从而保障相关利益方的知情权及异议权。

回归到前述案例，LG 公司管理人虽然从法人人格混同、资产难以区分或资产区分难度大及成本高、损害 GZ 公司债权人权益等方面进行了分析，并认为 LG 公司及 GZ 公司符合实质合并破产条件，建议对两公司进行实质合并破产，但未提交相应的证据及进行相应的数据测算，故无法确切证明 LG 公司与 GZ 公司之间的法人人格混同已经达到了严重程度，且无法通过破产撤销权、无效制度以及法人人格否认制度予以解决，故现 LG 公司管理人提交的专项报告虽然能达到证明 LG 公司与 GZ 公司符合实质合并破产的初步证明标准，但尚不满足充分标准，尚无法判断 LG 公司与 GZ 公司确已满足实质合并破产条件。

（二）是否需要具备破产原因

在"部分破产再加入"模式下，对于后并入的关联企业是否需要具备破产原因，在理论界具有不同的观点。否定观点认为，对关联企业进行实质合并破产时并不以各关联企业均具备破产原因为前提，即虽部分关联企业尚不具备破产原因，但只要满足法人人格混同、资产分离困难以及债权人收益的条件，就能够适用实质合并破产。肯定观点则认为，对关联企业进行实质合并破产，必须以各关联企业均具有破产原因为前提。

　　笔者认为，因关联企业实质合并破产系在破产程序内的合并，故原则上应当满足破产的启动条件，即具备破产原因。但若关联企业在设立时是基于欺诈，即控制公司以转移资产或负债为目的而成立关联企业，为取缔该违法行为，则即便部分关联企业并不具备破产原因，也应当适用实质合并破产。

论关联企业实质合并破产的
适用原则与审查标准

摘要：实质合并破产规则源自于美国判例法，而在我国关于实质合并破产的司法实践中，应当贯彻谨慎适用原则和实质公平与效率原则。同时，在破产审判中对于是否适用实质合并破产则存在三重标准，其中"法人人格混同"是主要审查标准，"区分各关联企业财产的成本过高"与"严重损害债权人公平清偿利益"是辅助审查标准，这三者共同构建了三维审查体系。

关键词：破产　实质合并　公平与效率

一、问题的提出

经过 40 多年的改革开放，我国市场经济体制已完成构建。企业作为市场经济的基本主体，出于业务拓展与商业合作的需要，关联企业集团互动经营已成为市场经济发展的新常态。关联企业集团互动经营具有资源整合能力强、规模影响力大、现金流充沛等特点，便于其在市场竞争中获取优势地位。但当面临市场行情变化、管理决策失误等风险时，如操作处理不当，某一成员企业

---

　　* 谷同飞，河南省焦作市博爱县人民法院院长，四级高级法官，法学学士；裴海天，河南明天律师事务所律师，中南财经政法大学法学博士；刘建章，河南省焦作市中级人民法院研究室主任，法学学士。

的经营危机往往产生破窗效应，以点带面地使得关联企业集团整体陷入破产困境。最高人民法院原副院长贺小荣在详解"中国破产审判未来之路"时曾指出："如何处理关联企业破产案件已成为当前破产审判实践的重要课题。"① 截至 2023 年 6 月，通过使用阿尔法、北大法宝、全国企业破产重整案件信息网、中国裁判文书网等方式，检索到关联企业实质合并破产案件共计 201 件。以阿尔法平台的区分标准为例，其中指导性案例 1 件，典型案例 8 件，优质案例 4 件，普通案例 188 件。关联企业破产具有特殊性，如何保障关联企业破产以最低的成本，在实现单个企业债权人之间债权公平的同时，确保控制企业、从属企业之间各自债权人的债权清偿的公平性，成为实务操作中亟待解决的现实问题。为提升关联企业破产案件的办理质量，本文将基于此展开讨论，以期可以指导实践操作。

二、基础概念的厘清

（一）实质合并破产的定义

《中华人民共和国企业破产法》（以下简称《企业破产法》）和相关法律并未对实质合并破产作出明确规定，但最高人民法院在其制作的相关文件中对实质合并破产已作出探索与尝试。在《关于适用实体合并规则审理关联企业破产清算案件的若干规定（征求意见稿）》的规定中，最高人民法院首次对实质合并的概念进行界定。② 随后在 2018 年《破产会议纪要》中对于该问题继续深化，并完善了实质合并破产制度。理解实质合并破产的概念，

---

① 《专访 | 最高法院贺小荣庭长详解中国破产审判未来路》，https：//weekly. caixin. com/2018 - 03 - 17/101222496. html，访问日期：2023 年 6 月 29 日。

② 根据《关于适用实体合并规则审理关联企业破产清算案件的若干规定（征求意见稿）》的规定，所谓"实体合并"指的是："关联企业破产时，关联企业成员之间的财产和债务合并计算，相互间的债权债务消灭，债权人共同受偿的破产处理程序。"

应从规范层级以及效力、具体方案的制订等两个方面入手综合理解。

就规范层级以及效力而言，应审慎对待实质合并破产制度。这是由于当前实质合并破产并未被吸收在《企业破产法》及相关司法解释之中，同时实质合并破产是破产法的基本概念，与《公司法》语境下的法人人格否认存在较大的区别，[①] 并且在实施的过程中其有可能与"股东有限责任"和"公司法人人格独立"制度相冲突。[②] 最高人民法院虽然为解决现实纠纷提供了部分具体规则，但在实践层面仍应审慎对待、探索和适用实质合并破产制度。

就具体方案而言，实质合并破产的规制重点就在于将整个关联企业集团视为一个独立的债务人，将其内部所有的成员企业的资产与负债合并。但是，将整个关联企业集团视为独立债务人的做法没有否认每一个关联企业成员的独立法律地位，该做法既不是从法律形式上将所有的关联企业变成单一的法律主体，更不是《公司法》意义上的企业兼并或合并。所以，实质合并破产的做法仅是出于解决实务困境的考虑，是在破产案件办理中的一种指导办法，从整体视角出发，重新梳理关联企业集团的财产可以更好地保护债权人与债务人的切身利益。所以此时将整个关联企业集团视为一个独立的债务人的做法是破产法概念上的变通处理。

（二）实质合并破产的内涵解析

实质合并破产原则指的是从关联公司的法人人格角度入手，为了公平清偿关联集团中所有债权人的债权，采取打破集团成员

---

① ［美］道格拉斯·G. 贝尔德：《论破产重整的实质合并》，张钦昱译，载李曙光、郑志斌主编：《公司重整法律评论》（第3卷），法律出版社2013年版，第456页。

② 朱黎：《美国破产实质合并规则的实践及其启示》，载《浙江学刊》2017年第1期。

公司的独立人格的手段，而涤除各自成员公司之间的互欠互保关系。[1] 在上述合并的过程中，将破产关联企业依债权额比例分配给破产集团中的所有债权人，并不细加追究该债权是由哪一关联企业成员所引起的。[2] 对于实质合并破产原则的理解应从"实质"与"合并"两个关键词入手。

所谓"实质"，是指合并破产并非简单将多个关联企业的破产程序协调处理，而是从法律地位层面入手，援引法人人格制度的相关做法。需要应当注意的是，对于关联企业各实体的法律人格而言，只是打破而并非消灭，这是为了案件办理的需要而在破产程序中存在的特殊处理方式。[3] 在美国，"实质合并"一词实际上用来与美国破产法中的"程序合并"相区别。[4] 正如前文所述，在实质合并的破产案件中，关联企业集团的成员要突破债权相对性，被视为一个债务人。而在程序合并的破产案件中，只从破产程序角度进行程序合并处理，统一完成所有债务人的破产程序性事务。如统一召开债权人会议、统一发送案件公告、统一向法院汇报请示等。[5] 此时各个债务人企业仍然独立存在，并不合并其资产与负债。

所谓"合并"，是指关联企业成员应从公司外部和内部两个角度出发，统一完成合并。此处的"公司外部合并"是指对外负债合并，关联企业各自对外产生相应的负债，应在合并破产时统

---

① 徐阳光：《论关联企业实质合并破产》，载《中外法学》2017 年第 3 期。

② 施天涛：《关联企业法律问题研究》，法律出版社 1998 年版，第 141 页。

③ ［美］大卫·G. 爱泼斯坦、史蒂夫·H. 尼克勒斯、詹姆斯·J. 怀特：《美国破产法》，韩长印等译，中国政法大学出版社 2003 年版，第 23 页。

④ 实质合并的英文表述为"substantive consolidation"，程序合并的英文表述为"procedural consolidation"或"joint administration"。参见［美］查尔斯·J. 泰步：《美国破产法新论》（上册），韩长印、何欢、王之洲译，中国政法大学出版社 2017 年版，第 261－262 页。

⑤ 王欣新：《关联企业实质合并破产标准研究》，载《法律适用（司法案例）》2017 年第 8 期。

一将所有的对外负债进行合并。此处的"公司内部合并"是指基于主体一致性的考量，由于业务发展的需要，各关联企业之间存在互负债务、互相担保的情况，此时从整体视角出发，抵消内部的债权债务关系，并进行会计处理，去除各成员企业间的互联互保关系。在完成上述公司内外部合并后，各成员企业的债权人也完成身份转变。

三、实质合并破产的适用原则

（一）谨慎适用原则

谨慎适用原则指的是法院在破产案件中批准对关联企业适用实质合并破产规则时，应当保持审慎的态度，非必须则不适用。这是因为从法律适用的角度观察，实质合并破产规则与公司法领域内的法人人格独立原则相冲突。前者在一定程度上否定了公司法的基本运行逻辑，突破了公司法对于法人的制度构建，为了维护公司的稳定性，应在适用时明确标准。因为实质合并破产规则会使得成员企业的独立人格被打破，出现意想不到的连带后果，所以应从维护债权人利益的角度出发，以维护法律稳定性为原则，管理人与法院应对破产债务人企业现状和适用实质合并破产规则后的结果作出全面的分析与预测。[①]

聚焦于实践层面，为了贯彻谨慎适用原则，我国司法实践中将对债务人进行法人人格否认的举措当作前置手段，视案件情况提起法人人格否认之诉。随后法院再考虑是否对关联企业进行实质合并。但有学者认为该举措过于机械，并且灵活性不足，使得最终在衔接机制中缺乏可操作性。[②] 实务界的当前做法确实存在上

---

① 彭插三：《论美国破产法中的实质合并规则》，载《财经理论与实践》2010 年第 2 期，第 121 - 124 页。

② 王欣新、周薇：《关联企业的合并破产重整启动研究》，载《政法论坛》2011 年第 6 期。

述问题，不宜把法人人格否认当作硬性的条件。

（二）实质公平与效率原则

实质公平与效率原则指的是在实质合并破产中应从公平与效率的角度出发，保障全体债权人的合法权益。理解该原则应从公平与效率这两个维度入手。

首先关注实质公平层面。具体而言，实质合并破产具有公私法兼备的属性，要在合并的过程中平衡社会本位和私权本位的关系，就要求从公平角度考虑，以保障实质合并破产在各属性与本位中均保持协调状态。实质合并破产的做法源自破产程序要达成实质公平的目标要求，所以应采用整体视角，保障集团企业每一位债权人的合法权益。但是，在破产程序中采取实质合并破产的做法，和经营困难的企业分担资产与负债，业绩良好的优质企业成员会受到影响，其债权人的清偿率会被平均与拉底。为了避免清偿率存在过大差异，对关联企业集团适用相同的计算标准，以统一清偿率的做法，可以在保障债权人的合法权益的同时，实现实质公平。①

其次关注效率层面。效率与公平都是破产法所追求的价值，二者处于同等地位，本原则追求的公平不是平均主义的公平，而是在追求公平的过程中要兼顾效率。实质合并破产后的破产集团往往十分庞大，其有能力拉动上下游产业链，推动区域经济发展。所以在办理实质合并破产案件的过程中，一定要兼顾效率与公平，考虑各类经济成本。具体而言，要做到以下几点：一是减少破产制度的运转时间，简化各类流程，压缩案件的办理流程；二是降低重整、清算或和解计划的实施成本，从管理与执行的角度优化

---

① 侯猛：《纪要如何影响审判——以人民法院纪要的性质为切入点》，载《吉林大学社会科学学报》2020 年第 6 期。

设计；三是加强配合，发挥各类主体的优势，借助法院的力量，合理利用府院联动等手段。最终兼顾实质公平与效率，帮助企业在最短时间涅槃重生。[①]

四、对于实质合并破产中现行审查标准的检视

由于《企业破产法》并未涉及实质合并破产问题，所以实务中主要依据最高人民法院印发的《破产会议纪要》来指导实质合并破产的相关工作。《破产会议纪要》以专章 8 个条文的方式，从程序的审查原则、管辖权确定、法律后果等角度，规定了关联企业实质合并破产的适用标准以及审慎适用等原则。[②] 根据《破产会议纪要》第 32 条的规定，在关联企业实质合并破产的三大适用标准中，区分成本过高标准的认定前提在于法人人格高度混同，而衡量债权人的受偿利益损害标准的认定依据则在于对合并或区分情况的成本收益比较。[③] 因此，关联企业实质合并存在主要判断因素与辅助判断因素的区别，法人人格高度混同标准是主要判断因素，而后两者则为辅助判断因素，下文将展开论述。

---

① 王欣新、周薇：《关联企业的合并破产重整启动研究》，载《政法论坛》2011年第 6 期。

② 王欣新教授在其文章中指出："之所以采取会议纪要的方式，而不是直接制定为司法解释，是因为目前对破产法的一些问题在理论上还需要进一步探讨，实践经验也有待进一步积累，所以纪要的内容既是一种创新的努力，同时也是一种试错的尝试，要待通过实践检验加以修正完善后再出台为司法解释。"参见王欣新：《〈全国法院破产审判工作会议纪要〉要点解读》，载《法治研究》2019 年第 5 期。

③ 《破产会议纪要》第 32 条规定："人民法院在审理企业破产案件时，应当尊重企业法人人格的独立性，以对关联企业成员的破产原因进行单独判断并适用单个破产程序为基本原则。当关联企业成员之间存在法人人格高度混同、区分各关联企业成员财产的成本过高、严重损害债权人公平清偿利益时，可例外适用关联企业实质合并破产方式进行审理。"参见王静、蒋伟：《实质合并破产制度适用实证研究——以企业破产法实施以来 76 件案例为样本》，载《法律适用》2019 年第 12 期。

（一）法人人格混同标准

1. 实质合并破产规则与法人人格否认制度

根据有关论著的统计，截至 2022 年 3 月 27 日，可通过中国裁判文书网、北大法宝以及全国企业破产重整案件信息网收集到约 267 份有相应裁判文书的适用实质合并破产规则的破产案例。其中，以"人格混同""人格高度混同""丧失独立人格"作为裁定理由的案件约为 165 个，占实质合并破产案件的 62%。[①] 故在以上三项标准中，法人人格混同是最为普遍适用的标准，即最普遍适用的实质合并破产的裁判依据。需注意的是，法人人格混同现象在公司法中的处理（导致"揭开公司面纱"）与在破产法中的处理（导致实质合并破产）是存在重大区别的，二者不具有可替代性，对此需要在理论上厘清两者之间的关系。

所谓公司法人人格否认制度，指的是《公司法》第 23 条第 1 款的规定，即当公司股东滥用公司法人独立地位和股东有限责任的手段去逃避债务时，该股东应当对公司债务承担连带责任。该条并未明确界定"人格混同"的概念，更未提出因公司的"人格混同"而直接否认公司独立法人地位的规范意旨。对此，在最高人民法院指导案例第 15 号"徐工集团工程机械股份有限公司诉成都川交工贸有限责任公司等买卖合同纠纷案"中，法院就"参照"适用《公司法》第 23 条第 1 款作出了处理，创设了基于"人格混同"而否认关联企业之间独立法人地位的裁判思路，并基于企业的人格混同情况判定由关联企业对彼此的外部债务承担连带责任，形成了这一新裁判思路。[②] 法人人格混同下"揭开公司面纱"的适用效果，一般是指由股东（既包括自然人也包括企

---

① 赵惠妙、左常午：《我国关联企业实质合并破产的裁定标准》，载《法律适用》2022 年第 4 期。

② 王军：《中国公司法》，高等教育出版社 2015 年版，第 66 页。

业法人）来对子公司的债务承担连带责任，所以立法上一般均以"逃避债务"作为法人人格否认规则的适用条件之一。^① 此外，法人人格否认规则仅适用于关联企业的个别交易关系及其纠纷，因此其法律后果均被限定在一定范围之内，即特定个案的裁判结果之内，意在保护特定债权人的利益。法人人格否认制度是对单个的、特定的债权人权利的保护手段，无法在作为集体清偿手段的破产程序中实现对关联企业全体债权人的公平清偿。法人人格否认与实质合并破产存有本质不同：实质合并破产规则对法人人格的否认，是全方位的、彻底的、终极的否定，不再局限于个别的行为或事项。在这方面，正如有观点总结道，实质合并破产将"使关联企业成员之间的所有债权债务关系完全消灭，财产完全合并，强调对全体债权人利益的维护，这在处理高度混同的关联企业破产案件中是一种更有力的手段"^②。

此外，就制度的适用范围而言，实质合并破产是对关联企业法人人格混同等现象在破产程序中的特殊处理手段，而鉴于我国尚未建立全国性的个人破产法，因此实质合并破产的适用范围原则上也就无法延伸至自然人；相较而言，法人人格否认制度对股东个人责任的追及则不区分企业或自然人的身份属性。

总的来看，法人人格否认制度确实构成关联企业实质合并破产的基础理论来源之一，但该制度与关联企业实质合并破产有着显著差异，主要在于以下几个方面。首先，在适用对象上，法人人格否认制度针对的是母子公司，而实质合并规则针对的是集团公司或关联企业，并不包括自然人债务人。其次，在适用效果上，法人人格否认制度对法人人格的否认效果仅是针对个别事

---

① 王欣新：《关联企业实质合并破产标准研究》，载《法律适用（司法案例）》2017 年第 8 期。

② 王欣新、周薇：《论中国关联企业合并破产重整制度之确立》，载《北京航空航天大学学报（社会科学版）》2012 年第 2 期。

项的调整、个别纠纷的处置，即强调股东对单项债权的连带责任，而实质合并破产规则对关联企业法人人格的否定则是全面的、永久的，原则上将使关联企业成员之间所有的债权债务关系完全消灭、资产完全合并，所强调的是保护全体债权人的利益。[①] 再次，在适用标准上，法人人格否认制度的适用前提在于，公司与其股东在财产、经营、人员等方面难分彼此、无从区分，即法人人格的高度混同已构成适用法人人格否认制度的充分条件。而实质合并破产规则不同，除需具备法人人格高度混同的必要条件之外，还需具备其他的辅助性条件，比如区分各关联企业成员财产的成本过高、不进行实质合并破产会严重损害债权人公平清偿利益等。实质合并破产规则对关联企业法人人格的否定是全面且永久的，因此其适用标准应当高于法人人格否认制度。最后，在法律程序上，法人人格否认制度的适用必须经过诉讼程序，由审判机构以判决的方式加以确定；而实质合并破产在破产程序中的适用则可直接采取非诉程序，由法院以裁定的方式加以确定。

2. 法人人格混同的认定

在我国当下的法律体系内并没有关于认定关联企业法人人格高度混同的规定，这导致实践中的做法差别较大。通过对公布的裁判文书分析，法院对关联企业法人人格高度混同的认定主要从"是否严重丧失法人意志独立性"与"是否丧失法人财产独立性"两个方面展开，比如关联企业之间是否统一管理控制、统一经营决策、统一融资并支配资金。下文对这两项独立性的丧失作一展开论证。

（1）严重丧失法人的财产独立性。对于该问题的关键判断因

---

① 张少丽：《关联企业实质合并破产制度研究》，载《重庆第二师范学院学报》2014 年第 4 期。

素为"具有可客观评价标准的资产与负债是否严重混同"①，即关联企业之间是否严重丧失法人财产的独立性，以至于其资产债务达到了混杂不清、难以区分或区分成本过高的程度；同时，这种混同程度在结果上要能够严重损害债权人的公平受偿。由此可知，企业的资产和负债是否都载入账簿，是一项十分关键的识别因素。值得注意的是，这里的账簿是指公开、合法的账户，而不包括非法、内部的隐蔽账簿及私密账簿。

（2）严重丧失法人的意志独立性。对于该问题，实务中一般采取定性分析法，即从控制角度入手，考量管理、决策、股权等方面公司是否丧失意志独立性。同时细化不同的应用场景，深入观察如人员调配与任命、日常经营与决策、资产处理与投资等环节，向上穿透，看实际控制人是否同一，其是否有控制的能力与权限等。

（二）区分各关联企业财产的成本过高标准

《破产会议纪要》中适用关联企业实质合并破产的标准是关联企业因资产和负债的混同严重，区分各关联企业财产的成本过高，可能导致严重损害债权人的利益。在目前的破产实务中，利害关系方申请法院裁定关联企业实质合并破产的主要理由为关联企业的财产难以区分且区分成本过高。若对每笔转账均进行说明，将耗费巨大的时间成本以及工作成本，同时债权债务调整的工作量巨大；而若采取实质合并重整，不仅将有利于债权人的公平清偿，还将有利于重整工作的整体效率和效果，将使全体债权人受益。

区分各关联企业成员财产的成本过高这一标准主要包含三个方面的判断因素，下文分述之。

---

① 王欣新：《论关联企业实质合并重整后的法人资格问题》，载《法制日报》2018年6月27日，第12版。

（1）关联企业财产识别确认成本。对此，有观点提出："识别确认成本，是指通过对关联企业的财务专项审计、法律调查以及对企业股东、高管人员、财务人员访谈等，查明关联企业间存在资产与负债混同各项具体情况的成本。"① 关联企业严重丧失法人财产的独立性将使关联企业间的真实资产负债情况无法查明。倘若区分各关联企业之间的真实资金往来、关联交易，又将耗费大量人力、物力，且最终结果可能仍处于无法识别的状态。

（2）财产归集的纠正后果与成本。在这方面，有关观点提出："纠正后果成本，是指对已查明的资产与负债混同情况进行独立性区分，采取法律等措施纠正非市场化配置资源各种不当后果的成本。如行使破产撤销权追回财产、纠正行为的成本，包括进行诉讼、仲裁的费用、时间成本等。这些成本造成债务人企业中债权人可分配财产的直接减少。"② 由此可知，若此时继续以法人人格独立作为破产程序的开展前提，将与债权人清偿利益最大化的立法目标相冲突。

（3）时间与程序开展成本显著。对于适合进行实质合并重整的关联企业而言，独立开展破产程序就意味着必须逐个指定管理人，而由各管理人分别开展重整工作，势必会增加破产成本、延长破产案件的办理时间，且最终有损于债权人的清偿利益。

在实际案件的办理中，对关联企业成员财产区分成本之高低的判断往往涉及专业的财务和法务知识。因此，法院在判断时通常可以结合各类专业服务机构出具的专业意见。独立第三方出具的意见既能帮助法官作出客观的裁判，又能回应利害关系人的异议。

---

① 王欣新：《论关联企业实质合并重整后的法人资格问题》，载《法制日报》2018 年 6 月 27 日，第 12 版。

② 王欣新：《论关联企业实质合并重整后的法人资格问题》，载《法制日报》2018 年 6 月 27 日，第 12 版。

（三）严重损害债权人公平清偿利益标准

我国企业破产法的核心宗旨就在于，维护债权人的公平清偿利益。对此，《破产会议纪要》第六章指出，关联企业实质合并破产规则在适用上应当采取审慎态度。因此，严重损害债权人利益不仅是适用该规则的判断依据，亦构成关联企业实质合并重整的结果要件。

在案件的办理中，法院一般会从以下四个方面详细分析适用实质合并重整的正当性。首先，考察财产混同的情况，是否达到已难以还原各公司真实资产负债状况的程度。如果难以还原，将对其进行合并重整，并把所有关联企业的资产与负债合并计算，能够纠正关联企业之间不当利益输送等行为，从而保障全体债权人的公平清偿利益。其次，考察实质合并重整是否可以消灭各关联企业成员之间的债权债务。如果可以，将关联企业成员的财产作为合并后的统一财产整体对待，这样不会另行产生区分财产的成本，从而有利于提高债权人的整体清偿利益。再次，考察实质合并重整是否能够保留关联企业运营链条的完整性，从而有助于整体引入外部重整资源和保有经营效能，进一步增加关联企业重整价值。如果可以，将进行合并。最后，考察有财产担保债权人及其他优先债权人的优先受偿权或其他法定优先权的权利性质及清偿顺位并不因合并重整而发生变化。从而得出，实质合并重整将保障全体债权人公平清偿利益的结论。[①]

[①] 南京市中级人民法院（2022）苏 01 破 11 号之一民事裁定书。

论关联企业实质合并重整的判断标准

许幸丽[*]

摘要：关联企业实质合并重整的判断标准作为实质合并规则适用的"敲门砖"，对于正确审慎适用实质合并、公平保护债权人清偿利益和有序开展破产程序等具有重要的价值意义和功能意义。然而根据现有"立法"规定和司法实务来看，在"立法"方面，最高人民法院仅以纪要形式提出关联企业实质合并的判断标准；部分地方法院则根据实践需求，在上述判断标准的基础上另行提出了新的判断标准。在司法实务方面，由于实质合并规则缺乏法律效力的统一标准，人民法院在审理关联企业实质合并重整案件时基本处于无法可依的困境，导致出现判断标准混乱和单一的问题。基于此，本文立足实践需求，提出我国关联企业实质合并重整的"独立判断标准＋辅助判断标准"的综合性判断标准。

关键词：关联企业　实质合并　独立判断标准　辅助判断标准

一、关联企业实质合并重整判断标准的检视

由于《中华人民共和国企业破产法》（以下简称《企业破产法》）基于法人人格独立原则，奉行单一企业破产的立法模式，即具有破产原因的企业或债权人向法院提起破产申请，法院裁定

---

* 许幸丽，上海锦天城（郑州）律师事务所律师。

受理后再分别进入破产程序，因此关联企业并未纳入《企业破产法》的主体适用范围。① 然而值得的思考的是，关联企业之间愈发紧密的经济关系和商业交易，甚至部分关联企业基于经济联系的隐蔽性进行欺诈、不正当的关联交易和非市场化的财产流动，② 忽视附属集团或者子公司的独立人格，在此种情况之下若继续对关联企业采用单独审理的破产模式，不可避免地会导致债权人债权清偿率的差异，进而造成关联企业中遭受利益剥削的企业成员的债权人遭受不公正的对待。

为解决上述问题，我国司法实务界从维护债权人公平清偿利益和有利于挽救企业重生的价值目标出发，吸收借鉴域外司法实践中创新性适用的实质合并规则，提出了我国破产关联企业实质合并的判断标准。然而由于该规则在美国判例法中仍处于持续衍化阶段，针对关联企业合并破产重整的适用并未提出统一的标准，致使该法律制度移植适用过程中，相关立法缺位、裁判标准不一，因而在处理关联企业实质合并重整案件时，统一判断标准迫在眉睫。

（一）关联企业实质合并重整标准"立法"方面的尝试

21 世纪初期，最高人民法院和青海省高级人民法院下发规定，禁止各级人民法院审理关联企业破产案件时以任何理由适用"多企一案"。③ 这严肃表明其对于关联企业合并破产的否定态度，对实质合并破产作出严格限制，但是这一不成熟的路径选择和全面否定的做法对于关联企业存续经营过程中出现的违规问题难以

---

① 郁琳：《关联企业破产整体重整的规制》，载《人民司法（应用）》2016 年第28 期。

② 孙向齐、孙继锋：《关联企业破产违法行为的规制》，载《法学杂志》2009 年第9 期。

③ 《最高人民法院关于审理企业破产案件若干问题的规定》第 79 条；《青海省高级人民法院关于规范审理企业破产案件的实施意见》第 5 条。

有效解决。尤其是 2004 年发生的德隆覆灭事件后，面对司法实践的需求和部分学者的倡导，实质合并破产规则最终在 2018 年正式被最高人民法院以纪要的形式予以承认，包括关联企业实质合并的破产标准、实质合并的审查与适用实质合并的法律后果。上述规定构成了关于构建关联企业实质合并破产规则的坚实基础，尤其是最高人民法院对实质合并判断标准的细化，为地方各级人民法院提供了指导性的指引和案件审理思路。

（1）最高人民法院《破产会议纪要》的判断标准。《破产会议纪要》在"关联企业破产"部分，就法院审慎适用实质合并原则审理关联企业破产案件的规定为："关联企业成员之间存在法人人格高度混同、区分各关联企业成员财产的成本过高、严重损害债权人公平清偿利益"。最高人民法院在三要件的判断标准之外，在第 33 条进一步规定人民法院在作出是否实质合并的裁定时，可以从关联企业各成员之间资产的混同程度、持续时间、企业重整可能性以及债权人整体清偿利益等判断条件进行考虑。

（2）各级地方法院采用的实质合并判断标准。随着最高人民法院《破产会议纪要》的印发，一些地方法院先后出台了针对关联企业适用实质合并重整判断标准的规定，为关联企业实质合并重整提供了判断依据和说理凭借。同时按照我国各地区法院裁定关联企业实质合并审理方式所依据的不同判断标准，将其大致分为以下两种类型。

第一类沿用了《破产会议纪要》的三要件判断标准，即从行为上看关联企业成员之间的人格高度混同、从成本考虑区分各关联企业成员的财产成本过高，而且从价值性的适用角度衡量严重损害债权人公平清偿利益。如《云南省高级人民法院破产案件审判指引（试行）》《河北省高级人民法院破产案件审理规程（试行)》和《山东省高级人民法院企业破产案件审理规范指引（试行)》，均沿用了《破产会议纪要》的适用标准。

第二类则是在《破产会议纪要》的基础上进行创新适用，部分法院结合本省市企业破产的特殊情况与实际需要，系统地提出关联企业实质合并的判断标准，体现了较强的司法能动性与创新性。

四川省高级人民法院为规范办案程序、统一裁判标准，结合本地司法实践的实际，于 2019 年 3 月印发了《四川省高级人民法院关于审理破产案件若干问题的解答》（以下简称《解答》）。《解答》强调在实践中，法院在审查关联企业实质合并破产案件时，要注意区分控制程度较高和法人人格高度混同，控制程度较高的关联企业运营过程中出现的一些共性特征不能简单地据此判定法人人格高度混同，同时指出法人人格高度混同的认定标准需要达到关联企业的资产及负债无法区分或者区分成本过于高昂，并且严重损害债权人公平清偿利益的程度。① 据此理解，《解答》中规定实质合并的判断标准采用法人人格高度混同这一核心判断标准，并将《破产会议纪要》中的"区分各关联企业成员财产的成本过高""严重损害债权人公平清偿利益"标准认定为"法人人格高度混同"引起的损害结果。

深圳市中级人民法院为正确适用实质合并规则，于 2019 年 3 月制定了《深圳市中级人民法院审理企业重整案件的工作指引（试行）》（以下简称《工作指引》）。深圳市中级人民法院结合本院审理关联企业破产案件的实际情况，在采用的判断标准上与《破产会议纪要》呈现了整体一致性，包含法人人格高度混同这一核心要素的考量。但是对于区分关联企业财产的成本过高、严重损害债权人公平清偿利益这两项要素，深圳市中级人民法院独立地给出了参考判断标准。《工作指引》第 45 条规定："关联企业成员之间法人人格高度混同，严重损害债权人公平清偿利益的，

---

① 《四川省高级人民法院关于审理破产案件若干问题的解答》第六部分第 2 条。

或者关联企业实质合并重整有利于增加重整价值，使全体债权人受益的"，"可以申请对具有重整原因的多个关联企业成员进行合并重整"。按照文理解释和体系解释的方法论，在"人格高度混同，严重损害债权人利益的"判断标准之后，并列词"或者"的使用，使得前者判断标准与"有利于增加重整价值，使全体债权人受益"并列构成关联企业实质合并的独立判断标准。

（二）关联企业实质合并重整标准司法适用状况梳理

（1）合并重整判断标准模糊。虽然在具体个案的裁定书中，人格高度混同这一核心标准被普遍采用并进行说理论证，但是通过研究我国关联企业实质合并重整中采用的判断标准可知，由于缺乏统一的实质合并重整规则，各地法院对实质合并判断标准的认识和理解不尽相同，对其他判断标准的考虑侧重点也不尽一致。因而法官在审理关联企业合并破产案件时，存在裁定标准过于宽泛甚至是逻辑层次混乱的乱象。① 判断标准的模糊混乱，引发债权人和理论界的学者对实质合并重整制度的正当性提出疑问，指出部分地方法院所谓的实质合并重整是对破产法立法目的的违背，严重损害了当事人的正当权益。②

（2）合并重整判断标准囿于法人人格高度混同。无论是在我国最高人民法院和部分地方各级人民法院制定的关于关联企业实质合并的会议纪要和通知，还是在司法个案的裁定书中，根据无法者以类举原则不难归纳得出关联企业实质合并重整的判断标准存在过于单一的弊病，即法人人格高度混同构成关联企业实质合并的唯一基础。毋庸置疑，法人人格高度混同在关联企业合并破

---

① 王静、蒋伟：《实质合并破产制度适用实证研究——以企业破产法实施以来76件案例为样本》，载《法律适用》2019年第12期。

② 李永军、李大何：《重整程序开始的条件及司法审查——对"合并重整"的质疑》，载《北京航空航天大学学报（社会科学版）》2013年第6期。

产案件中起着重要的判断作用，[①] 甚至司法实践中部分法官根据审判经验和企业破产事实，直接以关联企业存在法人人格高度混同的事实裁定实质合并，将其破产财产视为统一的偿债资产。如在"嘉亨实业发展公司与金鼎购物公司实质合并重整案""重庆珠峰投资有限公司与重庆市悦众汽车销售有限公司实质合并破产重整案"中，[②] 主要采用了法人人格高度混同这一判定标准，而对于维持企业持续经营与提高企业重整效率等判断标准一掠而过。

二、功能主义视角下关联企业实质合并重整的独立判断标准

（一）法人人格高度混同作为独立判断标准的适用

1. 法人人格高度混同的行为要件

客观上讲，对于法人人格高度混同的判断，理论界提出了诸多的分类标准，具有一定的前瞻性。对此，本文以理论界提出的分类判断标准为依据，以司法实务中的经验为准据，根据法院认定关联企业法人人格高度混同的要素，提出法人人格高度混同的行为要件应主要包含的几个方面。

（1）资产与债务混同。关联企业之间通过共同的对外交易、共同的对债权人承担责任、交叉担保等不正当的非法利益输送导致内部交易复杂，大量无基础的对同一债务承担责任。

（2）财产混同。独立的财产是公司对外独立承担责任的基础，没有财产或者财产不独立的法人，其人格也无法独立。[③] 在

---

① 王欣新：《关联企业实质合并破产标准研究》，载《法律适用（司法案例）》2017 年第 8 期。

② 陕西省西安市中级人民法院（2020）陕 01 破申 40 号之一民事裁定书、重庆市江津区人民法院（2018）渝 0116 破 8－13 号之三民事裁定书。

③ 孔维璎：《实质合并规则的理解和运用》，载《人民司法（应用）》2016 年第 28 期。

现有的实质合并破产重整案件中，财产混同主要包括：财产权属不明，随意频繁调动资金未作记载以致主要经营性财产难以区分；共同使用企业生产设备、生产原材料等，无法独立核算财务成本。

（3）管理人员混同。关联企业采用集团化管理模式，成员之间存在着密切的股权或高管交叉任职情形，由控股企业统一决定全体关联企业的经营事务，使得企业之间长期丧失独立的意志人格。

因此，当企业在资产与债务、财产利益、管理人员上出现混同，不分彼此，就已经意味着公司的独立人格实际上已经不存在了。①

值得注意的是，根据裁判经验，以上三个混同行为要件只是判定法人人格高度混同较为普遍的情形，并不意味着在法人人格高度混同标准的判断中，其他出现频次较低的混同情形不存在，或者是不可以作为判定要件。如关联企业经营机构与场所存在混同、主要经营业务混同等，需要根据关联企业实际混同情况，将其作为判定法人人格高度混同的参考。

2. 法人人格高度混同的结果要件

法人人格高度混同的结果要件，是指关联企业间法人人格高度混同以至于区分各关联企业财产的成本过高、严重损害债权人公平清偿利益时，法院才可以认定关联企业法人人格高度混同，进而裁定适用实质合并规则。

（1）区分关联企业财产的成本过高。区分成本是指关联企业存在法人人格高度混同的情形，为区分各成员之间的资产与负债而需要支出的巨额费用。从因果关系来看，区分成本的适用建立

---

① 姜婉莹：《公司法人格否认之人格混同情形司法适用研究》，载王保树主编：《商事法论集（第 1 卷）》，法律出版社 2009 年版，第 279 页。

在法人人格高度混同的行为基础之上，两者之间具有内在的一致性。

（2）严重损害债权人公平清偿利益。法律的本质是对相互冲突的利益进行分配，[①] 将严重损害债权人公平清偿利益纳入法人人格高度混同的结果要件，便是对债权人冲突利益的公平再分配。特定的滥用法人人格高度混同的行为必然在企业成员之间发生利益分配不均衡的现象。进入破产程序后，如果仍依照单一企业分别破产原则，则会引起债权人公平清偿利益的失衡。

因此可以得出结论，法院裁定关联企业适用实质合并规则，当判断标准为法人人格高度混同时，应包含区分关联企业财产成本过高与严重损害债权人公平清偿利益的结果要件。

3. 行为要件与结果要件的综合判断

实证数据表明，在关联企业实质合并破产案件中，资产与债务分离的难易程度是判断法人人格是否达到高度混同程度的重要因素，当区分债务和资产发生过高费用，以至于分离所需成本大于债权人从中所获清偿利益时，才可以认定为法人人格高度混同。[②] 另外，一般而言，法院判断关联企业是否出现人格混同时，应从人员、业务、财务混同三个方面进行考察认定，[③] 单独的一个或者两个混同并不会简单、机械地产生人格高度混同的结果，只有当关联企业的人员、业务、财务混同达到第三人难以区分或者无法准确判断交易对象的程度，才能认定为高度混同。[④] 最后，关联企业人格混同的持续时间是认定高度混同的重要表征。当关联

[①] 朱慈蕴：《公司法人格否认：从法条跃入实践》，载《清华法学》2007 年第 2 期。

[②] 王欣新：《破产法前沿问题思辨》（下册），法律出版社 2017 年版，第 348 页。

[③] 樊纪伟：《关联公司扩张适用公司人格否认之检讨——兼评最高法院指导案例 15 号》，载《湖南大学学报（社会科学版）》2016 年第 3 期。

[④] 梁彦红：《关联公司人格混同法律规则的完善》，载《河北法学》2019 年第 8 期。

企业之间的人员、业务、财务存在不规范行为甚至违法行为，但是这些外在表征只是偶然发生，并没有达到持续性的重叠效应时，法院也无法认定为关联企业之间人格高度混同，从而裁定适用实质合并规则。

（二）欺诈作为独立判断标准的适用

最高人民法院关于破产欺诈标准独立适用性的规定，在《关于适用实体合并规则审理关联企业破产清算案件的若干规定（征求意见稿)》（以下简称《征求意见稿》）中有所涉及，直接指出对于出于欺诈目的而设立的关联企业，即使不符合《企业破产法》第2条的规定，仍可以采用实质合并规则。根据《征求意见稿》的意见，欺诈标准是完全可以独立适用于关联企业实质合并破产认定的。此外，王欣新教授根据"破产企业集团对待办法"的规定，同样认为适用实质合并破产的独立性判断标准包括法人人格高度混同标准和欺诈标准。[①]应当认为，《征求意见稿》的意见和"破产企业集团对待办法"的规定为欺诈标准的独立适用提供了法理支撑。

1. 欺诈标准的行为要件

欺诈标准不同于法人人格高度混同，其主要针对不具有正当商业目的、存在主观恶性的关联企业，无论其是否具有财产混同的表现形式，[②] 如"天顺系关联企业实质合并破产案"。关于欺诈标准的行为要件，根据"破产企业集团对待办法"的规定，是指"其活动根本没有正当的商业目的"。[③] 具体而言，关联企业创设

---

① 王欣新：《关联企业实质合并破产标准研究》，载《法律适用（司法案例)》2017年第8期。

② 申林平编著：《上市公司破产重整：原理与实务》，法律出版社2020年版，第226页。

③ 联合国国际贸易法委员会：《破产法立法指南》第三部分"破产企业集团对待办法"，联合国维也纳办事处英文、出版和图书馆科2012年版，第63页。

之初即不具有正常开展经营活动的目的或者创建后主要从事欺诈活动，以关联企业为幌子，实施欺骗项目，公司债权人只是其实现自身利益目的的棋子，实际控制人根本没有偿还债权的打算或者根本不具有持续偿还债权的能力，债权人成为无法被受偿的受害人。

2. 欺诈标准的主观要件

通常对于欺诈标准的主观要件，要求把握认定实际控制人具有欺诈故意，且必须是直接故意，其主观心理上对实施的资产转移、创设数家关联企业、实施庞氏骗局等严重损害债权人利益的行为是积极追求的，具有明显的主观恶意。

我国目前对于欺诈标准的适用基本处于空白，为实现对实际控制人主观恶性的惩戒和欺诈行为的惩罚，需要在法人人格高度混同的标准之外强化对于欺诈标准的独立适用。因而在认定行为人具有欺诈的故意时，法院在司法审判活动中应采取意思主义学说，即关联企业债务人不仅要有对于欺诈行为的认识，而且主观上具有损害他人利益的恶意。

三、体系化下关联企业实质合并重整的辅助判断标准

（一）辅助判断标准的含义与作用

独立判断标准是法院裁定关联企业实质合并重整的前提条件，辅助判断标准则是补强适用的证据。[①] 辅助判断标准，顾名思义，是指不能作为类别性标准独立适用，需要结合独立判断标准作为法院裁定关联企业进入实质合并重整程序的补强依据，增强说理部分的证明力。如果说独立判断标准是"雷霆之怒"，则辅助判断标准便是"温润如雨"，两者相得益彰。

---

① 胡庆东、胡永睿：《关联企业实质合并破产裁定标准研究》，载上海市法学会编：《上海法学研究（集刊）》，上海人民出版社 2021 年版，第 154－155 页。

（二）企业破产重整需要作为辅助判断标准的适用

1. 有利于提高破产重整的效率

法院裁定关联企业适用实质合并规则后，企业成员得以清除不正当的债权债务关系，缩短清理关联企业资产、负债的时间，降低清理成本，对关联企业的重整工作进行整体安排，从而增加重整的可能性，提高重整效率。①

一般而言，关联企业中占有支配地位的控制公司，一般大量持有其他企业成员的实物资产及无形资产，将低效和劣质资产转移至附属集团或者子公司，丧失财产权属独立性的企业成员为控制公司转移、拆解和担保债权，导致财务账簿无法反映资产的真实情况。通过实质合并重整，重新规整各公司所持资产，厘清资产权属，实现同类资产及业务的归集，可以提升重整程序效率，进一步提升重整质效。

2. 企业具有重整价值

重整制度设计之初，即是为了保障尚具有营运价值和生存能力的债务人在市场经济中得到再生，增加破产企业重整成功的可能性。因而关联企业实质合并重整应适用于具有重整价值的关联企业，从而实现债务人的持续运营和维护债权人整体利益，维护地方区域内的经济和社会稳定。②

倘若不考虑关联企业是否具有核心资产，直接裁定对关联企业实质合并重整，核心资产可能面临被拆分，无形价值随之消逝，或者重整后关联企业重整不成功，无法持续保持盈利能力而导致再次进入破产程序。因此，在对关联企业的重整价值进行衡量时，

①　如在"海航集团有限公司等 321 家公司实质合并重整案"中，海南省高级人民法院根据海航集团的实际运营管控状况，经过审慎论证分析，裁定对 321 家公司进行实质合并，从而缩短重整时间、降低重整成本、提高重整效率。

②　王静：《实质合并破产法律制度构造研究》，法律出版社 2021 年版，第 107 页。

核心资产是关联企业实质合并重整时必须充分考虑的。

（三）债权人收益作为辅助判断标准的适用

1. 满足债权人绝对收益

债权人绝对收益，即实质合并重整会使所有的债权人获益，提高债权清偿率，而且免于遭受不利益损害。从表面上看，保护债权人公平清偿利益作为破产企业重整的价值目标之一，将破产财产按照债权人收益最大化的原则进行分配是解决破产问题的有效途径，但将破产重整的价值目标仅仅聚焦于债权人收益标准之上未免失之偏颇，[①] 有益于所有债权人也明显不具有现实可行性。[②]

关联企业实质合并破产重整程序中，企业成员丧失独立的法律人格，各关联企业互负的债权债务消灭，统一以合并后的整体财产对外清偿债务，债权人也只能向合并后的实体申报债权。对于享受企业成员提供担保的债权人来说，此时的担保债权只能确定为一份债权而不能重复申报。因而实际上，债权人收益标准类型中的债权人绝对收益只能作为一种理想化的情况而讨论，如果幸运的存在实质合并重整能够实现所有债权人绝对收益的重整案件，法院则可以径直裁定关联企业实质合并。

2. 有利于债权人整体收益

债权人整体收益观点认为，当关联企业实质合并破产重整产生的收益显著大于因合并重整所造成的损害，有利于整体债权人时，法院可以将其作为辅助判断标准裁定关联企业实质合并重整。从实质合并规则应用的实务案例来看，债权人整体收益在债权人

[①] 韩长印：《企业破产立法目标的争论及其评价》，载《中国法学》2004 年第 5 期。

[②] 王静：《实质合并适用标准体系之重构》，载《月旦财经法杂志》2021 年第 46 期。

的清偿利益上可以直观地表现为清偿率明显提高，而且在适用的理论支撑上，牺牲部分债权人的利益换取债权人整体收益需具备一定的正当性。

（1）债权人整体清偿率明显提高。目前司法实务中，部分法院在适用债权人整体收益审理关联企业实质合并重整案件时，并未对债权人整体收益的内涵进行详细阐述，而是通过综合衡量比较实质合并后的清偿率是否就单独破产情况下有所提高，而裁定关联企业实质合并重整。如在"秦谋公司与昂龙公司实质合并重整案"中，经过管理人的尽职调查分析和论证指出，如果秦谋公司单独进入破产清算程序，债权清偿率大致为30.6%；如果对两家公司同时裁定实质合并破产清算，债权清偿率则降低至21.3%；而若考虑到债权人整体清偿和企业重整价值，对秦谋公司申请实质合并清算，昂龙公司实质合并重整，普通债权人的整体清偿率将明显提升，高达76.9%。[①]

（2）债权人整体收益具有正当性。在关联企业案例审理过程中，针对关联企业成员之间表面不均的债务负担，法院需要深入考察引起债权清偿不一的客观原因以及实施实质合并损害少数债权人的正当性。实践中，关联企业多存在着资产分布严重不均的现象，绝大部分资产被登记在少部分公司的财务账簿上，导致无法用现有资产清偿其名下的债务，如果按现有财产状况决定公司的资产归属和债务承担，将对大部分的债权人造成明显不公，严重损害债权人公平清偿利益。因此，在关联企业构成法人人格高度混同的现状下，统一安排偿债财产，才能对全体债权人作出公平的清偿。

（四）辅助判断标准的体系化适用

从实质合并规则的实施上讲，辅助判断标准是一个体系化而

---

① 重庆市巴南区人民法院（2017）渝0116破5号之三民事裁定书。

又模糊化的问题。体系化是说辅助判断标准并不是类别性的独立判断标准，需要借助法人人格高度混同或欺诈标准，实现类案的实质合并。模糊化意指法律没有明确的规定，最高人民法院没有发布相应的司法解释，企业破产重整需要和债权人收益标准的适用依赖法官的司法理念、价值判断，这也迫使法官在审理此类案件时需要从诸多的维度比较考虑辅助判断标准的适用，发挥实质合并的预期作用。

考虑到实质合并规则的适用必须立足我国企业破产的现实需求、社会政策价值导向、市场经济发展水平以及企业现存的问题等，因而应就关联企业实质合并破产程序的启动采取综合性的审查判断标准，在吸收《破产会议纪要》的基础上创新构建完整的判断标准体系，从法律法规层面提出关联企业实质合并重整判断标准规则的条文如下所述：

第一条　人民法院审理关联企业破产案件时，应尊重企业法人人格的独立性，以对关联企业成员的破产原因进行单独判断并适用单个破产程序为基本原则。在关联企业满足以下独立判断标准之一时，允许法院例外、审慎地适用实质合并重整的方式进行审理。

（一）法人人格高度混同，以至于区分各关联企业成员财产的成本过高、严重损害债权人公平清偿利益；

（二）欺诈，关联企业成员从事欺诈图谋或毫无正当商业目的的活动。

第二条　当关联企业成员符合第一条的独立判断标准时，人民法院可以根据辅助判断标准，直接裁定关联企业进入实质合并重整程序。

（一）企业破产重整需要，关联企业具有重整价值，并且采用实质合并重整有利于提高破产重整效率；

（二）债权人收益，关联企业实质合并重整有利于实现债权人绝对收益或债权人整体收益。

关联企业实质合并破产程序适用标准研究

党鹏飞 *

摘要：《企业破产法》没有对关联企业实质合并破产程序作出规定，各地法院在适用标准上也不统一，导致适用上的混乱，因此迫切需要明确适用标准来统一法律的适用。本文根据《破产会议纪要》的精神，借鉴国外立法，指出对关联企业实质合并破产案件的适用标准应严格把握，必须同时符合法人人格高度混同、区分各关联企业成员财产的成本过高、严重损害债权人公平清偿利益三个要件或者存在破产欺诈行为时方可适用，尽量尊重法人的独立人格。同时，对具有关联关系但尚未达到该适用标准的破产案件，在现行制度框架中解决或者采取集中审理、协调审理的处理方式解决。

关键词：关联企业 实质合并 人格混同 适用标准 欺诈

一、关联企业实质合并的基本理论

（一）关联企业概念厘定

关联企业的概念最早出现在英美法系国家中，后来这一概念被大陆法系国家引入。我国现行《公司法》和《企业破产法》没有对关联企业作出规定，仅对关联关系和关联交易作出相应的规定。在理论界对关联企业的概念也观点不一，没有形成统一的认

---

* 党鹏飞，河南大学法学院 2022 级法律（非法学）硕士研究生。

识。联合国国际贸易法委员会《破产法立法指南》第三部分"破产企业集团对待办法"，定义集团企业为以控制权或举足轻重的所有权而相互联结的两个或多个企业。王欣新教授认为关联企业就是企业的集团，我国对关联企业则可具体定义为：关联企业是指通过股权、合同或其他方法如人事控制、表决权协议等，在相互间存在直接或间接的控制与从属关系或重要影响的两个或多个企业。[①] 施天涛教授从目的的维度定义，认为关联企业本质上是基于特定的经济目的而形成的企业之间的联合。[②] 最高人民法院郁琳法官也认为，关联企业具有共同且特定的经济目的，基于此由原本相互独立的法人主体通过约定联合经营、组织分工等方式形成企业联合。[③] 国外立法如德国，最早在《德国股份公司法（1965）》第 15 条对关联企业作出规定。

从国内外理论和立法来看，都承认关联企业的成员都具有形式上的独立法人人格，均认为关联企业的实质在于经济控制或者从属关系。现代关联企业呈现的更多是基于特定目的而形成的企业联合，主要形式有企业集团、母子公司、姊妹公司等，它们的形式体现着不同方向的关联关系。

（二）实质合并释义

关联企业在破产程序中的合并有两种方式：一是程序合并[④]；二是实质合并。程序合并是指将各个破产案件合并起来审理，在破产程序中各个破产企业依旧保留其独立的法律人格以及适用各

---

① 王欣新：《关联企业的实质合并破产程序》，载《人民司法（应用）》2016 年第 28 期。

② 施天涛：《关联企业的公司法调整》，载《政法论坛》1998 年第 6 期。

③ 郁琳：《关联企业破产整体重整的规制》，载《人民司法（应用）》2016 年第 28 期。

④ 王欣新：《关联企业的实质合并破产程序》，载《人民司法（应用）》2016 年第 28 期。

自的债务清偿方式来清偿债务。实质合并源于美国，不同于程序
合并。美国学者 Phillip Blumberg 教授认为实质合并规则是指在破
产程序中，将已经申请破产的各个成员企业的资产和债务进行合
并计算，而忽略这些成员企业之间的关联关系，将合并后的资产
视为统一的破产财产。在统一清偿债务时，债权人将按照各自债
权的比例和顺位来进行分配，而不再继续识别并判断该债权具体
属于哪一家从属企业。① 王欣新教授也认为企业实质合并是指将多
个法人人格混同的企业视为一个单一企业，在统一财产分配与债
务清偿的基础上进行破产程序，如多个企业的实质合并重整或清
算，各企业的法人人格在破产程序中不再独立。② 但各个关联企业
的法人人格在破产程序中是否不再独立，有待进一步明确。如德
国认为实质合并规则会破坏法人的人格独立而不设立实质合并程
序。徐阳光教授认为实质合并是美国破产法官根据其衡平权限创
造的一种适用于关联企业（企业集团）破产情形的公平救济措施
（原则），其核心要义在于否认各关联企业的独立人格，消灭所有
关联企业间的求偿要求，各成员的财产合并为一个整体以供全部
关联企业的债权人公平清偿，③ 这一观点和以上学者的观点类似。
而朱慈蕴教授认为企业实质合并是对母子公司在破产时对母子公
司债权人债权受偿的顺位安排④，但这种观点比较狭隘。在现实
中，关联企业的范围不止包括母子公司，还包括姊妹公司、企业
集团等形式。

---

① Phillip Blumberg, *The Law of Corporate Groups*, Little Brown & Co, Law & Business,
1985, pp. 401 – 402. 转引自王欣新、蔡文斌：《论关联企业破产之规制》，载《政治与
法律》2008 年第 9 期。

② 王欣新：《关联企业的实质合并破产程序》，载《人民司法（应用）》2016 年
第 28 期。

③ 徐阳光：《论关联企业实质合并破产》，载《中外法学》2017 年第 3 期。

④ 朱慈蕴：《公司法人格否认法理在母子公司中的运用》，载《法律科学》1998
年第 5 期。

总体而言，在国内外理论上，虽然对企业实质合并破产程序的定义不一，但基本可以认定其是在发生高度人格混同的企业相继或者同时陷入破产时，将其债权债务以及资产进行合并，各个关联债务人之间的债权债务消灭，而关联企业所有债权人所负担的债务统一清偿，以保护关联企业债权人公平受偿的权利的制度。

（三）关联企业实质合并程序的制度价值

建立企业实质合并破产制度是我国破产法方面面临的一个迫切的难题。在实质合并案件中，每一个案例往往涉及多家企业，如指导案例第164号"江苏苏醇酒业有限公司及关联公司实质合并破产重整案"涉及四家企业，重庆市能源投资集团有限公司及其他16家公司，海航集团有限公司及其他321家公司也面临实质合并重整的情况。关联企业实质合并案件一般债务数额大、债权人多、社会影响力大，且随着企业集团这种经营形式的普及，在日后的司法实践中必定会有越来越多的企业实质合并案件发生。因此需要建立企业实质合并破产程序，发挥其制度价值解决破产难题。具体而言，关联企业实质合并破产程序的价值如下。

1. 保障债权人公平受偿

关联企业有良性和恶性之分。在良性关联企业中，关联企业仅为了降低成本、提高收益的目的而进行关联交易，各企业依旧能保持独立经营管理，不存在非正当的利益输送问题。而在恶性关联企业中，往往会出现严重的人格混同问题，有些企业的设立目的就是利用法人的独立人格来背负企业集团或其他关联企业的债务，企图在企业集团资不抵债时以破产程序逃避整体债务，使集团苟延残喘。有些企业在出现破产原因时，就通过关联交易行为进行利益输送，将可用于清偿债务的资产转移到关联企业中，造成对破产企业债权人债务清偿的不公平对待。适用实质合并规则，可以使存在不正当利益输送的企业的债权债务和资产合并起来一并处理，对存在利益输送的企业的债权人的公平受偿权提供保护。另外，对关联企业进行整体处置可以实现资产的整体出售，尽可能避免因资产分割造成的损失，有利于最大限度地提高资产变现价值，债权人获得赔偿的比例会相应增加。① 在关联企业实质合并破产程序中，关联企业之间的债权债务合并，将企业资产统一分配，原被转移资产的企业债权人清偿率会提高，而另一方或者多方企业的债权人可能受清偿的比例会降低，但这并不会影响公平。公平可区分为形式公平与实质公平、整体公平与个体公平，对债权人完全按照债权比例清偿可能符合形式公平，但未必是实质公平的②，因为其原本能受到较高比例的清偿是由其他企业的利益输送来完成的。从整体上看，关联企业的债权人依旧得到了公平清偿。

2. 提升办理破产的效率

关联企业破产往往涉及多方企业，其人员、资产、债权债务都出现高度混同，各关联企业经营内容相互交叉，形成一个经营实体。有些企业表面上具有独立法人人格，实际上已经沦为该经营实体的一个经营部门，它们之间的关联交易、不正当利益输送问题繁杂，而且关联企业往往跨省、市分布，在管辖问题上往往存在争议。法院在审理此类案件时，如果按照普通破产程序，需要对各个破产企业独立进行破产审理，厘清关联企业中的债权债务关系、财产区分、担保关系，需要耗费巨大的人力物力，案件的审理会严重延期，造成企业破产程序效率低下。适用实质合并破产规则，将具有关联关系的企业合并，视为一个整体来处理其债权债务关系，有利于法院提高审结破产案件的效率。

---

① 吕晓倩：《企业实质合并破产制度问题及完善路径》，载《经济师》2023 年第 4 期。

② 杨鹿君：《价值解构视角下的实质合并适用标准区分研究》，载《财贸研究》2023 年第 2 期。

3. 有利于我国破产制度的完善

关联企业破产具有特殊性，在我国的破产法律体系中，法人人格否认制度和破产撤销权并不能适用于关联企业实质合并破产程序。因此，为了填补这一法律空白，我国各地法院积极探索构建企业实质合并制度，以保障破产案件能够得到公平有效的审理。这种探索行为旨在进一步完善我国破产法律环境并推动企业破产程序的有效进行。以问题为导向进行制度探索，通过各地实质合并案件的审理实效来找出最适合的实质合并规则，可以弥补我国破产法制度的空白和不足之处，为司法实践提供明确的法律依据。

二、我国关联企业实质合并破产程序适用标准存在的问题

（一）规范层面：立法缺位，既有规定粗放

《企业破产法》以及相关司法解释都没有对关联企业实质合并破产程序作出相应规定，《破产会议纪要》对实质合并破产程序作出了相应规定："人民法院在审理企业破产案件时，应当尊重企业法人人格的独立性，以对关联企业成员的破产原因进行单独判断并适用单个破产程序为基本原则。当关联企业成员之间存在法人人格高度混同、区分各关联企业成员财产的成本过高、严重损害债权人公平清偿利益时，可例外适用关联企业实质合并破产方式进行审理。"该规定仅对关联企业破产适用的要素作出笼统性的概述，但没有规定具体的适用标准，也没有规定哪个要素处于核心地位。因此，我国各地法院在企业实质合并案件中所采用的裁判标准存在一定程度的混乱。一些法院以企业人格的高度混同为标准，而另一些法院则要求企业同时具备法人人格的高度混同、区分关联财产成本过高、严重损害债权人公平清偿利益等要素，这导致了对实质合并破产程序适用的混乱。此外，在判决过程中，一些法院更加重视单独破产时损害债权人公平清偿利益的原则，

而相对较少将保护债权人公平清偿利益作为主要的裁判标准。在法律层面规定的不明确，不仅会造成适用上的混乱，也会使部分比较保守的法院不敢轻易尝试实质合并程序，那么关联企业破产案件的审理程序依旧比较传统，导致破产案件的积压，也不利于实质合并破产程序的探索。《破产会议纪要》虽然没有法律强制力，但各地法院在适用实质合并破产程序时会按照其规定去处理案件，因此在相关立法出台前，《破产会议纪要》对实质合并破产程序的描述应更明确具体，以给各地法院审理案件时提供相应的指引。

（二）实践层面：适用标准不统一

目前法院适用实质合并破产程序的主要理由为"法人人格高度混同"，但各地法院对"人格高度混同"的理解是不一样的。如在柳州正菱集团及53家关联企业实质合并重整案中，受理法院从人员、业务、财产方面来认定"人格高度混同"；在大余县通达汽运有限公司管理人等申请实质合并破产清算案中，江西省大余县人民法院从财物、人员、股权结构、经营决策、经营管理、资产使用等方面认为通达公司等四家企业"人格高度混同"。对于"区分关联财产成本过高"，各地法院的理解也不一样。如在东风汽车公司实质合并破产清算案中，法院根据当事人提供的审计报告，出于审慎原则，认为关联企业的财产可以予以区分而裁定分别破产而不是合并破产；而在汉唐证券公司合并清算案中，法院则重点考虑了资产分离成本，认为其46家关联公司人员、资产普遍混同，资产分离财产成本高而裁定实质合并破产。对《破产会议纪要》实质合并的适用条件理解不同导致在适用上的混乱，这就给法官留下了较大的裁量空间。裁定标准的不统一，会造成相似案件不同处理结果的发生，当事人可能不服裁判结果，法官裁量权过大也容易滋生司法腐败，因此需要统一司法裁量的标准。

三、关联企业实质合并破产程序适用的相关建议

（一）严格把握适用标准

1. 将《破产会议纪要》所列要素均列为必要条件

我国法律属于大陆法系，在适用标准的认定上应多比较大陆法系国家对关联企业实质合并程序的法律规定。通常认为，美国对实质合并破产程序适用标准的认定始于 1941 年 Sampsell *v.* Imperial Paper & Color Corp. 案，直至 2005 年第三巡回上诉法院在 Owens Corning 案中认为实质合并破产只有在两种情况下才可适用：一种情况是关联企业在破产前无视法人人格独立性，使得债权人将各关联企业视为一个实体；另一种情况是关联企业的资产、负债混乱，使得对其区分将难以承受、损害全体债权人利益①。《德国破产法》为尊重法人人格独立而不设置关联企业实质合并制度，这一谨慎态度对我国关联企业实质合并破产程序的构建有着借鉴意义。但我国国情不同于德国，不必照搬德国的做法，实质合并破产程序在我国有着极大的制度价值。随着我国市场经济的发展，关联企业破产案件将不断增多，因此构建该制度有一定的必要性。根据《德国破产法》和美国法院对实质合并破产程序的审慎态度以及《会议纪要》的精神，实质合并破产案件的适用标准应严格把握而不能轻易适用。应同时符合存在法人人格高度混同、区分各关联企业成员财产的成本过高、严重损害债权人公平清偿利益的条件时，才可适用该程序。

但目前实质合并破产的标准在实践中并没有形成统一的意见，

---

① 杨鹿君：《价值解构视角下的实质合并适用标准区分研究》，载《财贸研究》2023 年第 2 期。

《破产会议纪要》也只是提出了三个要素，且不具有法律的强制约束力。虽然企业人格高度混同标准在实践中取得了不错的效果，但在未来的企业实质合并制度中不能仅以此标准为唯一标准。本文认为，企业之间发生高度人格混同的，尚不足以成为企业实质合并的充分条件，企业之间高度人格混同但区分关联财产的成本不大或者不危害债权人公平清偿利益时，不能启动企业实质合并破产程序。保障债权人实质公平权利和提高破产效率是企业实质合并破产的目的，如果不危害债权人公平清偿权利或者区分关联财产成本不大，启动企业实质合并破产程序的意义就不大。因此，本文认为在适用标准上应以企业人格高度混同为主要审查前提，同时区分关联财产成本较高且法院认为可能危害债权人公平利益清偿方可适用实质合并破产程序。在未来破产立法时可予以考虑本文建议的适用标准。但立法是一个长期的过程，在立法之前，最高人民法院可以再通过类似《破产会议纪要》的文件形式予以明确适用标准，发挥指引性作用，要求各地法院严格审查适用标准，不得滥用实质合并破产程序。

2. 增设欺诈标准

联合国国际贸易法委员会《破产法立法指南》第三部分"破产企业集团对待办法"指出，如果"法院确信企业集团成员从事欺诈图谋或毫无正当商业目的的活动，为取缔这种图谋或活动必须进行实质性合并"。这类欺诈不同于人格混同，具有明显的主观恶意，且不一定和企业经营有关，包括以下实例："债务人几乎将其所有资产转移至某个新设立的实体或其自身拥有的不同实体，是为了自己的利益而保全和保留这些资产；对其债权人进行阻挠、拖延和欺诈；设局假冒或庞氏骗局和此类其他欺诈计划。"实质合并规则纳入欺诈标准后，将会和《公司法》规定的法人人格否认制度完全契合，法院可以参照《公司法》第20条的相关规定来审理关联企业实质合并破产案件①。本文认为这一标准可以独立于《破产会议纪要》规定的三要素而单独适用。一是因为"破产企业集团对待办法"有相应规定，集团企业存在欺诈行为法院必须实质合并取缔违法行为。《破产法立法指南》作为一种参考工具，能够为我国破产立法未来发展提供指引，对其中合理部分我们应采纳吸收。二是因为企业欺诈具有法人人格混同所不具有的主观恶意，是独立于人格混同的标准。三是因为破产法的立法目的终归是要调整利益关系，当企业集团从事欺诈行为时，那么它们之间的利益不能和债权人的利益处于相同的保护地位，根据衡平居次原则，应优先保护债权人利益，强制进行合并审理，因此可以单独适用。

（二）对不符合实质合并破产程序标准案件的处理方法

基于对法人独立人格的尊重，应审慎适用关联企业实质合并程序，但在实践中可能出现关联企业中符合法人人格高度混同、区分各关联企业成员财产的成本过高、严重损害债权人公平清偿利益三个要素之一或者之二的情况出现。在这种情况下，因为不符合前述所列适用标准，因此不能适用实质合并破产程序，那么受理法院应如何处理这类破产案件呢？本文认为应优先发挥公司法中的人格否认制度和破产法上的撤销权以及无效制度，使破产案件尽量在现行《公司法》以及《企业破产法》的制度框架之中解决。如果在现行法律制度框架中无法解决，可参照德国的在"集团企业"之间破产协调的做法，由集团管辖法院管辖集团其他债务人可能提出的破产申请，或者在不同法院受理集团成员破产申请设立不同的破产管理人时，在管理人之间设置相互配合的

---

① 王纯强：《关联企业合并破产重整实证研究：裁判样态与法理思考——兼评〈公司法〉与〈企业破产法〉的制度协调》，载《法律适用》2022年第10期。

义务，或者设立集团—债权人委员会（由债权人委员会的申请经法院批准而设立）。那么我国也可以在各受理法院之间建立有效的沟通和信息披露机制，相互协调破产程序中的各种重要事项，可以提高破产案件审理效率。或者由控制企业或者核心企业所在地法院统一管辖集团成员破产案件，使案件的相关信息可以快速交换，能够较高效率地审理集团审理破产案件。对该管辖法院的确定，应从企业实质合并的目的出发，一是提高司法效率，二是保护债权人公平受偿。当公平价值和效率价值发生冲突时，应以公平价值为优位。具体而言，就是需要全面考察关联企业的资产、债权人分布情况，以最有利于债权人的原则和提高司法效率原则确定管辖法院，在不能兼顾债权人利益和司法效率时，以债权人利益保护的原则确定管辖法院。在发生管辖争议时，参照《民事诉讼法》第三十八规定，报请它们的共同上级法院指定管辖。

后　记

　　党的二十大提出了全面推进中国式现代化的目标路径，全面推进依法治国进入了新的发展阶段，法治中国建设进入了前所未有的新时代、新征程。在习近平总书记强调"法治是最好的营商环境"之后，营商环境建设工作也进入了全面推进、全面提升、全面深化的新时代。办理破产指标作为营商环境建设的重要指标和关键抓手，在持续优化营商环境的工作中越来越显得重要和关键。"中原破产法高峰论坛"就是在这样的国际国内环境下孕育而生、破茧出窍。2017 年 11 月，伴随着党的十九大胜利召开，第一届中原破产法高峰论坛在郑州召开。"中原破产法高峰论坛"无疑成为破产法学理论界与实务界交流碰撞的重要抓手和推进平台，成为我们破产法学研究会的"年会大餐"，引起了政府及有关部门、法院、检察院、律师界、金融界、财会界等的高度关注和认可。一束束鲜花和一次次掌声背后，我们也倍感压力和责任。

　　党的二十大报告明确提出，推进实践基础上的理论创新，必须坚持守正创新。进一步提出要坚持创造性转化、创新性发展。理论创新首先是研究方法、研究方式的创新。过去我们注重以论坛的形式、公开发表论文的形式开展研究，座谈会、辩论会、论证会不多。建议以后我们多一些形式，譬如跨专业交叉研究、多专业合并研究、课题项目带动研究、实践项目结合研究等。今天我们所面临问题的复杂程度、解决问题的艰巨程度明显加大，给理论创新提出了全新要求。没有调查就没有发言权。我们之所以成果数量不多、成果层次不高、成果效益不好，其中一个重要的原因就是我们找的问题不准、不对、不真，提出的建议也就无法解决现实中的真问题。

　　平台的本质是整合资源和撮合交易，通过帮助他人实现成功，进而获得自身的成功。2023 年高峰论坛邀请到了上海凯原法学院教授、博士生导师、民商法研究所所长韩长印老师，他在论坛上作了"关联企业实质合并中的几个争议问题"的主旨报告；南京市中级人民法院南京破产法庭庭长、法学博士王静女士，她在论坛上作了"实质合并适用标准研究"的主旨报告；江阴市人民法院党组书记、院长、法学博士陆晓燕女士，她作了"实质合并操作指引研究"的主旨报告。三位嘉宾分别从不同的视角对破产程序中"实质合并"问题进行了讲解和阐释，给与会者以重要启迪。

　　本书的整理编著得到了河南省法学会的大力支持和帮助，谢谢各位"破友"不吝赐稿，谢谢周欣宇和崔明亮两位副秘书长不辞辛苦地修改稿件、李宏伟副会长统筹协调并统稿，谢谢出版社老师给予的耐心指导和辛苦编辑。感谢北京华泰（郑州）律师事务所、河南天基律师事务所、河南华夏会计师事务所有限公司等给予的赞助和大力支持！